"十四五"职业教育国家规划教材

职业教育国家在线精品课程配套教材

大学生创新创业基础

（配创新创业案例与分析）（第二版）

Daxuesheng
Chuangxin Chuangye
Jichu

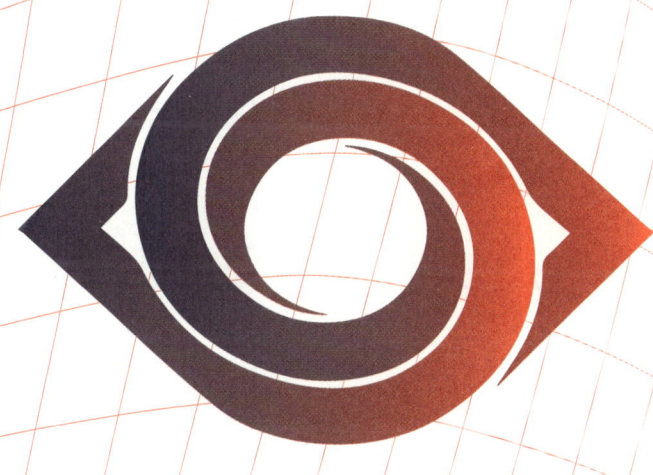

主编
王振杰　刘彩琴
刘莲花　池云霞

副主编
李红英　崔玲玲　刘雅丽
张　涛　李新丽　吕　闽
李增欣　李小红

主审
延凤宇

中国教育出版传媒集团
高等教育出版社·北京

内容提要

本书是"十四五"职业教育国家规划教材、首批职业教育国家在线精品课程"创新创业基础"的配套教材。

本书编写深入贯彻落实党的二十大精神，全面贯彻党的教育方针，坚持落实立德树人根本任务，紧紧围绕科教兴国战略、人才强国战略、创新驱动发展战略中的重大战略需求和人才培养需要，构建中国特色高质量创新创业教育教材体系，提升大学生的创新创业能力，努力培养拔尖创新人才和高技能人才。

本书编写立足职业教育类型特色，以创新型技术技能人才培养为主线，以增强学生创新创业意识和能力为目标，从创新创业教育同思政教育和专业教育相融合的角度出发，按照"以学生为中心，以成果为导向，促进自主学习"的思路对全书进行整体设计。内容选取遵循"实用、适用"原则，力求知识合理、体例新颖、案例翔实。全书包括绪论及七个模块，模块之间内容逻辑严谨、衔接有序，知识难度由浅入深、循序渐进，注重理论联系实际，突出趣味性和可读性，能满足高等职业教育人才培养需求。

本书突破传统教材形态的单一化，形成了基于"三教"改革的纸质教材与数字化资源有机融合、基础理论与案例分析一体化设计的新形态、手册式教材体系。本书既可作为高职本科、高职专科层次创新创业教育通识课程教材，又可作为社会创新创业者的参考用书。

图书在版编目（CIP）数据

大学生创新创业基础：配创新创业案例与分析 / 王振杰等主编. -- 2版. -- 北京：高等教育出版社，2023.8

ISBN 978-7-04-060976-9

Ⅰ. ①大… Ⅱ. ①王… Ⅲ. ①大学生-创业-高等职业教育-教材 Ⅳ. ①G647.38

中国国家版本馆CIP数据核字(2023)第146444号

DAXUESHENG CHUANGXIN CHUANGYE JICHU

| 策划编辑 | 陈 磊 | 责任编辑 | 陈 磊 | 封面设计 | 赵 阳 | 版式设计 | 杜微言 |
| 责任绘图 | 杨伟露 | 责任校对 | 胡美萍 | 责任印制 | 刁 毅 | | |

出版发行	高等教育出版社	网　　址	http://www.hep.edu.cn
社　　址	北京市西城区德外大街4号		http://www.hep.com.cn
邮政编码	100120	网上订购	http://www.hepmall.com.cn
印　　刷	三河市华润印刷有限公司		http://www.hepmall.com
开　　本	787 mm×1092 mm　1/16		http://www.hepmall.cn
本册印张	20.25	版　　次	2018年8月第1版
本册字数	440千字		2023年8月第2版
购书热线	010-58581118	印　　次	2023年8月第1次印刷
咨询电话	400-810-0598	总 定 价	54.00元

本书如有缺页、倒页、脱页等质量问题，请到所购图书销售部门联系调换
版权所有　侵权必究
物 料 号　60976-00

编委会

主　编： 王振杰　刘彩琴　刘莲花　池云霞

副主编： 李红英　崔玲玲　刘雅丽　张　涛
　　　　　　李新丽　吕　闯　李增欣　李小红

主　审： 延凤宇

编　委（按姓氏笔画排序）：

丁　凯　石家庄职业技术学院	李增欣　秦皇岛职业技术学院
王振杰　河北工业职业技术大学	肖　斌　河北工业职业技术大学
王慧聪　河北交通职业技术学院	张　涛　河北政法职业学院
吕　闯　石家庄信息工程职业学院	张　婷　石家庄信息工程职业学院
刘　瑛　河北正定师范高等专科学校	张立言　秦皇岛职业技术学院
刘亚芹　河北交通职业技术学院	周京晶　河北工业职业技术大学
刘莲花　河北政法职业学院	郑　娇　石家庄信息工程职业学院
刘彩琴　河北科技工程职业技术大学	孟　涛　河北交通职业技术学院
刘雅丽　河北交通职业技术学院	郝平昌　河北工业职业技术大学
刘晶晶　河北女子职业技术学院	荣新艳　秦皇岛职业技术学院
池云霞　河北工业职业技术大学	索明健　河北正定师范高等专科学校
孙艳丽　河北艺术职业学院	郭军城　河北交通职业技术学院
李小红　河北工业职业技术大学	曹凤江　沧州职业技术学院
李红英　河北工业职业技术大学	崔玲玲　河北科技工程职业技术大学
李桂环　河北旅游职业学院	梁　君　秦皇岛职业技术学院
李新丽　河北工业职业技术大学	

/ 第二版前言 /

党的二十大报告指出：必须坚持科技是第一生产力、人才是第一资源、创新是第一动力，深入实施科教兴国战略、人才强国战略、创新驱动发展战略，开辟发展新领域新赛道，不断塑造发展新动能新优势。坚持教育优先发展、坚持为党育人、为国育才，全面提高人才自主培养质量，着力造就拔尖创新人才，聚天下英才而用之。

创新创业是培育和催生经济社会发展新动力的必然选择，是扩大就业、实现富民之道的根本举措，更是激发全社会创新潜能和创业活力的有效途径，是实现高水平科技自立自强、进入创新型国家前列、推动经济高质量发展的重要支撑。青年大学生富有想象力和创造力，是创新创业的有生力量，为党和国家培养更多创新创业人才是时代赋予高校的使命。党的十八大以来，党和国家高度重视大学生创新创业工作，习近平总书记强调："全社会都要重视和支持青年创新创业，提供更有利的条件，搭建更广阔的舞台，让广大青年在创新创业中焕发出更加夺目的青春光彩。"《国务院办公厅关于深化高等学校创新创业教育改革的实施意见》（国办发〔2015〕36号）指出，深化高等学校创新创业教育改革，是国家实施创新驱动发展战略、促进经济提质增效升级的迫切需要，是推进高等教育综合改革、促进高校毕业生更高质量创业就业的重要举措。《国务院办公厅关于进一步支持大学生创新创业的指导意见》（国办发〔2021〕35号）指出，纵深推进大众创业万众创新是深入实施创新驱动发展战略的重要支撑，大学生是大众创业万众创新的生力军，支持大学生创新创业具有重要意义。

本书在系统把握高等职业院校人才培养方案和课程建设目标与要求的基础上，深入贯彻习近平总书记关于教育的重要论述、深刻领会科教兴国战略、人才强国战略、创新驱动发展战略对于全面建设社会主义现代化国家的重要支撑作用，准确把握创新创业教育理念的同时，践行"两个坚持、三个融合"的新时代创新创业教育教材编写理念，即坚持马克思主义指导地位，坚持立德树人的根本任务；落实习近平新时代中国特色社会主义思想进课程教材——深化思创融合，突出职业教育办学特点——深化产教融合，突出职业人才培养特点——深化专创融合。本书编写立足高职大学生实际，以教授创新创业知识为基础、以锻炼创新创业能力为关键、以培养创新创业精神为内核，鼓励和引导高职大学生通过勤奋劳动实现自身发展。

本书主要具有以下特点。

1. 思政育人兼济，旗帜鲜明

本书深入贯彻落实党的二十大精神、习近平总书记关于教育的重要论述和全国职业教育大会精神，坚持立德树人根本任务，全面落实"三全育人"要求，充分挖掘思政资源，力求发挥教材育人作用最大化。教材内容设计、栏目设置、案例选取紧紧围绕政治认同、家国情怀、文化素养、法治意识、道德修养等课程思政元素，大力弘扬"崇尚创新、勇于创业、劳动光荣、技能宝贵、创造伟大"的时代风尚,将思政教育、职业素养培养与教材内容有机融合,以思政之道,成育人之效。

2. 内容设计科学,构建合理

通过项目引领、任务驱动,实践前置等编排方式重构知识体系,便于课程教学的组织与实施。各内容模块既能自成知识体系,又能自由组合,开展项目实战教学实践,适应不同知识结构和知识层次的大学生群体及社会学习者学习所需。

3. 编写体例规范,突出实用

编写团队经验丰富,结构合理,力量雄厚。体例编排适合职业教育类型特色,结构设计符合学生认知规律,采用模块化设计,通过项目引领、任务驱动,强调"产教融合、知行合一",突出实践性、适宜性和时代性,力求满足情境化教学需要。

4. 呈现形式多样,利于教改

本书突破传统教材形态的单一化,形成了基于"三教"改革的纸质教材与数字化资源有机融合、基础理论与案例分析一体化设计的新形态、手册式教材体系。高质量的数字化资源以二维码方式呈现于教材中,能更好地满足学生移动学习和泛在学习的需求。

本书作为多所本科、专科层次职业院校实施创新创业教育的重要载体,在关注创新创业时代大势的同时,注重与职业院校开展的创新创业教育实际相结合。本书承载着教材优质化、本土化、特色化,兼顾国家要求和高校教学实际需要的重要使命,体现了"因材施教、教学相长"的教育理念,是创新创业教育教材建设的一次有益创新。

本书由王振杰、刘彩琴、刘莲花、池云霞担任主编,由李红英、崔玲玲、刘雅丽、张涛、李新丽、吕闻、李增欣、李小红担任副主编,由延凤宇任主审。本书具体编写分工如下:绪论由崔玲玲编写;模块一由刘亚苹、孟涛、郭军城、王慧聪、索明健、刘瑛编写,统稿人刘雅丽;模块二由张涛、曹风江、郝平昌编写,统稿人张涛;模块三由李新丽、李红英、肖斌、周京晶、刘晶晶编写,统稿人李红英;模块四由张婷、吕闻、郑娇编写,统稿人吕闻;模块五由李增欣、荣新艳、梁君、张立言编写,统稿人李增欣;模块六和模块七由崔玲玲、李桂环、孙艳丽、丁凯编写,统稿人崔玲玲。池云霞负责本书的结构设计和大纲撰写。本书二维码资源"微课启学"由李红英、李新丽、肖斌、李妍、段桂英、罗静、张涛负责录制。

在本书编写及出版的过程中,编者参考了大量国内外专家学者的资料,借鉴了许多创新创业一线教育工作者的想法,并得到高等教育出版社的大力支持,在此一并表示衷心的感谢。

创新创业教育是一种综合性、交叉性强并且快速发展的实用教育。由于编者团队知识水平所限,本书难免存在不足之处,恳请广大读者批评指正。

编者

2023年6月

第一版前言

就业，是民生之本；创业，是富民之基；创新，是创业之源。

党中央、国务院高度重视大学生创新创业工作，习近平总书记指出："全社会都要重视和支持青年创新创业，提供更有利的条件，搭建更广阔的舞台，让广大青年在创新创业中焕发出更加夺目的青春光彩。"当代大学生作为创新创业的生力军，绽放自我，展现风采，服务国家新平台，为引领推动高等教育创新，促进大众创业、万众创新发展发挥着重要作用。

《2017年中国大学生创业报告》显示，中国大学生的创业意愿持续高涨，26%的在校大学生有强烈或较强的创业意愿，高职院校大学生更是踊跃创业、敢于创新。《2017中国高等职业教育质量年度报告》指出，2016年高职毕业生毕业半年后自主创业比例与2015年持平，为3.9%，与2012年相比提升了1个百分点。高职双创教育成效显著，同时社会对高职院校创新创业教学与人才培养提出了更高的要求和更多的挑战。

本书在系统地把握高等职业院校人才培养方案和课程建设目标与要求的基础上，深刻贯彻教育部关于大学生创新创业教育的最新精神，立足高职学生实际，以教授创业知识为基础、以锻炼创业能力为关键、以培养创业精神为核心，注重鼓励和引导大学生走上自我发展之路。

本书在注重理论知识系统性的基础上，更加突出了实践性。其内容主要有以下特点。

1. 内容构建科学合理

从创业之源——创新入手，评估创业潜质，组建创业团队，发掘创业机会，分析创业市场，整合创业资源，最后推演创业项目，为大学生系统地呈现了创业的一般过程。

2. 体例新颖，突出实用

通过项目驱动、实践前置等方式重构知识体系，以项目化形式编写教材内容，便于组织课堂教学活动。本书展开结构有模块导学、学前思考、案例导入、学习指导、日积月累、实训活动等内容，培养大学生创业的实践能力。

3. 资料丰富，案例翔实

选用大量的案例和拓展资料，有利于学生自主学习、理解相关理论知识、扩展知识面。

4. 深入浅出，贴近实际

以通俗的语言论述了创业的相关知识，并通过大量真实的创业故事让学生加深理解。

本书作为高职院校实施创新创业教育课程的重要载体，既体现创新创业教育教学的普遍规律和一般方法，又被赋予鲜明的职教特色；既关注国家创新创业时代大势，也贴近学生创新创业实际。本书承载着教材优质化、本土化、特色化，兼顾国家要求和高校实际需求的重要使命，体现了因材施教的教育理念。本书作为专门为高职大学生创新创业教育设计和编写的特色教材，便于各级各类高职院校开设创新创业类基础课程所用。

本书由王振杰、刘彩琴、刘莲花、池云霞担任主编，由李红英、崔玲玲、刘雅丽、张涛、李新丽、高瑞果、李增欣、张振昶担任副主编。具体编写分工如下：绪论——崔玲玲；模块一——刘亚苹、孟涛、郭军城、李冬、索明健、刘瑛，统稿人刘雅丽；模块二——张涛、曹风江，统稿人张涛；模块三——李新丽、李红英、肖斌、韩建伟、刘晶晶，统稿人李红英；模块四——张婷、吕闰、郑娇，统稿人，高瑞果；模块五——李增欣、荣新艳、梁君、张立言，统稿人李增欣；模块六——崔玲玲、李桂环、孙艳丽、丁凯，统稿人崔玲玲。池云霞负责本书的结构设计和大纲撰写，延凤宇负责主审。本书内容按照30学时安排：模块一，4学时；模块二，4学时；模块三，6学时；模块四，4学时；模块五，4学时；模块六，8学时。

在书稿的编写过程中，编者参考了很多国内外专家学者的资料，借鉴了许多创业一线教学工作者的闪光思想，在此表示由衷的感谢。

创业是一个综合性、交叉性并且正在成长的研究领域。由于编者团队知识水平所限，本书存在不足之处，恳请读者批评指正。

编者

2018年4月

目录

....绪论 / 1

    任务一　经济发展与创业 / 3　　　　任务三　创业与人生发展 / 11
    任务二　创新创业与创业精神 / 6

....模块一　开启创新之路 / 17

项目一　培养创新意识 / 18　　　　　　任务四　逆向反求型技法 / 48
    任务一　走进创新 / 19　　　　　　　任务五　联想类比型技法 / 50
    任务二　培养创新意识的重要性 / 24　任务六　组合型技法 / 51
项目二　开拓创新思维 / 30　　　　　　项目四　锻炼创新能力 / 55
    任务一　认识创新思维 / 31　　　　　任务一　认识创新能力 / 56
    任务二　探究思维定式的成因及对策 / 33　任务二　把握创新能力培养的策略 / 61
    任务三　拓展创新思维的路径 / 36　　任务三　培养创新能力的训练 / 64
项目三　掌握创新方法 / 41　　　　　　项目五　转化创新成果 / 73
    任务一　智力激励型技法 / 42　　　　任务一　认识创新成果 / 74
    任务二　设问检查型技法 / 44　　　　任务二　加强创新成果的保护 / 77
    任务三　列举型技法 / 46　　　　　　任务三　加速创新成果的转化 / 82

....模块二　建强创业团队 / 87

项目一　评估创业潜质 / 88　　　　　　任务二　甄选创业伙伴 / 103
    任务一　走进创业 / 89　　　　　　　任务三　组建创业团队 / 106
    任务二　认识创业者 / 93　　　　　　项目三　管理创业团队 / 112
项目二　打造创业团队 / 100　　　　　　任务一　认识创业团队管理 / 113
    任务一　认识创业团队 / 101　　　　　任务二　破解创业团队管理难题 / 116

....模块三　发掘创业机会 / 121

项目一　分析创业环境 / 122　　　　　　项目二　选择创业机会 / 135
    任务一　认识创业环境 / 123　　　　　任务一　寻找创业机会 / 136
    任务二　熟悉创业政策 / 129　　　　　任务二　识别创业机会 / 139

任务三　评价创业机会 / 143
项目三　防范创业风险 / 154
　　任务一　预测创业风险 / 155
　　任务二　评估创业风险 / 159
　　任务三　应对创业风险 / 164

模块四　分析创业市场 / 173

项目一　选择目标市场 / 174
　　任务一　认识目标市场 / 175
　　任务二　明确目标市场选择标准 / 178
　　任务三　进行目标市场环境分析 / 180

项目二　制定营销战略 / 186
　　任务一　进行市场细分 / 187
　　任务二　进行市场定位 / 191
　　任务三　进行产品定位 / 193

项目三　制定营销组合策略 / 199
　　任务一　制定营销产品策略 / 200
　　任务二　制定营销价格策略 / 204
　　任务三　制定营销渠道策略 / 206
　　任务四　制定营销促销策略 / 209

模块五　利用创业资源 / 213

项目一　汇集创业资源 / 214
　　任务一　识别创业资源 / 215
　　任务二　获取创业资源 / 219
　　任务三　整合创业资源 / 222

项目二　筹措创业资金 / 231
　　任务一　估算创业资金 / 232
　　任务二　进行创业融资 / 248

模块六　论证商业模式 / 255

项目一　构建商业模式 / 256
　　任务一　认识商业模式 / 257
　　任务二　设计商业模式 / 261

项目二　创新商业模式 / 272
　　任务一　洞察商业模式创新的环境 / 273
　　任务二　锚定创新商业模式的切入点 / 277

模块七　呈现创业计划 / 285

项目一　制订创业计划 / 286
　　任务一　认识创业计划书 / 287
　　任务二　撰写创业计划书 / 289

项目二　路演创业计划 / 303
　　任务一　认识路演 / 304
　　任务二　掌握路演的实施过程 / 307

参考文献 / 311

绪 论

模块导学

>> 在知识经济时代，创新决定着一个国家和民族的综合实力和竞争力。党的二十大报告指出："教育、科技、人才是全面建设社会主义现代化国家的基础性、战略性支撑。"大学生是宝贵的人才资源，是"大众创业、万众创新"的重要力量。正确看待创业与人生发展，培育创业精神，积极展开创业实践，是新时代对大学生的要求。

学习目标

>> 知识目标：理解"大众创业、万众创新"的时代背景及知识经济时代创业的重要意义；了解创业精神的本质、来源与作用；认知创业对人生发展的特殊意义。

>> 能力目标：掌握创业与创新的逻辑关系；掌握创新型人才的素质要求。

>> 素养目标：树立科学的创业观，积极投身创业实践；激发创新创业意识，培养创业精神。

学前思考

（1）如何理解知识经济时代下"大众创业、万众创新"的国家政策号召？
（2）如何理解创新创业与创业精神？
（3）如何理解创业与大学生人生发展？

案例导入

内驱力有多强大　离梦想就有多近

◎ **案例描述**

在 KAB[①] 全国推广办公室与广东省广发证券社会公益基金会联合举办的"大学生微创业大讲堂（深圳大学站）"现场，大学生就感兴趣的问题和创业者进行了交流。

1. 创业与学业的选择

我现在才读大一，想创业但完全找不到方向，想研发一个 App，又不懂技术。请问，对我们刚入校的大学生来说，是早点投身创业，还是先把功课学好？

完成 1 亿元 B 轮融资的"嘟嘟巴士"创始人刘逸洵说："在大学学好课程应该是第一要务，在专业上一定要过得去。"他建议，在此基础上，去尝试一些自己感兴趣、能获得成就感的事，哪怕只是一些"小生意"。

"KK 浏览器"联合创始人陶鹏也用自己的创业经历告诉大学生，拥有强大的内驱力极其重要。陶鹏认为，给别人"打工"即便自己职位再高，也只是公司的一分子，因此他一直想做点自己想做而且能做成的事。他说："创业最核心的就是自己给自己的驱动，给自己设立目标和奋斗的方向，只有具备这样的内驱力，才能带动团队，也能督促你一直往前走。"

2. 直线创业与曲线创业的选择

作为一个在校生，毕业之后，是先加入成熟的大公司，还是直接创业或者加入一个早期的创业团队？

完成 3 000 万元 A 轮融资的 PLUS 精选摄影联合创始人乔龙说："其实创业是一件一辈子都做不完的事。"

于欣龙是黑龙江省第一家在新三板（全国中小企业股份转让系统）挂牌的大学生创业企业创始人，他说："我就是从一个普普通通的大学生创业走到现在的。在未来的创业路上，追逐梦想不要空想，只有脚踏实地走好每一步，梦想才能变为现实。"

（资料来源：中国青年报.拥有强大内驱力　才能自己做老板.中国网，2016-06-14.有删改.）

---

① KAB 英文全称 Know About Business，意为"了解企业"，是国际劳工组织为培养大学生的创业意识和创业能力而专门开发的教育项目。

◎ **案例解析**

兴趣是创业最好的老师；长期的思考、不断的实践加上强大的内驱力，促使创业者在有想法时能准确地分析想法的可行性，找准市场的痛点，从而获得成功。

任务一　经济发展与创业

一、"众创"是经济转型的引擎

"众创"是顺应新时代用户创新、大众创新、开放创新趋势，把握全球创客（出于兴趣与爱好，努力把各种创意转变为现实的人）浪潮兴起的机遇，根据互联网应用深入发展、知识经济社会创新环境下创新创业特点和需求，通过创新创业服务平台聚集全社会各类创新资源，汇众智搞创新，使每一个具有科学思维和创新能力的人都可参与创新，形成"大众创造、释放众智"的新局面，其主要特征是创新创业主体由特定的专业人员转向非特定大众。

（一）知识经济与经济转型

人类在经历了农业经济和工业经济之后，进入了一个新的经济时代，即知识经济。原本以物质和资本为主要生产要素的经济模式逐渐发生了深刻的变化，知识开始成为关键性的生产要素，并且极大地影响着生产力中的各个要素。

知识经济，从字面来看，可以理解为"以知识为基础的经济"；从内涵角度而言，又称智能经济，是指建立在知识和信息的生产、分配和使用基础上的经济，它是与农业经济、工业经济相对应的一个概念，是一种新型的富有生命力的经济形态。知识经济形态是科学技术和经济运行日益密切结合的必然结果，使人类的社会生活发生了巨大的变化，人类社会正在步入一个以现代科学技术为核心、以知识资源为主要生产要素的新经济时代。在知识经济时代，全球产业结构正面临着彻底解构和再重组运动，因此，要发展知识经济就必须进行相应的经济转型升级。

（二）大众创业与万众创新

在全球经济复苏乏力的背景下，中国经济发展迎来历史性新机遇的同时，也面临着巨大挑战。在这样的大环境下，2014年9月，我国首次提出"大众创业、万众创新"（"双创"）的号召，表明中国经济提质增效升级、增强活力需要依靠创新，只要大力破除对个体和企业创新的各种束缚，形成"人人创新、万众创新"的新局面，中国发展就能再上新水平。实践同样证明，大众创业、万众创新是创业创新观念和模式的变革，激励千万人起而行之，把亿万普通人的智慧汇集起来，在奋斗中创造财富，促进了社会纵向流动和公平正义。

（三）经济转型与创业热潮

经济转型，从表面来看，是指经济状态的转变，是由一种经济运行状态向另一种经运行状态的转变；从内涵来看，是指一个国家或地区的经济结构和经济制度在一定时期内发生的根本性变化。经济转型是经济体制的更新，是经济增长方式的转变，是经济结构的提升，是支柱产业的替换，是国民经济体制和结构发生的一个由量变到质变的过程。

经济转型是创业热潮兴起的内在驱动力。经济发展的阶段不同，创业活动的特征也有所不同。在农业经济时代，劳动者的体力是影响生产力的决定性因素；在工业经济时代，经济发展主要取决于对自然资源的占有；而在知识经济时代，知识资源成为影响创业的重要因素。随着工业经济向知识经济过渡，创新成为竞争中的重要优势，这为创业活动提供了一个良好的环境，有助于创业者通过对知识的获取、配置、生产和消费来实现创业梦想，推动一大批新兴行业企业的诞生。

经济转型带来创业热潮，政府会通过出台经济政策，为创业活动提供良好的环境和条件，促进知识经济发展，从而实现转型。我国对于大众创业、万众创新热潮的推动主要表现在三个方面：第一，政府在政策制度方面进行调整，包括减少对"双创"企业的干预，降低企业创业成本，为其提供更多发展空间；第二，市场自身进行调整，将资源适当向"双创"企业倾斜，如资本市场应给予"双创"企业更多支持和发展机会；第三，产业层面上为未来前景广阔的非传统和新兴企业提供更多的机构扶持。

二、创业是知识经济的典型产物

在知识经济时代，创业在经济社会发展中的地位和作用越来越明显，知识经济时代赋予了创业非常重要的意义。

（一）推动社会创新

创业的本质就是创新，任何一种创业活动都是一种创新的行为和过程，知识经济背景下的创业热潮推动着整个社会的创新。经济学家约瑟夫·熊彼特提出，创新主要指创造未曾尝试过的技术，以及改进当前已有的产品或技术，但并不局限于新产品和新技术，也包括新的组织、活动、制度。

知识经济时代的创业更可以实现先进技术转化，推动新发明、新产品或新服务不断涌现，创造出新的市场需求，从而进一步推动和深化科技创新。此外，新建立的企业要想在激烈的市场竞争中站住脚，就要使用先进的生产技术，采用科学的技术手段。因此，创业活动加速了科技的创新，可以推动社会的宏观创新。

（二）发展生产力

在知识经济时代，科技是第一生产力，高新技术产业的发展已经成为影响国家竞争力的关键性因素。高新技术产业的发展不仅仅需要大批具有创新精神和创造力的人才，更需要一个完整的创业体系的支撑，使创新带来的高科技潜在的价值市场化，将创新成果转化为现实的生产力。知识经济的到来兴起了创业热潮，而创业是一个国家经济发展中最为活跃的部分，是经济发展的原动力。

我国改革开放以后确立了社会主义市场经济体制，积极支持个人投资兴办企业，新创办的中小企业成了我国新的经济增长点，对我国经济持续高速增长，以及促进我国的城市化进程和现代化建设，都起到了重要作用。

（三）缓解社会压力

从广义上来看，创业就是运用新的手段，整合资源，创造新的价值的过程。它是促进就业质量提升、改善人们生活质量、调整社会生产关系的有效途径之一。首先，创业可以创造新的就业岗位，缓解就业压力，实现从被动就业到主动创业的转变，以创业促就业。其次，新兴企业的诞生可以提供新的产品或服务，满足消费者的需求，从而提高人们的生活水平，缓解供需矛盾。最后，创业可以通过竞争使社会资源得到有效配置，促进经济秩序协调发展和产业结构升级，实现人、经济与社会的科学、可持续、和谐发展。

（四）推动社会进步

首先，创业活动促进了社会经济体制的改革深化，繁荣了市场，创造了财富，丰富了人们的生活，提高了生活质量，推动了社会生产力的大发展。其次，创业活动依赖人的创造性和主动性，人成为整个社会关注的中心，对社会形成创新、宽容、民主、公正、诚信等观念和文化具有积极的推动作用。此外，创业活动有利于在全社会弘扬创新意识和创新精神，有利于社会文化、观念的转变。

三、大学生是"双创"的生力军

大学生创业在国内外已不再是新鲜事，随着大学生创业的作用和意义逐渐受到社会各界的认同，国家各级政府纷纷出台了一些政策法规，支持大学生创业，高校也积极开展创业教育及相关的创业研究，培养出大量的大学生创业人才。青年大学生正在成长为我国创业群体的中坚力量，成为创新创业的生力军，这主要是由科学技术的重要性及大学生群体的社会影响力决定的。

（一）科技是第一生产力

随着知识经济时代的到来，知识和高素质的人力资源成为社会生产中的重要资源，经济转型所带来的创业热潮，更是成为推动产业结构调整升级的重要途径。能否把握这次变革，掌握新技术，引领未来技术，鼓励创新创业，大力发展高新技术产业，决定着我国在未来世界中的经济实力和竞争地位。大学生作为最容易接受新事物的群体，掌握着先进、前沿的知识和技术，承载着国家与人民的期待，承担着民族复兴的重任，自然成为创新创业的生力军。

（二）大学生群体的社会影响力巨大

大学生具备较高的科学文化素养，代表着国家的未来和希望，不仅数量巨大，还十分活跃，并富有激情。鼓励和支持大学生创业，加强大学生创业教育，培养大学生的创业能力和创新创业精神，在大学校园内营造良好的创业文化，提高大学生的创业热情，并倡导积极付诸实践，有利于引导社会潮流，在全社会形成大众创业、万众创新的景象，提高科技创业的水平和比例，推动经济转型和产业结构调整升级。

> **相关链接**
>
> **中国国际"互联网+"大学生创新创业大赛**
>
> 　　更中国、更国际、更教育、更全面、更创新——自2015年举办首届以来，中国"互联网+"大学生创新创业大赛（2020年正式更名为中国国际"互联网+"大学生创新创业大赛，以下简称大赛）积极打造德智体美劳"五育并举"实践大平台，截至2023年4月，已成功举办八届，累计吸引120个国家和地区的603万个团队、2 533万名大学生踊跃参赛。这组数字，标注着青年创新创业热情的不断攀升；这项赛事，已成为助力众多青年实现创新创业成才梦想的摇篮。
>
> 　　——8年来，大赛带动各高校开设创新创业教育课程3万余门，聘请行业优秀人才担任双创专职教师近3.5万人，兼职导师13.9万余人，在各地厚植了创新创业人才培养和创新创业实践的"沃土"。
>
> 　　——8年来，依托大赛项目设立的市场主体超10万户，直接及间接带动就业500余万人，释放灵活就业、灵活就业岗位近50万个，新职业就业空间超千万。
>
> 　　——8年来，大赛聚合世界百余个国家和地区的数千万大学生，为国际青年搭建了交流思想、互学互鉴、增进友谊的对话平台，为构建人类命运共同体汇聚了更多国际化、年轻化、多元化双创力量。一个全球化的双创教育交流平台和双创生态系统逐渐形成。

> **学习指导**
>
> 　　经济转型是创业热潮兴起的内在驱动力。创新创业是中国经济提质增效的新引擎，"大众创业、万众创新"号召的提出，有利于激发中国人民的勤劳智慧及创造潜力，提高中国经济活力，促进中国经济转型升级与高质量发展。
>
> 　　当代大学生作为创新创业的生力军，绽放自我，展现风采，服务国家经济建设，为引领推动高等教育创新，促进"大众创业、万众创新"发挥了重要作用。

任务二　创新创业与创业精神

　　创新创业是人类社会的永恒话题，也是社会经济发展的重要支撑。党的十八大以来，党中央、国务院高度重视创新创业工作。习近平总书记指出，创新是社会进步的灵魂，创业是推进经济社会发展、改善民生的重要途径，创新和创业相连一体、共生共存。因此，认识创新创业，积极响应"大众创业、万众创新"号召，成为当代大学生的重要任务。

一、厘清创新与创业的关系

创新与创业经常被一起提及，但这是两个不同的概念，虽然创业活动必然会涉及创新，但是创新不一定就是创业，创业也不等同于创新。创新是一种革新，是在现有物质和精神的基础上，引入新概念、新事物的过程。创业是创造新事业的过程，是实现创新的价值的过程。

微课启学：
创新与创业

（一）创新促进创业

纵观人类社会的发展历史，创业创新始终是社会进步、经济发展的重要源泉。经济学家熊彼特指出，创新是企业家对生产要素的重新组合。管理学家彼得·德鲁克认为，创新包括技术创新和社会创新。经济学家达德利·诺思认为，世界经济的发展是制度创新与技术创新互相促进的过程。

创新是创业的基础和核心，主要强调其与经济增长之间的关系。创业是指一个人发现和捕捉机会并由此创造出新产品或服务的过程，主要标志和特征是创建新企业或新的组织。创业本质上是一种创新活动，主要研究范畴包括其与经济增长的关系、就业、社会发展及公平正义等。

从关系上来说，创新与创业是一对名副其实的"孪生兄弟"。创新活动能够为创业者拓展更宽的创业领域，创造更多的创业机会；而创业活动又能够为创新提供实践和经验。创新是中国实现经济可持续发展的第一动力，创业是创新发展的途径和必然选择。以我国大力提倡的"互联网+"为例，就是要将互联网的创新成果深度融合于经济社会各领域，全面提升全社会的创新水平；与此同时，推动网络创业和网上就业，并逐渐发展成为"大众创业、万众创新"的重要领域。以"深耕助农战略、重投农研科技"的拼多多平台为例，其2023年最新财报显示，入驻平台的"90后"到"00后"青年商家占比超49%。其中"95后""新新农人"超12.6万人，在返乡创业过程中，"新新农人"更愿意回馈家乡，带动当地就业，注重农业的可持续发展，热衷于推动农产品品牌化、标准化。"新新农人"已成为全面推动乡村振兴、农业农村现代化的崭新力量。

（二）创新引领创业

多项国际权威数据显示，中国已经迅速成为仅次于美国的世界第二大研发国，中国在全球创新体系中正快速接近中心的地位。世界知识产权组织于2022年11月21日发布的《世界知识产权指标》报告显示，中国2021年提交的专利申请量达159万件，约占全球申请总量的1/2，连续11年位居世界首位。此外，中国在2021年拥有的有效专利数量也达到360万件，首度超越美国，排名世界第一。随着创新能力的不断提升，创新对国民经济发展的贡献率也有了大幅度的提高。我国全球创新指数排名从2012年的第34位上升至2022年的第11位，使我国成功进入创新型国家行列，开启了实现高水平科技自立自强、建设科技强国的新阶段。科技进步贡献率超过60%，表明我国的经济增长中超过1/2的贡献率来自科学技术的进步和创新。整体上，我国创新型国家建设取得了决定性成就，创新拉动创业的趋势已经形成。

（1）从新增企业来看，企业数量持续快速增长，发展势头活跃，对扩大就业的支撑作用越发显著。国家市场监督管理总局数据显示，截至2023年1月，全国市场主体已达1.7亿户，是10年前的3倍，创业创新热潮持续高涨。

（2）从创业主体来看，越来越多的大学生、海归人员和科技人员投身到创业浪潮中，创业群体的素质有了明显的提高。

（3）从新产业角度来看，国家统计局数据显示，我国高技术产业增速较快。2021年，我国高技术产业总产值比1995年增长2.6倍，年均递增23.9%，且高技术产业产值在制造业中所占的比例逐年上升。由此可见，我国高技术产业已经迈入快速发展的新的"黄金时代"。锐观产业研究院发布的《2023—2028年中国科技孵化器产业投资规划及前景预测报告》指出，2021年，全国创业孵化机构数量达15 253家，其中孵化器6 227家、国家级科技企业孵化器1 287家、众创空间9 026家、国家备案众创空间2 551家。这为促进大众创业和经济转型发展提供了有力支撑。

（4）从新业态的角度来看，数字经济、在线教育、互联网医疗、线上办公、数字化治理、传统企业数字化转型、"虚拟"产业园和产业集群、无人经济、微经济等新业态、新模式迎来新的发展机遇。2023年《政府工作报告》显示，载人航天、探月探火、深海深地探测、超级计算机、卫星导航、量子信息、核电技术、大飞机制造、人工智能、生物医药等领域的创新成果不断涌现。高铁网络、电子商务、移动支付、共享经济等引领世界潮流。"互联网+"广泛融入各行各业。大众创业、万众创新蓬勃发展，工信部发布的数据显示，2022年，我们国家平均每天新设企业2.38万户，中小微企业数量已经超过5 200万户，规模以上工业中小企业经营收入超过了80万亿元。一大批专精特新企业[①]脱颖而出，成为中小企业发展的一个亮点。全国已经培育了7万多家专精特新中小企业，其中专精特新"小巨人"企业[②]8 997家。快速崛起的新动能正在重塑经济增长格局，深刻改变人们的生产生活方式，成为中国创新发展的新标志。

（三）创业实现创新的价值

本质上，创新属于思维、观念、方法、模式等上层建筑，它并不能从根本上解决经济基础问题，唯有通过创业才能将创新落到实处。因此，创业是实现创新价值的根本途径，它通过商业活动和市场化，将技术创新、制度创新、管理创新转变为现实生产力，创造出物质财富，推动经济发展，提高人们的生活水平。

（四）创业推动并深化创新

创业是实现创新价值的过程，创新成果通过创业者推向市场，在满足市场需求的同

[①] "专精特新"是指中小企业具备专业化、精细化、特色化、新颖化的特征，专精特新企业是未来产业链的重要支撑，是强链补链的主力军。

[②] 专精特新"小巨人"企业是指业绩良好，极具发展潜力和培育价值处于成长初期的小企业。

时，不断进行技术创新，推动新产品或新服务的出现。因此，这是一个上升发展的过程，一步步推动创新的进步，创建浓郁的创新氛围，从而提升整个国家的创新能力，提高生产力。

二、培育创业精神

（一）创业精神的本质

创业精神是创业者在创业过程中具有的重要行为特征的高度凝练，主要包括开创性的思想观念、个性、意志、作风和品质等，主要表现为敢于创新、不惧风险、团结协作、坚持不懈等。

1. 创新是创业精神的灵魂

创业活动中贯穿着各种形式的创新，诸如产品创新、技术创新、市场创新、组织形式创新等，创新是创业精神的核心和灵魂，创业者只有具有创新精神，才可能创建新颖独特的企业，并保持企业的特色和可持续发展。

2. 冒险是创业精神的天性

创业会面临着各种风险，如果没有甘冒风险和承担风险的魄力，就不能成为创业者。创业者遍布世界各地，他们的生长环境、成长背景和创业机缘各不相同，但有一个共同点，即他们都是敢为人先、承担风险的实践者。

3. 合作是创业精神的精华

社会发展到今天，行业分工越来越细，没有人能单独完成所有创业需要完成的事情。创业者要善于合作，将团结协作精神传递给企业的每个员工，凝聚力量，共同为创业目标而奋斗。

4. 执着是创业精神的本色

创业的过程必然伴随着各种艰辛和曲折，因此创业者只有坚持不懈，绝不轻言放弃，才能在艰难的竞争中生存下来，最终实现创业梦想。工作中精益求精、执着专注，以及新时代的工匠精神都是创业精神的体现。

创业精神是创业的动力，也是创业的支柱，没有创业精神就不会有创业行动，也就无从谈起创业成功，因此创业精神对创业至关重要。

（二）创业精神的来源

创业精神的形成与发展，受相应的文化环境、产业环境、生存环境等的影响。

1. 文化环境

文化对人的影响是潜移默化和深远持久的。创业者会受到成长环境的文化熏陶，从其生活区域的文化中汲取精神力量。因此，商业文化氛围浓厚的地方，更容易培养潜在创业行动者的创业精神。例如，商业文化十分发达的温州就孕育了温州商人的创业精神。

2. 产业环境

不同的产业环境，会对创业精神产生不同的影响。对于垄断行业而言，行业缺乏竞争,创业缺乏萌芽的土壤,创业精神的产生就会受到抑制。在一个完全竞争的市场结构中,由于企业竞争激烈,则更有可能培育出创业精神。

3. 生存环境

常言道:穷则思变。从生存环境来看,资源贫瘠、条件恶劣的区域,往往更能逼迫人产生斗志,渴望改善生存状况,促使人们不断寻求发展机会,整合外界资源,进而催生创业念头,激发创业精神。

(三)创业精神的作用

创业精神能够激发人们进行创业实践的欲望,是心理上的一种内在动力机制。它在很大程度上决定着一个人是否敢于投身创业实践活动,支配着人们对创业实践活动的态度和行为,并影响着态度和行为的方向及强度。

创业精神能够渗透到三个广阔的领域,并产生作用:个人成就的取得,如个人如何成功地创建自己的企业;大企业的成长,如大企业如何使其整个组织重新焕发创业精神,以具有更强的竞争力和创造力;国家的经济发展,如帮助人民变得更富裕。

创业精神的力量能够帮助个人、企业乃至整个国家或地区在21世纪的竞争中走向成功和繁荣。当前,世界产业结构正经历着巨大调整,创业精神在我国对加快转变经济发展方式、促进经济社会又快又好发展将发挥更大的作用。

相关链接

建设中国特色社会主义需要优秀企业家精神

改革开放以来,党中央、国务院和社会各界一直高度重视对企业家的培育和鼓励。习近平总书记指出:"我们全面深化改革,就要激发市场蕴藏的活力。市场活力来自人,特别是来自企业家,来自企业家精神。"习近平总书记的这段话清楚地告诉我们,在社会主义社会的发展和建设过程中,需要一大批具有核心竞争力的企业,需要众多的具有开拓精神,能发现机会、整合资源、勇于创新、敢于拼搏、爱国敬业的企业领导人、带头人。在社会主义发展和建设过程中,既有公有制企业,又有非公有制企业,还有混合所有制企业,更有无数小微企业,所有这些企业都在朝着追求卓越、开拓市场的方向前进,企业家在市场经济的激励下,为国家的发展、企业的建设贡献自己的力量,他们是参与经济活动的重要主体、"关键少数"和特殊人才。

知识补给:
创业素质的
自我测试

(四)创业精神的培育

创新精神的培育可从以下三个方面入手。

1. 培育创业人格

个性特征对于个体的创业来说是非常重要的,尤其是独立、坚持、敢为等特性。人格养成与创业精神、能力的培养相辅相成。我们应有针对性地学习必要的心理健康知识,树立心理健康意识,优化心理素质,增强心理调适能力和社会生活的适应能力，自觉培养坚忍不拔的意志品质和艰苦奋斗的精神，提高承受和应对挫折的能力。此外，还可以采用创业案例，剖析创业者的人格特征，进行心理训练等，掌握形成良好心理素质与优秀人格特征的途径。

2. 培养创新能力

创新是创业精神的核心，创业者必须重视创新能力的培养与提高。社会要尊重创业者个性发展规律，爱护和培养好奇心、求知欲，为充分开发禀赋和潜能创造环境与机会。创业者要勇于突破，有意识地突破前人、突破书本、突破教师。通过学习创新创造力课程、参加主题技能竞赛等去感受、理解创新产生的过程，培养科学精神和创新思维。

3. 强化创业实践

创业精神的培育要做到知行合一、理论与实践紧密结合。要利用课余时间参加一定的创业模拟和社会实践活动，将专业知识应用到实践中，形成对创业的感性认知，孕育创业精神，提升解决问题的能力。

◎ 学习指导

创新创业是社会进步、经济发展的重要源泉，创新促进创业，创新引领创业。

千里之行始于足下，每个创业者都有实现梦想的冲动，这是走向创业之路的初始力量，这股力量凝聚而成创业精神，是指引创业成败的关键所在，创业精神的延续和累积，锻造而成这个时代的企业家精神力量。

任务三　创业与人生发展

一、创业的意义与价值

（一）实现人生梦想

每个人都有自己的人生梦想，实现梦想的途径有很多，但从最终结果来看，创业是实现人生梦想最为有效的一种选择。每个行业都有自己的门槛，但是创业是一种多元的选择，既可以依赖高层次的创新成果（如专利技术），又可以依靠自己的辛勤劳动而创就一番事业。创业不唯年龄、学历和经历，它依赖的是提供的产品或服务，相应的，评判创业成功与否的就是市场了。市场是相对公开透明的，只有满足了市场的需求，产品或服务才能继续存活下去，因此，创业也是一条相对公平的实现人生梦想的途径。

（二）创造更多的社会价值，培养社会责任感

创业是创造价值的过程，创业者将自己的创意通过商业手段转化为产品或服务，满足消费者需求的同时创造了就业机会，有利于稳定就业形势。在创业过程中，创业者需要对

创业团队、客户、投资者等诸多社会主体负责，进而培养了责任感。创业者在创业初期会遇到各种各样的困难，在大众创业、万众创新的政策扶持下，创业者在勇敢克服困难的同时，会形成一种对个人、家庭、企业、社会的强烈责任感和使命感，希望自己获得成功的同时也能更好地回馈社会。

（三）磨砺人生，提升自我

创业的艰辛不言而喻，从初期的创意萌芽到产品落地，只是一切的开始，融资、管理、销售、研发等一系列问题都要解决，决策稍有不慎就有可能满盘皆输。创业者在享受企业成长的喜悦的同时，更多的是承担压力，但这也是一个极好的锻炼机会，面对困难磨砺了自己的意志和精神，解决问题提升了自己的综合素质，即使失败了，创业能力的提升带来的益处也会使创业者受用终身。

二、创业与创新型人才

微课启学：创新型人才应具备的素质

前文有述，创业与创新相辅相成、相互融合、相互促进，共同推动着社会的进步。创业起源于创新，创新是创业的本质和灵魂，因此说，拥有创新型人才是创就事业的首要之务。创新型人才是指具有创新能力和创新精神的人才，是国家建设的中坚力量。知识经济时代对创新型人才的素质要求主要包括以下六个方面。

1. 品德高尚、德才兼备

真正有理想、有抱负，具有大无畏精神和开拓精神的人，才最有可能开拓新的领域，承担起社会重任，创造出更多的社会价值。

2. 坚忍不拔、敢于创新

创新是在现有成果的基础上改进或创造新的事物，需要突破固有思维。在这个过程中，创业者必然会遇到各种各样的困难和阻碍，如果缺乏坚定的意志，很容易就会放弃。因此，坚忍不拔、敢于创新是创新型人才必须具备的素质，只有不怕艰难困苦、不怕挫折失败才能获得最终的成功，实现创新的目标。

3. 基础扎实、学识渊博

创新是对已有知识的发展和革新，如果缺乏必要的基础知识，那么就失去了创新的基础。同时，创新需要突破常规，如果学识太过单一，则影响思维的发散性。因此，创新型人才只有提升知识结构的深度和广度，既专又博，不断开阔自己的眼界，才能更好地从事创新活动。

4. 见微知著、观察敏锐

科学发现和技术突破都是创新的结果，从这个角度来讲，创新就是发现，而且是具有突破性的发现。因此，创新型人才必须具有敏锐的观察能力、深刻的洞察能力、见微知著的直觉能力和一触即发的灵感与顿悟，不断将观察到的事物与已掌握的知识联系起来，发现事物之间的必然联系，及时发现别人没有发现的东西，从而发现价值、创造价值。

5. 团结协作、共克难关

一个人的力量是有限的，团队会拥有更多的可能。创新活动在当今时代越来越表现出团队特征，对创业者的组织、协调、沟通等能力的要求更高。创新型人才必须具有强烈的团队意识和合作精神，充分发挥团队作用，解决在创新过程中遇到的关键性难题。

6. 追求真理、勇于实践

实践是检验真理的唯一标准，创新是思维和实践的一体化过程，不能违背客观规律，否则任何创新都是不存在的，更不能通过创业来实现其价值。创新型人才要勇于实践，掌握客观规律，按客观规律办事，创造更多的社会价值。

三、创业教育与职业教育

（一）开展创业教育助推高职大学生实现自我价值

《国务院关于大力发展职业教育的决定》《国家职业教育改革实施方案》《关于推动现代职业教育高质量发展的意见》《关于深化现代职业教育体系建设改革的意见》等一系列重要文件的出台，极大地推动了我国高等职业教育的快速发展。教育部统计数据显示，2022年，全国高职（专科）招生538.98万人，职业本科招生7.63万人，职业教育作为一种教育类型，已成为高等教育的"半壁江山"，培养了一大批支撑经济社会发展的技术技能人才，在服务国家战略、服务区域发展、服务脱贫攻坚、促进教育公平等方面发挥着重要作用。

1. 高职大学生创业是建设创新型国家的必然要求

党的二十大报告指出：加快实施创新驱动发展战略。坚持面向世界科技前沿、面向经济主战场、面向国家重大需求、面向人民生命健康，加快实现高水平科技自立自强。当前，全国众多地方和领域处在科学技术改革创新、产业结构不断升级、城市化建设不断推进的关键阶段，在社会经济结构调整、产业转型升级的大背景下，实用型、复合型人才是深化企业和行业改革、促进经济社会创新发展的必然要求。思维活跃、灵感丰富、敢于标新立异、具有创新精神的高职大学生，不仅仅是社会生产实践的有力执行者，更应该是新思想、新观念、新技术、新工艺的倡导者和带头人。因此，高职大学生开展创业实践，提升创新能力是时代的必然要求。

2. 高职大学生创业是个人成长的内在要求

麦可思研究院发布的《2021年中国大学生就业报告》显示，2020届高职毕业生自主创业率为2.8%，创业率显著高于本科院校的1.3%。2021届高职大学生灵活就业比例达7.7%，其中3.1%选择自主创业。综合来看，高职大学生拥有更强的创业欲望，踊跃创业、敢于创新已经成为高职大学生的自发行为和主动要求。在高职院校开展创业教育势在必行。

高职大学生接受创业教育并开展创业实践的意义：一方面，有助于提前掌握毕业后参与社会市场竞争的生存本领和技能；另一方面，高职大学生的思维活跃、想象力丰富、动手和操作的意识和能力较强，开展创业实践，不仅能充分激发和调动内在创造力和创新潜力，还能提升其在面对激烈的社会竞争时的自信。同时，高职大学生深入学习创业教育知识，强化创业精神，提升创业能力，有助于牢固树立时时创业、处处创新的市场竞争意识，有助于增强社会竞争力、赢得创业就业机会。

（二）开展创业教育赋能高职大学生职业生涯规划与发展

广义的创业可理解为创业者挖掘自身潜力，运用自身的创造性能力，识别和评估各种机会，整合周围资源，抓住各种机会，创造新的事业的过程。人人都有可能成为创业者，每个人都能拥有创业能力。

创业教育已经成为教育行业的"第三驾马车"，地位较之于学术教育、职业教育来说同等重要。很多人认为创业教育的目的是教导大学生如何创办一家企业，其实，创业教育是为了培养大学生的创业精神和创业能力。高等教育必须适应知识经济时代的快速发展与急剧变化，以创新性和创造性为基本内涵，更加注重培养大学生积极应对环境变化的职业迁移能力和自主创业能力，使其成为职业岗位的主动创造者。创业能力具有普遍性与时代适应性，对职业生涯发展具有积极作用。

1. 引导高职大学生主动进行职业生涯探索

通过创业教育，高职大学生的创业能力得到提升，自我认知也就更加敏锐，固有思维得到改变。当今社会就业压力较大，拥有创业能力的人不会被动等待就业，而是会主动探索职业生涯。创业的开放性和创造性，让高职大学生懂得如何为自己创造展示舞台，提升自己的职业迁移能力，在职业生涯中不断改变自己，完善自己。

2. 使高职大学生理性作出职业生涯的选择

提升创业能力，可以帮助高职大学生了解和认识创业，把创业作为职业生涯的一种选择，而且在选择创业时也会更加谨慎。

3. 增强高职大学生职业生涯规划的科学性和可行性

在培养创业能力的过程中，人们会接触商业模式，了解市场运作，学会初步分析商业环境和市场规律，从而更好更全面地判断就业环境，在进行职业生涯规划时就有了指引和方向，能够避免作出不切实际的选择。

4. 提高高职大学生职业生涯发展的高度和广度

创业能力的培养能够使高职大学生的各项素质得到全面提升，包括创新能力、团队协作能力、管理能力、沟通能力等，其开放思维也会带来心态的改善，这大大有利于高职大学生未来的职业发展，有助于其在竞争中脱颖而出，从而获得更大的职业发展空间。

> 🧭 **学习指导**
>
> 创业相对于就业来说，具有实现人生梦想、创造更多社会价值、培养更多社会责任感和提升自我的特殊意义。
>
> 创业是时代赋予高职大学生的使命，也是对高职大学生的内在要求。创业能力对个人职业生涯发展有着重要的积极作用。

实训活动

开展创业状况大调查

1. 活动参与人数

以小组为单位，对全国、本地区和本校的创业状况开展调查。人数不限。

2. 活动场地和道具

教室、工作坊及走访单位，调查问卷。

3. 活动组织

可通过学校就业创业网站、网络搜索、走访调查、电话或亲自访谈等多种形式开展调查。

4. 活动步骤

（1）设计调查问题与表格。

（2）走访教师与师兄师姐。

（3）统计调查数据并填入表0-1-1。

表0-1-1 调研数据

调查维度	调查项目	创业人数、创业状况及其主要特点
宏观	全国大学生近两年创业状况	
中观	本地区大学生近两年创业状况	
微观	本校大学生近两年创业状况	
	所在院系或专业近两年创业状况	

5. 活动交流与讨论

（1）通过三个维度的调查，全国、本地区及本校近两年创业状况有何特点？为什么会呈现如此特点？

（2）作为大学生，你如何在本校、本地区开展创业实践？

6. 活动体验

_____

_____

7. 活动点评

创业状况调查有助于整体把握全国、本地区和本校本专业大学生的创业特点，有助于更好地理解创业环境，也有助于大学生把握所在院校创新创业教育的整体思路和导向。对于大学生来说，从创业成功者身上学习经验，从创业失败者身上吸取教训，更是调查的最大收获。

模块一
开启创新之路

模块导学

>>何为创新？中国科学技术协会主席万钢说："所谓创新，就是人们利用新的知识、新的技术去创造新的产品，改进新的工艺，来推向社会，最终达到改善人民生活、提高社会财富的目的。"

学习目标

>>知识目标：了解创新及创新意识的含义；了解什么是创新思维；掌握不同类型的创新方法；知道保护创新成果的方法。

>>能力目标：能够初步树立创新意识；具备一定的创新思维；能够运用合适的创新方法进行创新活动；学会保护创新成果；能够进行创新成果的转化。

>>素养目标：培养大学生的创新意识及企业家精神；树立科学的创新理念；提高创新思维能力。

项目一 培养创新意识

学前思考

（1）什么是创新？创新分为哪几个阶段？
（2）什么是创新意识？创新意识与创造性思维有什么不同？

案例导入

让世界见证卫星互联网测量的中国力量

◎ **案例描述**

第六届"互联网+"大学生创新创业大赛冠军由北京理工大学的星网测通项目获得。团队的主要负责人宋哲始终抱有"让世界见证卫星互联网测量的中国力量"的坚定决心。

2008年汶川地震期间，灾区大部分通信设施遭到毁坏，救援人员肩扛通信设备的场景深深触动了当时正在做本科毕业设计的宋哲，随后宋哲就将毕业设计定位在卫星互联网领域，她想要解决更多通信问题。

宋哲认为从2014年马斯克和星链项目横空出世，再到2020年我国提出新型基础设施建设，卫星互联网正在带领着人类大踏步地进入太空Wi-Fi时代。测量就是为卫星做体检，是卫星互联网产业链的关键一环。为卫星进行测量并不是一件容易的事。卫星的轨道高度可高达数万千米，这使卫星上的微小偏差会被放大为地面覆盖区域的大幅偏离，而想要偏差小，就要测得准。

宋哲用了12年的时间，带领项目团队发明了宽带链路测量仪，实现了九种调制模式的柔性测量，使一台设备就能测量数百个场景；发明了参数矩阵测量仪，实现了109个通道的全并行测量，使效率提升了100倍；还发明了十二分量模拟源，实现了20余种波形的低复杂度测量，为用户节省了90%的成本。2020年星网测通的设备已可满足多个国家重大型号的研制急需，保障了神舟飞船宇航员和地面之间天地通话链路的畅通，保证了天通一号卫星能按时飞向太空，填补了北斗系统测量手段的空白，让卫星互联网测量的中国力量被世界见证。

（资料来源：李薇薇，马海君.国际在线：我敢闯 我会创 第六届"互联网+"双创大赛十大金奖案例出炉（上）.厦门大学新闻网，2020-11-19.有删改.）

◎ **案例解析**

宋哲正是因为拥有创新意识，在卫星测量方面做出了突出成绩，让世界见证了中国力量。面对日新月异的科技进步、不断深化的社会变革，只有具有不断反思、创新能力的人，才能跟上时代的脚步，不断前行。

任务一　走　进　创　新

党的二十大报告指出，到2035年，我国发展的总体目标是经济实力、科技实力、综合国力大幅跃升，人均国内生产总值迈上新的大台阶，达到中等发达国家水平；实现高水平科技自立自强，进入创新型国家前列。

一、创新的含义

《现代汉语词典》中关于创新的释义是"抛开旧的，创造新的"。创新具有三层含义，第一是独立创造，创造出新的、从没有过的事物；第二是更新，摒弃旧的事物和方法，接受新的事物和方法；三是改变，将旧事物进行改造，使之与之前不一样。

微课启学：
何为创新

经济学上，创新概念的起源为熊彼特在1912年出版的《经济发展理论》。熊彼特在其著作中提出：创新是把一种新的生产要素和生产条件的"新结合"引入生产体系。它包括五种情况：引入一种新产品、引入一种新的生产方法、开辟一个新的市场、获得原材料或半成品的一种新的供应来源、新的组织形式。熊彼特的创新概念包含的范围很广，如涉及技术性变化的创新及非技术性变化的组织创新。

创新的本质是突破，即突破旧的思维定式、旧的常规戒律。创新活动的核心是"新"，它或者是产品的结构、性能和外部特征的变革，或者是造型设计、表现形式和手段的创造，或者是内容的丰富和完善。

相关链接

创新是深化供给侧结构性改革的必然要求

适应和引领经济发展新常态，推进供给侧结构性改革，根本要靠创新。推进创新是深化供给侧结构性改革的应有之义，是加快新旧发展动能转换的必然要求，是扩大就业的有效途径。

一方面，供给侧结构性改革本身需要理念、制度与政策的创新突破，改革本身就是创新；另一方面，供给侧结构性改革的最终目的是通过促进创新来实现企业转型和发展，保障经济高速增长。当前，供给侧结构性改革在推进过程中面临着旧供给过剩与新供给不足并存的局面。新旧动力转换，"破"与"立"就需要协调与衔接。值得注意的是，创新不完全是"创造性毁灭"。需要看到，旧供给的退出需要一定的时间与空间，过剩产能、"僵尸"企业按市场规则有序劣汰，为新供给留出创新空间。同时，创新不一定意味着推倒重来，而是根据需求提供结构变量。创新也不一定非要有尖端的内容，改善供给侧、提供新需求就是创新。创新就在我们身边，更多的是从新供给角度去满足创新需求。

以创新促进供给侧结构性改革，既包括通过全面深化改革实现制度创新，进一步解放生产力，激发创新创业活力；又包括在新一轮技术与产业创新长周期期间发展创新经济，形成新技术、新产品、新业态的新供给；还包括通过创新宏观调控政策方式，满足人们日益增长的新需求，形成生产、消费与就业的新供给结构，真正实现新旧动力的转换。创新与供给侧结构性改革的结合，将形成"以创新深化改革，以改革促进创新"的正反馈激励。

党和国家历来高度重视科技创新，习近平总书记在党的二十大报告中指出，坚持创新在我国现代化建设全局中的核心地位。加快实施创新驱动发展战略。坚持面向世界科技前沿、面向经济主战场、面向国家重大需求、面向人民生命健康，加快实现高水平科技自立自强。强化企业科技创新主体地位，发挥科技型骨干企业引领支撑作用，营造有利于科技型中小微企业成长的良好环境，推动创新链、产业链、资金链、人才链深度融合。

二、创新的阶段

国际上对创新的研究可以追溯到一百多年以前。一般认为，英国生理学家弗朗西斯·高尔顿于1869年发表的《遗传的天才》一书是最早关于创新研究的系统科学文献。但是创新思维真正被运用科学方法进行系统研究则比这要晚得多。我们认为，真正可以作为这一领域开创性研究标志的是，美国心理学家约瑟夫·沃拉斯于1945年发表的《思考的艺术》一书。在该书中，沃拉斯首次对创造性思维所涉及的心理活动过程进行了较深入的研究，在此基础上提出了包含准备、孕育、顿悟和验证四个阶段的创造性思维一般模型，至今在国际上仍有较大的影响。

（一）准备阶段

准备阶段主要包括四个方面的工作，一是知识和经验的积累及整理，二是搜集必要的事实和资料，三是了解提出问题的社会价值，能满足社会的何种需求及价值前景，四是在此基础上逐步明确解决问题的思路。

（二）孕育阶段

创造性活动所面临的是前人未能解决的问题，尝试运用传统方法或已有经验难以奏效，只好把问题暂时搁置。从表面上看，认知主体不再有意识地去思考问题而是转向其他方面，实际上是用右脑继续进行潜意识的思考。这是解决问题的酝酿阶段，也称潜意识加工阶段。

（三）顿悟阶段

经过潜伏期的酝酿之后，创意开发者对问题经过周密甚至长时间的思考，可能会突然出现创造性想法，大有"众里寻他千百度，蓦然回首，那人却在，灯火阑珊处"的感觉。由于这种解决方案往往突如其来，所以一般称为灵感或顿悟。事实上，灵感或顿悟并非一时心血来潮、偶然所得，而是准备阶段、孕育阶段中认真准备和长期孕育的结果。

（四）验证阶段

因为由灵感或顿悟所得到的解决方案也可能有错误，或者不一定切实可行，所以还需通过逻辑分析和论证以检验其正确性与可行性，并在此基础上形成更科学、合理的创造途径。

相关链接

为货车解困

有一辆货车在通过一个天桥时，因为司机没有看清过天桥的高度标记，结果正好被卡在了天桥下面。因为当时车上装的货物很重，所以司机很难把货车开出来。

为了开出这辆货车，司机和当地交管部门的工作人员用尽各种办法都无济于事。这时，旁边围观的一个小孩走了上来，笑着说："你们为什么不把车胎的气放出来一点儿呢？"

大家一想，都觉得这个小孩的话有道理。于是司机便放了一些车胎气，使货车的高度降了下来，最终汽车顺利地通过了天桥。

从这个案例中可以看出，生活中的创新并不像人们想象的那样神秘和遥不可及，创新不是科学家的专利，大多数正常人拥有创新的能力。但是现实中大多数人无法取得创新成果，其中一个原因在于创新是人的一种潜能，只有通过开发才能被有效利用；另一个原因就是大部分人认为创新是科学家、工程师等要做的事情，普通人是做不到的。

三、创新的主要特点

（一）目的性

创新活动的开展是有目的性的，没有目的的创新不可能成功。

（二）新颖性

创新是对旧的、不合理的事物的摒弃，具有绝对新颖性、局部新颖性、相对新颖性等特征。

（三）价值性

创新应给社会带来正面的影响和价值，没有价值的甚至给社会带来危害的事物和行为都不能称作创新。

（四）独创性

创新活动往往是打破常规的，是各种相关因素相互整合的结果。

四、创新的类型

人类的创新活动多种多样,遍布各个领域,主要可以划分成以下几种类型。

微课启学:
创新的分类

(一)思维创新

思维创新是一切创新活动的前提。世界上没有完全相同的两片树叶,同样也没有完全相同的两个人,每个人的思维都是不一样的,要摆脱思维定式,凡事从多角度考虑,不迷信权威,不受固定观念束缚。主动进行思维训练,不断产生新的观念、新的想法,确定目标,这是一切创新活动的条件。

(二)产品创新

产品创新是以顾客需求为出发点的,为了更好地满足顾客而对产品的外观、使用性能、经济性等进行不断的完善和改进。这种创新对于生产企业来说是产品创新,对于服务企业来说就是服务创新。例如,提高列车的运行速度对于客运公司来说就是服务创新,对于列车的生产企业来说就是产品创新。一般来说,产品创新的风险较小。

(三)技术创新

技术创新是指改进现有产品或创造新的产品、生产过程或服务方式的技术活动。技术创新不仅指自主创新的技术,还指创新地应用合法取得的他方开发的新技术。

(四)制度创新

制度创新包括产权制度、经营制度和管理制度等方面的创新。产权制度、经营制度和管理制度三者之间没有清晰的界限,相辅相成,相互制约。

(五)管理创新

观念创新是管理创新的灵魂,管理理论和方法有很多种,管理方法也不是一成不变的。管理者必须紧跟时代步伐,抓住机遇,更新观念,大胆创新,优化内部资源配置,充分发掘企业内部潜力,增强竞争实力,促进企业的长远发展。企业只有在不断的创新中才会走得更高、更远、更稳。

(六)环境创新

有时,环境会制约着企业的发展和经营。制度创新是企业内部的创新,而环境创新是指企业通过对外部环境的改造,使其有利于自己企业的发展方向。

五、创新的方法

(一)保持好奇心

黑格尔说过:"要是没有热情,世界上任何伟大的事业都不会成功。"好奇是创新意识的潜能,是创新意识的萌芽。瓦特由水开时壶盖掀动而成功地改良了蒸汽机;阿基米德洗澡时因身体感到水的浮力而发现了阿基米德原理,这些发明创造均与他们具有强烈的好奇心有关。只有发现新问题,才能想办法解决问题。引导和培养好奇心是唤起创新意识的起点与基础。

（二）寻找感兴趣的事

孔子曰："知之者不如好之者，好之者不如乐之者。"可见他特别强调兴趣的重要作用。兴趣是最好的老师，是感情的体现，是学习的内在动力。事实上，只有感兴趣才能自觉地、主动地、竭尽全力地去观察、思考、探究，才能最大限度地发挥主观能动性，于已有知识中产生新的联想，或者进行知识的移植，作出新的比较，综合出新的成果。也就是说，强烈的兴趣是创业者敢于冒险、敢于闯天下、敢于参与竞争的重要支撑，是创新思维的不竭动力。

（三）保持质疑的态度

我国古代教育家早就提出，"前辈谓学贵知疑，小疑则小进，大疑则大进""学从疑生，疑解则学成"。保持一颗质疑的心，有利于开启创新思维的闸门，也有利于培养内在动机和知识兴趣。

（四）拥有探索的精神

创新性学习方法——探索学习包括以下几个方面。

1. 直接式学习法

直接式学习法是指根据创新的需要而选修知识，不搞烦琐的知识准备，与创新有用的就学，没有用的不学，直接进入创新之门。

2. 模仿学习法

模仿学习法是指按照别人提供的模式样板进行模仿性学习，从而形成一定的品质、技能和行为习惯，换句话说就是从"学会"到"会学"。

3. 探源索隐学习法

探源索隐学习法是为了积极地掌握知识所采用的创新性思维方式，即对某项知识的出处或来源进行认真的探索和追溯，并经过分析、比较和求证，从而掌握整个知识体系的学习方法。探源索隐学习法对于激发自己提出问题大有益处。

4. 创新性学习法

创新性学习法是通过发现新问题，提出新见解，产生创新思维，获取新答案的学习方法。

知识补给：党的二十大报告关于加快实施创新驱动发展战略的论述

> ### 学习指导
>
> 现代人们普遍将创新理解为人们为了发展的需要，运用已知的信息，不断突破常规，发现或产生某种新颖、独特的有社会价值或个人价值的新事物、新思想的活动。

任务检测：走进创新

任务二　培养创新意识的重要性

在新形势下，我国经济发展进入了新常态，转化发展动力的根本出路在于创新。创新意识是提出新见解、寻找新方法、探索新领域的自觉的心理活动，体现了对创新价值及意义有一定程度理解基础上的对新异事物的敏感性。

要培养创新能力，首先就是要激发和培养创新意识，只有有了创新意识，才能启动创新思维，产生创新智慧，再通过创新行为，获得创新成果。

一、意识的含义

当代思想家丹尼特认为："人类的意识大概是最后一个难解的谜……对意识，我们至今如坠云里雾中，时至今日，意识是唯一常常使最睿智的思想家张口结舌、思维混乱的论题。"在人类已建立的众多概念与范畴体系中，意识是最为混乱的概念之一。在威廉·卡尔文的《大脑如何思维》一书中，就列出了对意识的八种理解，国内心理学界与哲学界关于意识问题也产生过激烈的争论。结合新时代对创新的新理解，在总结吸收各方观点后，编者对意识的定义如下。

意识是指大脑对认知、情感和意志等心理过程的觉察、调节或控制。其中，认知过程具体包括注意、感知、记忆、想象、分析、综合、抽象、概括、判断、推理等心理操作过程。从狭义上说，意识是指大脑对空间结构思维（包括形象思维和直觉思维）和时间逻辑思维的觉察、调节或控制；从广义上说，这种觉察、调节或控制的对象还可包括情感和意志等心理过程。这一定义的主要特点如下。

（1）抓住了意识的核心——认知过程即思维过程。

（2）强调思维不仅包括时间逻辑思维，还包括空间结构思维。

（3）对意识和思维加以明确区分，而不混为一谈（否则就会把"意识""意识的对象"等同或混淆起来，从而使"意识"范畴失去存在的价值）。

编者认为，以上三点是意识定义的精髓，也是意识的本质。

二、创新意识的含义

创新意识是指人们根据社会和个体生活发展的需要，引起创造前所未有的事物或观念的动机，并在创造活动中表现出的意向、愿望和设想。它是人类意识活动中的一种积极的、富有成果性的表现形式，是人们进行创造活动的出发点和内在动力，是创造性思维和创造力的前提。

三、创新意识的特征、构成与作用

（一）创新意识的特征

1. 新颖性

创新意识是为了满足新的社会需求，或者用新的方式更好地满足原来的社会需求。创新意识是求新意识。

2. 社会历史性

创新意识是以提高物质生活和精神生活水平需要为出发点的，而这种需要很大程度上受具体的社会历史条件制约，在阶级社会中，创新意识受阶级性和道德观的影响和制约。人们的创新意识激起的创造活动和产生的创造成果，应为人类进步和社会发展服务；创新意识必须考虑社会效果。

3. 个体差异性

人们的创新意识与其社会地位、文化素质、兴趣爱好、情感志趣等紧密相关，它们对创新起着重大的推进作用。这些方面的个体差异性较大，因此对于创新意识既要考察创新者的社会背景，又要考察其文化素养和志趣动机。

（二）创新意识的构成

创新意识包括创新动机、创新兴趣、创新情感和创新意志。

（1）创新动机是创新活动的动力因素，能推动和激励人们进行创新活动。创新动机是创新主体进行创新行为的内在驱动力，是创新主体的内部心理过程。创新主体的创新动机不是单一的，大多时候是多元的，这不仅与创新主体自身有关，还受外部环境的影响。

（2）创新兴趣能促进创新活动的成功，是促使人们积极探求新奇事物的一种心理倾向。

（3）创新情感是引起、推进乃至完成创造的心理因素，只有正确的创新情感，才能使创造成功。

（4）创新意志是在创造中克服困难、冲破阻碍的心理因素，具有目的性、顽强性和自制性。

创新意识与创造性思维不同，创新意识是引起创造性思维的前提和条件，创造性思维是创新意识的必然结果，二者密不可分。创新意识是创造人才所必须具备的。创新意识的培养和开发是培养创造人才的起点，只有注意从小培养创新意识，才能为长大后成为创造人才打下良好的基础。教育部门应以此为教学改革的重点之一，只有具有创新意识的民族，才有希望使我国成为知识经济时代的科技强国。

（三）创新意识的作用

（1）创新意识是决定一个国家、民族创新能力最直接的精神力量。在当今社会，创新能力实际就是国家、民族发展能力的代名词，是一个国家和民族解决自身生存、发展问题能力大小的最客观和最重要的标志。

（2）创新意识促成社会多种因素变化，推动社会全面进步。创新意识根源于社会生产方式，它的形成和发展必然会进一步推动社会生产方式的进步，从而带动经济的飞速发展，促进上层建筑的提升。创新意识进一步推动人的思想解放，有利于人们形成开拓意识、领先意识等观念；创新意识会促进社会政治向更加民主、宽容的方向发展。

（3）创新意识能促成人才素质结构的变化，提升人的本质力量。创新实质上确定了一种新的人才标准，它代表着人才素质变化的性质和方向，输出一种重要的信息：社会需要充满生机和活力的人、有开拓精神的人、有思想道德素质和现代科学文化素质的人。它能激发人的主体性、能动性、创造性，并使其得到进一步发挥，从而使人自身的内涵获得极大丰富和扩展。

> **相关链接**
>
> **好奇心是世界上一切伟大事业的开端**
>
> 大科学家爱因斯坦在26岁到36岁的10年间做出了五项可以获得诺贝尔奖的重大科学成果，其中四项是他在1905年3月至9月完成的。当时他在专利局当小职员，缺乏科研条件，没有名师指导，是仅依靠业余时间进行研究而做出的。这些伟大成果的取得，与他从小就有很强的好奇心是分不开的。
>
> 爱因斯坦5岁时，父亲送给他一个指南针，之后他对指针始终指向南方这一现象感到好奇，就想：深深地隐藏在这一现象后面的到底是什么呢？16岁时他又突发奇想：假如人以光速跟着一道光跑，将看到什么呢？经过思考和研究，10年后，他创立了狭义相对论。
>
> 他后来总结说："好奇心是教育第一要保护的品质。"还有许多科学家，他们提出人类就是以好奇心为起点开始对古今的认识的，"好奇心是世界上一切伟大事业的开端"。

四、创新意识的培养内容

创新意识代表着一定社会主体奋斗的明确目标和价值指向，是一定主体产生稳定、持久创新需要、价值追求和思维定式及理性自觉的推动力量，是唤醒、激励和发挥人所蕴含的潜能的重要精神力量。创新意识远比知识和技能更重要。在创新意识的培养过程中，要重点培养以下三种意识。

（一）价值意识

价值意识就是创新有用意识，就是能觉察、认识到创新价值，在调控创新行为时考虑价值因素。在进行创新价值意识的教育中，既要突出创新对社会、国家的积极意义，又要关注创新对个人发展的积极意义。马斯洛认为，人的行为动机来自人的需要，需要是分层次的。树立创新价值意识，是促使对创新的认知需求向更高级的尊重需求和自我实现需求转化的因素之一。创新价值意识有利于学习者产生接受创新教育的需求，或者在创新活动中维持更长久的动力。

（二）行动意识

行动意识就是"我要创新"的意识。"我要创新"不仅仅是认识创新的意义，欣赏并享用他人的创新成果，而是自己要参与创新活动，期望通过参与创新活动提高自我创新能力的价值。维克多·弗罗姆在期望-价值动机理论中提出，动机激励水平的高低等于期望与效价的乘积。强化行动意识，提高创新能力的期待，强化对创新活动的积极情绪体验，都有利于大学生将接受创新教育的需求转化为具体的行动。

（三）自信意识

自信意识就是"我能创新"的意识。每个人心中都有创新因子，在创新教育中产生行动意识一般并不困难，难的是如何维持学习动机、如何逐步提高学习动机的水平。阿尔伯特·班杜拉认为，自我效能是支配人类行为的重要力量，自我效能包括对行为能力的自觉和个体对自身能力稳定的信念。自我效能感强的人，常表现为自信心强，具有积极的情绪，在困难面前不退缩，很少自我放弃等。在创新教育中提供成功的创新体验，有利于学习者逐步提高自我效能感，产生对自身创新能力的信念，从而增强创新自信，提高接受创新教育和投身创新活动的动机。

五、培养大学生创新意识的意义

（一）培养大学生创新意识是培养创新人才的需要

科技要发展，人才是关键。科技的发展需要不断创新，科技的创新需要的是创新型人才。创新型人才需要有强烈的求知欲和好奇心，也就是要有创新意识，同时还要有坚强的意志。大学生朝气蓬勃、充满活力，对他们进行创新意识的培养，能够使其更好地开展创新活动，更好地为科技发展、国家发展贡献力量。

（二）培养大学生创新意识是高校素质教育的核心

我国教育的根本是促进大学生的全面发展，提高大学生的综合素质。在信息时代，知识的更新周期不断缩短，由此带来了职业的快速更迭。大学生只有不断学习新知识，保持终身学习的能力，才能不断创造，在社会竞争中占有一席之地。同时，高校作为人才培养基地，肩负着为国家建设输送人才的重要使命，为了适应国家发展，创新人才的培养刻不容缓。要想培养创新人才，创新意识的培养尤其重要。

（三）培养大学生创新意识是提高国家竞争力的需要

随着知识经济时代的到来，科技创新成了社会发展的主导力量。尤其是互联网的飞速发展，给我们的生活带来了无限方便，同时人们对科技创新的依赖越来越强。国家之间的竞争也体现在科技创新上，要想提高我国的国际竞争力，提高科技水平刻不容缓。大学生作为科技创新的主体力量，无疑在国家科技水平提升方面起着重要作用，培养大学生的创新意识，提高创新能力，对于提高国家的科技水平和国际竞争力意义重大。

> **学习指导**
>
> 创新意识是指人们根据社会和个体生活发展的需要，引起创造前所未有的事物或观念的动机，并在创造活动中表现出的意向、愿望和设想。

创新意识与创造性思维不同，创新意识是引起创造性思维的前提和条件，创造性思维是创新意识的必然结果，二者密不可分。创新意识是创造人才所必须具备的。创新意识的培养和开发是培养创造人才的起点，只有注意从小培养创新意识，才能为成长为创造人才打下良好的基础。教育部门应以此为教学改革的重点之一，只有具有创新意识的民族，才有希望使我国成为知识经济时代的科技强国。

任务检测：培养创新意识的重要性

实训活动

编排《买药》情景剧

1. 活动参与人数

以班级为单位，人数控制在50人以内。

2. 活动场地和道具

教室，纸、笔。

3. 活动组织

学生3人为一组，以小组形式完成。

4. 活动步骤

（1）设计活动场景。假设，有一位患有高血压疾病的听障者到药店买药，药店的工作人员不懂手语。要求学生模拟这位听障者并想一种办法能够让药店的工作人员明白自己的意图。

（2）分小组讨论。各小组就主题进行讨论，确定最终的办法。

（3）小组讲解。小组负责人对自己小组讨论的解决办法在班级内讲解。

5. 活动交流与讨论

（1）全班讨论，选出最具创意的三组。

（2）对选出的三组进行分析，并说出他们的优点。

6. 活动体验

7. 活动点评

要培养创新能力，首先要激发和培养学生的创新意识，通过本次实训活动，有助于培养学生的创新意识。同时，创意的讨论及讲解过程可以锻炼学生的组织能力、表达能力和团队协作能力。

项目二 开拓创新思维

学前思考

（1）什么是创新思维？创新思维有哪些类型？
（2）思维定式是如何影响创新的？
（3）如何开拓创新思维？

案例导入

人民大会堂穹顶的人民智慧

◎ **案例描述**

国人都对人民大会堂"满天星斗水天一色"的穹顶印象深刻。设计时面临的一个困难是，这个穹顶要把55吨重的钢梁吊起到45米高的位置。两台起重机将钢梁吊起之后，平直的钢梁开始出现弧度并可能扭曲变形。工程师包瑞林提出可以用附加的钢架固定钢梁，改变钢梁的受力结构，就好像为骨折部位做保护夹板，保证钢梁在起吊的过程中不受损。

另一个困难是要让所有人在17万平方米的礼堂中都看得见、听得清。这涉及突破一个人均6立方米的声学处理极限。建筑师为大礼堂的穹顶设计了圈水波形的暗灯槽，与周围装贴的淡青色塑料板相呼应，灯亮之时犹如波光盈盈，还在整个穹顶上开了近500个灯孔，人抬头时就可见"繁星点点"，不会感觉压抑、沉重。在穹顶上还藏着许多的小"星星"——几百万个吸声孔，使穹顶变成一块巨大的吸声板，主席台上发出的多余声波完全被吸走，不但没有回声，还能留点"混响"，让坐在每个角落的人都能清晰准确地听到发言人的声音——大空间带来的问题，又被大空间自身解决了。

（资料来源：武汉天帷.喜迎国庆！看"奇迹工程"人民大会堂是怎样建成的.知乎，2019-09-26.有删改.）

◎ **案例解析**

工程师包瑞林发挥了发散性思维的创造性，借鉴了医护领域为骨折部位加装护板的方法，给钢梁做了一个保护夹板，将钢梁的受力结构转到护板上，从而保证了钢梁不会受到损坏；在穹顶的设计中，巧妙地将"繁星点点"的意象和吸声板的功能融为一体，极大地改善了试听体验。这些脑洞大开的设计背后都有着严谨、简单、直接的科学原理的支撑,是逆向思维发挥的作用,将按照传统的思维无法解决的难题迎刃而解。这就是创新性思维的优势。

任务一　认识创新思维

一、创新思维的含义

了解词根词源,有助于帮助我们从语种文化基因的根源更深刻地理解词语的含义,能够澄清创新思维的内涵和外延。

创,《康熙字典》称"创"的本义为刃,或言刃所伤也;《前汉·班固叙传》称礼义是"创",已经有始造的寓意。

新,《康熙字典》称"新"的本义是取木者,引申为凡始基之称,后将所有开始都称作"新"。

思,《说文解字》称"思"为"容也。从心囟(xìn)声。凡思之属皆从思"。囟即脑,古人认为心脑力量产生思想:"谓之思者,以其能深通也。"刘向、董仲舒、班固皆以宽释容。可见,"思"有两个维度,一是纵深,二是宽;"容"是"思"的一种理想极致状态。古人很早就揭示了思与学之间的关系。《荀子·劝学》写道:"吾尝终日而思矣,不如须臾之所学也。"《论语·为政》写道:"学而不思则罔,思而不学则殆。"思与学之间的关系昭然若揭。我们经常讲理论结合实践,就是在说"学思行"三位一体。照搬理论是教条主义,无知蛮干必然走弯路,所以要实事求是,要具体问题具体分析,就离不开思辨,人类文明演进的历史基本就是由"学思行"交织书写而成。

微课启学:
创新思维的含义

"维",《说文解字》称"凡相系者曰维"。包括网、生物体丝状组织以及几何学上空间独立而互相正交的方位数,比如四维空间。《韵会》案六经:"惟维唯三字皆通作语辞,又训独,尚书助辞皆用惟字,诗助辞多用维字,左传助辞用唯字,论语助辞用惟字。"《康熙字典》新安朱氏曰:"惟从心,思也。"

"创新",在中文词典中即创造新的、革新。创新通常被翻译成"innovation",来自古法语INNOVACIÓN,从后期拉丁语innovatio和innovationem,从拉丁文innovo和innovatus,原意有三层:更新;造新的东西;改变。

"思维"是一种人类特有的精神活动,将外在所得的表象、概念进行分析和综合、比较和分类、抽象和概括等认识活动过程。思维与大脑一度被认为是人类科学的最后一块堡垒,但目前人类对其运作原理还不能达成共识。人类的思维是以符号为载体、以概念为基础的。在人类漫长的进化历史中,早期的人类是通过身体的感官来对外部对象和内感对象进行识别与判断的。这时的感知系统由细胞、神经、大脑组成，后来才有了文字、声音、图形等符号，利用这些符号可以为世界万物和心中的思考赋予名称，实现了从直观到抽象的过程，形成概念，从认知科学的角度实现了从生物大脑到社会大脑的转变。概念的产生使有意识的思维活动成为可能。思维也被称为大脑对概念及概念之间联系的符号系统的操作过程。

头脑风暴

思维和大脑被称为人类科学的最后领域。从生物学、符号学、心理学、逻辑学的角度分析，人类思维活动的生理工作原理和逻辑思辨规律是什么？有哪些学说和代表人物？

创新思维是指创造性地解决问题的意识活动过程。通过创新思维，我们能够从更丰富的视角审视存在的问题，突破常规思路在时间、效率、人员、费用及质量等方面上的不足和限制，提出令人眼前一亮又行之有效的解决方案。创有刀劈斧削之意，思有兼容并蓄之意。创新思维就是寻求革新、突破常规的分析、思考、推理、判断的过程。

二、创新思维的应用

创新思维是对能够创造性解决问题的思维方式的统称。思维方式有很多，如感性思维和理性思维、横向思维和纵向思维、发散思维和收敛思维、平行思维和交叉思维、抽象思维和具象思维、个体思维和群体思维等。受到不同语境和应用场景的限定，这些思维方式之间存在对照、包容、平行等关系，并非绝对的泾渭分明，如逆向思维、发散思维等都是创新思维的一种。了解不同思维方式的特点和适用场景，有助于我们在遇到问题时冷静分析，从思维科学的规律和方式方法中寻找更佳的解决方案。

相关链接

思维科学

思维科学是从心理学、人工智能、计算机科学、生理学、文学艺术等方面研究人类有意识思维过程的规律的科学。思维科学的应用领域涉及科学语言学、模式识别、人工智能、教育学、情报学、管理学等学科。思维科学的相邻科学有人体科学、自然科学、社会科学、系统科学等。思维的基本形式有抽象思维（逻辑）、形象思维（直感）和灵感思维（顿悟）。

学习指导

创新思维就是要改变常规、传统、固有思想的框架，从时间、空间、材质、结构等方面，探寻更具包容性和想象力的方向、宽度、广度、深度、厚度等维度。

每个人都有创新思维，在生活、工作、学习的过程中都会或多或少地利用创新思维来解决遇到的问题。有些人能够主动运用创新思维来解决各种问题，有意识地分析和解构遇到的问题。只有了解创新思维的来源及规律，遵循思维科学的方法，来寻求问题的解决方案，才能事半功倍。

任务检测：认识创新思维

任务二　探究思维定式的成因及对策

一、思维定式

思维定式也称惯性思维、思维框架，是由既有的认知和经验而形成的一种对问题的思考过程和倾向性。思维定式类似动物的本能，是一种习惯性的反应和对外界信息、能量的传入的自然反应。思维定式本义是无积极和消极、褒义和贬义的，人类的教育与学习就是通过知识传承潜移默化形成思维能力的过程，这个能力对人类文明的突飞猛进作出了卓著的贡献。

常见的思维定式有权威定式（表现为习惯于引证权威的观点，不加思考地以权威的是非为是非）、从众定式（"随大流"现象）、唯经验定式（以常规的经验框框解决具体的、偶然的问题）、书本定式（一切以书上的说法为标准）、非理性定式等。

和思维定式经常在一起用的词还有刻板印象、成见、偏见，这些词是指认知内容本身，而不是形成推理、判断的过程。从认知心理学来讲，知识不是一成不变的，我们对待事物问题的思维过程也不是单一固定的。例如，幼儿园小朋友看到小学生会叫"哥哥/姐姐"，看到白发苍苍的老人会叫"爷爷/奶奶"。这个过程是根据外貌、体型来判断年龄及相应的称谓的，符合一般人类社会关系的认定，尤其是陌生人群。但是，这种称谓还用于反映家族亲属之间的辈分关系，年龄和辈分之间不成正比的特例太多，这对很多小朋友的认知造成了困扰。看到一个人的外貌，判断对他/她的称谓，这是一个不假思索为概念建立联系的推理过程。又如，乘坐公共交通工具时，要给老弱病残孕让座。当乘客看到一个体态臃肿的适龄生育女性时，就会主动站起来传递善意。但是这个女士可能只是缺乏锻炼，而非妊娠反应，这就会稍显尴尬。

二、透明墙效应

每个人都或多或少对工作、生活、学习等方面感到不满足和厌倦，进而形成创新焦虑，这是一种对熟悉的环境和状态产生的心理厌倦。这时，由于思维定式的影响，人们通常会用没思路、没条件、没动力等托词来遮掩日复一日的裹足不前、原地踏步。例如，"我又有什么办法呢？""没有×××，又能怎么样呢？"软件程序设计师约翰·卡马克说过："在信息时代，客观障碍已经不复存在，所谓障碍都是主观上的。如果你想动手开发全新的技术，你不需要几百万美元的资金，你只需在冰箱里面放满比萨和可乐，再有一台便宜的计算机和为之献身的决心。"这句话激励了无数的程序员，这里的主观障碍从某种意义上来讲就是思维定式。

为了形象地描述思维定式对人类的影响，有关学者提出"透明墙效应"。首先，假设人类置身于一个封闭的房间内，温暖、安全、富裕、自得其乐。此时，墙、天花板和地是实体的，不透光。他沿着某个方向前进时，会碰到墙而止步不前。他看不到墙，没有墙的概念，就会认为这是世界的尽头，应该折返了。然而，有一天，他意识到外边有更广阔的世界、丰富的资源和美丽的风景，墙变成了透明的，墙外的世界已经历历在目。可是他仍然不能逾越墙的束缚，迈出关键一步。最后，直到有一天，他找到工具和方法，拆掉这堵墙，走入一个更大的房间里。

在面临创新困境的同时，应该时刻提醒自己有"透明墙"的存在，任何人、任何时候都无法完全避免思维定式，我们能做的只是拆掉一堵墙，进入一个更大的空间，去面对、拆除更大的一堵墙，如此循环往复，实现知识和科技的螺旋式上升。

三、托兰斯创造性思维测验

知识补给：
托兰斯思维测验样题

托兰斯创造性思维测验（Torrance Tests of Creative Thinking，TTCT）是智商（Intelligence Quotient，IQ）测试之外的另一种创造力测试。最初涉及发散性思维和其他解决问题技巧的简单测试，这些测试分为四个等级：第一，流畅性——响应刺激所产生的可解释的、有意义的和相关的想法总数；第二，灵活性——相关答复的不同类别的数量；第三，独创性——答案的统计罕见性；第四，细化——答复中的详细数量。

1984年，TTCT的第三版从形象测试中消除了灵活性量表，但在形象上增加了对过早闭合的阻力（基于完形心理学）和标题抽象度作为两个新的标准参照分数。托兰斯称新的评分程序为Streamlined Scoring。通过五项规范参考措施（流利性、原创性、标题抽象性、阐述性和对过早关闭的抵制），添加了13个标准参照度量，其中包括情感表现力、讲故事的清晰度、动作或行为、标题的表现力、不完整的人物合成、线条合成、圆圈、异常的可视化、延伸或打破边界、幽默、意象的丰富性、意象的色彩及幻想。其中最突出的标志元素就是不完全图形测试。测试者会拿到一幅不完整的图，然后被告知完成这幅图（图1-2-1）。

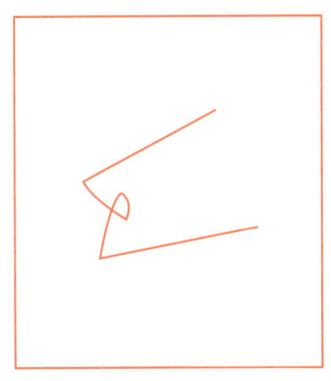 

图1-2-1　不完全图形测试

TTCT由言语创造性思维测验、图画创造性思维测验及声音和词的创造性思维测验构成。这些测验均以游戏的形式组织、呈现，测验过程轻松愉快。

言语创造性思维测验由七个分测验构成。前三个测验根据一张图画推演而来，它们分别是"A.提问题；B.猜原因；C.猜后果"。后四个测验是"A.产品改造；B.非常用途测验；C.非常问题；D.假想"。

图画创造性思维测验有三个，都是呈现未完成的或抽象的图案，要求测试者完成它们，使其具有一定的意义。这三个分测验分别是"A.图画构造；B.未完成图画；C.圆圈（或平行线）测验"。

声音和词的创造性思维测验的指导语和刺激都用录音磁带形式呈现。它包括两个分测验："A.音响想象；B.象声词想象"。

这三套测验的计分有所不同，言语创造思维测验从流畅性、灵活性和独创性三个方面计分；图画创造性思维测验和声音和词的创造思维测验只计独创性得分。

TTCT鼓励测试者：努力想他人之所未想；想出尽可能多的点子；为你的想法提供细节，让其完整；在规定时间内如果已经作答完毕，你可以继续为你的想法添加细节，或者安静地坐着；未经允许不要做下一道题目。TTCT适用于从幼儿园到研究生多个阶段的创造力测试，只是针对低龄儿童需要进行适当的口头测试。

头脑风暴

鲁迅先生曾称赞"第一个吃螃蟹的人是很令人佩服的"。不同的年代、国度、领域都不乏勇于创新、敢为人先去尝试螃蟹的人和例子。在你耳熟能详的故事中，哪些创新创业的故事给你留下了吃螃蟹的印象呢？这些故事之间又有什么共性的规律和表征呢？

学习指导

思维定式是一种习惯养成的思考过程和倾向性，能节省脑力和时间，迅速推断出结果，提高思维效率。但是机械地照搬以往的经验，不根据具体问题具体分析，就可能会碰壁，并成为创新的障碍。

"透明墙效应"将始终存在，任何人也无法避免。突破思维定式，首先就要有怀疑精神、批判精神，善于发现、勇于承认禁锢自己的思维定式，并努力探寻拆掉思维围墙的工具和方法。

任务检测：探究思维定式的成因及对策

任务三　拓展创新思维的路径

一、精神准备：三点心理暗示

在开始创新思维训练和实践之前，做一定的心理暗示，有助于梳理对创新这项任务的认知程度，营造积极的创新氛围，平和焦虑的情绪，增强信心，避免偏执、成见的消极作用。一般来讲，心理暗示有三点：第一，要意识到现状一定不是完美的，而是有缺陷的，由此形成创新的紧迫感、必要性；第二，要确信创新一定是可以实现的，要相信"车到山前必有路"，由此增强找到新思路、新方法、新工具、新路径的信心；第三，要提醒自己，混搭是创新的必经之路，应明确实现创新的方向、保障方法和路径。在很多创新思维的应用场景中，随机词是收获创新思维的常见手法。

创新思维需要四种能力：想象力，只有插上想象的翅膀，才能建立概念之间的广泛联系，将原本"风马牛不相及"的事物联结在一起，产生颠覆性的创意；魄力，创新意味着对传统的改变和否定，即使有了很好的创意，也会遇到习惯势力的强大阻碍，这时需要有强大的内心支撑自己执行下去；耐力，创新是一条持续而漫长的道路，在探索的过程中会遭遇各种各样的挫折，没有耐力会很容易让人丧失信心，进而放弃；组织表达能力，灵感在迸发出来之后还不成熟，还不能被人们普遍接受，需要自己具有良好的组织表达能力去说服周围的人，为创新争取更多的机会。

二、方法准备：六项思考帽

六项思考帽是爱德华·德·博诺提出的一种革命性的创新思维方法，博诺因此被誉为

20世纪人类思考方式革命性变革的缔造者,是创造性思维领域和思维训练领域举世公认的权威,被尊为"创新思维之父"。

六顶帽子各代表一种特定类型的思考方式。在任何会议上,六顶思考帽都有助于使人们脱离思维的俗套而对事物产生新的看法。六顶思考帽强调的是"能够成为什么",而非"本身是什么",是寻求一条向前发展的路,而不是争论谁对谁错。六顶思考帽将使我们指导自己的思考如同指挥一个乐队一般,我们可以唤起自己想要的。表1-2-1介绍了六顶思考帽的颜色与功能,图1-2-2列出了六顶思考帽的特点。

表 1-2-1 六顶思考帽的颜色与功能

帽子	颜色与功能	作用
白色思考帽	白色代表中性和客观。白色思考帽思考的是客观的事实和数据	信息和数据
绿色思考帽	绿色是草地和蔬菜的颜色,代表丰富、肥沃和生机。绿色思考帽指向的是创造性和新观点	创造力
黄色思考帽	黄色代表阳光和价值。黄色思考帽是乐观、充满希望的积极思考	乐观地思考
黑色思考帽	黑色代表冷静和严肃。黑色思考帽意味着小心和谨慎。它指出了任一观点的风险	洞察力
红色思考帽	红色代表情绪、直觉和感情。红色思考帽提供的是感性的看法	情绪和感觉
蓝色思考帽	蓝色是冷色,也是高高在上的天空的颜色。蓝色思考帽是对思考过程和其他思考帽的控制及组织	管理

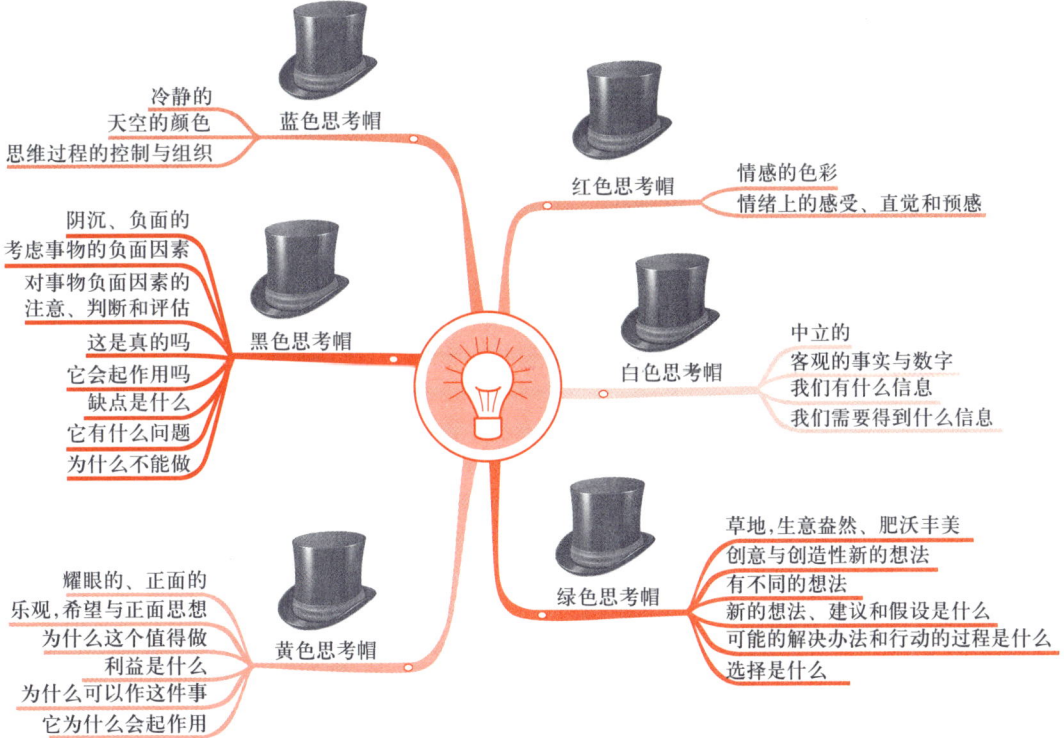

图 1-2-2 六顶思维帽的特点

知识补给：
六项思考帽
经典案例

六项思考帽的最大价值就在于它非常便于思考。为避免思考受到干扰，六项思考帽只允许思考者在同一时间内做一件事情。思考者要学会将逻辑与情感、创造与信息等区分开。六项思考帽注重人的行为，而不分析行为背后的思想动机。它指明所有行动的规则，而你只需遵从这些规则。

六项思考帽突破了传统的逻辑思维单一模式，将思考的不同方面分开进行，取代了一次解决所有问题的做法。六项思考帽已被50多个国家政府在学校教育领域内设为教学课程，同时也被许多商业组织作为创造组织合力和创造力的通用工具。

三、工具准备：思维导图

"思维导图"一词最早由英国流行心理学作家和电视名人托尼·博赞在其主持的英国广播公司电视连续剧《开动大脑》期间提出并普及。在该节目和相关图书系列中，博赞使用一个色彩鲜艳、光芒四射的树状结构来图示关键词。

博赞的贡献在于他并未发明思维导图，而是提炼出这个词，并注册了商标。一些网站、软件、课程、出版物等会表明"思维导图是博赞的注册商标"之类的免责说明。

思维导图是用于可视化信息的图表工具，一般采用分层次的方式显示各个片段之间的关系。它通常是围绕一个概念创建的，在空白页的中心绘制一个词或图像，随后按照关系添加相关的词语或图像等内容。主要想法直接与中心概念相联系，其他想法从这些概念中分离出来。思维导图是有效的思维模式，有助于学习思考记忆等工作的开展，有助于发散思维的记录与表征。有研究表明，思维导图可以比常规笔记记录提高学习/研究效率高达15%。

博赞为创建思维导图提出了以下指导原则。

（1）从中心开始，使用至少三种颜色的主题图像。

（2）在整个思维导图中使用图像、符号、代码和尺寸。

（3）选择关键词并使用大写或小写字母打印。

（4）每个单词/图像都是清楚明确的，并且置于自己的线上。

（5）线应该从中央图像开始连接。线条从中心向外辐射变得更细。

（6）使线条与它们所支持的单词/图像的长度相同。

（7）在思维导图中使用多种颜色，用于视觉刺激及编码或分组。

（8）开发你自己的思维导图个人风格。

（9）在你的思维导图中使用重点和显示关联。

（10）通过使用径向层次结构或轮廓来包容分支，从而保持思维导图清晰。

思维导图的绘制可以利用纸、笔通过手工完成，也可以借助专门的软件工具来完成。这些软件提供多种方式来把人脑中混乱的、琐碎的想法贯穿起来，帮助整理思路，最终形成条理清晰、逻辑性强的成熟思维模式。常用的软件工具有MindMaster、Mindmanager、XMind、FreeMind、百度脑图等。

> ### 学习指导
>
> 因为思维是人的意识活动，所以创新思维一定要先树立正确的观念，对创新的必要性、可能性、可行性进行心理暗示。
>
> 六项思考帽提供了一种"平性思维"的创新方式，采用六种不同的思维模式，引导人们将注意力集中在"能够成为什么？而不是"本身是什么？"的对错关系，凝结集体、综合的力量集中于创造而不是争论，能够缩短思考时间、提高创新效率。思维导图是一种利用可视化手段梳理人的思维内容的工具。在没有思路的时候，利用思维导图，随手写下几个词语，随机勾勒几个节点，然后发挥主观能动性，建立节点之间的关联，进而尝试是否能够得到新的灵感和思路，是一种行之有效的创新思维方法。

任务检测：拓展创新思维的路径

实训活动

运用六顶思考帽解难题

1. 活动参与人数

将班级学生划分为若干小组，每组6人。

2. 活动场地和道具

教室、工作坊等，智能手机、无线网络、即时通信软件、思维导图、词典等。

3. 活动组织

组员分别准备一个问题，轮流戴白色、绿色、红色、黄色、黑色、蓝色等各色帽子开展活动。利用微信、QQ等即时通信软件，建立一个群组，重要研讨信息要在讨论群组中保存或直接绘制思维导图。

4. 活动步骤

（1）准备问题。小组成员每人提出一个问题，可以是自己切身体会的难题，可以是久悬未决或社会公认的难题，也可以是虚拟场景中发生的难题。

（2）确定戴帽子的顺序。抽签确定戴白色、绿色、红色、黄色、黑色、蓝色帽子的组员顺序，每个组员设置自己的群组昵称为所戴帽子的颜色，如白色帽子、绿色帽子等。第一轮先解决第一个戴白色帽子的组员提出的问题，第二轮由原来戴绿色帽子的组员戴白色帽子，戴白色帽子的组员戴蓝色帽子，依次类推，六轮为一个流程。

（3）开始第一轮六顶思考帽游戏。

① 白色帽子组员提出并陈述问题，将问题发布到群组。

② 绿色帽子组员提出解决问题的方案，并发布到群组。

③ 黄色帽子组员为方案点赞，并陈述其优点及价值。

④ 黑色帽子组员对方案及黄帽子意见进行否定和反驳。

⑤ 红色帽子组员对该方案进行直觉判断。

⑥ 蓝色帽子组员总结陈述，作出决策，整理聊天结果并绘制思维导图。

提出问题后，准备时间为2分钟，每个组员发言时间为1分钟。

（4）开展第二轮六顶思考帽游戏。

5. 活动交流与讨论

（1）绿色帽子如何确定创新解决方案？

（2）如果没有合适的解决方案，则怎样打破僵局？

（3）六顶思考帽中谁对创造力的贡献最小，谁最大？

6. 活动体验

_____
_____
_____

7. 活动点评

六顶思考帽是一个经过了实践验证的创新思维方法，是运用水平式思考的实用方法。它的功能并不仅限于提供新的想法、灵感，而是一种具有建设性、设计性和创新性的思维管理工具，可以使思考者克服情绪感染，剔除思维的无助和混乱，避免片面和自负，在认为问题无法解决、争执无法调和时，给予一个崭新的契机。对于团体而言，它能够使各种不同的想法和观点和谐地组织在一起，避免人与人之间的对抗，使团队中的每个人都积极参与思考，共同寻找最终方案。

项目三　掌握创新方法

学前思考

（1）智力激励型技法该如何实施？应注意哪些事项？
（2）应用设问检查型技法时应注意哪些事项？
（3）逆向反求型技法的实施步骤是怎样的？
（4）应用联想类比型技法时应注意哪些事项？
（5）运用组合型技法进行创新组合有哪些特点？

案例导入

吞水音图描记仪的诞生

◎ **案例描述**

1987年以前，医生诊断病人是否得了贲门癌，主要是借助听诊器听病人吞水在食道下部的贲门处发出的声音，根据其是否正常来判断食道有无癌变。采用这种诊断方法，不同的医生往往由于听觉和分辨能力的差异而作出不同的判断，存在误诊的风险。为了提高诊断的准确性，山东医学院（现并入山东大学）的两位医生向山东大学电子系求助，希望能研制出一种能将病人吞水的声信号图形化的仪器。山东大学电子系几位科研人员接受这一任务后，将实现的目标分解成录音、声音转换和热笔描图三个功能组块。录音有现成的磁记录技术可以采用，声音转换和热笔描图也有现成技术可以借鉴。他们通过想象，采用磁记录技术，利用快录慢放的方法，将1 000赫兹音频变为100赫兹，通过声电转换装置，将吞水声音信号变为电信号，再用心图仪上的热笔描绘出音图。就这样，吞水音图描记仪被发明了出来。

（资料来源：佚名."吞水音图描记仪"的诞生［J］.党课，2015（20）：92.有删改.）

◎ **案例解析**

科研人员根据既定的目标，将磁记录、声音转换、热笔描图等已有技术加以重新组合配装，发明了吞水音图描记仪。它不仅获得了国家的新型发明专利，还在第14届日内瓦国际新技术新产品发明博览会上一举捧回金奖。可见，掌握良好的创新方法，能够帮助我们进行发明创造，进而取得成功。

任务一　智力激励型技法

微课启学：
头脑风暴法

智力激励型技法又称头脑风暴法、畅谈会法、群议法等，其宗旨是以一定的会议形式为与会者创造一种能积极思考、启发联想、大胆创新的良好环境，充分激发个人的才智，为解决问题提供大量的新颖设想。

一、实施步骤

智力激励型技法一般是通过召开会议的形式进行的，其实施步骤包括准备、热身、明确问题、畅谈、整理筛选。

（一）准备

准备环节包括以下四个方面的工作。

1. 选择会议主持人

合适的会议主持人，既应熟悉智力激励型技法的基本原理、原则、程序与方法，又应对会议所要解决的问题有比较明确的理解，能够灵活地处理会议中出现的各种情况。

2. 确定会议主题

主持人和问题提出者一起分析研究、明确会议所讨论的主题。

3. 确定参加会议的人选

参加会议的人数一般以5~10人为宜。与会人员的专业构成要合理，大多数人应对讨论的主题有较丰富的专业知识，同时也要有少数外行人员参加。

4. 提前下达会议通知

提前几天将议题的有关内容及背景通知与会者，以利于他们在思想上有所准备，提前酝酿解决问题的设想。

（二）热身

热身活动所需要的时间可由主持人灵活确定。热身活动有多种方式，如看一段有关发明创造的录像、讲一个有关发明创造的故事、出几道脑筋急转弯之类的问题让与会者回答，使与会者尽快进入创造的"临战状态"。

（三）明确问题

明确问题环节主要由主持人介绍问题。介绍问题时应注意坚持简明扼要原则和启发性原则。例如，针对革新一种加压工具问题，如果选择"请大家考虑一种机械加压工具的设计构思"这种表达方式，就容易把与会者的思路局限在"机械加压"的技术领域之内。如果改为"请大家考虑一种提供压力的先进方案"，则会为与会者提供更广阔的思考天地，除了机械加压，与会者还可能想到气压、液压、电磁等技术的应用。

（四）畅谈

畅谈是智力激励型技法会议的最重要环节，是决定智力激励成功与否的关键阶段，其要点是想方设法营造一种高度激励的气氛，使与会者能突破种种思维障碍和心理约束，让思维自由驰骋，借助与会者之间的知识互补、信息互补和情绪鼓励，获得大量有价值的设想。

畅谈环节的时间由主持人灵活掌握，一般不超过1个小时。

（五）整理筛选

畅谈结束后，会议主持者应组织专人对设想进行分类整理，并进行去粗取精的提炼工作。如果已经获得解决问题的满意答案，智力激励型技法会议就完成了预期的目的。倘若还有悬而未决的问题，还可召开下一轮智力激励型技法会议。

二、适用范围

目前在世界范围内，智力激励型技法是应用较广泛、较普及的创新方法。这一方法能够在社会、经济、管理、教育、新闻、科技、军事、生活等很多方面提供有效服务。诚如奥斯本所说："只要遵循智力激励的规则，此法几乎可以解决各方面的问题。"另外，如果一个人经常运用智力激励型技法思考问题，其创造能力也必然能得到较好的培养，进而成为一个想象力丰富、思维敏捷、善于创新的人。

相关链接

如何除掉电线上的积雪

有一年，某国北方格外严寒，大雪纷飞，电线上积满冰雪，大跨度的电线常被压断，严重影响通信，于是电信公司经理尝试解决这一难题。

他召开了智力激励型技法的座谈会，参加会议的是不同专业的技术人员。会议上有人提出设计一种专用的电线清雪机；有人想到用电热来化解冰雪；也有人建议用振荡技术来清除积雪；还有人提出能否带上几把大扫帚，乘直升机去扫电线上的积雪。

一位工程师在听到用飞机扫雪的想法后，突然想到出动直升机沿积雪严重的电线飞行，依靠螺旋桨即可将电线上的积雪迅速扇落。

会后，公司组织专家对设想进行分类论证。经过现场试验，发现用直升机扇雪真能奏效，一个久悬未决的难题终于在智力激励型技法会议中得到了巧妙的解决。

学习指导

智力激励型技法一般是通过召开会议的形式进行，其实施步骤包括准备、热身、明确问题、畅谈、整理筛选，其注意事项主要有四点，即自由思考、延迟评判、以量求质、结合改善。

任务检测：智力激励型技法

任务二　设问检查型技法

设问检查型技法是人们经常使用的一种创新技法，关键在于能否提出高质量的问题。经验证明，巧妙的设问可以启发想象、开阔思路、引导创新。

一、奥斯本检核表法

微课启学：奥斯本检核表法

奥斯本检核表法又称奥斯本法则，是引导主体在创造过程中对照用途、实施方案、形态、结构、体积、材料、程序、位置、组合九个方面提出有关问题：能否他用、能否借用、能否改变、能否扩大、能否缩小、能否替代、能否调整、能否颠倒、能否组合，然后一个个进行核对讨论，从中获得解决问题的方法和创造发明的设想。

🔗 相关链接

奥斯本检核表法的应用

枪作为武器已有很多品类，用之以民，又开发了许多新的功能。例如，救生枪是一种潜水员用的抢险救难的工具，可以修补船体，或者给失事的潜艇供气、供食物；注射枪用来给猛兽打针；气动钉枪广泛应用于家装工程和木工施工，能有效提高木头的连接效果；等等。

⚡ 头脑风暴

方便面只用开水冲泡就能食用，它无须烹调却可轻松果腹。触类旁通，沿着这一思路，你还能想到哪些创意？

二、5W1H法

5W1H即what、why、who、where、when、how，强调对选定的项目、工序或操作，都要通过连续提出为什么（why）、是什么（what）、何人（who）、何时（when）、何地

（where）、如何（how）六个问题，明确需要探索和创新的范围，设法找到满足条件的答案，最终获得创新方案。

相关链接

"起死回生"的便利店

某航空公司在机场候机室二楼设有便利店，生意相当冷淡。公司经理采用5W1H法检查问题所在。

1. 谁是顾客

机场便利店应当把入境的旅客当作主顾，而这些旅客不需要上二楼。在二楼逗留的大部分是送客或接客的人，他们完全可以在市区大商超中挑选，不必到机场购物。

2. 便利店设置在何处

原来旅客出入境时，都是经海关检查后，直接从一楼左、右侧走，根本不需要走二楼。

3. 何时购物

出境旅客只有通过海关检查并将行李交付航空公司后，才有闲情光顾便利店。原来机场安排旅客只有在上机前才能将行李交运，这样就从时间上限制了旅客。

针对上述三点，航空公司研究改进措施，以旅客为主顾，调整海关检查路线和行李交付时间。此后，便利店生意兴隆。

三、和田十二法

和田十二法也称和田创新法则，是一种由我国创造学研究者许立言、张福奎和上海市和田路小学的师生在奥斯本检核表法和其他技法的基础上，结合我国实际情况，提炼和总结出来的思维方法。

和田十二法的十二指十二个动词，即加一加、减一减、扩一扩、变一变、改一改、缩一缩、联一联、学一学、代一代、搬一搬、反一反、定一定。和田十二法为人们提供了一条开拓创新的新思维方式。

相关链接

和田十二法应用小案例

简单的十二个字"加""减""扩""变""改""缩""联""学""代""搬""反""定"，概括了解决发明问题的十二条思路。

某文具公司将文具盒进行组合改进，在文具盒上安装电子表、温度计、定位器……通过变化，甚至可以使文具盒成为一个变形金刚，千变万化，迎合了孩子的兴趣和好奇心，所以销量越来越大，很快风靡全球。

学习指导

设问检查型技法在具体应用时，若用于管理方面，则要注意明确问题的性质、程度、范围、目的、理由、场所、责任等；若用于技术问题方面，则要注意明确产品的材料、结构、功能、工艺过程等，即要根据不同的工作性质将此法做适当的调整。

任务检测：设问检查型技法

任务三　列举型技法

列举是人们思维活动的表现形式之一。通过列举事物各方面的属性，可掌握一定数量的信息，有助于产生新的概念、克服心理障碍、改善思维方式，在创新活动中有非常实际的作用。

一、分析列举法

分析列举法是一种针对某一具体事物的特定对象从逻辑上进行分析并将其本质内容全面地逐一罗列出来，用以启发创造设想，找到发明创造主题的创新技法。一般来说，分析列举法因其分析问题要求全面、精细，比较烦琐，较适用于小而简单的问题。

进行发明创新，首先要认定目标、选择题目。选题的恰当与否，将直接关系到创造发明能否成功。经验证明：分析列举法通过对事物的分析而列出其各方面的特性，有助于创造发明题目的选择和确定，是一种常用的创新技法。

相关链接

多用圆规的发明

山东省烟台市第二中学学生刘国仁，通过创新技法的学习和实际应用，激发了自身的学习兴趣，发明了多用圆规，在山东省举办的"青少年科学小发明创造"竞赛中获得创造发明奖。

刘国仁运用分析列举法对圆规进行分析，列出其性质：全体——圆规；部分——圆规脚、铅笔头、垫片、扭头、螺丝；功能——画画、作图。然后逐项分析其缺点与不足，如"夹铅笔不方便，应予改进""功能太少，最好一物多用""结构太笨，要小巧一些""改用别的材料是否可行"等。随后，刘国仁针对其缺点采取具体措施，吸取其他圆规的优点，本着价廉、物美、多用途的原则，逐项进行改革，最终取得成功。

二、特性列举法

特性列举法是一种通过对需要革新改进的对象进行观察分析，尽量列举该事物的不同特征或属性，然后确定加以改善的方向及措施的思维方法。特性列举法既可以从物理特性、化学特性、结构特性、功能特性和形态特性等方面列举创新对象的特征，又可以从自身特性、经济性特性、使用者特性和用途特性等方面列举创意对象的特征。

特性列举法具体实施时分为四个步骤。

（1）选择目标较明确的创意课题，将对象的特征或属性全部写出来。

（2）列举创意对象的特征。

（3）在各项目下试用可替代的各种属性加以置换，引出具有独创性的方案。

（4）提出方案并对方案进行评价讨论。

三、缺点列举法

缺点列举法是一种通过抓住事物的缺点进行分析，发现、发掘事物的缺陷，把它的具体缺点一一列举出来，针对这些缺点，设想改革方案以确定发明目的的创新技法。缺点列举法的特点是直接从社会需要的功能、审美、经济等角度出发，研究对象的缺陷，提出改进方案，操作简便易行。

使用缺点列举法时并无十分严格的步骤，一般可按如下程序进行。

（1）找出事物的缺点，也就是选定研究的课题。

（2）将缺点加以归类整理并分析缺点产生的原因。

（3）针对所列缺点逐条分析，要有针对性和系统性，要研究其改进方案能否将缺点逆用、化弊为利。

学习指导

举例：用特性列举法对烧水壶的改进之处进行分析。

名词特性：①整体——水壶；②部分——壶嘴、壶把手、壶盖、壶体、壶底、蒸汽孔；③材料——铝、铁皮、搪瓷、钢材等；④制作方法：冲压、焊接、铸造。

根据所列特性，可进行如下提问：壶嘴长度是否合适？壶把手可否改成塑料材质或木质以免烫手？壶体可否一次成型？冒出的蒸汽是否烫手？有无更适用的制作材料？等等。

任务检测：列举型技法

任务四　逆向反求型技法

逆向反求型技法主要是按照逆向思维的方式进行创新的方法，又称反面求索法，通俗地讲就是"反过来想一想"。

逆向创新有多种途径，包括对功能、结构、因果进行逆向反转、心理逆反、常规悖逆、重点转移、还原分析、缺点逆用等。

一、逆向反转法

案例拓展：
以愚困智

逆向反转法即反向思考法，其中的"逆"或"反"可以是方向、位置、过程、功能、原因、结果、优缺点、破（旧）、立（新）等矛盾的两个方面的逆转。例如，制冷与制热、电动机与发电机、压缩机与鼓风机、吹尘与吸尘、野生动物园的人和动物的位置等，原因结果互相反转即由果到因等。当一个问题难以解决时，可试着将问题转移，变换成与之相关的另一个问题甚至完全相反的问题，然后集中精力来思考解决。

二、常规悖逆法

人们头脑中有各种常识、常规、常理，这对于认识世界、指导实践无疑是必需并有益的，但对于创新思维来讲，可能是一种枷锁或障碍。实质上，创新就是在对习以为常的质疑、对循规蹈矩的突破、对天经地义的反叛等过程中产生的。

速算家史丰收创造的速算法就是悖逆常规的创造。传统的算术都是从低位算向高位，他却反其道而行，从高位算向低位，一次性获得答案，运算速度甚至可以超过计算器。

📎 相关链接

草原失火怎么办

有一次，草原上失火了，烈火借着风势吞噬着草原上的一切。那天刚巧有一群游客在草原上玩，一见烈火扑来，个个惊慌失措。幸好有一位老猎人与他们同行，他一见情势危急，便喊道："为了使我们大家都有救，现在听我的！"老猎人要大家拔掉面前这片干草，清出一块空地。

这时大火越来越逼近，情况十分危险，但老猎人胸有成竹。他让大家站到空地的一边，自己则站在靠大火的一边。他见烈火越来越近，便果断地在自己脚下放起火来。眨眼间老猎人身边升起了一道火墙，这道火墙同时向三个方向蔓延开去。奇迹发生了，老猎人点燃的这道火墙迎着之前的火烧过去。当两堆火碰到一起时，火势骤然减弱，然后渐渐熄灭。

三、缺点逆用法

在创新中，利用事物的缺点化弊为利的方法，称为缺点逆用法，巧妙地利用事物的缺点，化腐朽为神奇，寻找新的技术创新。可见，事物的缺点本身具有双重功用：一方面，可以引导研究者通过克服缺点进行发明或革新；另一方面，可以引导研究者寻找化弊为利的途径，产生新的技术创新。例如，金属的腐蚀本来是一件坏事，但有人利用腐蚀的原理发明了蚀刻和电化学加工工艺；机械的不平衡转动会产生剧烈的振动，利用它，有人发明了夯实地基的蛤蟆夯；等等。

头脑风暴

拍集体照时总会有一些人眨眼。后来有人出了一个主意，完美地解决了这个问题，你能想到这是怎样的主意吗？

学习指导

逆向反求型技法即以逆向思维的方式进行创新，利用事物的缺点化弊为利。一般实施步骤如下。
（1）探寻事物可以利用的缺点。
（2）透过现象，认清事物缺点的本质。
（3）研究利用或驾驭缺点的方法。

任务检测：逆向反求型技法

任务五　联想类比型技法

类比以比较为基础寻找不同事物或现象在一定关系上的部分相同或相似。通过两个（两类）对象之间某些方面的相同或相似推出其他方面的相同或相似的方法，称为联想类比型技法，简称类比法。

一、综摄法

综摄法是一种以已知的东西为媒介，把表面上互不相关的不同事物结合在一起，以打开"未知世界的门扉"，激起人们的创造欲望，使潜在的创造力发挥出来，产生创造性设想的思维方法。

综摄法通常以小组讨论会的形式进行，但也可以个人使用。综摄法在以小组集体创新时，要求由不同知识背景、不同气质的人组成小组，相互启发，集体攻关。小组一般由5~7人组成，其实施过程可分为以下七个步骤。

（1）给定问题。由会议主持人宣布研讨的事物和创造的对象及相关的事项。

（2）分析问题。主持人介绍背景情况、相关资料，并进行初步分析，以便与会者掌握信息、打开思路。

（3）讨论问题。与会者畅所欲言、相互激励，提出不同的看法和见解。

（4）阶段小结。会议主持人对与会者的发言进行阶段性归纳和分析，并加以系统的对比和排序，拟定待深入研讨问题的先后顺序。

（5）类比问题。与会者在对上述排序问题做依次讨论和深入研究时，应采用直接类比、拟人类比、象征类比和幻想类比等方法，使研究思路向纵深渗透。

（6）选择途径。当与会者采用类比的方法使思维转移到陌生的领域，摆脱思维定式的束缚后，应从新的角度探寻解决问题的新途径和新方法。

（7）解决问题。对所研讨的问题要能放得开、收得回，与解决问题的方案联系起来并强行结合；将与会者的设想集中起来，综合各自优点，最终形成解决问题的方案。

案例拓展：综摄法应用案例

在讨论开始阶段，不要把问题全部摊开，而是应不断地通过提问和提供资料进行启发和诱导，使与会者突出主题、各抒己见、积极构思，直至产生一系列创造性设想。然后披露主攻目标，引导全组成员针对创造主题的目标要求，提出各种各样的创造性方案，并展开具体的、具有操作性的细致讨论。

二、移植法

移植法也称渗透法，是一种通过相似联想、相似类比，力求从表面上看来是毫不相关的两个领域或现象之间，发现它们的联系，将某个领域或现象中应用的原理、技术、方法，引用或渗透到另外一个领域或现象中，用以改造或创新的思维方法。移植法主要有原理移植、方法移植、功能移植等。

例如，产生红外辐射是一种很普通的物理现象，凡热力学温度高于零度的物体都有红外辐射，只是温度低时辐射量极微罢了。将这一原理移植到其他领域，可产生一些新奇的成果，如红外线探测、遥感、诊断、治疗等。再如，在自然界，河川中夹有能分解有机物的细菌，有机物经它消化后变成水和一氧化碳。环保专家将此功能移植于废水处理——引进净化细菌让它大量繁殖，以达到去污变清的目的。

三、仿生学方法

仿生学方法是一种通过模拟生物的结构或功能原理而产生发明创造的方法。

自然界的动植物为人类孕育新事物和新方法提供了模仿形象。生物界所具有的精确可靠的定向、导航、探测、控制、调节、能量转换、信息处理、生物合成等生物系统的基本原理和结构，为人类创造新事物提供了参考。

例如，北京奥运工程主场馆是椭圆形的"鸟巢"，与之相映生辉的是"水立方"膜结构的游泳馆。主场馆的外观就像"鸟巢"，馆内有91 000个座位，无论观众坐在"鸟巢"的哪个位置，到比赛场地中心点之间的视线距离都在140米左右。"水立方"的创意来自细胞组织单元的基本排列形式及水泡、肥皂泡的天然构造。这种在自然界中常见的形态从来没有在建筑结构中出现过，"水立方"是世界上第一个应用这一结构体系的建筑，为国内外建筑界填补了一项空白。

> **学习指导**
>
> 在运用联想类比型技法时，首先发现已有事物的某个属性与将要创造发明的新事物的属性契合，然后将已有事物与该属性相关的其他属性运用到新事物的发明上。即通过找到具有相同或相似属性的其他已有事物，将决定该属性的形状、结构、原理等运用于我们需要的、正在创造的事物。

任务检测：联想类比型技法

任务六　组合型技法

组合型技法是指按照一定的技术原理或功能目的，将现有的科学技术原理或方法、现象、物品进行适当的组合或重新安排，从而获得具有统一整体功能的新技术、新产品、新形象。

🔗 相关链接

万用手册

笔记本是常用的文化用品，销路平常，可是，有人以此为基础，附加上其他功能之后，开发上市的"万用手册"却异常畅销。目前，市面上出售的万用手册大多具有以下功能。

（1）记事本。个人资料表、年历、每日每周每月至每年的计划表、一年的回顾与总结等记录。

（2）工作情报手册。世界各国地图、世界时刻对照表、度量衡换算表、常用网址（二维码）等。

（3）备忘录。可随时记录防止遗忘的事情，另外附有单面粘贴纸，用作袖珍备忘录与索引卡，可贴在任何物体上。

（4）企划表。可依个人需要的不同，制作成活页目标表、账务收支管理表、专业企划表等。

（5）皮夹与钥匙袋。皮夹部分可放入名片、信用卡等，而钥匙袋可存放钥匙。

常用的组合型技法有主体附加法、二元坐标法、焦点法、形态分析法等。

一、主体附加法

主体附加法是以某事物为主体，再添加另一附属事物，以实现组合创新的技法。在琳琅满目的商品市场上，我们可以发现大量的商品是采用这一技法创造的。例如，在铅笔头上安上橡皮头，在电风扇中添加香水盒，在摩托车后面的储物箱上装上电子闪烁装置，具有美观、方便、实用的特点。

运用主体附加法往往可使主体获得多种附加功能而成为多功能用品，然而作为多功能用品的设计应该全面考虑、权衡利弊，否则会事与愿违、费力不讨好。

二、二元坐标法

平面直角坐标系由两条数轴正交组成，横轴和纵轴的任一对实数都可以确定平面上的一个点。如果在坐标轴上标上不同的事物，那么由横轴和纵轴交叉确定的点就是两个事物的组合点，这样即可借助坐标系把所列的客观事物相互联系起来。然后对每组联系进行创造性想象，从中产生前所未有的新形象、新设想。最后经可行性分析，确定成熟的技术创造课题。

作为二元坐标法的坐标元素所产生的事物，可以是具体的人造产品，如衣服、床、灯具、汽车之类；也可以是非人造产品，如风、雨、云、水、天空等；还可以是概念术语，如锥形、旋转、变色、中心、闪光、卧式等。对此，通过"张冠李戴"式的组合联想，可以突破习惯观念，克服惰性意识，促使标新立异。

三、焦点法

焦点法与二元坐标法都是强制联想法。区别在于，焦点法以某预定事物为中心（焦点），依次与罗列的各元素一一组合构成联想点，而二元坐标则是各元素之间的两两组合。

焦点法的实施步骤如下。

（1）选择焦点。

（2）列举与焦点无关的事物或技术。

（3）强行将中心圆与周围的小圆圈连接，得到多种组合方案。

（4）充分想象，对每种组合提出创造性设想。

（5）评价所有的设想方案，筛选出新颖、实用的最佳方案。

四、形态分析法

形态分析法是一种利用系统观念来网罗组合设想的创造发明方法。形态分析法的思路是先把技术课题分解成相互独立的基本要素，找出每个要素的可能方案（形态），然后加以组合得到各种解决技术课题的总构想方案。总构想方案的数量就是各要素方案的组合数。

形态分析法可被广泛应用于新技术和新产品的开发及技术预测等许多领域，实施时既可以小组运用，又适于个人使用。

案例拓展：形态分析法在解决交通拥堵问题中的应用

> **学习指导**
>
> 当采用组合型技法进行创新时，一定要清楚创新组合的特点：一是其由多个特征组合在一起；二是所有特征之间相互支持、共同补充来改善、强化同一目的；三是组合一定要产生新效果，实现"1+1>2"的飞跃。

任务检测：组合型技法

实训活动

发明和设计一种新式的桥梁

1. 活动参与人数

以班级为单位，人数控制在50人以内。

2. 活动场地和道具

教室等，纸、笔等。

3. 活动组织

学生3~8人为一组，以小组形式完成。

4. 活动步骤

（1）思考什么动物、植物会架桥。

（2）分析它们架桥的方法。

（3）运用对立、矛盾的词来形容这一过程。

（4）选择其中一组词，由这组词产生新的联想，思考还有什么事物符合这组词所描写的状态。

（5）在词语与不同事物之间的不断类比中找到灵感，发明一种新桥梁形式，大胆运用，不要怕想法荒唐、可笑。

（6）修改、完善设想，使设想变得可行。

（7）把设想画出来或做出模型。

5. 活动交流与讨论

（1）除了应用上述方法解决本问题，还可以采用哪些方法？

（2）比较几种创新方法，思考在解决此问题时哪种最优。

6. 活动体验

_____

_____

_____

7. 活动点评

本次实训活动的目的是训练学生把两个或两类事物加以比较并进行逻辑推理的能力，培养学生的发散思维能力。

项目四　锻炼创新能力

学前思考

（1）如何理解创新能力的原理？
（2）如何把握创新能力培养的要义？
（3）如何锻炼自己的创新能力？

案例导入

杨明平：创业在课堂

◎ **案例描述**

杨明平是一位"80后""高校系"创业者，2012年《福布斯》刊登的"中国30位30岁以下创业者"名单上，他位列其中。

上大学三年级时，杨明平盘下了学校旁边的一家餐饮店面，一年后，他将饭店做成了年收入200万元的火锅店。如果说开火锅店是误打误撞，那么创办超级课堂则是杨明平团队深思熟虑的结果。这也是他从传统线下走向线上，进入科技领域的一大转折。超级课堂的目标是将在线教育规模化，通过两个途径来实现，一个是互联网，另一个是走内容。经过一年的时间，超级课堂有了1万多位付费用户，销售收入达3 000万元。

如今他专注于移动教育的应用产品开发和运营。旗下有两大产品线。产品之一为"物理大师"——专注于k12（中小学）教学资料片的开发和运营；产品之二为"老师无忧"——提升教师批改作业和试卷效率的工具，把纸质作业电子化，并构建大数据的题库系统，形成教师提升效率、黏度极高的产品。在此基础上，构建教师社交、家校沟通的平台。"我们能提供激动人心、最高效的教学资料片，以及作业批改和社交工具，帮助教师在课前、课中、课后提升效率，更多地专注于学生互动，打造未来的课堂。"杨明平自豪地说。

杨明平还同时活跃于创业投资领域，做过移动美术社交和智能出行。在他看来，投资看项目能提升自己创业的技能，创业的经历又能提升投资项目的判断能力。当然，他一直在教育领域探索、突围，这个领域也是他热情和专业所在，他表示将来也会一直探索下去。

（资料来源：佚名.超级课堂杨明平：创业在课堂.山东理工大学创新创业学院，2020-07-22.有删减.）

◎ **案例解析**

创新能力其实就是不安现状，勇于变革、敢于突破、追求卓越的内在驱动力。

任务一 认识创新能力

一、创新能力概述

微课启学：
何为创新
能力

研究创新能力原理的目的在于开发人的创新能力，为了更好地开发创新能力，就必须对创新能力及其形成机制进行深入了解。

（一）创新能力的原理

创新主体的身体结构和大脑神经系统是创新的生理基础，其知识、能力和素质是创新的社会基础。生理基础是创新的自然前提，知识、能力和素质是创新自身的基本条件。

知识、能力和素质的关系：知识和能力是手心与手背的关系。能力决定了一个人掌握知识的速度与质量；知识是能力的基础，"无知者无能"，没有知识就不可能有能力，"隔行如隔山"就是这个道理；知识和能力是素质存在的前提和逻辑关系，素质的形成与发展是一个长期内化的过程，其中主要是知识的内化和升华。离开能力，素质就无从表现、观察、确证和把握；能力与素质既有联系又有区别，二者的联系在于能力和素质的形成与发展走着同一条道路，它们都是在人的活动（认识活动与实践活动）过程中形成与发展的，二者的区别在于能力必须以素质为基础，素质的特点是"内凝"，是人在其活动过程中非对象化的结晶，而能力的特点是"外显"，是人在其活动过程中对象化的呈现；素质向能力的转化能否实现，关键取决于转化的条件，包括主观条件与客观条件。素质是能力的基础，能力是素质的表现，能力的大小由素质的高低决定；素质对知识有极大的依赖关系。个体素质的高低，取决于他占有知识的广度与深度，人在知识的学习与使用中建构了自己的认知结构及思考和行为的习惯。总之，知识、能力和素质具有辩证的关系。三者表现为递进包含的关系：知识是能力的基础，知识和能力又是素质存在的逻辑前提；素质是能力的基础，能力是素质的表现，素质决定能力；能力和素质相比，素质更根本，有了较高的素质，就会在认识世界和改造世界的活动中表现出较强的适应力和创造力。

（二）创新能力的认识

创新能力是指创新主体从事创新活动的能力。具体来说，创新能力就是创新主体按照一定的目标，运用已有的经验对原有事物进行加工改造，从而产生具有社会价值的新事物的能力。

对个体而言,创新能力是指人在创新活动中表现出来的潜在的心理品质,即创新能力就是人在创新活动中所体现出来的总体活动水平。一般来说,创新能力可以简称创新力,其中在创造过程中的创新能力,简称创造力;在创意过程中的创新能力,简称创意力;在创业过程中的创新能力,简称创业力。

(三)创新能力的构成

创新能力的构成可以归结为三个方面:知识、智力和个性。知识是创新能力的基础要素。智力是创新能力的核心要素。智力包括五大要素,即观察力、注意力、记忆力、想象力、思维力,分别对应于学习的着力点、速度、深度、广度和精确度。个性是创新能力的保证要素,是创新活动中所表现出来的非智力因素。一般来说,非智力因素包括动机、兴趣、情感、意志、性格等。创新者的个性品质可以总结为"四个三"。

(1)三欲,即求知欲(探求知识的强烈欲望)、求战欲(勇于挑战的强烈欲望)、求美欲(追求完美的强烈欲望)。

(2)三感,即责任感、义务感、自豪感。

(3)三心,即刨根问底的好奇心、奋发有为的进取心、攻坚克难的好胜心。

(4)三性,即自制性、坚持性、独立性。

总之,知识、智力和个性是创新能力构成的基本要素,它们相互作用,决定创新能力的水平。

(四)创新能力的类型、特征和作用

1. 创新能力的类型

大量实例证明,每个正常人都具有一定程度的创新能力,只是由于受到一系列主客观因素的影响,创新能力的实现才表现出个体差异。普遍认为创新能力有以下三种类型。

(1)普通的创新能力,指在一切领域都起作用的、最普遍的创新能力。例如,大多数人希望每天的饮食变换花样并亲自制作;每位工匠具有独特的手艺风格等。

(2)特殊的创新能力,指具有与特定活动区域有关的创新才能,如音乐才能、绘画才能。这种创新能力表现在创新成果上,一般为非突破性的成果。

(3)高超的创新能力,指对同一领域的某一课题表现出的一种高层次的创新能力。它是体现在杰出人物身上的特殊才能。例如,钱学森、袁隆平、屠呦呦等杰出人才表现出来的创新能力。

2. 创新能力的特征

(1)综合独特性。我们观察创新人物的能力构成时,会发现没有一个是单一的,都是几种能力的综合,这种综合是独特的,具有鲜明的个性色彩。

(2)结构优化性。创新人物的能力构成呈现出明显的结构优化特征,而这种结构是一

种深层或深度的有机结合，能发挥出意想不到的创新功能。

3. 创新能力的作用

（1）教会人类创新思维，深化人类对客观世界的认识。

（2）教会人类创新实践，满足人类生存与发展的客观需要。

（3）教会人类解决问题，提高人类对客观世界的驾驭能力。

相关链接

巧解蛋糕装盒难题

苏联作家高尔基早年曾在一家食品店当童工。有一天，食品店接到一张订单，上面写着："定制蛋糕9块，要装在4个盒子里，每个盒子装的蛋糕又不得少于3块。"蛋糕很快就做好了，可怎么包装呢？老板一会儿这样摆，一会儿那样摆，就是无法合乎客户的要求，全店的人都为此伤透了脑筋。这时，干杂活的高尔基好奇地拿过单子一看，笑着说："这有何难？让我来试试。"只见高尔基拿来3个小盒子，每盒装3块蛋糕，再拿来一个大盒子，把3个小盒子尽装其中，最后用绳子一扎完成包装。高尔基的聪明之举使在场的人非常佩服。

在创新的过程中，我们会碰到各种各样的问题。当面临自己从没有遇到过的事物或问题的时候，单凭已有的经验只能束手无策，这时，要使问题得到顺利解决，必须具有创新的思维和方法。

二、创新能力的基本要素

创新能力的基本要素是创新动力、创新思维和综合素养。创新动力决定了创新的产生，创新思维决定了创新的成功和水平，综合素养则是创新的基础。

创新能力是每个人都具有的潜质。知识转化为创新能力的关键因素是价值观念。例如，两个具有相同知识的人，一个乐于率先做成某件事情，他的对外表现是创新能力强；另一个人习惯循规蹈矩做事情，从不做敢为人先的事情，他的对外表现就是缺乏创新能力。有些人的创新能力不强，主要不是因为知识欠缺，而是因为缺乏创新的意愿和热情，实际上是价值观的问题，是人们对事物价值的不同理解和追求，其决定性因素就是人的社会实践经验及个人的需要和利益。

概括地说，"求知"是人的一种本性，"创新"是人的一种潜质，人的生活和实践是创新由潜质转化为现实能力的必要条件，人的现实利益和需要是实现这种转化的动因和动力。只有外在的具体实践加上内在的热情和价值追求，创新才能得以落实和实现。

相关链接

巧破夜间会车眩目难题

学习刻苦，爱搞小发明、小创新，这就是第十一届全国"明天小小科学家"称号获得者方鑫给人留下的印象。

方鑫在日常生活中发现，夜间行车的驾驶员经常因对面行驶车辆的远光灯眩目而导致交通事故频发，为解决这一问题，方鑫从上高一时就开始了探索。在大量研究液晶的光电特性、如何通过电信号控制液晶层发生光学特性变化、液晶的种类等科学原理后，方鑫提出了诸多方案，如可调整光线照射方向的智能车灯、可整体变透光率的车窗玻璃等。最终通过大量研究液晶知识、单片机技术并进行无数次实验后，方鑫终于利用液晶玻璃解决了夜间会车远光灯眩目问题。

知识和梦想是创新的一对翅膀。一个人只要具备扎实的专业知识和浓厚的探究兴趣，才能在科学研究中不断取得新突破。

三、创新能力的形成

（一）创新能力形成的第一原理

遗传是形成个体创新能力的生理基础。它决定着个体创新能力发展的类型、速度和水平。

（二）创新能力形成的第二原理

创新思维是创新能力形成的关键。创新思维的一般规律是面对问题先发散、后集中。

（三）创新能力形成的第三原理

环境是个体创新能力形成和提高的重要条件，环境优劣制约着个体创新能力发展的速度和水平。

（四）创新能力形成的第四原理

实践是创新能力形成的唯一途径。实践是检验创新能力水平和创新活动成果的标准。

四、创新能力的分类

创新能力具有如下分支。

1. 质疑批判能力

质疑批判能力是指能够独立进行思考，善于发现并清除事物中不合理因素的能力。质疑批判能力的培养，关键是要锤炼批判、独立和求异的思想。

2. 分析综合能力

分析是指把客观事物的整体分解为若干部分，使一个复杂事物变成多个简单事物。综合则把研究对象的各部分、各因素联结起来，形成统一整体，从而把握事物的本质及规律。分析综合能力的培养，主要依靠辩证思维、思考问题和回答问题，切忌简单地肯定或否定。

3. 动手操作能力

动手操作能力是指把创新思想转变成实际物质成果的基本能力。

4. 思想表达能力

创新人员需要有较高的思想表达能力。它分为两种能力，即口头表达能力和书面表达能力。

5. 逆境调整能力

逆境调整能力是指在身处逆境时，能够善于利用逆境，化逆境为顺境的能力。

6. 交际协调能力

交际协调能力主要包括两个方面：一是指与社会各方面正常交往的能力，即交际能力；二是指协调人与人之间、人与环境之间关系的能力，即协调能力。

7. 自觉学习能力

自觉学习能力是指在没有他人帮助的情况下自我学习的能力。

学习指导

心理学家马斯洛指出创新能力对于每个人的可能性，每个人都具有创新的天赋潜能，在心理健康发展的条件下，每个人都可以表现出创造性。

创新不是少数人的事，而是每个人的事。对创新能力的认识仅仅局限在少数科学家、文学家和艺术家上是一种陈腐的观念。创新能力不仅能够决定个人综合素质的高低和发展空间的大小，还成为决定国家和民族未来命运的重要因素。

创新是世界的趋势，是民族的灵魂，是人类进步的不竭动力。创新能力的大小已经成为衡量一个国家核心竞争力高低的关键因素。新时代的大学生都应当加入创新的行列中，让创新成为每个人的生活方式和自觉习惯。

任务检测：认识创新能力

任务二 把握创新能力培养的策略

创新能力的培养是一个涉及多方面因素的复杂系统工程,实质是人的相应素质的培养过程,实践活动是相应素质转化为创新能力的关键环节。

一、认识创新能力培养的误区

人的素质与能力决定创新能力的高低,综合素质的提升是创新能力培养的重中之重。在现实的理论研究和教育实践中,有以下三种不良现象值得我们反思。

(1)无视素质形成和培养对创新能力形成和培养的决定性作用,孤立地强调创新能力培养,热衷于创新能力培养的方式、过程、内容等对策的设计和选择。

(2)没有建立起正确的素质概念,其中普遍性问题就是将素养和知识对等看待,简单认为知识多就是素质高。其实人的素质是多方面综合性的,它才真正是一个人创新能力的基础和源泉。

(3)在素质教育和创新能力培养过程中,素质教育与应试教育之间依然存在矛盾。创新能力所要求的观察思考、质疑批判、实践操作、改进提高等核心能力培养有待加强。

二、抓住创新能力培养的关键

(一)重视创新主体的培养

人是一个复杂的存在物,每个现实的人总是物质性和精神性的统一、自然性和社会性的统一、客体性和主体性的统一,而对于创新能力的形成来说,人的主体性具有特别重要的现实意义和作用。大学生缺乏的主要不是知识,而是创新的意识、热情和追求。人的创新活动一定是有意识、自主和能动的行为,因此,创新能力培养必须注重人的主体性和人的价值观的培养。主体性主要表现为人在活动中的自觉性、能动性和主动性。在教育活动中要特别注意引导受教育者的主体性朝着正确的方向发展,发挥其积极作用,这是创新能力培养所必需的。

(二)知识储备与调整

1. 知识储备

创新要有科学的根据和坚实的知识基础。科学创新的基础在于知识储备。知之甚少,必然无法创新,创新是对前人经验的创新性继承,是对未来发展的链条式推动。

2. 建立合理的知识结构

建立合理的知识结构时应遵循以下四条原则,即要围绕成才目标来构造知识结构,要把知识的广博和精深结合起来,要把理论和实践结合起来,要把静态结构和动态调节结合起来。

3. 知识结构的调整方法

知识结构的调整方法常见的有更新法和补遗法。

（三）克服三大障碍

1. 思维模式障碍

思维模式就是人在思维活动中已经形成的定式，它是思维内容与思维方式的统一。定式思维的极端会发生思想僵化。因此，应努力克服这些影响创新思维的障碍。

2. 个性心理障碍

某些不良的个性心理品质会干扰和破坏心理系统功能的正常发挥，成为创新能力形成中的严重障碍，如胆怯、自卑、怠惰等。

3. 社会环境的障碍

社会环境的障碍是指创新能力形成中社会环境各方面的障碍，如政治环境的障碍、文化环境的障碍、知识经验的障碍、物质条件的障碍、人际关系的障碍等。

（四）强化创新素质的方法

1. 不断吸收新知识

不断吸收新知识，以替代过时的或弥补过去没有的知识，调整和改善自己的知识结构。

2. 进行单项能力训练

观察力、记忆力、想象力等与拥有的知识量的关系并不是绝对的，必须进行专门训练。

3. 提高心理素质

要提高心理素质具体要从七个方面入手：情感调控、意志培养、个性塑造、自我意识训练、智力训练、学习指导和交往指导。

4. 善于提出问题

通常人们大脑里有一个比较固定的概念，当某一经验与这个概念发生冲突时就会产生问题，若此问题反作用于思维世界，人们就会产生摆脱或消除问题的渴望，这就构成了创新的源泉。

（五）重视现实生活的教育意义

很多人认为，人的价值观是通过学校教育尤其是学校的知识教育确立的，其实这是一个认识误区。价值观固然有知识的成分，学校的知识教育也可以发挥必要的作用，但知识并不构成价值观形成的充分条件。价值观的确立是一个人对价值的理解、判断、选择和追求的结果，而其对事物价值理解、判断和选择的根据与标准则来源于他在现实生活中形成的价值观念，取决于他自身的需求和利益，来源于他的生活实践。因此，教育特别是价值观教育必须主动面向广泛的社会生活，不能热衷于说教而无视现实生活的教育意义。

（六）重视知识的积累

知识是人对世界的观念把握，又是人进一步认识和改造世界的工具和力量。知识是能力和价值观构成的基本要素,离开知识,能力和价值观就无从谈起。从更深远的意义上说,知识能够真正为人们提供改造现实的力量。人是现实的存在物,存在于现实的世界中。人既不满足于自己的现实,又不满足于外部世界的现实,总是力图超越现实,追求高于现实的理想。总而言之,知识积累是创新能力培养的基础和前提。

相关链接

将脑袋打开"1毫米"

一家生产牙膏的公司深受广大消费者的喜爱。但是近年来,营业额增长停滞下来,董事会对当前业绩表示强烈不满,便召开高层会议商讨对策。

在会议中,有一名年轻的经理站了起来,对总裁说:"我有一张纸条,纸条里有一个建议,若您要采用我的建议,必须另付我5万元。"

总裁听了很生气地说:"我每个月都支付给你薪水,现在叫你来开会讨论对策,你还另外要求5万元,是不是太过分了?""总裁先生,请别误会,您支付我的薪水,让我平时卖力为公司工作,但这是一个重大而又有价值的建议,您应该支付我额外的奖金。"年轻的经理说。"好,我就看看它为何值这么多钱!"总裁接过那张纸条,阅毕,马上签了一张5万元的支票给那名年轻的经理。原来纸条上只写了一句话:"将现在的牙膏开口直径扩大1毫米。"

总裁采纳了年轻经理的建议,试想消费者使用直径扩大了1毫米的牙膏,每天牙膏的消费量会多出多少呢?

一个小小的改变,往往会引起意料不到的变化。当你习惯于采用旧有的思维模式而走不出一条新路时,何不将你的脑袋打开"1毫米"?

学习指导

创新能力培养是一项系统工程。它需要家庭、学校、社会教育的综合作用,更需要创新主体自身意识的觉醒、创新知识技能的积累、创新能动性的迸发、创新品质的锤炼及社会对创新成果的认可。

创新不是科学家、工程师的专属,它属于每个普通的人。人人都具有创新的潜质和需求,只要科学培养、长期实践、勇于尝试,每个人都会成为敢于不断突破自我的创新之人。

任务检测:把握创新能力培养的策略

任务三 培养创新能力的训练

微课启学：
创新能力的
训练

创新能力是指一个人（创造主体）在一定的活动中取得新颖性成果的能力，创新能力主要由专业知识与技能、创新思维和创造人格三个方面要素构成。因此，在接受传统教育的同时，培养创新能力时要充分重视这三个重要因素。首先要掌握专业知识与技能。任何创新都离不开知识与技能，具有不同领域的知识与技能就形成了不同领域的创新能力。有关领域的知识与技能可以看作一套解决某个特定问题或从事某项特定工作的途径，途径越多，产生新东西和形成新观念的办法就越多。其次是锻炼创新思维能力。创新思维能力是创新能力的核心，既有使思维具有流畅性、变通性、独特性的特点，产生新认识的能力，又有运用创造方法提出新措施的能力。最后要完善创造人格，创造人格是能在后天学习活动中逐步养成，在创新活动中显现和发展起来的。

提问是创新活动的切入点，问题能促使人们进行思考，提出问题是一切创新活动的起点。因此，怎样发现问题，怎样才能提出适当有价值的问题是培养创新能力的首要任务。

一、创新思维训练

创新就是利用一系列提问引导创新者围绕研究对象不断地从多角度、宽范围进行思考，以便启迪思路、开阔思考空间，使之更容易产生新设想和新方案。

创新能力训练如表1-4-1所示。

表1-4-1 创新能力训练

训练项目	创新原理
头脑风暴创新训练	能够运用头脑风暴集思广益，创造性地解决问题
列举创新训练	通过特性、缺点、希望点列举找到创新切入点与突破口
组合创新训练	运用同类、异类、主体附加、重组等方法解决问题
类比创新训练	把表面不相干的事物联系起来异中求同，寻找解决问题的方法
设问创新训练	通过质疑提问创造性地分析并解决问题
移植创新训练	将一个事物原理技术和方法搬到其他领域解决问题
联想创新训练	对已有知识经验信息加工从而产生新思想新方案

（资料来源：陈爱玲.创新潜能开发实用教程[M].北京：化学工业出版社，2013.）

创造者在创新过程中的思维活动是极其复杂的，心理学家沃勒斯提出的创造四阶段论（准备期—酝酿期—豁朗期—验证期）被大多数学者接受。这四个阶段与创造性解决问题的四个阶段（发现问题、分析问题、提出设想、评价与验证）是一致的。

二、创新能力训练

创新能力训练是一项系统工程，需要根据创新型人才的培养目标，制定科学实用的训练方法和指导原则。

（一）训练创新能力的主要途径

1. 课堂教学

课堂教学是学校教育的基本形式，也是进行创新训练的主要阵地。实施创新训练，就应该用创新的教育原则组织训练过程、制定训练内容和选择训练方法。具体训练途径如下。

（1）探索性训练。因为创新教育本身是一项富有高度探索性的工程，所以创新训练应该营造探索气氛，形成发明情景，提供创新契机，从而激发创新主体的学习热情，使他们表现出在学习上的探索性、积极性和主动性，在探索中锻炼创新。

（2）动态性训练。世界上的事物都处于动态发展的过程中，创新训练也是如此。传统教育常常对任何学习课题都以静态的模式进行表述，不利于学习者了解事物的内涵和实质。因此，创新教育需要引导学习者对课题进行动态化分析，在变化中进行深入研究。

（3）综合性训练。综合是科学技术和社会生产发展到一定程度后的必然趋势，它在创新训练中具有重要作用。创新训练要求训练内容必须与社会需要进行综合，训练目标必须与社会发展进行综合。

（4）合理性训练。世界上的任何发明创造既有可行性问题，又有合理性问题，方案技术上可行并不代表实际应用中合理。创新训练要教会创新主体既可以提出各种创造性设想，又可以评判各种创造性构想，要能按照一定的标准，对所分析的对象作出合理的评价。

（5）个性化训练。创新训练要特别重视创新主体的独立性和自主性，它以发展创造者个性为宗旨。它要求人们尊重创新主体的兴趣和爱好、理解创新主体的志向和情感，但并不对创新主体认识上的错误包容或迁就。

2. 课外活动

课外活动是锻炼创新能力的重要途径，是课堂教学内容上的补充、方法上的改进、形式上的扩展，也是创新能力训练应积极追求的一种训练途径。它的优点在于可以使学生将课堂上学到的知识应用于实际、检验于实际，可以锻炼学生独立思考和动手操作的能力，可以使大学生在现实中经历挫折，体验创新的艰辛和发明的困难，从而培养出良好的创新人格和突出的创新才干。

3. 社会实践

要进行创新能力训练，必须动员全社会的力量参与，如果整个社会能形成良好的创新训练环境和创新教育氛围，这对培养和锻炼大学生的创新能力是非常有利的。

（二）开展创新能力训练的主要形式

1. 开设专门课程

通过开设专门课程，系统地向学生传授有关发明创造的知识、方法和培养相关的技巧和能力。

2. 进行学科渗透

学科渗透就是在各科教学中贯彻创新教育的方法和原则，在传授知识的同时，锻炼大学生的创新能力。

3. 实施社会参与

开展创新教育，就是要积极提倡和鼓励大学生广泛进行社会参与，并把它作为创新教育与社会生活相联系、与生产劳动相结合的重要纽带。

（三）训练创新能力的主要方法

1. 情感训练法

情感训练法是一种以情感人、以情育人的方法，它不仅可以调动学生的积极性，还可以培养大学生健全的精神品格。

2. 发现式训练法

发现式训练法就是模拟科学家的发明创造过程，科学家并不是为了认识才去发现，而是为了发现才去认识。发现式训练法正是突出了这一特点，按照以大学生为主体的思想组织教学、设置创新的情景，使他们处于最佳的创新状态中。

3. 讨论式训练法

讨论式训练法的特点是民主性和双向性，通过创设宽松平等的讨论氛围，使大学生在这种氛围中自由想象，充分发表意见，碰撞出创新的火花。

4. 疑问式训练法

疑问式训练法是一种教师用问题来启发学生思考，通过提问的方式引出新内容、新概念、新结论并培养大学生质疑和释疑能力的方法。

5. 案例训练法

案例训练法是一种根据教学目的的需要，选择若干有代表性的问题，以其为"案例"进行讲授或讨论，使大学生掌握相关问题的知识方法。

6. 暗示训练法

暗示训练法是一种通过暗示，促使大学生进行无意识的心理活动，挖掘心理潜力，以达到培养创新能力的方法。

7. 思维开放训练法

思维开放训练法要求大学生不要死记硬背书本中现成的答案和教师给出的结论，而是要着眼于不同答案或结论的自主探索。

8. 实验探索训练法

实验探索训练法把教学和实验、科研结合起来，使其相互促进、共同提高。必须指出的是，在进行创新训练时，实验探索训练法应按照科学研究的具体过程和实际阶段组织训练。

9. 系统思考训练法

系统思考训练法通过将行之有效的创新方法移植到创新教育的教学过程中，锻炼大学生的系统思维能力，培养大学生的系统思考习惯，使大学生能够从分散知识的整合中掌握新知识，获得新能力。

10. 社会参与训练法

社会参与训练法将书本知识与社会实践结合起来，让大学生承担社会责任、了解社会需求、参与社会活动、进行社会服务。

> **相关链接**
>
> **不断"搬家"的拉链**
>
> 1893年，一个名为贾德森的芝加哥工程师获得了"滑动锁紧装置"方面的第一个专利。直到1926年美国小说家弗朗克才给这种装置起名为拉链。一家服装店的老板将拉链用于钱包上，后又将其用于海军服装上。第一次世界大战期间，美国军队最先订购大批拉链给士兵做服装。第一次世界大战后，彼得公司将拉链用于运动衣，也取得了成功。
>
> 普通锁紧装置的专利权至1931年到期。在这之后，人们发现了拉链的更多用途。例如，有一家公司曾为生羊蹄病的羊做了成千上万双拉链靴；有人将拉链用于渔网上和苗棚上；我国青年创业者、一撕得创始人邢凯则研发出"拉链纸箱"，有效解决了拆快递箱费时费力的难题。
>
> 若没有新用途被发现，就不会有拉链产品的今天。由此可见，发现新用途可以创造新产品，产生新发明。

三、5W2H创新训练

（一）5W2H法的含义

进行创新能力培养时，善于提出问题对于解决问题是非常重要的，创新者几乎无一例外地具有善于提问题的能力。只有发现问题并能对一个问题刨根问底，才能发现新的解决办法。因此，从根本上说，学会创新首先要学会提问，善于提问。

（二）5W2H法的具体内容

（1）what——需要做什么事情？什么目的？什么要求？什么条件？什么主题？什么是关键问题？

（2）why——为什么做这件事情？为什么要采用这种方法？为什么设置这些程序和环节？其他人为什么在这些事情上会失败？

（3）when——何时开始？何时结束？什么时机最合适？

（4）where——这些事情应该从哪里解决？哪里的成本最低？哪里的条件最好？

（5）who——由谁来做？谁可以对这件事情提供帮助？

（6）how——这件事情怎么做？怎样扩大知名度？怎样才能降低成本？怎么做才是最佳方案？

（7）how much——做到什么程度？数量如何？质量如何？

5W2H是由5W1H扩展而来的，如本书模式一项目三中的"任务二　设问检查型技法"所述，5W1H是以5个W开头的英语单词和1个以H开头的英语单词进行设问，启迪思路，指导创新实践活动，后来人们又扩展了"做到什么程度"（how much），于是5W1H又变成了5W2H。

（三）体验用5W2H解决发明问题

1. 用于管理创新的提问

（1）why——为什么？如，为什么做这项工作？为什么应用这个原理？为什么采用这一方法？

（2）what——什么？例如，任务是什么？目的是什么？条件是什么？方法是什么？规范是什么？重点是什么？功能是什么？与什么有关？

（3）who——何人？例如，谁会做？谁来做？谁不能做？与谁有关？谁来决策？谁会赞成？谁会反对？

（4）when——何时？例如，何时开始？何时完成？何时最适宜？何时最不适宜？

（5）where——何处？例如，何处可做？在何处做？何处最适宜？何处最不适宜？

（6）how——怎样？例如，怎样去做？怎样做效果好？怎样做效果不好？怎样得到？怎样改进？怎样发展？怎样避免失败？

（7）how much——多少？例如，需要多少人力、物力、财力？多少成本？多少利润？多大效益？

2. 用于新产品开发的提问

（1）why——为什么？例如，为什么需要？为什么做成这个样子（形状、大小、颜色等）？为什么有这种性质？为什么使用这种材料？为什么要这样生产？为什么非做不可？为什么不能做？

（2）what——什么？例如，条件是什么？哪一部分工作要做？目标是什么？重点是什么？与什么有关系？功能是什么？规范是什么？经济效益、技术效益是什么？达到什么样的质量标准？

（3）who——何人？例如，谁是生产者？谁是消费者？谁是销售者？谁来办事方便？谁不可以办？谁赞成，谁反对？谁决策？谁被忽视了？

（4）when——何时？例如，何时研究？何时实施？期限是多少？研究顺序是什么？产品的使用寿命有多长？产品的保修期、折旧期、维修期各是多长？何时完成？何时安装？何时销售？何时产量最高？何时上市销售？

（5）where——何处？例如，包括何地研究？何地实验？何地生产？何地安装？何部门采用？何地有资源？何处买卖？何处推广？何处改进？

（6）how——怎样？例如，包括怎样省力？怎样速度快？怎样效率高？怎样改进？怎样得到？怎样避免失败？怎样求发展？怎样使产品更方便？怎样增加销路？

（7）how much——多少？例如，功能如何？效果如何？利弊如何？安全性如何？销售额如何？成本多少？

可用于分析制订经营策略的提问（开办校园超市）。

（1）why——为什么开办超市？（住校的大学生有多种消费需求，而校园超市能为大学生节约购物时间和交通成本）

（2）what——大学生需要购买什么？

（3）who——超市的顾客是谁？消费者主要是大学生，因此首要要了解大学生的消费需求。

（4）when——何时？课余时间才是消费的高峰阶段。

（5）where——超市开办在什么地方？超市选址应紧邻食堂或位于生活区到教学区的必经之路，方便购物。

（6）how——怎样增加消费量？与大学生社团联合，为社团服务购置活动用品，以宿舍为单位举办团购等增加消费量。

（7）how much——成本多少？在销售高峰时期雇用一部分大学生，可以降低人力成本。

学习指导

创新能力的培养需要科学系统的训练。培养创新能力首先需要理解创新能力的原理。在此基础上，要把握创新能力培养的关键。通过科学有效的方法进行创新能力的训练，只有采用科学的训练方法才能更好地指导创新能力的培养。

在平时，我们既要学习前人的优秀经验，又要不断改进创新，探索出更多更好的创新训练方法，只有这样，我们的创新能力才能不断提高。

任务检测：培养创新能力的训练

实训活动

开展创新方法训练

1. 活动参与人数

以班级为单位,人数控制在50人以内。

2. 活动场地和道具

教室,A4纸若干张。

3. 活动组织

学生以3~5人分组,以小组合作形式完成。

4. 活动步骤

活动1 希望点列举创新训练法

希望点列举创新训练法的原则是"如果能够……该多好",首先要提出希望,具体列出希望点,然后构思满足这些希望点的创意。

(1)分解普通自行车,小组讨论按名词、形容词、动词属性将分类特点填入表1-4-2。

表1-4-2 自行车属性分解表

自行车特征	名词属性	整体名称	
		结构部分	
		材料类型	
		制造方法	
	形容词属性	颜色	
		重量	
		形状	
		性能	
		速度	
	动词属性	主要功能	
		动作分解	

每组派代表公布讨论结果,并以表格的形式展示出来。

(2)请各小组运用希望点列举创新训练法对"双层床"进行希望点列举,并对"双层床"提出相应的改进设想。

① 属性列举——从名词、形容词、动词三个方面进行属性分解。

② 缺点列举——找出"双层床"存在的缺点,分析形成原因,找出解决办法。

③ 希望点列举——对"双层床"提出尽可能多的希望,将其进行归纳整理形成3~5个希望点,对可能实现的提出方案,暂时不能实现的储存作为以后的规划。

活动2　组合创新训练法

（1）以小组为单位,将下列物品通过同物组合、异类组合、主体附加和重组组合等方式,能提出哪些有价值、有意义的设想?

计算机、太阳镜、手机、卧室、电视、雕塑、吊床、汽车、易拉罐、电风扇、缆车、吸尘器、窗户、电影票、钢笔等。

（2）运用主体附加法,在保留以下主体功能不变的情况下,加上其他附加物,以扩大其功能或改善性能,把改进后的名称填入表1-4-3。

表 1-4-3　主体、附加物及改进后的名称

主体	附加物	改进后的名称
跳绳（举例）	计数器	可计数跳绳
风筝		
口罩		
窗帘		
眼镜		
台灯		
蓝牙运动耳机		
智能音箱		
充电器		
太阳伞		

（3）试分析上述组合型产品的改进之处,哪些产品的变化较大。

活动3　5W2H法

根据5W2H法设计一个礼品店的经营计划。

（1）what——经营什么礼品?什么档次?什么定位?

（2）why——开店的目标是什么?为什么经营这类商品?

（3）who——谁是顾客?谁是老板?谁是服务员?谁负责进货?

（4）when——何时开张?何时经营、进货、盘点?

（5）where——开在哪里?哪里批发货物?哪里寻找启动资金?

（6）how——怎么做营销?采用什么手段促销?

（7）how much——投入多少本钱?盈利目标是多少?雇用多少服务员?

5. 活动交流与讨论

（1）你们小组是如何分工的？

（2）你们小组在进行希望点列举活动中出现了哪些分歧？是如何解决的？

（3）你们在进行组合创新活动中遇到了哪些问题？是如何解决的？

（4）你们小组在运用5W2H法创新活动中是如何思考的？

6. 活动体验

_____
_____
_____

7. 活动点评

创新能力是人的能力中最重要、最宝贵、最高层次的一种能力。创新活动不是少数人的专利，人人都有创新潜能，人人都可以参与创新，人的创新意识和创新能力是可以通过培养和锻炼得到提升的。只要掌握丰富的理论知识和科学的创新方法，再加上长期的实践锻炼，我们每个人都可以成为新时代的创新者。

项目五　转化创新成果

学前思考

（1）什么是创新成果？
（2）怎样保护创新成果？
（3）如何转化创新成果？

案例导入

北大硕士张天一与霸蛮米粉

◎ **案例描述**

2014年，北大硕士张天一毕业后放着律师不做，在北京卖起了米粉。他靠着一股"霸蛮"劲儿，用4年的时间卖出1 000万份米粉，品牌估值5亿元，后来的事实也证明，张天一的选择是对的，他探索出了一条企业成功发展的创新之路。

6年的法律专业学习，培养了张天一严谨的思维模式和做事方式，同时也成为他跨界创业最宝贵的人生财富。张天一在《硕士为什么卖米粉》自述中曾说过："用一种思维去做事情，我觉得行业就不一定那么限制了，就像互联网思维，你可以拿它去做互联网，也可以拿它去做金融、房地产、餐饮。这样看来，假设世界上有一种法律人思维，那我拿它来做餐饮，似乎也可以。"

创新企业管理和营销模式。最初他把自己的伏牛堂当作一个操作系统，对内设计了别具特色的游戏系统，鼓励员工自我成长。对外他尝试组建各种各样的社群，如读书、观影、户外……以爱好之名，吸引志同道合之友，顺道再穿插卖米粉。凭着这些大胆、积极的尝试，不到两年，张天一把自己的米粉店从地下室小餐馆，发展到一个拥有20万社群用户的品牌。

2018年，他把"伏牛堂"更名为"霸蛮"，顺利获得融资，开始推广自己的品牌，持续开设分店；2020年疫情之下，靠着直播间卖货和合作带货，"霸蛮"速食米线奇迹般地活了下来。2021年4月，张天一团队的电商业务同比增长400%，逐步弥补了线下的亏损。从始至终，他都带着与别人不一样的愿景去思考并践行自己的创业梦。

张天一敏锐地觉察到线上直播的东风，供应链技术的进步，物流配送体系的完善，移动支付基础设施的完善，使霸蛮建立了数十万人的粉丝群，从而形成了霸蛮独特的"线上电商+新零售+外卖O2O+线下连锁体验店"的无界餐饮（boundaryness dining）模式，这正是霸蛮的核心竞争力。该模式也成功入选哈佛商学院的案例库。

"我们'90后'是伴随国家崛起成长起来的一代人。我们这一代创业者的使命，不仅仅是打造中国一流的企业，还要有打造世界一流企业的全球化格局与视野。"张天一如是说。

（资料来源：刘庆东，曹珊珊.张天一：小小米粉，霸蛮成长.中国青年杂志网，2022-07-23.有删改.）

◎ **案例解析**

创新成果的诞生是解决前人没有解决的问题，创新成果不仅仅指一个技术发明创造，还可以是具有实用价值和经济价值，能促进人类不断进步的成果。张天一在自主创业的过程中，虽然从事的是传统行业，但是通过不断思考和大胆的实践，不断创新商业模式，形成了独具特色的无界餐饮模式，把看似普通的餐饮行业做成了品牌估值5亿元的企业，这里面凝聚了个人大量智慧和创新想法，并且不断地将自己智力成果转化为经济价值和市场效应，促进社会不断发展和进步，意义深远，值得大家学习。

任务一　认识创新成果

一、创新成果的含义

微课启学：
创新成果的
内涵

前文有述，"创新"一词在我国出现得很早，《广雅》中有"创，始也"；"新"，与"旧"相对。《魏书》中有"革弊创新"；《周书》中有"创新改旧"。创新是指人为了一定的目的，遵循事物发展的规律，对事物的整体或其中的某些部分进行变革，从而使其得以更新与发展的活动。

创新成果则是指人们通过复杂的智力劳动，遵循事物发展的规律，对事物的整体或其中的某些部分进行变革并首次得到具有某种被公认的学术或经济价值的新理论、新技术、新工艺、新制度、新文化等。

二、创新成果的特征

创新是由人、新成果、实施过程、更高效益四个要素构成的综合过程。创新成果即创造性活动取得的成果，其具有如下特征。

（一）新颖性

创新是以新思维、新发明、新描述为特征的一种概念化的过程。创新是不断更新、创造新的东西。创新的成果可以是产品结构、性能或外部特征的变革，也可以是造型设计、内容表现形式和手段的创造，或者内容的完善更新。总之，创新成果是为了打破传统、旧的习惯观念和突破、变革新的方式方法而产生的成果，具有新颖性的重要特征。新颖性也是创新成果与其他劳动成果相比较重要的特征。

（二）价值取向性

强调创新成果的价值取向性尤为重要。事实上，"新"并不意味着"好"，许多新事物并不一定对人类社会具有积极的价值，甚至有悖于社会发展规律、危害社会。创新成果是否具有可实现的经济价值和社会价值是检验创新成果的重要标准之一。例如，科技创新成果是科学技术活动中通过复杂的智力劳动所得出的具有某种被公认的学术价值或经济价值的知识产品，其价值在一定范围内经实践证明先进、成熟、适用，能取得良好经济、社会或生态环境效益。

（三）知识密集性

创新是一个知识密集的过程，创新成果也是知识密集的产物。在创新过程中需要大量复杂甚至交叉学科的知识支撑，同时也需要大量高科技人才、运用科研设备进行研究。绝大多数创新成果的诞生是团队合作的结果，不再依赖个人或某个领域，通常是各领域专家利用专业优势，将各种资源进行梳理整理，将知识迁移和转换，形成新的知识体系和成果。

（四）风险性

创新成果的取得通常具有风险性，任何创新成果都不能被事前预测或保证一定成功。创新的不确定因素越多，失败的风险性就越大。吉列公司每三个上市产品中只有一个能取得市场成功，而这三个产品是从100项前期技术研究中得到的。

创新成果的诞生除了有技术风险，还要接受市场风险的考验，而市场风险比实验室的技术风险要大得多。因此，在进行创新活动时除了认真分析已知条件和未知条件，分析客观环境和事物发展规律，还要对市场进行全面和翔实的市场调研，不能盲目埋头苦干，应尽早预知风险的端倪，将风险降到最低。

三、创新成果的类型

创新成果的类型有很多，目前主要依据创新活动中创新对象的不同，创新成果分为知识创新成果、技术创新成果、制度创新成果。

（一）知识创新成果

知识创新成果是指通过各种研究获得新的技术科学和基础科学知识，这种研究包括应用研究和基础研究。知识创新为人类进步和社会发展提供了源源不断的动力，为人类认识世界继而改造世界提供了新理论和新方法。

（二）技术创新成果

技术创新成果是指企业为占据市场并实现市场价值，将新知识、新技术、新工艺加以应用，在经营管理模式和生产方式上革新，从而提高产品质量，开发并生产新的产品，提供新的服务。

（三）制度创新成果

制度创新成果是指在人们现有的生产和生活环境条件下，为实现社会的持续发展和变革，创设新的、更能有效激励人们行为的制度。所有创新活动都源于制度创新，通过制度创新固定下来，并以制度化的方式持续发挥着自己的作用，这是制度创新的积极意义。

相关链接

大学生团队创新实践助力乡村振兴

黄塔村位于广东省梅州市五华县岐岭镇西北地区，处于河源龙川与兴宁的交界处，地理位置较为偏僻，属于革命老区。为传承红色基因、支援革命老区，广州铁路职业技术学院的大学生在黄塔村建立志愿服务基地，为黄塔村的教育、文化、产业等方面提供相应的结对帮扶支持。项目团队依托广州铁路职业技术学院的高校背景，精心构建"教育+文化+产业+品牌+营销"五位一体的"黄塔模式"。项目团队经过深入调研后，聘请农业专家就现有资源条件献计献策，专家提出引入生态循环产业——双香舞蛋等项目。大学生团队不仅自行设计品牌Logo和农产品的外包装，还与村电子商务等企业签订农产品代销合作协议。创立农家宝品牌，利用新媒体营销渠道，帮助当地在蓬勃发展的百香果产业中抢占先机，助力黄塔村发展百香果基地、香菇基地、蛋鸭基地等特色产业，帮助黄塔村巩固脱贫攻坚的成果，助力乡村振兴。

学习指导

创新成果是指人们通过复杂的智力劳动，遵循事物发展的规律，对事物的整体或其中的某些部分进行变革并首次得出具有某种被公认的学术或经济价值的新理论、新技术、新工艺、新制度、新文化等。创新是由人、新成果、实施过程、更高效益四个要素构成的综合过程。创新成果具有新颖性、价值取向性、知识密集性、风险性特征。依据创新活动中创新对象的不同，创新成果分为知识创新成果、技术创新成果、制度创新成果。

任务检测：认识创新成果

任务二　加强创新成果的保护

在知识经济时代，以创新成果为内核的知识产权对大学生创新成果的保护及转化起着至关重要的作用。知识产权成为在市场中占据一席之地进而形成核心竞争优势的关键性战略资源。为完善科技创新体系，党的二十大报告强调，要"加强知识产权法治保障，形成支持全面创新的基础制度"。目前，我国已建立了较为完善的知识产权制度：在立法方面，已形成高水平、全方位的知识产权法律体系；专利法、著作权法、商标法、反不正当竞争法等相关法律和实施细则的保护范围、保护力度和国际水平接轨。这些都为大学生创新成果的保护提供了强有力的法律保障。本书主要介绍涉及大学生创新成果保护的著作权法、专利法和商标保护法。

微课启学：
创新成果的
保护

一、著作权法

（一）著作权和著作权法

著作权是指作者对其创作的文学、艺术和科学作品依法享有的专有权利，又称版权。

著作权法是调整文学、艺术和科学作品归属、利用、交换、传播关系的法律规范的总称。

（二）著作权的客体

1. 作品的概念

作品是著作权法所保护的对象，即著作权的客体。《中华人民共和国著作权法实施条例》（以下简称《著作权法实施条例》）第二条规定："著作权法所称作品，是指文学、艺术和科学领域内具有独创性并能以某种有形形式复制的智力成果。"

2. 著作权法所保护的作品的种类

根据《著作权法实施条例》第四条的规定，我国著作权法及本条例所保护的作品如下。

（1）文字作品，是指小说、诗词、散文、论文等以文字形式表现的作品。

（2）口述作品，是指即兴的演说、授课、法庭辩论等以口头语言形式表现的作品。

（3）音乐作品，是指歌曲、交响乐等能够演唱或者演奏的带词或者不带词的作品。

（4）戏剧作品，是指话剧、歌剧、地方戏等供舞台演出的作品。

（5）曲艺作品，是指相声、快书、大鼓、评书等以说唱为主要形式表演的作品。

（6）舞蹈作品，是指通过连续的动作、姿势、表情等表现思想情感的作品。

（7）杂技艺术作品，是指杂技、魔术、马戏等通过形体动作和技巧表现的作品。

（8）美术作品，是指绘画、书法、雕塑等以线条、色彩或者其他方式构成的有审美意义的平面或者立体的造型艺术作品。

（9）建筑作品，是指以建筑物或者构筑物形式表现的有审美意义的作品。

（10）摄影作品，是指借助器械在感光材料或者其他介质上记录客观物体形象的艺术作品。

（11）电影作品和以类似摄制电影的方法创作的作品，是指摄制在一定介质上，由一系列有伴音或者无伴音的画面组成，并且借助适当装置放映或者以其他方式传播的作品。

（12）图形作品，是指为施工、生产绘制的工程设计图、产品设计图，以及反映地理现象、说明事物原理或者结构的地图、示意图等作品。

（13）模型作品，是指为展示、试验或者观测等用途，根据物体的形状和结构，按照一定比例制成的立体作品。

（三）著作权法的主体

著作权法的主体，即著作权人，是指依照著作权法对文学、艺术和科学作品享有著作权的人。根据我国著作权法的规定，著作权主体不仅包括创作作品的作者，还包括著作权受让人、作者或其他著作权人的继承人及受遗赠人等；其中作者不仅包括自然人作者，还包括特定条件的法人和非法人组织；在特殊情况下，国家也可称为著作权人。

（四）著作权人的权利

著作权人的权利即著作权，是著作权人对其文学、艺术和科学作品所享有的控制、利用并排斥他人干涉的权利。著作权的内容包括人身权和财产权两个方面。

我国著作权法规定的人身权和财产权包括发表权、署名权、修改权、保护作品完整权、复制权、发行权、出租权、展览权、表演权、放映权、广播权、信息网络传播权、摄制权、改编权、翻译权、汇编权，以及应当由著作权人享有的其他权利。

（五）著作权的取得、期限

1. 著作权的取得

《中华人民共和国著作权法》（以下简称《著作权法》）第二条规定："中国公民、法人或者非法人组织的作品，不论是否发表，依照本法享有著作权。"我国的著作权法采取自动取得的原则。但根据1995年1月1日起施行的《作品自愿登记试行办法》的规定，我国实行全面的作品自愿登记制度。作品登记虽然不是著作权是否成立的依据，但可以成为著作权归属的初步证据。

2. 著作权的保护期限

《著作权法》第二十二条规定："作者的著作权、修改权、保护作品完整权的保护期不受限制。"第二十三条第一款规定："自然人的作品，其发表权、本法第十条第一款第五项至第十七项规定的权利的保护期为作者终生及其死亡后五十年，截止于作者死亡后第五十年的12月31日；如果是合作作品，截止于最后死亡的作者死亡后第五十年的12月31日。"该保护期限是固定的，与作品是否发表及何时发表无任何关系。

二、专利法

（一）专利法的概念

专利法是专利权人依法支配其发明创造并排斥他人干涉的权利，是调整因发明创造而产生的各种社会关系的法律规范的总和。在我国现行法律体系中，专利法的主要渊源是《中华人民共和国专利法》（以下简称《专利法》）和《中华人民共和国专利法实施细则》。

（二）专利权的客体

专利法的宗旨是保护发明创造专利权，从而鼓励发明创造，促进发明创造的推广应用，发明创造可以成为专利权的保护对象（客体）。《专利法》中所称的发明创造是发明、实用新型、外观设计的总称。并不是所有的智力创造的成果都可以申请专利，就《专利法》的规定而言能够申请专利的智力成果包括两种，一种是技术方案，另一种是设计方案。根据这两种类型的智力成果，可以申请发明、实用新型和外观设计三种专利。

《专利法》第二条第二至第四款规定："发明，是指对产品、方法或者其改进所提出的新的技术方案。实用新型，是指对产品的形状、构造或者其结合所提出的适于实用的新的技术方案。外观设计，是指对产品的整体或者局部的形状、图案或者其结合以及色彩与形状、图案的结合所作出的富有美感并适于工业应用的新设计。"

（三）专利权的主体

专利权的主体即专利权人，是指依法获得及享有专利权，并承担相应义务的个人和单位。按照《专利法》的规定，发明人、设计人及其合法受让人有权获得非职务发明创造的专利权；共同发明人与共同设计人对同一项发明创造共同享有专利权；发明人或设计人所在单位有权获得职务发明创造的专利权，该单位可以依法处置其职务发明创造申请专利的权利和专利权，促进相关发明创造的实施和运用；外国人也可在我国申请并获得专利权。从其属性来看，专利权包括自然人和法人；依专利权的获得方式，专利权主体可分为原始主体与继受主体。

（四）授予专利权的条件

发明或实用新型欲获取专利权，必须同时具备新颖性、创造性和实用性。

外观设计专利的授权条件主要有四个，即新颖性、实用性、富有美感、不得与他人在先取得的合法权利相冲突。

《专利法》第五条第一款规定："对违反法律、社会公德或者妨害公共利益的发明创造，不授予专利权。"

（五）专利权人的权利和义务

1. 专利权人的权利

独占实施权是指发明和实用新型专利权被授予后，除《专利法》另有规定的外，任何单位或个人未经专利权人许可，都不得实施其专利，即不得为生产经营目的制造、使用、许诺销售、销售、进口其专利产品，或者使用其专利方法及使用、许诺销售、销售、进口依照该专利方法直接获得的产品。外观设计专利权被授予后，任何单位或个人未经专利人许可，都不得实施其专利，即不得为生产经营目的制造、销售、进口其外观设计专利产品。

实施许可权是指专利权人许可他人实施其专利并收取专利使用费的权利。任何单位或个人实施他人专利的，应当与专利权人订立书面实施许可合同，向专利权人支付专利使用费。专利实施许可可以采用独占实施许可、排他实施许可、普通实施许可等方式。

转让权是指专利权人和相对人通过让渡专利权的意思表示的一致而将专利权转移给受让人的法律行为。转让实现后，原专利权人即丧失专利权主体资格，受让人则成为新的专利权人。

标记权是指专利人在其专利产品或该产品的包装上标明专利标记和专利号的权利。《专利法》第十六条第二款规定："专利权人有权在其专利产品或者该产品的包装上标明专利标识。"

禁止权是指专利人具有的禁止权利。专利权作为一种知识产权，与其他财产权一样，受国家强制力的保护，是一种绝对的权利，任何人都有不得侵犯的义务。非经专利权人许可，任何人不得擅自利用专利发明创造；否则，就侵犯了专利权。对于专利侵权的行为，专利权人有权要求侵害人停止侵害、赔偿损失；可以请求专利管理机关进行管理；也可以直接向人民法院起诉，寻求司法保护。

2. 专利权人的义务

（1）专利年费。专利年费既是专利权得以存续的条件，又是专利权人应当履行的一项最基本的义务。

（2）奖励发明人或设计人。发明创造为职务发明创造，单位成为专利权主体时，该单位必须按照《专利法》的规定对发明人或设计人进行奖励，包括给予发明人或设计人奖金和报酬；专利实施后，根据其推广应用范围和取得的经济效益，对发明人或设计者给予合理的报酬。

（3）专利权的期限。发明专利权的期限为20年，实用新型专利权的期限为10年，外观设计专利权的期限为15年，均自申请日起计算。

三、商标法

（一）商标及商标权

商标是用以识别和区分商品或服务来源的标志。任何能够将自然人、法人或其他组织的商品与他人的商品区别开的标志，包括文字、图形、字母、数字、三维标志、颜色组合和声音等，以及上述要素的组合，均可以作为商标申请注册。

商标权是指商标所有人依法对其商标所享有的权利。

（二）商标权的客体

商标权的客体是注册商标。它要求其文字、图形等构成要素具有"可识别性"或"显著性"。

（三）商标权的主体

商标权的主体又称商标权人，是指依法享有商标权的自然人、法人或其他组织，包括商标权的原始主体和继受主体。商标权人的原始主体是指商标注册人，继受主体是指依法通过注册商标的转让或移转取得商标权的自然人、法人或其他组织者。

（四）商标权的内容

商标权的内容是指商标权人依法享有的权利和承担的义务。根据《中华人民共和国商标法》（以下简称《商标法》）的规定，商标权人享有以下权利。

1. 专有使用权

商标权人有权在其核定的商品和服务项目上使用其核准注册的商标，未经商标权人许可，任何人不能在同一种或类似的商品与服务上使用与其注册商标相同或近似的商标。

2. 商标处分权

商标权人有权按照自己的意志以许可、转让、出质和投资等方式处置其注册商标。

3. 使用注册标记权

商标权人有权在使用注册商标时标明"注册商标"字样或注册标记"®"。

（五）商标权的期限

《商标法》第三十九条规定："注册商标的有效期为十年，自核准注册之日起计算。"第四十条规定："注册商标有效期满，需要继续使用的，商标注册人应当在期满前十二个月内按照规定办理续展手续；在此期间未能办理的，可以给予六个月的宽展期。每次续展注册的有效期为十年，自该商标上一届有效期满次日起计算。期满未办理续展手续的，注销其注册商标。商标局应当对续展注册的商标予以公告。"

学习指导

目前我国在知识产权保护方面已建立了较为完整的法律体系。这些法律在为大学生创新成果的保护、转化等方面提供了合理的法律框架。著作权、专利权、商标权都属于知识产权的范畴，都是知识产权的核心。

著作权是指作者对其创作的文学、艺术和科学作品依法享有的专有权利，又称版权。著作权法是调整文学、艺术和科学作品归属、利用、交换、传播关系的法律规范的总称。专利法是专利权人依法支配其发明创造并排斥他人干涉的权利，是调整因发明创造而产生的各种社会关系的法律规范的总和。商标权是指商标所有人依法对其商标所享有的权利。

任务检测：加强创新成果的保护

任务三　加速创新成果的转化

一、创新成果转化的内涵

为加快实施我国创新驱动发展战略,党的二十大报告强调,要"加强企业主导的产学研深度融合,强化目标导向,提高科技成果转化和产业化水平"。《中华人民共和国促进科技成果转化法》第二条对科技成果转化所做的定义为:"本法所称科技成果转化,是指为提高生产力水平而对科技成果所进行的后续试验、开发、应用、推广直至形成新技术、新工艺、新材料、新产品,发展新产业等活动。"创新成果转化是指创新成果知识产权人,通过自己使用、许可使用、转让、特许经营等方式行使创新成果知识产权的财产权利,实现创新成果知识产权的经济价值。创新成果转化不仅仅为成果的所有者带来经济利益,更重要的是让社会大众分享到创新成果的效用,将潜在的生产力转化为真正的生产力,促进社会不断进步。

二、创新成果转化的方式

(一)自主创业

自主创业是指创新成果的所有者将创新成果与商业机会和资源相整合,将新技术和新知识转化为能够满足市场需要的产品或服务,实现其应用价值和经济价值。自主创业的特点就是将创新成果的成果源与吸收体融为一体,将市场交易内部化,消除中间环节,降低转化交易成本,提高转化率。

中国市场的竞争日趋国际化,经济环境发生改变,法律更加健全,政府的管理也逐渐制度化和公开化,竞争环境更宽松、公平。这些都降低了创业的门槛,为平民创业尤其是具有创新思维的当代大学生创业提供了十分有利的条件。

(二)技术转让

当前世界,科技作为经济发展的第一生产力,如果企业掌握核心技术就可以使自身在贸易竞争中处于绝对的优势。掌握核心技术的一方为了使自己的经济利益最大化,在使用该技术一段时间后就会将其转让出去,从而发挥其最大的价值;与此同时,技术相对落后的一方为了能够在市场上占有一席之地甚至后来居上,不仅需要提高自身技术,还需要适当引进他方技术,这就直接地促成了技术转让的诞生与发展。

我国改革开放之初进行了科技体制改革,承认技术的专有性,鼓励发明创造,并于1987年正式颁布了《中华人民共和国技术合同法》(已失效),初步建立起我国的技术合同法律制度。技术合同法作为合同法的有机组成部分之一,也融入1999年10月施行的《中华人民共和国合同法》(已失效)的大框架中,并在技术市场上发挥着积极的作用。随后为了适应技术转让合同发展的需要,《中华人民共和国技术进出口管理条例》《技术进出口合同登记管理办法》《中华人民共和国对外贸易法》《禁止出口限制出口技术管理办法》等法律及条例也相继出台。至此，我国初步建立了自身的技术转让法律制度。

知识产权转让是知识产权应用的一种重要形式，是指知识产权出让方与受让方，根据法律法规和签订的转让合同，将知识产权所有者的权利由出让方转移给受让方的法律行为。我国现行知识产权法，如专利法、商标法、著作权法等都确立了相应的知识产权转让规范。知识产权转让行为大大提高了知识产权利用率，也给知识产权权利人带来了转让收益，刺激了其科学创造的积极性，推动了社会科学的进步。就企业知识产权管理来说，通过知识产权转让，以低成本和低风险开发新产品、开辟新市场，从而增强企业经营效益。在知识经济时代，人们的知识产权意识越来越强，知识产权转让在无形财产交易中的地位也越来越重要。

（三）实施许可

许可是转让财产权中除所有权外的其他权利的行为。知识产权许可是指知识产权所有人（即许可方）将知识产权授予被许可方，按照双方的约定使用该知识产权的行为。许可是知识产权所有人行使权利的主要方式，也是其获取经济利益的主要途径。在实践中，权利人通过许可合同将其知识产权许可给他人使用，同时收取一定的许可使用费；而被许可方则在约定的时间、地点，以约定的方式使用其知识产权。知识产权经许可他人使用转化为货币，加快知识产权的应用，能够鼓励创新、刺激权利人对科学研究和技术开发投入更多，获得更多的知识产品。有时许可人不具备最大限度地利用知识产权的能力，许可使用则可以使智力成果资源得到全面利用；被许可人使用他人知识产权不需要承担技术研发的时间、成本和风险，直接获得新技术，是促进企业发展的捷径。通过知识产权许可使用的方式，双方实现了双赢，也实现了社会效益的最大化。

（四）技术入股与出资

《中华人民共和国公司法》（以下简称《公司法》）规定，允许股东将知识产权投资入股，通常是指将其知识产权转让给公司所有，将转让费转化为股权收益，实现出资价值。知识产权所有人以知识产权出资方式加入公司，成为公司股东，享受经营成功的收益，承担经营失败的风险。在此种情况下，知识产权所有人自然会竭尽全力发挥其在技术、品牌等方面的优势，必将在今后的产品研发、品牌延伸中发挥更大的作用。

相关链接

"胃"你守护　身体无"幽"

《胃你守护——开启幽门螺杆菌免疫新时代》是第七届中国国际"互联网+"创新创业大赛的金奖作品，项目团队来自南昌大学。该项目团队以足够安全的外膜囊泡为出发点，通过对幽门螺杆菌外膜囊泡进行改造和提纯，制成口服幽门螺杆菌疫苗——幽菌清。因为抗生素作为治疗幽门螺杆菌感染的主流方法,其耐药性却逐年上升,且易产生毒副作用,治疗费用高,所以疫苗的研发成为解决这一问题的最优路径,而且目前市面上仍没有一款成熟的产品。项目已拥有技术相关4项授权发明专利、相关科学引文索引(Science Citation Index,SCI)论文14篇、1项科技查新报告。2022年实验表明,疫苗有效率达到86%,预计可让全国6.6亿人免于幽门螺杆菌感染。项目团队自主拥有高效刺激宿主免疫反应的幽门螺杆菌突变株构建、外膜囊泡的纯化方法两大核心技术,力争在未来实现幽门螺杆菌全民免疫。项目成功与成都康华生物制品股份有限公司签订投资合作意向书、代理销售意向书,市场规模预计超过38.81亿元。

学习指导

创新成果转化是指创新成果知识产权人,通过自己使用、许可使用、转让、特许经营等方式行使创新成果知识产权的财产权利,实现创新成果知识产权的经济价值。创新成果转化不仅仅为成果的所有者带来经济利益,更重要的是让社会大众分享到创新成果的效用,将潜在的生产力转化为真正的生产力,促进社会的不断进步。

对于大学生来说,创新成果转化的方式有以下几种:一是自主创业;二是技术转让;三是实施许可;四是技术入股与出资。这些转化的方式各有利弊,大学生应该考虑自身情况、市场发展、国家政策等方面的因素选择一种或多种组合的方式将自己的创新成果转化,走好创新成果转化的最后一公里,使其发挥更大的作用。

任务检测:加速创新成果的转化

实训活动

模拟申请专利

1. 活动参与人数
以班级为单位,人数控制在60人左右。

2. 活动场地和道具
带有互联网功能的教室,A4纸等。

3. 活动组织
学生以3~5人为一个团队,以团队合作的方式开展活动。

4. 活动步骤

（1）对创意进行可行性分析，确定申请专利的领域。检索国内外专利，查阅相关专业刊物，了解并掌握同类技术或产品的现状，进行能否获得专利的可行性分析，避免人力、物力、财力的浪费。可以通过以下途径找到所需要的专利信息。

① 与相关专利信息服务机构联系；

② 通过专利代理机构查找；

③ 通过国际互联网查询。

目前所有中国专利的全文都可以在国家知识产权局网站上查找，而大多数外国专利可以在欧洲专利局相关网站上查找。

（2）了解专利需要提交的文件，并做好申请准备。

① 申请发明或实用新型专利。需要提交的文件包括请求书、说明书（实用新型专利必须附有图）及其摘要和权利要求书。

② 申请外观设计专利。需要提交的文件包括请求书和该外观设计图片或照片，以及对该外观设计的简要说明。

注意事项：请求书可以到国家知识产权局网站自行下载。所有申请文件必须按国家规定的格式撰写或准备。

（3）了解申请流程，确定申请方式。

主要申请方式包括以下两种。

① 自行申请——专利申请人直接向国家知识产权局专利局或其代办处办理专利申请。

② 委托代理申请——专利申请人委托国家审批成立的合法机构以委托人的名义按照专利法规向国家知识产权局或其代办处办理专利申请。

委托代理申请专利的手续是：与专利事务所签订专利代理委托合同；提供申请专利所需技术材料（法律规定专利代理人负有保密责任）；交纳代理费和申请费。

（4）根据国家知识产权局的要求和专业代理机构的意见，修订专利申请文件。

修订专利申请文件时注意突出专利保护点，并将专利申请书按照要求的顺序排列。发明和实用新型专利申请文件应按请求书、说明书摘要、摘要附图、权利要求书、说明书（含氨基酸或核苷酸序列表）、说明书附图顺序排列。外观设计专利申请文件应按照请求书、图片或照片、简要说明顺序排列。申请文件各部分都应当分别用阿拉伯数字顺序编写页码。

（5）提交申请，等待专利公布。

（6）等待审核结果。实用新型和外观设计专利一般申请周期为3个月。发明专利的时间不同于实用新型和外观设计，需要经过实质审查，一般申请周期为1~2年，但在发明进入实质审核阶段后可以通过提交优先审查请求加快审查进度。

（7）等待答辩和授权。实用新型和外观设计专利为初步审查制，即初审合格后便授权。发明专利的时间不同于实用新型和外观设计，只有经过实质审查，还要经过答辩后才能授权。

5. 活动交流与讨论

（1）你们团队在模拟申请专利的过程中遇到哪些问题？是如何解决的？

（2）你们团队在模拟申请专利的过程中是怎样确定专利保护点的？

（3）你们团队在模拟申请专利中与代理机构沟通时遇到哪些问题？

6. 活动体验

_____
_____
_____

7. 活动点评

学生有了发明或创意之后，往往不知道如何保护自己的创新成果。模拟申请专利使学生深入了解了申请专利的全过程，提高了学生保护知识产权的意识。同时，在进行专利申请调研的过程中了解了产品和市场的关系，促进今后创新成果转化。

模块二
建强创业团队

模块导学

>> 中共中央、国务院印发的《关于营造企业家健康成长环境弘扬优秀企业家精神更好发挥企业家作用的意见》(中发〔2017〕25号)对当前弘扬企业家精神提出"三个弘扬"的要求,即弘扬企业家爱国敬业、遵纪守法、艰苦奋斗的精神;弘扬企业家创新发展、专注品质、追求卓越的精神;弘扬企业家履行责任、敢于担当、服务社会的精神。创业者要想成为未来的企业家,必须具备企业家精神,企业家精神是创业者的灵魂。

学习目标

>> 知识目标:正确理解创业及创业者;掌握创业团队的类型及其组建程序,熟悉创业团队的管理特征,对创业团队进行动态管理。

>> 能力目标:能够有效甄选合作伙伴、组建高效稳定的创业团队,并且具备一定的团队领导能力。

>> 素养目标:培养团队意识,弘扬企业家精神,永葆创业者初心。

项目一 评估创业潜质

学前思考

（1）什么是创业？创业的基本要素有哪些？
（2）什么是创业者？创业者应该具备哪些素质？

案例导入

能上天入海的中国绳缆

◎ **案例描述**

2021年5月15日，伴随着"天问一号"探测器成功着陆火星，为着陆提供护航保障的特种绳索制造方——海丽雅集团有限公司（以下简称海丽雅集团）走进了大众视野。

海丽雅集团始建于1922年，由生产女士扎头绳起家，如今已发展成为以特种绳缆、应急自救产品研发生产为主体的国家高新技术企业。海丽雅集团生产的特种绳索，不仅能上天，还能入海，这根绳缆跟随载人潜水器"蛟龙"号在马里亚纳海沟创造了下潜7 062米的中国载人深潜纪录，并且可以做到一旦潜水器需要就可以立即将其拉起，堪称"救命之绳"。海丽雅集团将一根绳子做到极致，创下了中国绳缆界的"四个第一"：绳缆表皮与内芯移滑度为零的"中国精度"；在196 ℃~560 ℃环境下不分解、不熔化的"中国温度"；强度是同直径钢缆2~5倍的"中国强度"；深入海下8 000米的"中国深度"。一路走来，海丽雅集团成了名副其实的"中国绳王"。

带领企业从濒临倒闭到成为行业尖端的是海丽雅集团董事长张旭明。1981年，19岁的张旭明进入国营青岛花边厂工作，也就是海丽雅集团的前身，依靠勤奋和敬业，她从一名织绳工人一步步做到了副厂长。20世纪90年代，随着市场经济转型，行业竞争不断加剧，低附加值的绳带产品已无法满足企业生存。临危受命的张旭明挑起企业转型的重任，她大胆决策，"关、停、并、转"9个与主业无关的子公司，将攻关目标瞄准在技术含量高、附加值高、国内市场空白的特种绳缆上，坚定了"聚焦主业，进军绳缆"的初心。

张旭明热衷于钻研技术、创新产品，为攻克技术难题，常常在实验室一待就是几个月。在她的带领下，创新成为海丽雅集团发展的核心动力。为鼓励创新，凡是员工的发明创造，只要能帮助企业提高效率或质量，企业就会以员工的名字来命名这些发明创造。截至2022年，海丽雅集团已拥有专利1 600余项，是中国专利申请50强企业。通过这些创新，企业掌握了产业链核心环节，走上了一条"专、精、特、新"的发展之路。

作为企业的"当家人"，张旭明多年钻研特种绳缆领域，她清楚地知道，这根绳一头系着企业发展和员工的饭碗，另一头系着国家和社会的发展，只有"做强做精"这根绳，做到行业前列，才能实现实业报国的初心。

（资料来源：刘文超.开创中国绳缆界"四个第一"，青岛有个"中国绳王".青岛新闻网，2022-08-09.有删改。）

◎ **案例解析**

通过案例可以看出，张旭明对待事业具有强烈的热爱，她的勤奋、敬业、精益求精的工匠精神及创新精神，是带领企业走上行业顶端的重要力量。一头心系企业的发展和员工的饭碗，另一头心系国家和社会的发展，这是新时代企业家勇担社会责任、永葆报国初心的体现。

任务一　走进创业

一、创业的含义

自1987年《管理科学学报》正式开辟创业研究专题以来，人们对于"创业"一词的关注就一直没有停止过。目前，人们对"创业"一词仍无统一的定论。在《辞海》中，创业的解释是"创立基业"。因此，从字面意思上理解，创业就是创业者对自己拥有的资源或通过努力对能够拥有的资源进行优化整合，从而创造出更大经济价值或社会价值的过程。目前，综合很多学者对于创业的定义，可以得出创业包含以下四个方面的含义。

微课启学：
如何理解
创业

（1）创业是创造出某种"有价值的"新事物的过程，在某种程度上，可以说创新是创业的基础。

（2）创业需要贡献必要的时间，付出极大的努力。

（3）创业须承担必然存在的风险，包括财务、精神、社会领域及家庭方面的相应风险。

（4）创业可获得创业报酬、独立自主、个人满足、服务社会等。

创业是一个寻找机会、开发产品、利用资源、制订和实施计划的循环往复的过程，它不仅意味着创办新企业，为社会提供更多的就业机会，还意味着孕育人类的创新精神和改善人类的生活。在当今创业的大潮中，人们更关注创业行动本身，而忽视了对影响创业本身的创业精神和创业技能的学习。但是，随着竞争的加剧，未来的企业家不再是纯粹经验型或家族型的，而是要做到知行合一，也就是说，既要参与创业实践，又要注重创业理论和创业精神的学习。

二、创业的基本要素

1999年,世界创业教育之父杰弗里·蒂蒙斯在《新企业的创建》一书中提出了一个创业管理模型,即蒂蒙斯模型。在这个模型中,蒂蒙斯指出了创业的关键要素包括三个方面,即创业机会、创业资源和创业团队。蒂蒙斯模型如图2-1-1所示。

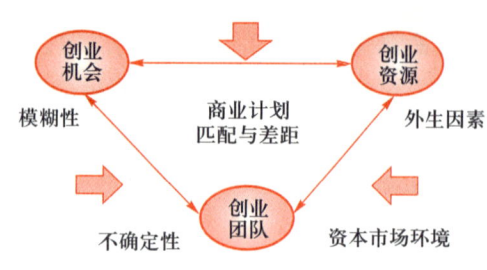

图 2-1-1　蒂蒙斯模型

(一)创业机会

创业机会是指创业者可以利用的商业机会,创业机会的识别和评价是整个创业过程的核心。在蒂蒙斯模型中,创业机会是创业的起点,尤其是创业初期,创业机会相比创业团队和创业资源更重要。太平洋投资管理公司创始人比尔·格罗斯经过对数百案例的分析发现,创业机会是影响创业公司成功最大的因素,这个比例可以占到42%,其次才是团队、资源等因素。

(二)创业资源

创业资源是指新创企业在创造价值的过程中需要的特殊财产,包括有形资产和无形资产。它是新创企业创立和运营的必要条件,主要表现形式为创业人才、创业资本、创业技术和营销渠道等。在创业初期,创业机会相对重要,而在企业发展后期,如何开发和获取更广阔领域的资源成为企业制胜的关键。

(三)创业团队

创业团队是指创业初期(包括企业成立前和成立早期),由一群才能互补、责任共担、愿为共同的创业目标而奋斗的人所组成的特殊群体。关于创业团队的内容,会在本模块项目二中详细展开。在图2-1-1中,创业团队位于蒂蒙斯模型的底部,它的稳定性直接决定了整个模型也就是创业过程的稳定性。

在创业活动中,创业机会是创业过程的起点和核心,创业团队是创业实践得以有效执行的主要动力,创业资源是创业得以成功的必要保障,三个要素不可或缺,成功的创业活动必须对创业机会、创业团队和创业资源三者进行适当匹配,并且还要随着企业的发展及环境的变化不断进行动态平衡。

💡 头脑风暴

战国时期,军事家孙膑在《孙膑兵法·月战》中就提出"天时、地利、人和,三者不得,虽胜有殃"。请思考,孙膑提出的天时、地利、人和与蒂蒙斯模型中的创业机会、创业资源、创业团队有何关联?

三、创业的类型

（一）根据创业目的划分

根据创业目的，创业可以划分为生存型创业和机会型创业。生存型创业是指由于没有其他就业选择或对其他就业选择不满意而从事的创业活动。从行业分布来看，生存型创业的行业多为零售、租赁、个人服务等行业，而这些行业大多为个体私营经济所处的行业。生存型创业属于被动型创业，大多偏向尾随和模仿，常会加剧市场竞争。机会型创业是指创业者主动把握和利用市场机遇创业，它以市场机会为目标，创造新的需求或满足潜在需求，带动新产业的发展，这些领域多集中在互联网或高科技领域。目前，机会型创业越来越呈现生态型创业的发展趋势。生态型创业是以知识产业为龙头，以知识运营带动资本运营，以对人类第一次创业——传统产业的成果按生态原则重塑改造的新型创业。目前，我国"90后""00后"创业的比例越来越高，这部分创业者大多出生在繁荣富足的时代，多数衣食无忧，他们创业不仅仅为了生存，更多的是生态型创业，也就是结合信息技术及互联网思维对传统产业进行改造，从而实现创业。

（二）根据创业起点划分

根据创业起点，创业可以划分为创建新企业和既有组织内创业。创建新企业是指从无到有创建全新企业的过程。这个过程充满机遇和挑战，风险和难度相对较大，创业者往往缺乏足够的资源、经验。既有组织内创业是指在现有组织内有目的的创新过程。例如，企业由于产品、营销、市场发展或组织管理体系方面的需求，在企业内进行重组改造的过程。

（三）根据创业者的数量划分

根据创业者的数量，创业可以划分为独立创业和合伙创业。独立创业的特点在于产权归创业者个人所有，企业由创业者自由掌控、决策自由，但创业者要独自承担风险，创业资源整合较难。合伙创业的优势和劣势与独立创业相反。合伙创业是指两个以上的创业者通过订立合伙协议，共同出资、合伙经营、共享收益、共担风险，并对合伙企业的债务承担无限连带责任的创业模式，其创建的企业被称为合伙企业。相对于独立创业而言，合伙创业是一种相对"高起点、高规格、高层次"的创业模式，是适应和应对更大的创业规模和更大的风险承受能力需要而产生的创业模式。

（四）根据创业项目性质划分

根据创业项目性质，创业可以划分为传统技能型创业、高新技术型创业和知识服务型创业。传统技能型创业在于使用传统技术和工艺进行创业，这些创业领域多集中在一些独特的无法用现代技术取代的传统技能领域，如酿酒、中药、修理等领域。高新技术型创业主要集中在前沿性新技术、新产品开发领域。诸如会计师事务所、工程项目咨询公司等领域则属于利用知识、信息进行创业的领域，属于知识服务型创业。

相关链接

高职院校参加创新创业大赛的项目类型

中国国际"互联网+"大学生创新创业大赛由教育部与政府、各高校共同主办，自2014年至2022年已经成功举办八届，成为覆盖全国所有高校、面向全体高校学生、影响最大的赛事活动之一。为推进职业教育领域创新创业教育改革，组织学生开展就业型创业实践，大赛设置职教赛道。高职院校的大学生可以聚焦以下类型甄选参赛项目、践行创新创业。

1. 创新类

此类项目以技术、工艺或商业模式创新为核心优势。

2. 商业类

此类项目以商业运营潜力或实效为核心优势。

3. 工匠类

此类项目以体现敬业、精益、专注、创新为内涵的工匠精神为核心优势。

学习指导

创业就是创业者对自己拥有的资源或通过努力对能够拥有的资源进行优化整合，从而创造出更大经济或社会价值的过程。创业是一个寻找机会、开发产品、利用资源、制订和实施计划的循环往复的过程。在这个过程中，创业机会、创业资源和创业团队不可或缺。成功的创业活动必须对创业机会、创业资源和创业团队三者进行适当匹配，并随着企业的发展及环境的变化不断进行动态平衡。

在英文中，定义创业，多用entrepreneurship一词，也就是除了强调创业行为，更强调在创业行为中所体现的创新创业精神的重要性，强调如何通过创办新事业孕育人类的创新精神和改善人类的生活。因此，未来的创业者一定要做到知行合一，除了参与创业实践，也要注重创业基本理论和创业精神的学习与提升。

任务检测：走进创业

任务二　认识创业者

一、创业者的含义

"创业者"一词由法国经济学家坎蒂隆于1755年首次引入经济学领域。法国经济学家萨伊于1800年首次给出了创业者的定义,他将创业者描述为将经济资源从生产率较低的区域转移到生产率较高区域的人,并认为创业者是经济活动过程中的代理人。经济学家熊彼特则认为创业者应为创新者,一个创业者必须具有发现和引入新的、更好的、能赚钱的产品、服务和过程的能力。在欧美学术界和企业界,创业者被定义为组织、管理一个生意或企业并承担其风险的人。创业者的英文单词entrepreneur有两个基本含义:一是指企业家,即在现有企业中负责经营和决策的领导人;二是指创始人,通常理解为即将创办新企业或刚刚创办新企业的领导人。

微课启学:
创业者概述

综上所述,创业者是指某个能够发现某种信息、资源、机会或掌握某种技术,利用或借用相应的平台或载体,将其发现的信息、资源、机会或掌握的技术,以一定的方式,转化、创造成更多的财富、价值,并实现某种追求或目标的人。

目前,很多研究者认为虽然创业者普遍具有较强的性格特点,但创业者是可以培养的,创业思维和能力都可以通过学习获得。但由于创业成功与否除了和创业者本身的内在因素有关,还受到创业机会和创业资源等因素的限制,因此,创业成功者只是社会中的少部分。但这并不是说就不需要创业教育了,创业教育更注重的是创业能力和创业精神的培养,这种能力和精神无论对于创业者还是非创业者,都是一种重要的面对生活和工作的态度及能力。

二、创业者应具备的素质

创业素质是指在人的心理素质和社会文化基础上、在环境和教育影响下形成和发展起来的,在创业实践活动中较全面稳定地表现出来并发生作用的身心组织要素结构及其技术水平。创业素质是制约创业实践活动最终达到创业目标的不可或缺的主体因素。在基础创业教育中,创业素质综合表现在心理、身体、知识及能力等诸多方面。

(一)心理素质

心理素质主要是指创业者的心理条件,包括自我意识、性格、气质、情感等心理构成要素。成功创业者的自我意识特征表现为自信和自主,性格多刚强、坚持、果断和开朗,情感上更富有理性色彩。成功的创业者大多"不以物喜,不以己悲",其心理素质构成具有以下内容。

1. 成就动机

许多创业心理研究的结果表明,个体成就动机的高低与个体创业行为之间存在着某种程度的关系,个体对成功的渴望越强烈,创业行为也就越可能出现。因此,在高校的创业教育中,应该通过各种途径和方法增加大学生的成功体验,激发大学生的成就动机,提高大学生超越自我的内在动力。

> **相关链接**
>
> **用STAR方法编写成就故事**
>
> 请写下生活或工作中令你很有成就感的具体事件。撰写时,要包含以下四个要素。
> (1) 当时的背景(situation, S):_____
> (2) 面临的任务/目标(task/target, T):_____
> (3) 采取的行动/态度(action/attitude, A):_____
> (4) 取得的结果(results, R):_____

2. 性格特征

通过研究显示,很多创业者具备自信、执着、果断、高情商、胸怀宽广、富于冒险精神等性格特征,这些特征是在多年的生活中沉淀下来的,对创业行为有着深远的影响。当今社会的竞争常常是持久力的竞争,那些巨大的成就靠的不是力量而是韧性,创业的过程也是"大浪淘沙"的进程,唯有具备恒心和毅力的创业者才会笑到最后。

3. 个人主动性

有研究表明,个人主动性高者能充分利用挑战和机遇进行创造,更容易在工作中进行创新。心理学家库普认为,个人主动性与创业成败有着一定的关系。主动性强的人更善于把握外部环境的不确定性,发现瞬息变化的市场环境中蕴藏的机会,抓住机会并推动变化,从而成就一番事业。

(二) 身体素质

成功创业者大多身体健康、体力充沛、精力旺盛、思路敏捷。现代小企业的创业与经营是艰苦而复杂的,创业者工作繁忙、时间长、压力大,如果身体不好,则必然力不从心,难以承受创业重任。因此,有志于创业的大学生要培养某项体育运动爱好,只有拥有强健的体魄,才能拥有创业的基础。

(三) 知识素质

创业者的知识素质对创业起着举足轻重的作用。创业者要进行创造性思维,要做出正确决策,必须掌握广博的知识,具有一专多能的知识结构。具体来说,成功的创业者应该具有以下几个方面的知识。

1. 行业知识

俗话说"隔行如隔山",若不是一个深入行业的亲历者,拥有一些职能经验甚至管理经验,是很难发现其对应市场的痛点、行业机会及未来的发展趋势的。因此,创业者应对所要进入的行业有相当深入的了解,这是寻找和把握机会的关键。创业者在创业之初要掌握与本行业、本企业相关的科学技术知识，依靠科技进步增强竞争能力，尤其是使用换位思考从顾客的角度了解行业知识，熟悉市场调研、产品服务及技术知识等。

2. 商业知识

创业团队有必要掌握市场经济与企业管理等方面的知识，如财务会计、市场营销、法律、决策、商务贸易、商务谈判与礼仪等方面的知识，这是运营企业的必需知识。

3. 综合知识

综合知识能够反映创业者在人文素养方面知识的积累程度，创业者只有自身知识面广博，才能在最短的时间中找到与客户沟通的话题，从而逐渐打开突破口，获得有价值的客户。

（四）能力素质

成功的创业者一般具有的能力包括创新能力、学习能力、社交能力、领导能力。

1. 创新能力

"穷则变，变则通"，守旧失败，创新必胜，这已经成为时代的潮流。任何人、任何企业，如果停滞不前、不思进取，其结果必定是机失财尽，被时代淘汰。创业者只有适应时代发展的需要不断创新，才能立于不败之地。

2. 学习能力

创业的道路上充满了未知，没有完全的经验可以照搬，创业者只有从书本、实践中不断地学习，并将学到的知识灵活创造性地运用到实际，才能应对市场飞速的变化。

3. 社交能力

社交能力是创业者不可或缺的能力之一。社交能力强的人，能够更好地解决别人难以解决的问题，大大提高工作效率，也能与伙伴愉快地合作，从而产生强大的凝聚力。创业者需要深刻理解，商业社会人际关系的核心是互利双赢，人际关系稳固的根基是信誉，这是人际关系可持续发展的基本保障。

4. 领导能力

领导能力是一种有关前瞻与规划、沟通与协调、真诚与均衡的艺术，通过对这些艺术的把握，实现组织的目标。提升创业者领导能力的途径有：①善意接受和应对飞速发展的变化，增强适应能力；②协调好组织内部和外部的发展；③建立起良好的信誉，善于倾听不同利益主体的建议；④丰富自己的创业知识，对创业得心应手；⑤加强实践历练，积累创业经验。

创业者只有具备并发挥领导力，才能有效引导和激励团队成员，增强企业凝聚力。领导能力是人生经历中专注、一致和平衡的象征，是能够在学习和实践中得以提升的。大部分成功的创业者在创业前都有过为别人工作的经历，这种经历使他们对本行业情况了然于胸，在复杂的人际关系中游刃有余，整合资源的能力大大提高，并有可能积累到人生第一笔创业资金，这些都是创业者所需的宝贵创业资本。

三、创业者应具有的特质

通过对创业者素质的理解，可以得出，创业者是一群在特定商业领域内，发现和创造新事物的机会，并运用各种方法将其开发利用的人，创业者的特质及其能力素质对其创业成功有着重要的影响。相对而言，职业经理人是在企业创建后，为了保障企业有序运行，由创业者雇用来对组织业务进行计划、组织、协调和控制的管理者。两者之间没有严格的界限，创业者可以是职业经理人，职业经理人也可以自己创业而成为创业者。一般而言，创业者和职业经理人最重要的区别在于，创业者从事的是开拓性的工作，他们创建了企业，实现了企业的从无到有；职业经理人则侧重于经营性工作，按照程序、制度开展工作，他们使企业有序运行并逐步强大；创业者发现机会，创造新事物，注重创新能力，职业经理人则在维持现状的基础上，保持事物的持续和演进，更强调自身的管理能力；创业者承担企业的财务风险，同时拥有对企业的所有权和控制权，而职业经理人只承担与本人有契约关系的风险。另外，两者的思维方式也不同，创业者的思维方式是创业思维，职业经理人的思维方式是管理思维。创业思维和管理思维的区别如表2-1-1所示，通过两种思维方式的对比，我们也能从中看出创业者具备的特质。

表2-1-1 创业思维和管理思维的区别

项目	创业思维	管理思维
决策标准	用给定的资源创造多种可能性	用给定资源实现给定目标
对未来的认识	行动本身会改变未来	未来是过去的延续，可以进行有效预测
行动路径选择	有想法→行动（发现问题→解决问题）	制定目标→执行→纠偏
经营环境	动态的、非线性	稳定的、线性的
未知的本质	专注于不确定未来环境中可控制的一面	专注于不确定未来环境中可预测的一面
结果	通过联盟与合作催生新市场	在现有市场中扩大市场占有率

创业思维在行动过程中随着创业者能力和掌握资源的变化，目标也在不断调整。这种思维方式具有灵活、多变、可实现的特点。当然，创业思维和管理思维不是严格割裂的，只有灵活地将创业者和职业经理人的两种思维方式进行融合，才能使企业具有更强的生命力和竞争力。

学习指导

创业者是指某个能够发现某种信息、资源、机会或掌握某种技术，利用或借用相应的平台或载体，将其发现的信息、资源、机会或掌握的技术，以一定的方式，转化、创造成更多的财富、价值，并实现某种追求或目标过程的人。

创业者与职业经理人不同，他们从事开拓性的工作，善于发现机会、创造新事物，创新能力是创业者应该具备的核心能力之一。创业者是可以培养的，创业能力和素质都可以通过学习获得。也就是说，每个人都可以通过学习让自己的行为和思维方式更具备创新能力和创业精神。

任务检测：认识创业者

实训活动

做好创业准备

在大众创业、万众创新的时代背景下，很多大学生对于创业都跃跃欲试。但创业有成功，就会有失败。即使一个人具备了创业的激情和基本素质，也不意味着就可以马上开始创业。大学生选择创业这条职业生涯发展路线时，要先认识自身及环境现状，做好创业准备。

1. 活动参与人数

不限。

2. 活动场地和道具

不限，可在课堂上展开，也可由学生自行完成。

3. 活动组织

教师指导、学生独立完成评估。

4. 活动步骤

（1）自我能力评估。一个人是否适合创业，需要个体结合自身的兴趣爱好、能力态度，以及掌握的经验和资源进行综合测度。认识自我，可以从"我是谁""我知道什么""我认识谁"三个方面入手，"我是谁"包括个体自身拥有的特质、能力等，"我知道什么"陈述了个人掌握的知识和经验，"我认识谁"则是一个人的人脉资源，这是创业过程中非常重要的资源。根据表2-1-2中所示内容，完成自我认识评估。通过自我认识评估，了解自身优势和劣势、拥有的资源和面临的困难，以此创造多种实现目标的可能路径。

表 2-1-2　自我认识评估表

一级指标	二级指标	内容
我是谁	我的性格特点	
	我的兴趣爱好	
	我的能力	
	我对创业的看法及态度	
我知道什么	我的专业领域	
	除了专业能力，我还具有哪些知识和技能	
	从事过哪些工作	
	具备哪些工作经验	

续表

一级指标	二级指标	内容
我认识谁	家人及其工作领域	
	朋友、同学及其优势领域	
	领导、同事能够给我的帮助	
	用户、合作伙伴的工作领域	
	偶然认识的人	

然后以创新能力和管理能力、业务能力、人际资源为判断条件定位自己的角色，可以绘制一个自我能力评估矩阵（图2-1-2）。一般而言，个人性格特征中创造力和创新能力较强的、拥有的业务能力和人脉资源较丰富的人是比较适合创业的。

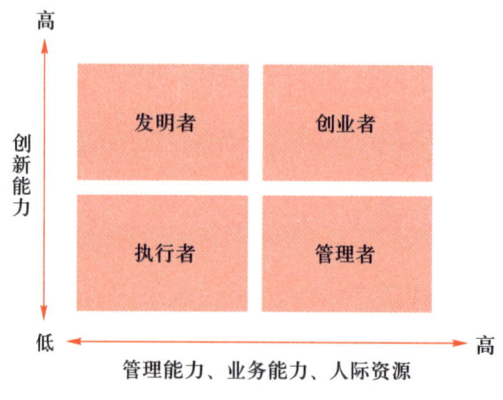

图 2-1-2　自我能力评估矩阵

知识补给：
创业准备测试题

（2）创业准备测试。如果你的性格中具有创业特质，你是否已经准备好创业了呢？二维码中列出56项内容，是准备创业应该具备的素质或技能，在你认为已经具备的项目上画"√"，选中的项目越多，证明你的创业准备越充足。

5. 活动交流与讨论

（1）创业者应该具备怎样的特质和能力？
（2）创业者在创业前应该做好哪些方面的准备？
（3）你认为每个人通过创新创业能力培养和训练，都可以成为创业者吗？
（4）如果你的创业意志非常坚定，但评估的结果是各方面都较欠缺，你应该怎么办？

6. 活动体验

7. 活动点评

通过问自己"我是谁""我知道什么""我认识谁"三个问题，每个人都可以清晰地认识自我，评估自身的创业潜质。另外，还可以通过思考"对于即将创业的领域你是否具有激情""在这个你充满激情的领域，是否对客户或产品痴迷""如果遭遇挫折后，你是否还能不忘初心、怀有激情""是否有能力将创业想法快速落地"四个问题来评估自己是否做好了创业准备。创业充满艰辛、未知和挑战，因此在拥有一定创业想法的时候，也要对自身及环境进行分析，根据拥有的资源创造多种实现目标的可能路径。如果以上评估都很积极，那么接下来就可以着手组建创业团队，向着创业目标前进了。

项目二　打造创业团队

学前思考

（1）什么是创业团队？创业团队的构成要素包括哪些？
（2）创业团队一般包括哪些角色？甄选创业伙伴的原则是什么？
（3）创业团队有哪几种类型？创业团队的组建程序是什么？

案例导入

中国化学工业的丰碑——百年"永久黄"团体

◎ **案例描述**

在天津坐落着一家有着百年历史的大型国有化工企业——天津渤化永利化工股份有限公司（以下简称永利化工），这家企业的前身是以范旭东、侯德榜、李烛尘为代表的创业先辈于1914年创办久大精盐厂（久）、1917年创办永利碱厂（永）、1922年创办黄海化学工业研究社（黄）的基础上形成的"永久黄"团体，它是中国化学工业发轫的中坚力量，见证了中国民族化学工业由弱到强的历程。

永利化工的创始人范旭东是中国化学工业的奠基人，毛泽东曾称赞其为中国人民不可忘记的四大实业家之一。一百多年前，中国人吃的是粗盐，用的是洋碱，整个亚洲都没有一座真正意义上的碱厂。范旭东集合一批意气相投的青年才俊，抱定实业报国的信念，先后创办了"永久黄"团体，并研制出中国本土第一批精盐"海王星"和纯碱"红三角"，改变了中国人吃粗盐、用洋碱的历史，创造了中国民族化学工业的众多第一。

范旭东为"永久黄"团队制定了"四大信条"——我们在原则上绝对相信科学；我们在事业上积极发展实业；我们在行动上宁愿牺牲个人顾全团体；我们在精神上以能服务社会为最大光荣。这"四大信条"是"永久黄"团体的精神追求，被后人誉为"中国企业精神的鼻祖"。

范旭东及其"永久黄"成员毕生都以实际行动践行"四大信条"。1937年在南京建成了硫酸铔厂，实现了中国化学工业酸碱盐"比翼齐飞"的夙愿。中国人民抗日战争期间，范旭东宁肯毁掉工厂也不向日军妥协。塘沽沦陷后，李烛尘坚决拒绝与日本人合作，巧妙转移了技术资料。"永久黄"西迁四川后，克服资金不足的困难，生产急需物资支援前线。侯德榜研制的轰动世界的"联合制碱法"新技术，开创了世界纯碱工业的新纪元。中华人民共和国成立后，永利化工正式实行公私合营，为推动中国化工业发展，永利化工手握专利为全国同行无偿提供技术和人才支持。如今，中国生产的每颗纯碱都蕴含着"永久黄"的基因，"唇齿相依"的"永久黄"团体开启了新时代、新事业、新征程。

（资料来源：天津日报.津门老字号　百年恰是风华正茂.新浪网，2021-12-23.有删改）

◎ **案例解析**

"永久黄"团体之所以历经百年仍熠熠生辉，震撼我们的不仅是他们在化学工业领域取得的辉煌成就，更重要的是，这个团体每个成员的骨子里都镌刻着读书人执着探索的科研情怀，血液里流淌着创业者勇于开拓的践行精神，基因里沉淀着爱国者肩挑重任的民族大义，只有拥有共同的创业理念和崇高的个人素养的创业团队才能获得长久发展。

任务一　认识创业团队

一、创业团队的含义

团队是指一种为了实现某一目标而由相互协作的个体所组成的正式群体。团队成员为了共同的目标，采用相互认同的做事方法和规则，并在完成目标的过程中建立起感情，这就意味着团队是人、事、法、情四个方面的联结。当今社会充满竞争与合作，仅靠一个人单打独斗是很难成功的，因此，创业需要组建团队。

微课启学：
创业团队的
定义及类型

创业团队也被称作初始合伙人团队，是指在创业初期（包括企业成立前和成立早期），由一群有一定利益关系、才能互补、责任共担、愿为共同的创业目标而奋斗并处在新创企业高层管理位置的人所组成的特殊群体。一旦一群人团结起来形成合力，就会形成商业利益的来源，使团队整体绩效大于个人绩效之和。

> 💡 **头脑风暴**
>
> 羊群效应是指一群羊中有一只头羊动起来，其他的羊也会跟随。因此，羊群效应也称从众效应。你认为羊群是一个团队吗？

二、创业团队的构成要素

一般而言，创业团队的构成包含以下五大要素（5P）。

（一）目标（purpose）

目标是将团队成员凝聚起来的重要因素。从本质上来说，创业团队的根本目标在于创造新价值，只有具有共同目标的团队才有凝聚力和战斗力。

（二）成员（people）

成员是创业团队的核心力量。人作为知识及能力的载体，对创业团队的贡献程度将决定企业在市场中的命运。团队成员之间的优势互补是创业成功的关键，创业者应充分考虑团队成员的能力、性格等方面的因素，以此来达到团队的平衡，充分发挥团队的优势。

> **相关链接**
>
> **创新创业参赛团队的成员规模**
>
> 中国国际"互联网+"大学生创新创业大赛规定，职业院校学生参加比赛要以团队为单位报名参赛。允许跨校组建团队，每个团队的参赛成员不少于3人，不多于15人。参赛成员的规模要求越来越体现出核心团队"小而精"的特点。

（三）定位（place）

定位是指建立团队的组织结构，明确创业团队内部组成及相互职权关系。团队的组织结构可以通过组织结构图来反映。组织结构图是指通过规范化结构图的方式展示一个组织的内部组成及职权、功能关系，它能够简洁明了地展示组织内的等级与权力、角色与职责、功能与关系。组织结构图还有助于帮助新员工了解和认识组织。如图2-2-1所示是一张直线制组织结构图，这种组织结构的责权清晰、职责明确，很好地诠释了部门之间的职权关系。

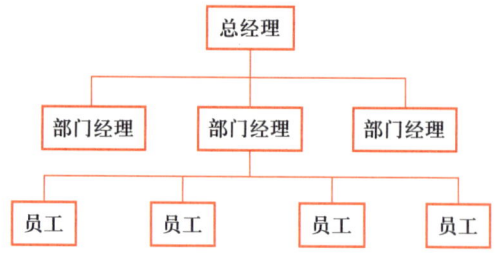

图 2-2-1　直线制组织结构图

（四）职权（power）

职权是指创业团队担负的职责和享有的权限，是创业团队目标和定位的延伸。一般来说，在创业初期，领导权相对集中，团队越成熟，领导者拥有的权力越小。在确定团队权限时，要考虑组织规模、业务类型等因素，以决定授予何种权限及多大权限等。

（五）计划（plan）

计划是指创业团队未来的发展规划，即制订成员在不同阶段分别要做哪些工作及怎样做的指导计划。计划是团队目标和定位的具体体现，可行的计划利于创业目标的有效实施以及实施过程的控制和调整。

学习指导

创业团队是指在创业初期（包括企业成立前和成立早期），由一群有一定利益关系、才能互补、责任共担，愿为共同的创业目标而奋斗，并处在新创企业高层管理位置的人所组成的特殊群体。

创业团队的构成必须具备五大要素，即共同的企业目标、优势互补的团队成员、人尽其才的成员定位、责权利明确的职权体系和清晰可执行的企业计划。

任务检测：认识创业团队

任务二　甄选创业伙伴

一、创业团队的九种角色

被誉为"团队角色理论之父"的团队管理专家梅雷迪思·贝尔宾在观察分析成功团队时发现，一支结构合理的创业团队成员应该由三大类、九种不同的角色组成，如图2-2-2所示。贝尔宾团队角色理论说明，高效的团队工作有赖于默契协作。团队成员必须清楚其他人所扮演的角色，了解如何相互弥补不足，从而发挥团队优势。

微课启学：
优秀创业团队必备的九种角色

图 2-2-2　贝尔宾团队角色理论

团队中的每种角色都有自己的特点，如表2-2-1所示，了解每种角色的特点有助于定位和分配成员职权权限。但在大多数团队中，通常并不是一个人担任一种角色，而是一个核心成员担当两种角色甚至更多，当然有些角色也可能由几个人共同担当。

表 2-2-1　九种团队角色描述

角色	角色描述	可允许的缺点	不可允许的缺点
智多星	创新者、发明者	激进、忽略现实	不善于交流
外交家	行动力、沟通力强	三分热度	不遵循安排
审议员	三思而后行、批判性思维	做决定较慢	失去理性的批判
协调者	称职的主事人、知人善任、促成目标	缺少亲力亲为	完全依赖团队努力
鞭策者	领导激励他人	具有竞争性	好争辩
凝聚者	防止摩擦、平衡争端	优柔寡断	避免承担责任
执行者	纪律性强、有保守倾向、办事高效	教条、相信经验	阻止变化
完成者	勤恳尽责、准时完成任务	追求完美	过于执着的行为
专业师	目标专一、提供专门的知识和经验	忽略本领域外技能	缺少钻研

头脑风暴

也有一些团队角色理论将团队角色表述为四种角色，即德者、能者、智者、劳者。德者领导团队，能者攻克难关，智者出谋划策，劳者执行有力。请大家分析《三国演义》中的"刘关张"团队是不是好的团队？

二、甄选创业伙伴的原则

在组建创业团队过程中，要认真甄选创业伙伴，了解彼此的价值观、性格、背景等多个层面。只有价值观一致，创业团队才有共同的精神追求和未来的发展方向，才能化解创业过程中出现的各种矛盾，避免创业危机。一般来说，甄选创业伙伴要遵循以下几个原则。

（一）确定核心创业者

创业团队组建的原则之一是要有核心人物，他是创业理念的缔造者、实践者及创业团队的组织者。他要确定企业的战略决策，为企业的发展指明方向；他要组建创业团队，组织企业发展所需的核心资源。这些事情只靠民主决策是不行的，必须有核心创业者担此重任，果断决策。

（二）基于共同的创业理念

创业理念决定着创业团队的性质、目标和行为准则，是创业成功的关键因素。优秀创业团队的创业理念虽各有不同，但具备下述共同点：凝聚力、合作精神、完整性、长远目标、价值创造观、平等中的不平等、公正性和分享性。只有基于共同创业理念的创业团队才能相互信任、相互配合，形成团队战斗力。

（三）注重创业伙伴的素养

创业是一个系统工程，需要创业者具有较高的素质。创业者甄选创业伙伴时也要注重创业伙伴的素养。一般情况下，可以从性格、兴趣、过往经历、对待事业的态度、消费态度、家庭道德、文化修养等多个方面进行综合评价、仔细甄选。

（四）成员之间优势互补

建立优势互补的创业团队是保持创业团队稳定性的关键，也是规避和降低团队组建风险的有效手段。甄选创业伙伴时要综合考虑成员在能力、技术及性格上的互补性，基本保证具备理想团队所需的九种角色。另外，成员的能力和技术水平不宜差异过大，如果团队成员在对项目的理解能力、表达能力、执行能力、思维创新能力等方面存在较大差异，就会产生严重的沟通障碍和执行障碍。

如何寻找创新创业大赛参赛伙伴

在参加中国国际"互联网+"大学生创新创业大赛中，创业团队是项目能否顺利实施、创业能否成功的关键。作为项目创始人，在寻找参赛团队伙伴时，可以重点考虑以下几点。

（1）个人素养。要寻找志同道合、个人素养较好的人共同创业。

（2）专业性。团队中要有1~2名具备较强的专业知识背景和服务能力的成员。

（3）互补性。首先，团队成员要在专业知识和能力上形成互补。其次，团队成员在思维模式、性格、经验和性别等方面也要形成互补。

（4）执行力。团队中要有1~2名具备一定沟通、组织、协调能力、具备总结提炼能力的成员。

（5）经营资源。可以寻找能为创业项目带来经营资源，如生产资源、渠道资源、媒体资源、融资资源及法律资源等的合作伙伴。

（6）了解程度。考虑从同学、朋友、同事中寻找团队成员，因为相互比较了解，容易快速度过初创团队的磨合期。

学习指导

创业团队对一个初创企业来说，既是最重要的无形资产，又是创业成功的关键因素之一。根据贝尔宾团队角色理论，一支结构合理的创业团队要由思考类、社交类、行动类三大类成员、九种不同的角色组成。甄选创业团队成员时要遵循确定核心创业者、基于共同的创业理念、注重创业伙伴的素养、成员之间优势互补的原则进行。

任务检测：甄选创业伙伴

任务三　组建创业团队

一、创业团队的类型

（一）星状创业团队

星状创业团队（图2-2-3）中一般有一个核心主导人物充当领军角色。这种团队在形成之前，一般是核心人物有了创业想法，并就团队组成进行过仔细思考，根据自己的想法选择其他人加入团队。这些加入创业团队的成员也许是自己以前熟悉的人，也有可能是不熟悉的人，他们在企业中更多的时候是承担支持者角色。以任正非为核心的华为团队是星状团队的典型代表。

（二）网状创业团队

网状创业团队（图2-2-4）的成员一般在创业之前有密切的关系，如为同学、亲友、同事、朋友等。一般在交往过程中，他们共同认可某一创业想法，达成创业共识后，开始共同进行创业。在创业团队组成时，没有明确的核心人物，成员根据各自的特点进行自发的组织角色定位。因此，在企业初创时期，各成员基本上扮演的是协作者或伙伴角色。携程"四君子"（梁建章、季琦、沈南鹏、范敏）创业团队是网状创业团队的典型代表。

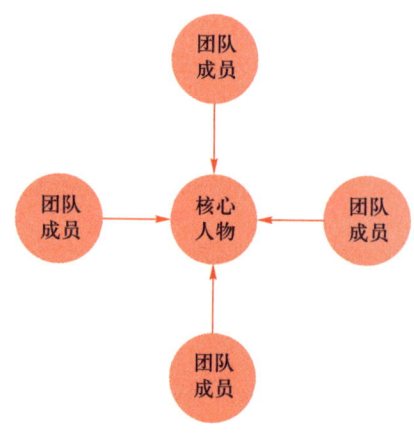

图 2-2-3　星状创业团队

（三）虚拟星状创业团队

虚拟星状创业团队（图2-2-5）是由网状创业团队演化而来的，基本上是星状创业团队和网状创业团队的中间形态。在团队中，有一个核心成员，但是该核心成员地位的确立是团队成员协商的结果。因此核心成员从某种意义上说是整个团队的代言人，而不是主导型人物，其在团队中的行为必须充分考虑其他团队成员的意见，不像星状创业团队中的核心主导人物那样有权威。腾讯"五虎将"（马化腾、曾李青、陈一丹、张志东、许晨晔）创业团队是虚拟星状创业团队的典型代表。

三种创业团队优、缺点的比较如表2-2-2所示。

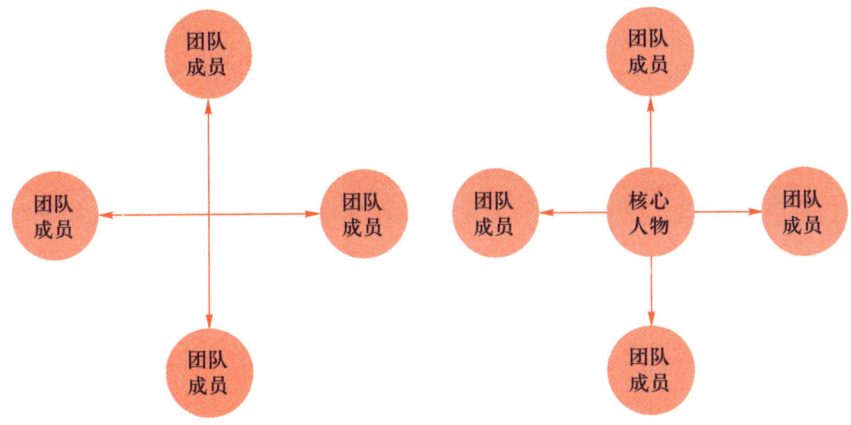

图 2-2-4　网状创业团队　　　　图 2-2-5　虚拟星状创业团队

表 2-2-2　三种创业团队优、缺点的比较

类型	优点	缺点
星状 创业团队	决策程序简单、效率较高。 组织结构紧密。 稳定性较好	容易形成权力过分集中。 当成员和核心人物冲突无法调和时，往往选择离开
网状 创业团队	成员地位较平等，利于沟通。 成员关系密切，易达成共识。 成员不会轻易离开	结构较松散，易形成多头领导。 决策效率相对较低。 易导致团队涣散
虚拟星状 创业团队	核心成员具有一定威信。 既不过度集权，又不过分分散	核心人物行为必须充分考虑其他成员的意见，不如星状结构中核心主导人物有权威

二、组建创业团队的程序

不同类型的创业团队所需团队结构不同，组建创业团队的程序也不尽相同，概括地讲，大致遵循以下程序。

（一）确定创业目标

确定创业目标包括三个层次：一是选择创业方向，二是确定创业方法，三是明确创业达到的预期结果。创业团队的总目标是实现企业从无到有、从起步到成熟。总目标确定后，要将总目标加以分解，设定若干可行的、阶段性子目标。

微课启学：
团队的组织
建设

（二）制订创业计划

在确定了总目标及阶段性子目标之后，紧接着就要研究如何实现这些目标，这就需要制订周密的创业计划。创业计划是在对创业目标进行具体分解的基础上，以团队为整体来考虑的计划。

（三）招募合伙人

招募合伙人也是组建创业团队最关键的一步。团队成员能力的总和决定了创业团队的整体能力和发展潜力。一般而言，招募合伙人应考虑以下三个方面。

107

（1）互补性，即考虑其能否与其他成员在能力或技术上形成互补。这种互补性的形成既有助于强化团队成员之间彼此的合作，又能保证整个团队的战斗力，更好地发挥团队的作用。一般而言，创业团队至少需要管理、技术和营销三个方面的人才。只有这三个方面的人才形成良好的沟通协作关系后，创业团队才可能实现稳定高效。

（2）适度规模，适度的团队规模是保证团队高效运转的重要条件。如果团队成员太少，则无法实现团队的功能和优势，而过多又可能会产生交流的障碍，团队很可能分裂成许多较小的团体，进而大大削弱团队的凝聚力。

（3）合伙人的品行及价值观的契合度。价值观契合在一定程度上能够减少创业过程中的管理冲突。

相关链接

创业合伙人应该包括的角色

首席执行官（chief executive officer，CEO）是国外在20世纪60年代进行公司治理结构改革创新时的产物，它的出现在某种意义上代表着将原来董事会手中的一些决策权过渡到经营层手中。

公司首席财政官或财务总监（chief financial officer，CFO）是现代公司中较重要、较有价值的顶尖管理职位，是掌握着企业的神经系统（财务信息）和血液系统（现金资源）的灵魂人物。要做一名成功的CFO需要具备丰富的金融理论知识和实务经验。

首席营运官（chief operation officer，COO）的职责主要是负责公司的日常营运，辅助CEO的工作。如果公司未设有总裁职务，则COO还要承担整体业务管理的职能，主管企业营销与综合业务拓展，负责建立公司整个的销售策略与政策，组织生产经营，协助CEO制订公司的业务发展计划，并对公司的经营绩效进行考核。

首席技术官（chief technology officer，CTO）即企业内负责技术的最高负责人。该职位兴起于20世纪80年代，主要责任是将科研成果转化为盈利产品。20世纪90年代，因计算机和软件公司兴盛，很多公司把CTO的名称授予管理计算机系统和软件的负责人。

（四）合理划分职权

根据执行创业计划的需要，具体确定每个团队成员所要担负的职责及相应的权限。职权划分必须明确，既要避免重叠和交叉，又要避免疏漏，同时还要根据团队成员的变动，动态地对职权体系进行调整。

（五）构建制度体系

制度是对创业团队成员进行约束和激励的基础。建立合理的制度体系，一方面要约束团队成员的行为，保证团队的稳定；另一方面，有效的激励机制可以充分调动成员的积极性，最大限度地实现企业目标。

企业的制度体系主要包含股权分配制度、激励制度、奖惩制度、绩效考核标准、组织纪律条例等。其中，股权分配体现了企业对人的能力和利益的认可，只有建立在公平合理的股权分配制度上的创业团队才具有持续稳定发展的可能，股权分配制度是企业制度体系构建的重中之重。

科学的股权分配制度意味着公司的大部分股权由创始人、合伙人、投资人、核心员工四类人掌握，分配股权的基本原则就是要保障创始人的控制权、合伙人的经营权和话语权、投资人的优先权及核心员工的分利权。合理的股权分配制度并非平均主义分配方式，而是根据企业成员所创造的价值的大小予以分配。因此，创始人在进行股权分配时，要把握一个核心、两个关键点。一个核心是要让各创始人在分配和讨论的过程中，感觉到合理、公平，从而事后甚至忘掉这个分配而集中精力做事情。两个关键点：一是保证创业者拥有对公司的控制权，二是要实现股权价值的最大化（吸引合伙人、投资人和人才）。

（六）保持团队的调整融合

高效的创业团队并不是创业之初就能建立的，而是随着团队的运作，不断对暴露出的人员匹配、职权划分、制度设计等方面的不合理状况进行调整融合后逐渐形成的。团队的调整融合是一个动态持续的过程，在进行团队调整融合的过程中，要保证团队成员之间经常进行有效的沟通和协调，培养团队精神，提升团队士气。

▶ 学习指导

> 创业团队可以分为星状创业团队、网状创业团队及虚拟星状创业团队，不同类型的创业团队的组建程序也不尽相同。概括地讲，创业团队的组建程序大致遵循确定创业目标、制订创业计划、招募合伙人、合理划分职权、构建制度体系及保持团队的调整融合六个程序。
>
> 企业的制度体系主要包含股权分配制度、激励制度、奖惩制度、绩效考核标准、组织纪律条例等。其中，公平合理的股权分配制度是创业团队持续稳定发展的保障。

任务检测：组建创业团队

实训活动

展示团队的力量

1. 活动参与人数

以班级为单位，人数控制在50人以下。

2. 活动场地和道具

教室、工作坊等，纸、马克笔等。

3. 活动组织

学生自由结组，以核心创业者为中心、小组形式完成。通过小组竞赛，优选创业团队。

4. 活动步骤

（1）确定核心创业者和创业目标。

① 确定核心创业者。可以结合所学专业进行创意设计或产品研发，或者挖掘校园及周边环境的创业机会，设计一些具有创新性、前瞻性、发展性的创新创业项目，围绕这些创意设计、研发项目开始构建创业团队。团队核心创业者可由项目提出者担当，也可以通过协商或竞选的形式进行确定。

② 确定创业目标。核心创业者以宣讲的形式陈述创业目标，包括与技术、市场、规划、组织、管理等各项工作有关的总目标与分目标。

（2）招募联合创始人。通过自我评估，了解自己的性格特征、能力特征，按照互补性原则，制订与自己性格互补、能力互补的创业团队招募计划。在确定人才需求时，一般一个创业团队至少要保障拥有管理、技术和营销三个方面的人才，规模以3~8人为宜。

（3）职权划分。团队成员确定后，编制各岗位职责，确定每个团队成员所要担负的职责及相应所享有的权限。在明确职权划分时，要避免出现职权划分不当或职权的重叠和交叉。

（4）确定团队的制度体系。制度体系主要包括股权分配制度、激励制度、奖惩制度、绩效考核标准、组织纪律条例等。每个团队都要将自己的制度体系以规范化的书面形式确定下来。

（5）确定团队文化。

① 创业团队组建成功后，要确定自己的团队名称、创业目标。

② 绘制团队的名称标识（Logo）、团队海报等。

③ 绘制团队组织结构图。

（6）进行团队宣讲。召开团队成立大会，团队负责人就团队基本情况进行宣讲。

（7）招聘员工。团队成立后，下一步就该招聘员工了。张贴招聘启事，吸引有能力的人加入。根据团队宣讲及招聘情况，评选最具吸引力的团队。

5. 活动交流与讨论

（1）创业团队中的核心创业者一般应该由什么人来承担？

（2）招募联合创始人应遵循哪些原则？

（3）如果应聘的员工过多，该如何取舍？

6. 活动体验

_____

_____

7. 活动点评

　　组建创业团队是创业过程中重要的工作，通过模拟组建创业团队，清楚地了解创业团队组建的程序，在增强学生对企业认知的基础上，有助于学生树立正确的创业理念和创业动机。同时，创业目标的确定与宣讲、招募创业团队成员的过程可以提高学生组织能力、表达能力和沟通协调能力，而职权体系和制度体系的建立则可以训练学生宏观的组织架构能力，提高自身的领导力。

项目三　管理创业团队

学前思考

（1）创业团队管理的特征有哪些？如何实施创业团队的结构管理？

（2）造成创业团队分裂的常见原因有哪些？创业团队管理的策略和技巧有哪些？

案例导入

超图创业团队的管理

◎ **案例描述**

随着地理信息系统（Geographic Information Systems，GIS）在日常生活中的广泛应用，地理智慧与创新正不断提升空间大数据价值、点亮世界的每个角落。作为中国地理信息应用工程领域的领军企业，北京超图软件股份有限公司（以下简称超图）是全球第三大、亚洲最大的GIS软件厂商，公司秉承"地理智慧创新IT价值"的企业宗旨，努力成为"全球领先的GIS品牌"。

超图的创业团队属于典型的学者型创业团队。1997年，时任中国科学院研究员与博士研究生导师的钟耳顺注册成立了"北京超图地理信息技术有限公司"，与他一起创业的还有宋关福、王尔琪等，他们之间不仅是师生、同窗、同事，还是目标一致、共同奋斗的战友。因为有相似的技术背景和共同的价值观，成员之间易于互相理解、达成共识。

或许因为是科研人员出身，超图团队做学问的执着劲儿同样体现在企业管理上。刚起步时，尚处于研发阶段的软件没有销售收入，但需要大量的研发投入。超图一度亏损，举步维艰。钟耳顺就拿出自己的积蓄来支撑企业的发展，团队成员也都无条件支持，逆境中没有一名成员离职。创业凭的就是执着和担当，钟耳顺说："做一点有意义的、你自己感兴趣的，把它做深一点、透一点，做到底，给市场有所贡献。"

1997年，超图为中国人民解放军驻香港部队研发出香港综合地理信息系统；1999年，又为中国人民解放军驻澳门部队研发出澳门地理信息系统。自此，国际巨头垄断的格局被打破，超图走上了靠技术赢市场的道路。在超图看来，爱国就是在关键时刻拿出拥有自主知识产权的产品。从中国科学院的一个科研小组，到国内领先的地理信息系统软件企业，自主创新、学者情怀已深深镌刻进企业的文化基因中，成为企业发展的不竭源泉。

超图一直保持着良好的团队沟通。在研发方向的沟通中，保持以创始人钟耳顺为主导，确保决策统一和领导力。合理分配股权，最大化地激励整个创业团队，减少成员之间利益的纷争。超图非常重视管理制度的制定和执行，钟耳顺以身作则，带头严格执行各项管理制度，通过制度来约束团队成员，减少无意义的沟通，使团队成员将更多的精力投入到创造性的工作中。

（资料来源：陶陶，王欣，封智勇，等.创业团队管理实战［M］.北京：化学工业出版社，2018.）

◎ **案例解析**

超图的案例告诉我们，团队在技术、教育水平及价值观等方面存在诸多同质性因素，这是保障团队在创业过程中较少出现重大团队冲突的基础。另外，团队所保持的科研情怀，以及面向市场需求的自主创新思维，已经成为重要的企业文化并被镌刻进企业的基因中，是维系创业团队生命力的关键。

任务一　认识创业团队管理

一、创业团队管理的特征

创业团队对于创业成功具有重要意义，但并非所有的创业团队都能获得成功，创业团队管理至关重要。创业团队管理不同于一般的工作团队管理，其管理呈现出一定的特殊性，主要表现在以下三个方面。

微课启学：
创业团队管理的特征

（一）创业团队管理是基于动态开放管理的团队管理

基于前文所述的贝尔宾团队角色理论，一个成功的团队包含九种不同的角色，所以优秀的、成熟的、大型的企业的管理都是以角色功能管理为基础的，而新创企业从创意产生到机会筛选、组织孕育和走向成熟，需要经历不同的发展阶段，在创业初期由于规模和人数的限制，创业团队在成员选择上考虑不全面，存在随意性和偶然性，甚至因为碰巧谈到创业问题而一拍即合。因此，一个创业团队并不能基于功能管理而具备九种角色，这就存在成员之间角色和优势重复或身兼数职问题，使得创业团队管理须以动态开放管理与企业发展相适应。

（二）创业团队管理是建立在认同和信任基础上的团队管理

创业团队建立之初，往往是通过人际关系和家庭关系寻找共同创业的伙伴，团队的多数成员之间多是同事、亲属、朋友关系。此时的创业团队还没有建立规范的决策流程、分工体系和组织规范，组织结构扁平化，"人治"味道相当浓厚。虽然这种方式能够缩短决策周期，加强团队的创造性、灵活性并且增强团队成员的士气，但随着企业的扩大和人员的增加，处理决策分歧显得尤为困难。因此，创业团队中成员之间的管理多建立在认同和信任基础上。另外，成熟企业内的工作团队可以凭借雄厚的资源基础、借助月度工作考核等手段，在短期内实现成员投入与回报的动态平衡。相比之下，创业初期，因为公司资源少，工作环境恶劣，设计水平不成熟等，创业团队在短期内无法实现期待的激励和回报，所以创业团队管理更需要成员之间的认同和信任来维系。

（三）创业团队管理是以协同学习为核心的团队管理

成熟企业内的学习是以组织知识和记忆为依托的，成员之间共享着相似的知识基础。但是创业过程充满不确定性，创业团队初期不仅需要吃苦耐劳、锲而不舍的创业精神和勇于实践，高效沟通的创业能力，还需要具备经营管理、财务管理等方面的专业知识。因此，创业团队是建立在团队成员创业之前形成的知识和观念的基础上，以协同创造并组织知识为依托，成员之间有着互补的知识基础。

🔗 相关链接

古人教你打造优秀的创业团队

（1）锲而舍之，朽木不折；锲而不舍，金石可镂。

——《荀子·劝学》

释义：优秀的创业团队需要的人才不是考察他们的职位级别、光鲜履历或经验如何，而是优先考察他们对于使命的坚持有多强烈，能否不畏艰难地进行探索。

（2）言必信，行必果。

——《论语·子路》

释义：一个优秀的创业团队必然能"言出必践"，守信重诺是优秀的创业团队成员必备的品质。

（3）路曼曼其修远兮，吾将上下而求索。

——《离骚》

释义：人类区别于其他生物的最重要的一点是思考，有思考即有智慧。"勤于思考"是一个优秀的创业团队必备的特质。一个团队中要有善于思考的人，思考的深度决定了结局。

（4）长风破浪会有时，直挂云帆济沧海。

——《行路难》

释义：优秀的创业团队必然拥有同舟共济的决心，能历经风雨，初心不改，成为拥有同一个使命的集体。

二、创业团队的结构管理

与一般的研发团队、销售团队等不同，创业团队组建之初，由于决策及激励机制尚不完善，其管理重点在于结构管理，而不是过程管理。创业团队可以从三个方面实施结构管理，分别是知识结构、情感结构和动机结构。知识结构反映的是创业团队成功创业的能力素质，情感结构是创业团队维持凝聚力的重要保障，动机结构则是创业团队实现理念和价值观认同的关键因素。

（一）知识结构管理

知识结构管理的核心是建立以创业任务为核心的知识和技能互补性，强调创业团队有完备的能力来完成创业相关任务。也就是说，创业团队要在价值观、创业理念基本吻合的基础上考虑技能、经历、经验等方面的互补，要体现差异性，这样才有助于创新，才能做到资源整合。

（二）情感结构管理

情感结构管理的重点是注重年龄、学历等因素的适度差异。如果创业团队之间的年龄和学历因素差距过大，成员之间发生争辩，很容易导致彼此感觉不受重视而演变为情感性冲突。一旦出现这种情况，创业团队将不得不把时间和精力浪费在沟通方式设计和内部矛盾化解上，导致内耗增大，不利于创业成功。

（三）动机结构管理

动机结构管理的关键在于注重创业团队成员理念和价值观的相似性。相似的理念和价值观有助于创业团队保持愿景和方向的一致，有助于创业团队克服创业挑战而逐步成功。值得一提的是，创业团队的结构管理兼顾三个方面结构要素的平衡过程，短板效应非常明显。但是在现实中，人们往往过分重视知识结构的互补性，而对于情感结构管理和动机结构管理的重视程度不够，因此引发的问题往往会随着时间而凸显，一旦创业出现困难和障碍，往往会转变为创业团队的内耗和冲突。

> **学习指导**
>
> 创业团队管理不同于一般的工作团队管理，通常具有动态开放、基于认同和信任、协同学习等特征。创业团队的管理重点在于结构管理，而不是过程管理。创业团队可以从知识结构、情感结构和动机结构三个方面实施结构管理。

任务检测：认识创业团队管理

任务二 破解创业团队管理难题

一、创业团队常见的分裂原因

创业初期,创业者将所有的精力都投入生产和市场的技术活动中,为了在市场中求生存而奋斗,彼此间不太计较个人的得失。随着企业从不规范管理过度到正常经营管理状态,团队中的很多矛盾就容易暴露出来,而这些矛盾正是创业团队分裂的主要原因。

(一)价值观冲突

创业通常是在摸索中前进,充满着未知和不确定性。在创业过程中,创业团队成员经常会在经营理念、发展方向、管理方式、营销手段、商业模式等方面出现分歧,如果相互不能做到求同存异,创业团队也就以解散收场。这种因价值观冲突而导致创业团队解散的情况是非常普遍的。

(二)个性差异

群体性的创业团队是由一群因为私交很好而在一起创业的伙伴来组成的。创业团队成员在性格上的差异和处理问题的不同态度很容易被掩盖,有些创业团队从表面上看成员都在努力工作,但真正全身心投入者可能只有一两个成员,同时团队内缺乏真正的沟通,个性存在的差异不能被调解,导致创业活动难以正常开展,甚至导致创业团队解散。

(三)利润分配不明确

在整个创业过程中,创业团队成员都希望自己的贡献与回报相匹配,希望在利益分配方面体现公平性。创业之初,创业团队成员通常能够为了共同的理想和目标一起奋斗,很少计较个人得失。但是,随着事业的发展,他们越来越关心个人利益。许多创业团队分裂的原因就是在创业初期没有制订明确的股权分配制度,从而导致日后在进行利润分配时出现争议。

(四)失去信任

互信是形成团队的基础,但互信只有经过长期合作才能形成。虽然创业合作伙伴大多数是同学、朋友等"熟人",但在企业新建初期,这些创业团队并没有经过真正的考验,建立起真正的信任。创业团队成员缺少信任可能导致相互猜疑、相互埋怨,一旦企业遇到真正的困难,就可能各奔东西。

(五)缺乏真诚沟通

创业团队成员之间的沟通非常重要,有效的沟通可以消除误解、达成共识,并形成合力,最终有利于提高团队绩效。相反,创业团队成员之间缺乏真诚沟通,会导致情感冲突和人际关系冲突。在创业过程中,由于缺乏完善的沟通渠道,特别是很多创业者存在"家长制作风",沟通不善往往会为团队分裂埋下隐患。

二、创业团队管理的策略和技巧

有效的管理是保持新企业生命力、提振团队士气的关键。由于创业团队本身的动态特征,创业团队管理就是贯穿于创业团队的整个生命周期的工作。创业团队管理的重点就是在维持团队稳定的前提下,发挥团队的多样性优势。

(一)创业文化的引领

创业文化并不是单纯的文化,而是具有可认知性的,体现着知、情、意相统一的文化精神。一般来说,积极的创业文化内涵包括创新、开拓和冒险,即鼓励技术创新、管理创新和文化创新;具有开拓进取、积极向上的激情;具有容许失败和勇敢面对失败的勇气;拥有和弘扬团队精神;注重学习培训,把知识经济时代的科学精神与创业精神相融合等。可见创业文化是在创业及成长过程中逐渐形成的,具有指导、激励、凝聚、规范、导向、约束等作用。

首先,核心创业者开展"整心运动",形成核心价值观。通过沟通掌握创业团队的共同意识和决心,将其归纳整理成企业的核心价值观,采用立体化手段反复宣扬和传播,让创业团队成员虚心接受、真心付出、用心工作。

其次,核心创业者身体力行,带头贯彻和落实企业文化建设。作为企业文化的创立者、推动者和践行者三位一体的代言人,核心创业者在确定了价值观体系之后,必须通过象征性行为、语言、故事等方式表达自己对价值观的关注,从而促使全体创业者共同关注价值观的实现,必须是行胜于言。

最后,确保创业文化只能被吸收,不能被稀释。创业型企业势必面临规模的扩大和人员的变动问题,保存企业文化的精髓仍然是重中之重,可以通过仪式化的宣传、不间断的培训、老员工的垂范、选择新人的原则和标准的确立等途径,保证创业文化得到认可和发扬,避免被稀释的风险。

(二)创业团队的激励

激励是创业团队管理中极为重要的内容,直接关系到创业企业的生死。有效的激励就是给予创业团队成员以合理的"利益补偿",利益补偿可以包括两种形式,即物质补偿和精神补偿。

物质补偿包括薪酬、期权等,其中薪酬是实现有效激励的主要手段,毕竟收益是创业成功的重要表征。期权是一种长期激励,使受奖励人和企业紧密地联系在一起,容易激发他的工作潜能。通常,把传统的以薪酬为代表的短期经济激励和以期权为代表的长期经济激励结合起来,体现人力资源的价值。

精神补偿包括职位的升迁、权力的扩大、进修和培训、尊重和认同等。通常,创业者具有极强的进取精神,不仅仅为追求经济利益,更为了得到成就感及权力和地位上的满足。随着企业的发展,创业团队管理者应将创业成员的工作成效和职业生涯发展、地位提升有效地结合起来,使团队成员之间相互尊重和信任。

（三）加强沟通交流

沟通的重要性不言而喻。没有沟通就没有企业的成功。沟通不仅可以使信息保持畅通，实现信息共享，避免因为信息缺失而出现错误的决策与行为，还可以化解矛盾，增强团队成员彼此之间的信任。此外，沟通可以有效解决认知性冲突，提高团队决策的质量，促进决策方案的执行。

（四）加强核心创业者自身素质管理

"正人先正己，做事先做人"，团队中的核心创业者要想管好下属必须以身作则，并勇于替下属承担责任，做到"己所不欲，勿施于人"。所谓"火车跑得快，全靠车头带"，核心创业者的管理艺术、技巧、专业技能、性格、人格魅力是一个团队是否有战斗力的关键。

> **相关链接**
>
> **用成员画像凸显参赛团队实力**
>
> 创业团队参加创新创业大赛或进行项目融资时，要能全面介绍团队、凸显团队整体实力。因此，创始人必须全面了解自己的创业团队，并从不同维度勾画出团队成员画像轮廓，这也是创始人管理团队能力的体现。成员画像要清晰地描述出以下几个方面。
>
> （1）成员所在学校、所学专业，突出专业性。
> （2）成员的能力和特长，突出互补性。
> （3）成员所获的奖励、荣誉、专利等知识产权，突出创新性。
> （4）成员参加社会实践、社团活动及曾经的创业经历，突出执行力。
> （5）成员的创业梦想和创业初心，突出价值观。
> （6）核心创业者简介，突出灵魂作用和领导能力。

> **学习指导**
>
> 创业团队并不是都能成功的，如果没有科学有效的管理，任何团队都有可能分裂。分裂的原因有很多，但重要原因是核心创业者的管理能力。只有加强创业文化引领，做好激励与沟通交流，加强核心创业者自身素质管理，才能保持新企业的生命力、保持团队的凝聚力，提高工作效率。

任务检测：破解创业团队管理难题

实训活动

竞聘理想岗位

1. 活动参与人数
以班级为单位，人数控制在50人以下。

2. 活动场地和道具
教室、工作坊等，纸、马克笔等。

3. 活动组织
通过本模块项目二的"实训活动"，我们建立了自己的团队，现在每个团队都需要招聘财务、人力资源、市场、营销、生产等部门的管理者，招聘以竞选的形式进行，应聘者需要针对应聘的岗位提出自己的竞聘方案。

4. 活动步骤
创业团队公布竞选岗位后，学生通过了解岗位，确定自己想要竞聘的岗位并准备竞聘宣讲。宣讲内容要围绕制定与应聘岗位相关的岗位职责、编制各管理岗位制度及各岗位的工作方案进行，通过竞聘演讲，主动地去体会、了解创业团队中各管理岗位的任务和职责，然后讨论总结，进行经验分享。具体步骤如下。

（1）编制工作岗位需求计划。创业团队分析自己团队的业务范围、根据创业团队的性质和业务范围，确定自己的团队需要建立哪些部门。一般而言，企业的管理岗位包括核心领导者、人事管理岗位、财务管理岗位、销售管理岗位、研发管理岗位等（可根据项目调整）。创业团队绘制自己团队的管理组织结构图，并编制自己团队的工作岗位需求计划。

（2）公开岗位，面向全体招聘。每个团队公布自己的岗位需求计划，说明要招聘哪些岗位的管理者，制作招聘启事，并面向全体进行公开招聘。

（3）选择岗位，编制管理岗位职责说明书。每个学生基于岗位认知，选择适合自己的岗位，并明确该岗位所要担负的管理职责及相应所享有的权限，编制各管理岗位职责说明书。

（4）编制管理岗位工作方案。围绕如何增强该岗位员工的凝聚力，提高工作效率，编制各管理岗位工作方案，并以规范化的书面形式予以确认。最后在上述岗位职责、岗位方案等内容的基础上形成自己的竞聘方案。

（5）竞聘宣讲。岗位应聘者宣讲自己的岗位竞聘方案、竞聘岗位。

（6）公布竞聘结果。创业团队公布竞聘结果，并邀请应聘成功者总结自己的成功经验。

5. 活动交流与讨论
（1）创业团队是怎样设置管理岗位的？依据是什么？
（2）如何根据管理岗位的不同，制定相应的提高团队凝聚力的策略？

6. 活动体验

_____

_____

7. 活动点评

  创业团队管理是否科学合理，直接决定了企业的成败。学生通过模拟竞聘创业团队管理岗位，清楚地了解了管理岗位职责和岗位制度，加深了对创业团队管理的认识，培养了团队意识，提高了自身的领导力。同时，通过小组成员之间的交流沟通与宣讲，学生的表达能力和沟通协调能力得到提高。

模块三
发掘创业机会

模块导学

>>宋代文学家苏轼说："来而不可失者,时也;蹈而不可失者,机也。"时间和机会既然来了,就不能让它们白白流失,一定要抓住。每个时代都蕴藏着新的机会,善于分析社会环境中的优势和劣势因素,并有效地利用和规避,是大学生创业成功的关键。

学习目标

>>知识目标:了解创业环境及其分析模型;掌握创业机会的来源及优质创业机会的特征;理解评估和应对创业风险的方法。

>>能力目标:能够运用创业政策为创业提供服务;学会识别创业机会的来源;具备预测创业风险的能力。

>>素养目标:培养学生成为视野开阔、具有市场开拓意识的创业者;培养学生养成独立思考的习惯,做具有创造性的人;提高学生承受失败的挫折能力。

项目一 分析创业环境

学前思考

（1）了解创业环境及其分析模型。
（2）熟悉大学生创业政策，并学会运用创业扶持政策为创业提供服务。

案例导入

黑土地上"新农人"返乡创业记

◎ **案例描述**

降低创业门槛、减免税费、拓展融资渠道……吉林省近年陆续出台了支持农村青年等人员返乡创业创新的政策措施。在吉林省"吉人回乡"等一系列政策支持下，一批"新农人"回到家乡创业，成为乡村振兴的"领头羊"。

北夏家村的村民曾靠种植玉米生活，收入普遍不高。2012年，从村里走出去的大学生邵亮亮毕业后，毅然回到家乡，发挥农学专业知识，带领村民调整种植结构，闯出新天地。西蓝花和鲜食玉米是邵亮亮选定的经济作物。他带领大家使用绿色种植技术，让高品质经济作物不仅受到国内市场欢迎，还销售到日本、韩国等多个国家。

梁铖龙的家乡在吉林省延边朝鲜族自治州珲春市。他曾长时间在国外打工，一次探亲让他感受到家乡翻天覆地的变化，特别是生态环境的改善。2018年，他回到家乡开拓生态养殖市场。在陆续申请到返乡创业贴息贷款后，他的养鸡场扩大到200亩（1亩≈666.7平方米），每个月能为市场提供2 000只肉质鲜嫩的土鸡。

为了更好地服务"新农人"返乡，吉林省积极搭建"吉人回乡"平台，各地精心搭建资金保障、能力提升、创业基地和载体驱动等平台。统计数据显示，2022年吉林省农民工人员返乡创业累计已近10万人，直接带动就业超过40万人。

吉林省舒兰市的孟佳宁自大学毕业后曾先后在天津、北京从事艺术类及市场类工作，她发现家乡很多物美价廉的土特产经常滞销，2017年决心返乡创业。她的第一个想法是打造农业品牌。这几年，她推动舒兰大米进驻网上平台，还瞄准短视频平台，曾创下了1小时销售1万袋大米的成绩。

（资料来源：中国青年网.黑土地上"新农人"返乡创业记.搜狐网，2023-01-09.有删改.）

◎ **案例解析**

为了支持大学生创业，国家和各级政府出台了许多优惠政策，涉及融资、开业、税收、创业培训、创业指导等诸多方面，并为他们创业提供了一个良好的环境，鼓励多渠道灵活就业，支持返乡入乡创业就业等来稳定和扩大就业。

任务一　认识创业环境

一、创业环境的含义

创业环境是指围绕创业者的创业和发展的变化，并足以影响或制约创业行为的一切外在条件的总和。创业环境是创业者及其企业生产、生存和发展的基础，是创业活动的基本条件，直接影响着创业的成功与否。创业者在创业时应重视对创业环境进行分析和评价，提高自身的创业技能，有效地应对各种外部环境的变化，充分把握由环境所提供的商业机会，及时解决环境所带来的问题。那些与创业活动相关联的因素集合，包括宏观环境、行业环境和微观环境。

宏观环境又称总体环境，是指那些给创业企业造成市场机会或环境威胁的主要社会力量，包括政治、经济、社会、技术、自然和法律等因素。

行业环境是指与创业企业提供同一类产品（或服务）或提供具有可替代性产品（或服务）的企业群，行业分析的内容包括行业的生命周期阶段、行业的进入与退出障碍、行业的需求及竞争状况、行业主导技术的发展趋势及行业的发展前景。

微观环境是指创业企业有关的顾客、竞争者、营销渠道和有关公众等对企业营销活动有直接营销的各种因素，如消费者、原材料提供商等。

二、创业环境分析模型

创业环境分析模型有很多，运用较多的是PEST分析模型和SWOT分析模型。

（一）PEST分析模型

PEST分析模型是利用环境扫描，分析宏观环境中的政治（politics）、经济（economy）、社会（society）、技术（technology）四种因素的模型（图3-1-1）。不同行业和企业根据自身特点及经营需要，在开展市场研究时，可以利用这个工具了解市场的成长与衰退，以及企业所处的环境、潜力和营运方向，分析企业所面临的状况。

（二）SWOT分析模型

SWOT分析是根据企业自身的既定内在条件进行分析，将企业内、外部条件各方面内容进行综合和概括，分析企业组织的优劣势、面临的机会和威胁的一种方法。SWOT中的S代表strengths（优势），W代表weaknesses（劣

微课启学：
SWOT分析

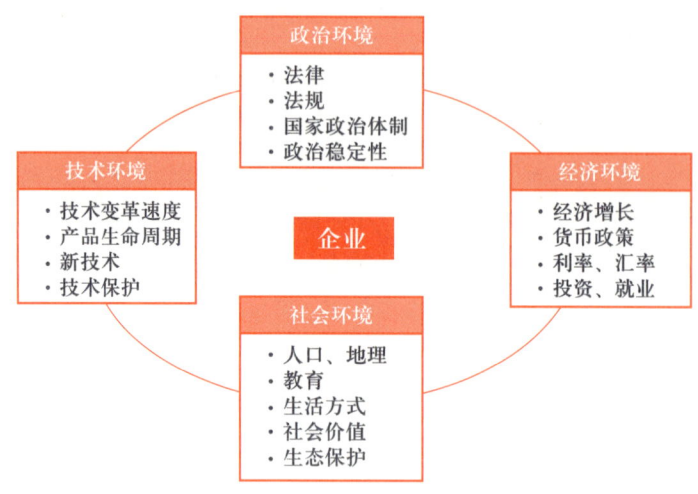

图 3-1-1　PEST 分析模型

势);O 代表 opportunities(机会),T 代表 threats(威胁)。SWOT 分析可以分为两部分:第一部分为 SW,主要用来分析内部条件,能够做的;第二部分为 OT,主要用来分析外部条件,可能做的,如图 3-1-2 所示。

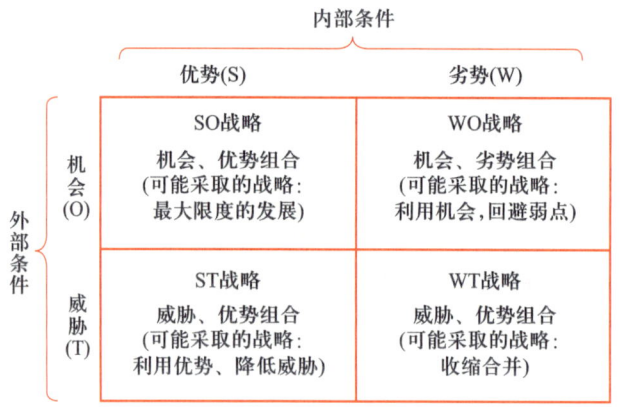

图 3-1-2　SWOT 分析模型

利用 SWOT 分析可以从中找出对自己有利的、值得发扬的因素,以及对自己不利的、要避开的因素,发现存在的问题,找出解决办法,并明确以后的发展方向。根据这个分析,可以将问题按轻重缓急分类,明确哪些是急需解决的问题,哪些是可以稍微拖后的事情,哪些属于战略目标上的障碍,哪些属于战术上的问题,并将这些研究对象列举出来,依照矩阵形式排列,然后采用系统分析的思想,把各种因素相互匹配起来加以分析,从中得出一系列相应的结论,而结论通常带有一定的决策性,有利于领导者和管理者作出较正确的决策和规划。

SWOT 分析常常被用于制定集团发展战略和分析竞争对手情况,在战略分析中,它是常用的方法。进行 SWOT 分析时,通常先分析环境因素,把握应用规则,通过构造

SWOT矩阵，制订行动计划。制订行动计划的基本思路是发挥优势因素，克服劣势因素，利用机会因素，化解威胁因素；考虑过去，立足当前，着眼未来。运用系统分析的综合分析方法，将排列与考虑的各种环境因素相互匹配起来加以组合，得出一系列公司未来发展的可选择对策。

三、中国创业环境分析

（一）改革开放以来我国的创业发展历程

从计划经济到市场经济，从互联网到移动互联，随着时代的变迁，一拨又一拨的弄潮儿前赴后继，迸发出惊人的创造力。回顾自改革开放以来的历次创业潮，社会、经济、科技、政策环境并不相同。创业潮很大程度上与政府的支持、社会资金的宽裕程度、投资人的态度、社会的包容度有关。随着社会演化而形态多变，创业者从个体户到合伙人，从小商贩到创客……创业者从来都是推动中国经济发展的主要动力。如今，中国正掀起又一次创业浪潮。2015年3月，大众创业、万众创新在2015年政府工作报告中出现。打造大众创业、万众创新和增加公共产品、公共服务成为推动中国经济发展调速不减势，量增质更优，实现中国经济提质增效升级的"双引擎"。

1. 第一次创业浪潮（1979—1989年）：草根创业——个体户爆发

改革开放初期，随着农村改革的提出，在知识青年返城热潮的背景下，为缓解就业压力，有效扭转劳动力过剩局面，解决温饱问题，1979年2月，中共中央、国务院批转了第一个有关发展个体经济的报告，允许各地根据市场需要，在取得有关业务主管部门同意后，批准一些有正式户口的闲散劳动力从事修理、服务和手工业者个体劳动。个体户的出现，激活了一个封闭已久的经济体对物质的渴望，任正非、张瑞敏等中国第一代企业家亦在这时借助时代的机遇，成就各自非凡的事业。

2. 第二次创业浪潮（1992—1997年）：下海潮——扔掉"铁饭碗"

20世纪80年代末90年代初，全国掀起一股全民经商潮，其中最为典型的是"国企员工下海"。1992年初，中国改革开放总设计师邓小平在"南方谈话"中指出计划和市场都是经济手段，明确提出"三个有利于"标准。"南方谈话"进一步打破了人们的思想禁锢，激发了人们跳出体制、投身市场经济之海的热情。在这一代的创业者中，诞生了郭广昌、王传福等后来的业界领袖，而他们所领导的企业也逐渐成长为奠定中国经济竞争力的基石。

3. 第三次创业浪潮（1997—2000年）：浪潮之巅——互联网袭来

经济体制的改变，让人们解决了生存问题；而科技的发展，却改变了人们的生活方式。中国的互联网元年在1997年开启。中共十五大报告强调，要鼓励留学人员回国工作或以适当方式为祖国服务，教育部启动鼓励留学生回国服务的"春晖计划"。20世纪末，随着互联网在全球范围内的快速普及，互联网创业在发达国家蔚然成风，带动了一大批海归和本土互联网精英的创业热情。尽管经历了2000年互联网泡沫的惨烈溃败，互联网时代的步伐并未减缓。百度、腾讯等正是在这一时期迅速崛起，成为中国新兴经济的代表，而其所代表的互联网，改变着整个中国的经济结构。

4. 第四次创业浪潮（2014年至今）：大众创业——全民创业

2014年，中国经济进入"新常态"，而一波新的创业浪潮也正在兴起。2014年9月，国家首次发出"大众创业、万众创新"的召唤，群众创业、草根创业浪潮随即在全国铺开。2014年以来，人工智能、无人驾驶、工业革命4.0、互联网金融、物联网、区块链革命性新技术加速发展，人们正面临人类历史上最大的一次科技浪潮，也是一次史无前例的创业机遇，中国社会正式进入众创时代。

（二）中国创业环境分析

近年来，政府高度重视创新创业，为创新创业营造了良好的环境，在市场机会、文化和社会规范、政府税收优惠、有形基础设施等方面拥有一定的优势地位。创业服务从政府为主到市场发力，涌现出一批市场化的新型孵化机构。《中国创业孵化发展报告2022》数据显示，截至2021年年底，全国共有企业孵化器载体15 253家，包括科技企业孵化器6 227家、众创空间9 026家，累计创业企业21.6万家。其中，上市和挂牌企业6 500家、创业板上市企业118家，孵化器已成为培育科创企业的"摇篮"。创业环境日新月异，创业观念与时俱进，带动创新创业规模不断增加，效率显著提高，出现了大众创业、草根创业的"众创"现象，创业主体从"小众"到"大众"，越来越多的草根群体投身创业；创业活动从内部组织到开放集聚，创新创业不再是单枪匹马，而是互帮互助；创业理念从技术供给到需求导向，满足个性化需求成为创新创业的出发点。

1. 创业企业国际化程度相对不足

国际化程度是指创业企业所拥有的国外客户的比例。国外客户比例在1%~25%和25%以上的创业企业数量在全球创业观察（Global Entrepreneurship Monitor，GEM）成员国中的排名均非常低。除了与国内经济环境的开放程度、文化开放性、国际化基础、行业分布等因素有关，或许还表明中国经济总体平稳，国内市场总量大，创业者不需要或无意拓展国际市场。但从长远来看，创业企业的国际化对于自身可持续发展，提高创业者整体的素质乃至提高国家整体比较优势都是十分必要的。

2. 金融支持力度有待加强

在金融支持的途径方面，注入创业投资、首次公开募股（Initial Public Offering，IPO）及权益资金、债务资金和政府补贴方面，中国处于很低的水平，需要进一步拓展创业金融支持的途径。从全球范围看，创业的金融支持最主要的来源是私人权益（Private Equity，PE），只有以色列例外。中国的民间资本还很少进入创业市场，政府扶持的为创业者提供小额贷款的政策，其数量和范围都还有限。中国创业的金融支持最主要的来源以自有资金、亲戚朋友投资或其他私人股权投资为主，金融环境对创业的支持和扶持还有很大的改善空间。

3. 科研成果转化水平不高

在研究开发方面，亚洲国家相对于其他发达国家都有明显的差距。研发成果的市场化转移过程是否顺利，表明研发成果转化为生产力水平的高低，也反映出创业者是否能抓住商业机会。很多研究成果是从学校、研究所出来的,再走进市场的。由于没有很好的转化渠道和成熟可用的系统,研究成果的转化效率都还不是很理想。在知识产权保护方面,法规的制定和实施效果尚不显著,对知识产权的保护意识没有深入人心。

4. 创业教育发展不足

创业教育是激发创业活动的重要因素和力量。中国在教育与培训方面相比其他国家处于落后水平。在提供关于市场经济知识和创业知识的整体培训方面,我国处于中等水平,在商业、管理教育、创业类课程的开发和项目管理能力培训方面,我国与先进国家和地区相比仍存差距。

四、大学生的创业环境

大学生的创业环境是指大学生创业活动的外部条件,它是各种客观因素的综合体。大学生的创业环境可分为大环境和小环境。大环境是指社会、地区的支持条件;小环境是指学校和家长的相关因素,以及创业场所、创业的各种设备和工具条件等。大环境的营造只有靠社会的大力支持,才能得以实现;小环境的营造主要靠学校和师生的共同努力。大学生的创业环境还可以从硬件环境和软件环境两个方面来分析,硬件环境包括政府资金支持、有形的基础设施建设等,如实践基地建设、实验室建设、网络通信建设等;软件环境则包括金融环境、服务环境、商务环境等。

案例拓展:
自主创业是时代赋予大学生的历史使命

(一)大学生创业的有利环境

1. 提供了政策支持

国家和地方各级政府为大学生创业提供了强有力的金融政策支持。很多地方政府设立了专项资金扶持和贴息贷款,通过这种途径在短期内扶持多数创业者。政府为大学生自主创业提供各方面的保障,主要采用经济、行政及法律的手段。例如,简化不必要的程序;建立创业教育培训中心,免费为大学生提供项目风险评估和指导;尽快落实国家相关针对大学生创业的税收减免的优惠政策;大学生创办的企业被认定为青年就业见习基地的,即可享受政府有关补贴等。

2. 加强了创业培训

政府部门除在资金上支持大学生创业外,还通过学校等教育机构对大学生进行创业培训。培训内容包括申请贷款程序、创业者应具备的心理素质、基本的金融知识等。通过系列培训,创业大学生能坚持理想,贯彻计划,取得最终的成功。学校环境方面,如学校政策鼓励支持,形成创业的文化;在学校建立配套科技园,加强创业教育,通过创业实践或比赛等多种形式,培养大学生的创业能力。同时向大学生适度开放校内市场,以利于大学生创业实践,搭建创业服务平台。

3. 营造了宽容失败的环境

对于大学生创业失败的,审查机构审查其非人为故意造成的,可以免除其所贷资金的利息，并可相应放长其还贷期限。对于希望重新创业并提交可行计划的，仍可在其未还清所欠贷款的情况下，再次提供无担保贷款，以此营造宽容失败、鼓励创业的社会环境。

（二）大学生创业的不利环境

1. 创业扶持政策缺乏针对性

许多创业政策扶持不协调，从中央和地方出台的各项扶持政策来看，主要集中在创业企业注册、税收和资金支持等方面，而针对大学生创业教育、培训和指导等方面的政策明显不足，而且各职能部门都是基于各自的视角制定相应的政策的，不太注重各项政策之间的协调和整合。

2. 创业教育和培训体系不健全

系统的创业教育是大学生成功创业的重要保障。我国的大学生创业教育始于20世纪末，以1998年清华大学举办的大学生创业计划竞赛为开端，主要着眼于解决大学生的就业问题而不是培养创业人才，虽然取得了一定的成绩，但与创业教育体系完善的国家相比仍然存在差距。除高校外，很多地方政府也针对大学毕业生开展了创业培训活动，收到了一定的效果，但培训的层次总体上还比较低，培训内容的针对性也不强，难以收到预期的培训效果。

3. 创业融资面临较大困难

资金是任何创业者都必须具备的一项重要资本，对大学生创业者来说更是如此，如果缺乏足够的资金支持，则大学生创业就很难取得成功。大学生创业资金中绝大部分来自个人和家庭，其他渠道的融资则非常有限。不少大学生尽管具有很高的创业热情，但因为缺乏足够的启动资金而没有实施创业，或者因为中途资金缺乏而导致创业失败。虽然政府部门和一些高校设立了一些大学生创业扶持基金，但基金规模普遍不大，而且由于牵涉面广，对大学生创业个体的扶持力度较小。尽管社会上也有一些风险投资基金，但由于我国的资本市场还不完善，而且风险投资机构对投资项目的发展前景和创办团队的管理能力等要求较高，现实中很多大学生根本达不到这么高的要求，申请风险投资对大多数大学生创业者来说是遥不可及的事。

4. 创业文化有待积极培育

创业文化是创业软件环境的重要内容，创业文化是否盛行和被人们广泛接受，决定了社会作为一个整体是否能够更好地接受和支持创业者进行创业。在创业文化环境上，我国还受到一些主客观因素的制约，这些因素难免会削弱或动摇创业者的热情和勇气。

5. 创业风险管理机制不完善

创业的失败率很高，大学生初次创业的失败率甚至可能更高。初次创业者往往趋于理想化，很难预计可能遇到的困难并做好合理的应对准备，这就是盲目创业。另外，社会缺乏对创业者进行心理疏导的机制与氛围，创业者失败后很容易在情绪上受到伤害，进而引起其他不良后果。这也是很多有创业意向的大学生最终不能下定决心走上创业之路的重要原因之一。

> **学习指导**
>
> 创业是中国的大趋势，是社会的大环境，也是个人的大舞台。
>
> 创业环境的培育需要一个过程，并且需要创业者共同努力推动创业环境的改善。

任务检测：认识创业环境

任务二　熟悉创业政策

近年来，国务院办公厅、国家各部委、各省市都陆续出台了各类有关促进大学生就业创业的政策，从简化注册程序、提供资金扶持、鼓励学校创新创业教育、提供创业服务等方面进行了积极的推动。按照2022年4月教育部高校学生司、教育部学生服务与素质发展中心发布的《普通高校学生自主创业政策公告》有关规定，国家关于普通高校学生自主创业的优惠政策大致如下。

一、税收优惠政策

（1）持人社部门核发《就业创业证》的高校毕业生在毕业年度内创办个体工商户的，可按规定在3年内以每户每年12 000元为限额（最高可上浮20%，具体由各省、自治区、直辖市人民政府根据本地区实际情况确定）依次扣减其当年实际应缴纳的增值税、城市维护建设税、教育费附加、地方教育附加和个人所得税。

（2）对高校毕业生创办小微企业的，可按规定享受小微企业普惠性税费政策；创办个体工商户的，对其年应纳税所得额不超过100万元的部分，在现行优惠政策基础上减半征收个人所得税。

二、担保贷款和贴息政策

（1）创业担保贷款和贴息支持。可在创业地申请创业担保贷款，最高贷款额度为20万元，对符合条件的个人合伙创业的，可根据合伙创业人数适当提高贷款额度，最高不超过总额的10%。对10万元及以下贷款、获得设区的市级以上荣誉的高校毕业生创业者免除反担保要求；对高校毕业生设立的符合条件的小微企业，最高贷款额度提高至300万元，财政按规定给予贴息。

（2）创业担保贷款申请程序。申请创业担保贷款贴息支持的个人和小微企业应向当地人力资源社会保障部门申请资格审核，通过资格审核的个人和小微企业，向当地创业担保贷款担保基金运营管理机构和经办银行提交担保和贷款申请，符合相关担保和贷款条件的，与经办银行签订创业担保贷款合同。

三、资金扶持政策

（1）免收有关行政事业性收费。毕业2年以内的普通高校毕业生从事个体经营的，3年内，免收管理类、登记类和证照类等有关行政事业性收费。

（2）求职创业补贴。对在毕业学年有就业创业意愿并积极求职创业的低保家庭、贫困残疾人家庭、原建档立卡贫困家庭和特困人员中的高校毕业生，残疾及获得国家助学贷款的高校毕业生，给予一次性求职创业补贴。

（3）一次性创业补贴。对首次创办小微企业或从事个体经营，并且所创办企业或个体工商户自工商登记注册之日起正常运营1年以上的离校2年内的高校毕业生，试点给予一次性创业补贴。

（4）享受培训补贴。对大学生在毕业年度内参加创业培训的，按规定给予培训补贴。

四、工商登记政策

简化注册登记手续。创办企业，只需填写"一张表格"，向"一个窗口"提交"一套材料"，登记部门直接核发加载统一社会信用代码的营业执照，"多证合一"。

五、户籍政策

取消落户限制。高校毕业生可在创业地办理落户手续（直辖市按有关规定执行）。

六、创业服务政策

（1）免费创业服务。可免费获得公共就业和人才服务机构提供的创业指导服务。

（2）技术创新服务。各地区、各高校和科研院所的实验室及科研仪器、设施等科技创新资源可以面向大学生开放共享，提供低价、优质的专业服务。

（3）创业场地服务。鼓励各类孵化器面向大学生创新创业团队开放一定比例的免费孵化空间。政府投资开发的孵化器等创业载体应安排30%左右的场地，免费提供给高校毕业生。有条件的地方可对高校毕业生到孵化器创业给予租金补贴。

（4）创业保障政策。加大对创业失败大学生的扶持力度，按规定提供就业服务、就业援助和社会救助。毕业后创业的大学生可按规定缴纳五险一金。

知识补给：
河北省关于高校毕业生的优惠政策

七、学籍管理政策

（1）折算学分。各高校要设置合理的创新创业学分，建立创新创业学分积累与转换制度，探索将学生开展自主创业等情况折算成学分。

（2）弹性学制。各高校可以根据情况建立并实行灵活的学习制度，可放宽大学生修业年限，保留学籍休学创新创业。

> **学习指导**
>
> 中国创业大潮涌动，各项优惠政策纷纷出台，经济各领域都处在起步阶段、发展阶段，创业者的机遇是前所未有的。国家搭建的"大众创业、万众创新"平台，正在吸引和带动更多社会力量共同参与。这是一个创业的时代，不仅是创业的最好机遇，还是创业者实现人生价值的最好时代。
>
> 党的二十大报告提出，营造市场化、法治化、国际化一流营商环境。全社会都在重视和支持青年创新创业，提供更有利的条件，搭建更广阔的舞台，让广大青年在创新创业中焕发出更加夺目的青春光彩。

任务检测：熟悉创业政策

实训活动

做好创业环境分析

1. 活动参与人数

以3~5人为一组，以小组的形式完成。

2. 活动场地和道具

教室、A4纸、挂纸、彩色卡纸。

3. 活动目的

了解大学生创业的社会环境，学会利用SWOT分析模型分析自己所处地区的创业环境，能够有效利用优势因素。

4. 活动步骤

利用SWOT分析模型可以进行创业环境分析。在此模型中，S和W是针对内部条件进行的分析，而O和T是针对外部条件进行的分析，因此可以从自身条件和外部社会环境两个方面进行分析。

（1）SWOT分析。

①优势（S）分析。根据自身的实际情况，列举你的各项优势。

身体方面：_____

性格方面：_____

知识方面：_____

能力方面：_____

家庭方面：_____

资源方面：_____

实践经验方面：_____

② 劣势（W）分析。根据自身的实际情况，列举你的不足。

身体方面：_____

性格方面：_____

知识方面：_____

能力方面：_____

家庭方面：_____

资源方面：_____

实践经验方面：_____

③ 机会（O）分析。收集国家、地区政府及学校对于创业的支持政策，列举利用创业各种机会。

国家颁布的创业扶持政策：_____

地区政府颁布的创业扶持政策：_____

你所在的学校的创业举措：_____

你所选择的创业行业的优势：_____

④ 威胁（T）分析。分析创业中存在的威胁因素。

金融环境：_____

创业环境：_____

市场风险：_____

行业竞争情况：_____

（2）SWOT战略决策。SWOT分析方法的作用不仅在于能够对事物所处的内部条件和外部条件进行分析与梳理，更为重要的在于能够根据分析的结果总结出相应的战略决策。将你经过分析后的各种情况进行整合，制定出与之对应的战略决策，填在表3-1-1的相应位置中。

表 3-1-1　SWOT 分析矩阵表

条件		内部条件	
		优势（S） （1）_____ （2）_____ （3）_____ ……	劣势（W） （1）_____ （2）_____ （3）_____ ……
外部条件	机会（O） （1）_____ （2）_____ （3）_____ ……	SO 战略 （利用这些）	WO 战略 （改进这些）
	威胁（T） （1）_____ （2）_____ （3）_____ ……	ST 战略 （监视这些）	WT 战略 （消除这些）

5. 活动交流与讨论

（1）经过SWOT分析后是否选择坚持你的创业项目？

（2）针对自己分析出的弱势，你是否有办法突破自己？

（3）回想一下，说说自己曾经错过的机会，今后再遇到机会该如何把握。

6. 活动体验

_____

_____

_____

7. 活动点评

活动采用SWOT分析方法，将大学生创业面临的自身条件和外部社会环境结合起来进行研究，分析优势、劣势、机会和威胁对大学生创业时产生的影响，提出大学生创业的SO发展战略、WO约束战略、ST多元战略及WT紧缩战略等战略对策，以及对大学生的创业策略进行细致分析，为破解大学生就业难问题提供理性的思考。

项目二　选择创业机会

学前思考

（1）如何寻找创业机会？
（2）如何识别创业机会？
（3）如何评价创业机会？

案例导入

梁伯强的指甲钳

◎ **案例描述**

梁伯强是广东中山圣雅伦有限公司的董事长，中国"隐形冠军"形象代言人。这位被誉为"指甲钳大王"的梁伯强，当初决定生产指甲钳竟是因为时任国家领导的一句话。

1998年底，梁伯强在看报纸时发现了一篇名为《话说指甲钳》的文章，就是这篇文章让梁伯强的命运从此改变。文章中写道，朱镕基总理在会见全国轻工集体企业第五届职工代表大会代表时说："要盯住市场缺口找出路，比如指甲钳子，我没用过好的指甲钳子，我们生产的指甲钳子，剪了两天就剪不动指甲了，使大劲也剪不断。"朱总理以小小的指甲钳为例，要求轻工企业努力提高产品质量，开发新产品。梁伯强从这句话中发现了指甲钳的商机。

梁伯强经过调查发现，指甲钳每年的产值达60多亿元，其中20亿元的产值是只有5家工厂的韩国创造的。但在中国有500多家企业，营业额一共才20亿元左右。从数量上来对比，韩国的5家工厂加上十余家配套企业就可以和中国的500多家企业打一个平手，这种反差令梁伯强非常惊讶。

梁伯强开始对全国市场进行考察。考察完，梁伯强意外地发现，很多生产指甲钳的工厂倒闭了。如果中国真有20亿元的市场份额，为什么几个大厂会倒闭呢？一方面，零售市场都被外国品牌占据，国内老厂不断倒闭；另一方面，批发市场竞争激烈。抱着试试看的态度，梁伯强的公司生产出第一批指甲钳，没想到产品还没正式面世，就有几千万元的订单来了，这更坚定了他把指甲钳做下去的决心。

（资料来源：佚名.指甲钳里的新名堂.央视网，2006-08-28.有删改.）

◎ 案例解析

机会是一种隐含的状态或情形，不同的人认识到的机会价值不同，效果也不同，发现机会需要有足够的搜索能力和辨别能力。梁伯强对指甲钳有兴趣，不仅因为他看到了朱总理说的话，更是因为他通过市场调查发现买方市场巨大，每年有多达60多亿元的产值，通过对比现有企业之间的竞争，看到韩国的5家工厂与我国的500多家企业的产值相平衡，经过一系列的权衡后他走上了指甲钳创业之路。

任务一 寻找创业机会

一、创业机会的含义

微课启学：认识创业机会

创业机会又称商业机会或市场机会，是指具有吸引力的、较为持久的、有利于创业的商业机会，并最终表现在能够为客户创造价值或增加价值的产品或服务中，并同时使创业者自身获益。创业机会主要包括技术机会、市场机会和政策机会。技术机会是指技术变化带来的创业机会，主要源自新的突破和社会的科技进步；市场机会是市场变化产生的创业机会；政策机会是政府政策变化带来的商业机会。

但是创业者不能简单地将商业机会认为是创业机会。如果这种商业机会是不可持续的，则创业者还没有起步行动，商业机会就可能已经消失了。针对特定的商业机会，创业者如果不能开发出与之匹配的创意，这样的商机就不能被视为创业机会，因为没有创意，创业也就无从谈起。

二、创业机会的特征

有的创业者认为自己有很好的创业想法和点子，对创业充满信心。有创业想法和点子固然重要，但并不是每个大胆的想法和新异的点子都能转化为创业机会。许多创业者就因为仅仅凭想法去创业而失败了。因此，了解创业机会的特征有助于创业者正确识别创业机会。创业机会具有以下几个特征。

（一）隐蔽性

生活充满机会，机会每天都在撞击着我们的大门。可惜大多数人意识不到它的存在，这就是机会的隐蔽性。创业机会更是如此，创业机会的隐蔽性使它在人们心目中变得更加神秘和可贵。

（二）偶然性

创业机会在大多数情况下是偶然造成的，尽管它普遍存在于人们身边的事物中，但人们并不容易捕捉到它。人们越是刻意地寻找创业机会，就越难见其踪影。创业机会虽是偶然现象，却是客观事物内在的必然性表现。如果人们没有平时知识的积累、辛勤持久的探索，那么即使创业机会出现了，人们也会认为它不过是一种偶然现象。

（三）易逝性

创业机会最显著的特性是易逝性，"机不可失，失不再来"就是对创业机会易逝性的最好诠释。机会是一个非常态的、不确定的时间表现形式。虽然每天都可能会有创业机会出现，但同样的创业机会是不可能再出现的。此外，由于创业机会往往是社会所共有的，人们都在寻找，在激烈的竞争中，只要稍一迟疑，创业机会就会被别人抢走。

（四）时代性

创业机会的时代性是指一定时代对各种创业机会打上的烙印和赋予的社会的、时期的色彩。社会色彩是指不同制度的社会对创业机会产生的影响。政治制度比较宽松，能在更为广阔的领域里为个人奋斗提供各种创业机会；政治制度比较严密，有许多领域人们是不能涉足的，当然那些领域中的创业机会也几乎为零。

相关链接

展现担当作为——电商青年激发创新创业活力

近年来，在"大众创业、万众创新"政策号召下，当代青年正成为创新创业的生力军。以"90后""00后"为代表的年轻群体正成为行业的经营主力，在电商领域大展身手，释放了无限潜能。

有这么一群返乡青年，不仅在电商平台上实现了自己的创业梦想，还带领当地百姓走上了致富路，助推乡村振兴：来自宁夏的任凯凯，与四位年轻的合伙人创业做电商，5年间将枸杞销售到20多个国家，为家乡的农民带来了新的发展空间；"85后"返乡创业女孩刘思蔚，在家乡桂林招募了多个民族的240位绣娘，既带动了当地就业，又让瑶绣等传统工艺得到了保护和传承；"海归"徐广达回乡开设网店卖梨，帮助农户销售滞销农产品3 000吨左右，销售额达1 000多万元。

新时代的中国青年凭借丰富的想象力和创造力，已成为创新创业的有生力量，在创新创业中走在前列、施展才华、勇攀高峰、服务社会。

三、创业机会的来源

创业机会受环境的变动、市场的不协调或混乱、信息的滞后、领先或缺口等因素的影响，其根源在于事物（包括产品、服务、市场等方面）的变化，创业者可以通过其本身特有的素质发现创业机会。具体而言，创业机会有以下五种来源。

（一）来自问题

创业的根本目的是满足顾客需求，而顾客需求在没有满足前就是问题。寻找创业机会的一个重要途径是善于发现和体会众人在需求方面的问题或生活中的难处。例如，一位大学毕业生发现远在郊区的本校师生往返市区交通十分不便，于是创办了一家客运公司，这就是把问题转化为创业机会的成功案例。

（二）来自变化

创业机会大多产生于不断变化的市场环境中，环境变化了，市场需求、市场结构必然发生变化。变化是创业机会的重要来源，人们通过这些变化发现新的创业机会。变化主要包括技术变革、政治和制度变革、社会和人口变革、产业结构变革。例如，在"双碳"目标推动下，我国新能源产业引领了一股绿色低碳新风潮，加上绿色发展理念的日益深入人心，新能源汽车得到快速发展，由此派生出充电桩运营、新能源汽车修理、美容等诸多创业机会。

（三）来自创造发明

创造发明提供了新产品、新服务，更好地满足了顾客需求，同时也带来了创业机会。在人类发展史上，每次重大的发明创造都引起了产业结构的重大变革，产生了无数的创业机会。例如，随着计算机的诞生，计算机维修、软件开发、计算机操作的培训、图文制作、信息服务、网上开店等创业机会随之而来，即使不发明新产品，自己也能成为销售和推广新产品的人，从而带来商机。

（四）来自竞争

竞争对手的缺陷和不足也将成为自己的创业机会。看看自己周围的公司，思考自己能比他们更快、更可靠、更便宜地提供产品或服务吗，是否能做得更好。若能，自己也许就找到了机会。

（五）来自新知识、新技术

新知识可以改变人们的消费观念，新技术可以进一步满足人们的需求，甚至使人们产生新的需求进而引导消费。例如，随着物联网技术的进一步普及，物流行业为创业者提供了巨大机会。而当今许多重大技术的新成果，如铁基高温超导、纳米限域催化、光量子计算原型机、二氧化碳人工合成淀粉、干细胞修复技术、碳离子治癌装置、煤制乙醇、煤制低碳烯烃等，同样带来广阔的创业前景。

> **学习指导**
>
> 创业简单来说就是满足社会需求并从中获取相应利润的行为。看清了这一点，其实创业也就没有那么复杂了。那么存在的社会需求（市场需求）就是创业机会，需求要靠挖掘，机会要靠发现。创业机会的发现就要求创业者具备敏锐的市场嗅觉和洞察力。创业机会无处不在、无时不在，主要来自五个方面：一是来自问题；二是来自变化；三是来自创造发明；四是来自竞争；五是来自新知识、新技术。
>
> 机会是靠发现的，它不会自己碰上你。成功的人并非走运，而是他总是能发现市场商机，不断挖掘创业机会，在他人行动之前掘取第一桶金。

任务检测：寻找创业机会

任务二　识别创业机会

创业对社会繁荣和国家的经济发展而言意义非凡。创业不仅能促进经济增长、增强国家创新能力，还能加快经济结构调整，缩小地区之间的贫富差距，解决就业实际问题。创业机会的识别、评估和开发是成功创业的三部曲。创业机会识别是创业需要解决的首要问题，是创业行为产生的核心及必要条件，它往往决定了创业行为的成败。

一、创业机会识别的概念

经济学家汉斯·谢弗认为创业机会识别就是个体对市场上存在的商业信息进行有意识的系统搜集、处理并识别的过程，更多体现的是个体卓越的信息处理能力。创业学者巴伦提出创业机会识别是人们在面对多样化外部环境的刺激时对商业机会是否存在的一种知觉。岳甚先明确指出创业机会识别是创业者感知、发现并开创新事业、创建新企业的过程或活动。虽然学者对于创业机会识别的定义不尽相同，但基本认同一个观点，即创业机会识别对于创业决策起着至关重要的作用，创业机会识别是从未发现创业机会到发现创业机会中间的这个过程。

> **相关链接**
>
> **创业机会的类型**
>
> **1. 问题型机会**
>
> 问题型机会是由现实中存在的未被解决的问题所产生的一类机会。
>
> **2. 趋势型机会**
>
> 趋势型机会是在变化中看到未来的发展方向，预测到将来的潜力和机会。
>
> **3. 组合型机会**
>
> 组合型机会是将现有的两项以上的技术、产品、服务等因素组合起来，以实现新的用途和价值而获得的创业机会。

二、创业机会识别的过程

创业者从繁杂和梦幻般的创意中选择了他心目中的创业机会，随之而来的是组织资源着力开发这一机会,使之成为真正的企业,直至最终收获成功。在这一过程中,机会的潜在预期价值及创业者的自身能力得到反复的权衡,创业者对创业机会的战略定位也越来越明确,这一过程称为创业机会识别的过程。创业机会识别的过程是机会的感知、发现、评价和开发的一个过程,是一个不断调整、适应的过程。它可分为三个阶段,即机会搜寻阶段、机会识别阶段、机会评价阶段(图3-2-1)。

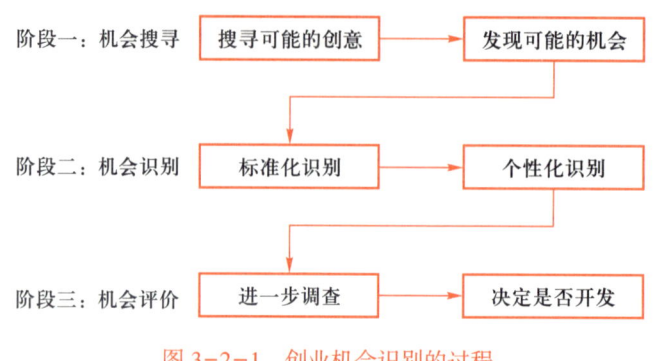

图3-2-1 创业机会识别的过程

(一)机会搜寻阶段

在机会搜寻阶段,创业者对整个经济系统中可能的创意展开搜索,如果创业者意识到某一创意可能是潜在的商业机会,具有潜在的发展价值,就将进入机会识别的下一阶段。创业者在这一阶段需要通过各种途径搜寻尽可能多的创业点子与想法,先不急于评价点子的优劣,只需把所有的点子都写在纸上。

(二)机会识别阶段

机会识别是指从创意中筛选合适的机会。这一过程包括两个步骤:首先,通过对整体的市场环境的分析及一般的行业分析来判断该机会是否在广泛意义上属于有利的商业机会,即机会的标准化识别阶段;其次,考察对于特定的创业者和投资者来说,这一机会是否与创业者的资源和能力相吻合,是否与投资者的兴趣点和价值期望相一致,也就是机会的个性化识别阶段。

(三)机会评价阶段

实际上这里的机会评价相对比较正式,考察的内容主要是各项财务指标的预测分析、创业团队和资源的酝酿等,通过机会评价,创业者决定是否正式组建企业和吸引投资。通常机会识别和机会评价是共同存在的,创业者在识别创业机会时会进行评价活动。在机会识别的初始阶段,创业者可以非正式地调查市场的需求、所需的资源,直到断定这个机会值得考虑或进一步深入开发;在机会开发的后期,这种评价变得较为规范,并且主要集中于考察这些资源的特定组合是否能够创造出足够的商业价值。

三、创业机会识别的方法

创业者并不缺少创业机会,缺少的是识别创业机会的眼睛。识别创业机会不是一件容易的事情，但也不是无法做到的。创业者应在日常生活中有意识地加强实践，提高自身识别创业机会的能力。创业者可通过以下方法来识别创业机会。

（一）趋势观察法

趋势观察法即观察趋势并利用它创造机会的方法。创业者在创业前要寻找出各种能反映趋势的要素，观察这些要素的变化，分析这些变化中存在的规律，及时发现变化中出现的各种机会。一般情况下，创业者大多从以下几个方面来观察和分析创业机会。

（1）分析产业与市场结构变迁的趋势。例如，在政府推出的数字经济行动方案中，创业者也可以寻找到许多新的创业机会。

（2）分析人口统计资料的变化趋势。例如，人口老龄化的加剧，国家生育政策的调整、教育程度的变化、青少年国际观的扩展等，必然为创业者提供许多新的创业机会。

（3）分析价值观与认知的变化趋势。例如，人们对于饮食需求认知的改变，造就了健康食品等行业的兴起。

（二）问题发现法

识别创业机会的另一种方法是寻找问题，从问题中找到解决问题的方法，即问题发现法。问题发现法即着眼于问题以发现机会的方法。每个问题都是一个被精巧掩饰的机会。寻找机会首先要善于发现问题、解决问题，许多成功的企业是从解决问题起步的。顾客的需求在没有被满足之前都是问题，而设法满足这一需求就可以抓住市场机会。创业时应着眼于那些令人苦恼和困扰的事。因为令人苦恼和困扰，所以人们总是迫切地希望解决它。对于这些问题，创业者如果能提供解决的办法，实际上就是找到了创业机会。

（三）市场研究法

"调查研究是谋事之基、成事之道，没有调查就没有发言权，没有调查就没有决策权"，市场研究是经营决策的前提。只有充分认识市场，了解市场需求，对市场作出科学的分析判断，决策才具有针对性。市场研究是指为实现收集、分析信息的目的而进行研究的过程，包括将相应问题所需的信息具体化、设计信息收集的方法、管理并实施数据收集过程、分析研究结果、得出结论并确定其含义等。市场研究可以由创业者进行，也可以由外部供应商或顾问进行。中国市场受政策影响较大，新政策出台时往往引发新商机，如果创业者善于研究市场和合理利用政策，就能抓住商机。

（四）技术创新跟踪法

创造发明产生了新的知识、新的技术，如通信、新能源、生物医药等产业的变更或产品的替代，既满足了顾客需求，又带来了前所未有的创业机会。任何产品都有其生命周期，产品会不断趋于成熟直至走向衰退，最终被新产品代替。创业者如果能够跟踪产业发展和产品替代的步伐，就能够通过技术创新不断寻求到新的发展机会。

四、影响大学生识别创业机会的因素

（一）个人因素

1. 人格特质

研究发现，大学生创业者一般具有独特的人格特质，这使他们在创业的过程中较容易识别创业机会。一个成功的创业者应具备意志坚强、成就动机较高和胆识过人等特质。意志坚强能够使创业者在面对失败和挫折时坚定目标，不被失败吓倒，不因身处逆境而动摇和退缩。成就动机高的人有较强的事业心和进取心，乐意选择有难度、有挑战性的目标，并善于寻求那种能使其才华得以充分发挥的工作环境，努力实现自己的目标。胆识过人能够帮助创业者在市场竞争中不畏艰险，以智谋和勇敢取胜。此外，有研究者发现机会性人格、变革性人格、坚韧性人格有利于识别创业机会。

2. 知识结构

创业机会识别的过程是创业主体在现有知识结构的基础上进行创造性、联想性思维活动的结果。具体到大学生，完善的知识结构意味着基础知识宽厚扎实、专业知识掌握灵活、横向知识丰富广博、工具知识准确熟练、方法知识科学高效。大学生的知识结构不能仅限于本专业的知识，还包括创业相关理论，以及营销、财务、法律、税收等方面的知识，这些是识别创业机会和创业成功的重要因素。

3. 创业经验

创业经验是创业者在先前的创业过程中依赖情境并通过具体案例方式获得的感性和理性的观念、知识和技能等。它主要包括创业得来的创业经验和工作过程中积累的行业工作经验等，每个人因为不同的人生经历而具有不同的创业经验，也导致不同个体面对同一环境时会看到不同的创业机会。创业经验为大学生带来创业课程体系中无法学到的"隐性知识"，可以帮助他们规避在创业过程中的陷阱，为创业者大胆创业提供自信。相较于没有创业经验的创业者而言，拥有创业经验的大学生积累了一定的市场分析知识、人脉关系拓展、风险感知等能力，这使他们在面对同样的机会信息时，能迅速把握创业机会中的关键点，并形成正确的决策。

4. 认知能力

知识补给：
识别创业机会
能力的培养

创业机会识别实质上是一种较为特殊的信息认知和加工过程，认知过程的结果如何，与创业者个体的认知特征密切相关。通过分析大学生创业者发现，那些成功人士比其他人更加容易发现市场机遇，对有效信息的接收能力较强，这与他们强烈的认知能力有关。大学生创业者对市场有着敏锐的观察力和认知力，对市场的变幻能作出准确的判断，他们善于从经济形势的微观变化和政府创业政策中深入了解、发现并识别好的创业机会。

（二）社会网络

社会网络是个体创业机会识别的主要来源。社会网络能带来承载创业机会的价值信息,个人社会网络的深度和广度影响着机会识别。社会网络为大学生创业者提供了一个跨学科、跨行业甚至跨文化的信息交流平台,促进"知识转移",进而使其拥有获取相关信息和建议的通道。大学生个人的社会网络规模越大,社会资本就越丰富,摄取资源的能力越强,有助于大学生创业者整合资源、抓住创业机会,投身创业实践。

(三)环境因素

影响创业机会识别的环境因素复杂多样,主要包括诸如技术创新、制度变革、经济走势、社会习俗、文化法律等多项内容。创业家霍华德·史蒂文森和冈珀特认为,技术、市场、社会价值和政府的政策法规四种环境会对创业机会识别产生影响。我国学者唐靖、张帏和高建在研究中根据创业者进行决策时的环境特点,将环境划分为风险性环境、不确定性环境和模糊环境三种类型,并指出在不同环境特征下机会的来源不同,因而机会的识别方式也存在差异。

> **学习指导**
>
> 创业机会识别是创业的开端,也是创业的前提。围绕创业机会,有些基本的问题是所有想创业的人都关心的。例如,为什么是他而不是别人看到了创业机会?这需要掌握创业机会识别的方法,那么如何识别创业机会呢?创业者可通过以下四种方法来识别:一是趋势观察法;二是问题发现法;三是市场研究法;四是技术创新跟踪法。

任务检测:识别创业机会

任务三 评价创业机会

所有的创业行为都来自绝佳的创业机会,创业团队与投资者均对创业前景有极高的期待,创业者更是对创业机会在未来所能带来的丰厚利润满怀信心。事实上,创业获得成功的概率极低。成功与失败之间,除了不可控制的机会因素,显然有许多创业机会在刚开始的时候,就可能已经注定了失败的命运。不是每个创业机会都会给创业者带来益处,而且每个创业机会都存在一定的风险,对于一些先天条件不好、市场进入时机不正确,或者具有致命瑕疵的创业构想,创业者如果能先以比较客观的方式进行评价,那么创业成功的概率也可以大幅提升。因此,创业者需要进行筛选,在众多机会中筛选出真正适合自己的创业机会。

一、优质创业机会的特征

一般而言,优质的创业机会有以下几个特征。

(1)在前景市场中,前5年中的市场需求会稳步快速增长。

(2)创业者能够获得利用该机会所需的关键资源。

(3)创业者不会锁定在"刚性的创业路径"上,而是可以中途调整创业的"技术路径"。

(4)创业者可能创造新的市场需求。

(5)特定机会的商业风险是明朗的,并且至少有部分创业者能够承受相应风险。

> **相关链接**
>
> **中国国际"互联网+"创新创业大赛优质项目的特点**
>
> **1. 项目科技含量高**
>
> 中国国际"互联网+"创新创业大赛鼓励大学生结合自身专业特长开展科技创新创业活动,将科研成果转化成实际落地的创业项目。
>
> **2. 商业壁垒高**
>
> 商业壁垒包括技术壁垒、品牌壁垒、政治壁垒、资金壁垒、资源壁垒、贸易壁垒、地域壁垒等,不同行业的壁垒有所区别。只有商业壁垒足够高,才能保证自己不容易被别人抢占、挤压,甚至超越。

二、创业机会的评价标准

创业机会评价是指仔细审查并分析创业的可行性。只有符合一定标准且符合创业者能力和目标的创业机会,才有价值。创业者要以客观公正的心态,按一定标准对创业的可行性进行客观评价。

知识补给:
创业机会的
决策因素

(一)盈利时间

有价值的创业机会要求项目在两年内盈亏平衡或取得正现金流。因为大多数创业者的资源有限,支撑的时间不能太长,其他的投资者和团队成员也没有这么长时间的耐心。因此,创业机会获得盈利的时间越短越好。

(二)市场规模和结构

只有市场规模足够大,才能支撑企业长期生存与发展。创业者若进入一个市场规模较大且处于不断发展中的市场,即使只占有很小的市场份额,也能够生存下来度过发展期,并且不必担心竞争对手的存在,因为市场规模足够大,无法构成威胁。一般来说,市场规模和价值越大,创业机会越有价值。

（三）资金需要量

富有较大潜力的创业机会往往需要相当大数量的资金支撑。需要过多资金的创业机会，对大学生创业者而言是缺乏吸引力的；需要较少或中等程度的资金的创业机会才是比较有价值的。创业者要根据自己的资金实力和可以动用的资源来评价创业机会，对于超出能力范围的不应考虑。

（四）投资收益

创业的营利性目标要求创业机会能有较为合理的盈利能力，包括较高的毛利率和市场增长率。毛利率高说明创业项目的获利能力强；市场增长率高说明市场的发展潜力大，投资报酬率高。年投资收益率在25%以上的创业机会是较有价值的；而年投资收益率低于15%的创业机会，难以对创业者和投资人产生吸引力。

（五）成本结构

只有较低的成本才能带来较大的竞争优势，使创业机会具备较高的价值。低成本优势或者来自技术和工艺的改进及管理的优化，或者来自规模化，创业机会如果有这方面的特质，对于创业者来说是非常有利的。

（六）进入障碍

资源、政策、市场准入等限制，都可能成为市场进入障碍。若创业机会面临较大的市场进入障碍，那么就不是好的创业机会。同时，虽然进入障碍少，但难以阻止其他竞争对手进入的创业机会，也不是好的创业机会。

（七）退出机制

只有具备比较理想的获利和退出机制，才便于创业者和投资人获取资金及实现收益。没有退出机制的创业机会是缺乏吸引力的。

（八）控制程度

能够实现对渠道、成本或价格的较强控制的创业机会才具有价值。如果市场上不存在强有力的竞争对手，则控制程度就较大。如果竞争对手已有较强的控制能力，特别是已经掌握了原材料来源、独占了分销渠道、取得了较大的市场份额、对于价格有较大的决定权，那么新创企业的发展空间就很小。除非这个市场的容量足够大，并且主要竞争者在创新方面行动迟缓，时常损害客户利益，否则没有进入机会。

（九）致命缺陷

创业机会不应该有致命的缺陷，存在一个或多个致命缺陷的创业机会是没有价值的。

（十）商业模式

现代管理学家彼得·德鲁克曾预言：21世纪的竞争是商业模式的竞争。商业模式作为产品、服务和信息流的一个体系架构，包括说明不同的参与者及他们的角色、各种参与者的潜在利益，以及企业收入的来源。尽管创业者在创业机会识别阶段难以设计出完整的商业模式，但是商业模式设计必须事先加以论证。

三、评估创业机会的方法

(一)定性评价方法

1. 史蒂文森等对创业机会的充分评价

(1)机会的大小、存在的时间跨度和随时间成长的速度等问题。

(2)潜在的利润是否足够弥补资本、时间和机会成本的投资,带来令人满意的收益。

(3)机会是否开辟了额外的扩张、多样化或综合的商业机会选择。

(4)在可能的障碍面前,收益是否会持久。

(5)产品或服务是否真正满足了目标市场真实的需求。

2. 隆杰内克等提出的评价创业机会的五项基本标准

(1)对产品有明确界定的市场需求,推出的时机也是恰当的。

(2)投资的项目必须拥有持久的竞争优势。

(3)投资必须具有一定程度的高回报,从而允许一些投资中的失误。

(4)创业者和机会之间必须相互适合。

(5)机会中不存在致命的缺陷。

(二)定量评价方法

1. 标准打分矩阵法

标准打分矩阵法是通过选择对创业机会成功有重要影响的因素,并由专家小组对每个因素进行最好(3分)、好(2分)、一般(1分)三个等级的打分,最后求出每个因素在各创业机会下的加权平均分,从而可以对不同的创业机会进行比较。表3-2-1中列出了其中十项主要的评价因素,在实际使用时可以根据具体情况选择其中的全部或部分因素来进行评估。

表3-2-1 标准打分矩阵表

标准	专家打分			
	最好(3分)	好(2分)	一般(1分)	加权平均分
易操作性				
质量和易维护性				
市场接受性				
增加资本能力				
投资回报				
专利权状况				
市场大小				
制造的简单性				
口碑传播力				
成长潜力				

2. 温斯丁豪斯法

温斯丁豪斯法实际上是计算和比较各机会的优先级，可利用下面的公式进行计算。

$$机会优先级 = \frac{技术成功率 \times 商业成功率 \times (价格-成本) \times 投资生命周期收入}{总成本}$$

式中，技术成功率和商业成功率是以百分比（0~100%）表示的；成本是以单位产品成本计算的；投资生命周期收入是指可以预期的所有收入；总成本包括研究、设计、制造和营销费用各环节的成本之和。对于不同的创业机会，将具体数值带入计算，特定机会的优先级越高，该机会就越有可能成功。

3. 珀泰申米特法

珀泰申米特法是计算创业机会的成功潜力指标（表3-2-2）。对于每个评价因素来说，不同选项的得分可以从−2分到2分，通过对所有因素得分的加总得到最后的总分，总分越高说明特定创业机会成功的潜力越大。只有那些最后得分高于15分的创业机会才值得创业者进行下一步的策划，低于15分的都应被淘汰。

表 3-2-2 珀泰申米特法评价指标

评价因素	得分
对于税前投资回报率的贡献	
预期的年销售额	
生命周期中预期的成长阶段	
从创业到消费额高速增长的预期时间	
投资回收期	
获得领先地位的潜力	
商业周期的影响	
为产品制定高价的潜力	
进入市场的容易程度	
市场试验的时间范围	
销售人员的要求	
总分	

4. 贝蒂选择因素法

在贝蒂选择因素法中，通过对11个选择因素的设定来对创业机会进行判断，如表3-2-3所示。如果某个创业机会只符合其中的6个或更少，那么这个创业机会的成功机会较小；相反，如果这个创业机会符合其中的7个或更多，那么这个创业机会将大有希望。

表 3-2-3 贝蒂选择因素法评价指标

选择因素	是/否
这个创业机会现阶段是否只有你一个人发现了	

续表

选择因素	是/否
你是否可以承受初始的产品生产成本	
你是否可以承受初始的市场开发成本	
产品是否具有高利润回报的潜力	
你是否可以预期产品投放市场和达到盈亏平衡点时间	
潜在的市场是否巨大	
你的产品是否是高速成长的产品家族中的第一个成员	
你是否拥有一些现成的初始用户	
你是否可以预期产品的开发成本和开发周期	
该行业是否处于成长期	
金融界是否能够理解你的产品和顾客对其需求	
总分	

5. 蒂蒙斯创业机会评价模型

创业机会的有效识别依赖客观和主观两个方面：客观上良好的评价系统和评价指标，以及主观上创业者能够正确获得信息和感知机会的能力。一些研究中提到了一些创业者与创业机会识别的个人特性，包括警觉性、风险感知、自信、已有的知识、社会网络等。

蒂蒙斯总结出一个包含八类分项指标的创业机会评价模型（表3-2-4）。蒂蒙斯认为，现实中有成千上万个适合创业者的特定机会，未必能与这个评价模型相契合，但该模型是包含评价指标比较完全的一个评价体系。该评价体系提供了一些量化方式，使创业者可以对行业与市场、经济因素、收获条件、竞争优势、管理团队、创业家的个人标准、理想与现实的战略性差异、致命缺陷问题作出判断，以及这些要素加起来是否可以组成一个有足够吸引力的商机。一些风险投资商、政府基金和创业大赛就是借用了该模型对创业项目进行评价。

表3-2-4 蒂蒙斯创业机会评价模型

评价因素	评价内容
行业与市场	市场容易识别，可以带来持续收入
	顾客可以接受产品或服务，愿意为此付费
	产品的附加价值高
	产品对市场的影响力高
	将要开发的产品生命长久
	现在所在的行业是新兴产业，竞争不激烈
	市场规模大，销售潜力为1 000万~10亿美元
	市场成长率为30%~50%，甚至更高
	现有厂商的生产能力几乎完全饱和
	在5年内能占据市场的领导地位
	拥有低成本的供货商，具有成本优势

续表

评价因素	评价内容
经济因素	达到盈亏平衡点所需要的时间为 1.5~2 年
	盈亏平衡点不会逐年提高
	投资回报率在 25% 以上
	项目对资金的要求不是很大，能够获得融资
	销售额的年增长率高于 15%
	有良好的现金流量，能占到销售额的 20%~30%
	能够获得持久的毛利，毛利率达到 40% 以上
	能获得持久的税后利润，税后利润率要超过 10%
	资产集中程度低
	运营资金不多，需求量是逐渐增加的
	研究开发工作对资金的要求不高
收获条件	项目带来的附加价值具有较高的战略意义
	存在现有的或可预料的退出方式
	资本市场环境有利，可以实现资本的流动
竞争优势	固定成本和可变成本低
	对成本、价格和销售的控制力较高
	已经获得或可以获得对专利所有权的保护
	竞争对手尚未觉醒，竞争较弱
	拥有专利或具有某种独占性
	拥有发展良好的网络关系，容易获得合同
	拥有杰出的关键人员和管理团队
管理团队	创业团队是一个优秀管理者的组合
	行业和技术经验达到了本行业内的最高水平
	管理团队的正直廉洁程度能达到最高水准
	管理团队知道自己缺乏哪方面的知识
创业家的个人标准	个人目标与创业活动相符合
	创业家可以做到在有限的风险下实现成功
	创业家能接受薪水减少等损失
	创业家渴望进行创业这种生活方式，而不只是为了盈利
	创业家可以承受适当的风险
	创业家在压力下状态依然良好

续表

评价因素	评价内容
理想与现实的战略性差异	理想与现实情况相吻合
	管理团队已经是最好的
	在客户服务管理方面有良好的理念
	所创办的事业顺应时代潮流
	所采取的技术具有突破性，不存在许多替代品或竞争对手
	具备灵活的适应能力，能够快速地进行取舍
	始终在寻找新的机会
	定价与市场领导者几乎持平
	能够获得销售渠道，或者已经拥有现成的网络
	能够允许失败
致命缺陷	不存在任何致命缺陷

在实际中，可以将几种评价方法适当综合起来运用，也可以延伸，更加广泛地应用于对创业企业的分析和研究。

学习指导

很多人具有各种各样的创业想法，但这些想法是否值得开发是常常困扰我们的一个问题。即使在创业项目启动后，创业者仍然常常需要不断评价创业项目。为此，我们需要采用一定的方法去判断和评价创业机会的价值。

常用的方法：一是定性评价方法，具体包括史蒂文森等对创业机会的充分评价；隆杰内克提出的评价创业机会的五项基本标准。二是定量评价方法，具体包括标准打分矩阵；温斯丁豪斯法；珀泰申米特法；贝蒂选择因素法；蒂蒙斯创业机会评价模型。

任务检测：评价创业机会

实训活动

锁定创业机会

1. 活动参与人数

以班级为单位,人数控制在60人以内。

2. 活动场地和道具

教室,准备A4纸。

3. 活动组织

学生以3~5人为一个团队,以团队合作形式完成。

4. 活动步骤

(1) 搜索可能的创意。通过各种途径对可能的创意和灵感展开搜索。

① 关注并研究国家宏观经济政策和行业发展态势,国家鼓励什么,限制发展什么,行业未来发展趋势如何,这些都蕴含着很多创业机会。

② 在你居住的地区或你想创办企业的地方进行市场调查,收集相关信息,发现可能的创意。

③ 通过自己或别人对某些产品或服务的抱怨和不满,发现完善产品或服务的创意。

④ 留意大众传媒的信息,发现人们的消费痛点和消费趋势,从中寻找可能的创意。

⑤ 留意国家政策等信息的变化,从中发现可能的创意。

⑥ 从一个你既感兴趣又擅长的产品出发,利用头脑风暴法联想相关可能的创意。

⑦ 在个人经验基础上运用灵感,产生创意。

(2) 发现可能的机会。

对搜索到的可能的创意展开分析,从杂志、图书、专门的咨询机构及互联网中收集关于行业、竞争者、顾客偏好趋向、产品创新等方面的信息,发现其中的创业机会。

(3) 标准化识别。

创业机会的识别是思考和探索反复互动,并将创意进行转变的过程。标准化识别是指通过对整体的市场环境的分析及一般的行业分析来判断该机会是否有利的商业机会。收集市场特征、竞争者等方面的数据和信息,对数据和信息进行评价和分析。

① 对数据和信息进行总结,得出初步印象。

_____

② 对数据和信息交叉制表进行分析。

_____

(4)个性化识别。

进一步考察对于特定的创业者和投资者来说,这个机会是否有价值。结合创业者和投资者的实际情况,包括资金能力、创业者自身素质、资源、团队等方面进行全面分析和匹配,来判定创业机会是否适合。

(5)深入市场调查。

通过现场观察、问卷、访谈、集中小组试验等形式对产品形式、消费群体、消费群体的购买欲望和购买能力、市场竞争等方面进行深入调查,收集全面、系统的信息资料。

(6)决定是否创业。

根据市场调查结果,经过反复思考、论证和评价,仔细审查机会并分析是否可行,包括技术方案评价、市场潜力评价和成本收益评价,然后根据评价结果选出三种创业机会。

创业机会1:_____

创业机会2:_____

创业机会3:_____

(7)评价创业机会。

使用贝蒂选择因素法计算创业机会的成功潜力。对表3-2-5中的11个项目进行判定,符合条件的画"√",如果某个创业机会只符合其中的6个或更少,那么这个创业机会的成功潜力较小;相反,如果符合其中的7个或更多,那么这个创业机会将大有希望。根据评价结果来决定是否要抓住这个创业机会,开始实施创业。

表3-2-5 贝蒂的创业机会的成功潜力评价

选择因素	是/否		
	创业机会1	创业机会2	创业机会3
这个创业机会在现阶段是否只有你一个人发现了			
你是否可以承受初始的产品生产成本			
你是否可以承受初始的市场开发成本			
产品是否具有高利润回报的潜力			
你是否可以预估产品投放市场和达到盈亏平衡点的时间			
潜在的市场是否巨大			
你的产品是否是高速成长的产品家族中的第一个成员			

续表

选择因素	是/否		
	创业机会 1	创业机会 2	创业机会 3
你是否拥有一些现成的初始用户			
你是否可以预期产品的开发成本和开发周期			
该行业是否处于成长期			
金融界是否能够理解你的产品和顾客对其需求			
合计			

5. 活动交流与讨论

（1）你们团队在搜索创意时遇到哪些问题？是如何解决的？

（2）你们在进行机会识别时出现哪些分歧？如何解决的？

（3）在市场调查中你们采用哪些方法？

（4）你们团队是如何分工的？

6. 活动体验

_____

_____

7. 活动点评

大学生创业时要善于抓住好机会，把握住每个稍纵即逝的投资创业机会，就等于成功了一半。有人说有变化就会有机会，"低科技"中蕴藏着很多机会，集中盯住某些顾客的需求就会有机会，追求"负面"也会找到机会。那么到底什么是创业机会？大学生应该怎么识别创业机会？怎么有效地把握创业机会？本次实训活动，学生可以了解识别创业机会的步骤，学会搜索创业机会，掌握正确的方法识别创业机会，学会运用各种方法评价创业机会。

项目三 防范创业风险

学前思考

（1）如何预测创业风险？
（2）如何评估创业风险？
（3）如何应对创业风险？

案例导入

团宝网折戟的启示

◎ **案例描述**

2010年3月，任春雷创立的团宝网上线，仅1年多时间，团宝网从6名员工发展到2 300名员工。根据百度的统计数据显示，在2010年团购网站关注度排行上，团宝网一直位居前10名，高达2.71%。根据团宝网的数据显示，2011年1~2月，团宝网的销售额是1 104万元。2011年3月，团宝网的营业额是1 240万元。

2011年春节过后，团购网站开始大规模发展，意欲使用互联网"唯快不破"的打法"吃掉"其他团购网站。任春雷曾公开宣布，2011年，团宝网投入5.5亿元用于市场推广。于是，团购网站成了电视、公交、地铁、楼宇等媒介的广告大户，团宝网也不例外。

在短时间内，团宝网的广告效应突显。根据团宝网内部的一份营业额统计表显示，2011年4月，团宝网的营业收入接近2 500万元。此时，尝到甜头的任春雷对这一数字并不满意，他给团宝网定下的任务是1个月的营业收入达到5 000万元。2011年5月，团宝网开始加大广告投入力度，邀请影视明星做形象代言，继续在央视、分众传媒、航媒、地铁广告、户外车体广告等媒介上"狂风暴雨"式地推广。然而，采取了"激进"打法的团宝网，它的资金储备并不充分。

在快速扩张的时期，公司员工规模得以迅速和大幅度扩张。每个管理人员都需要花费大量的时间用于人员招聘、带新人。一份来自团宝网内部的数据显示，2011年团宝网编辑设计部一共有56人，其中，2010年入职的仅2人，2011年1月和2月共入职5人，3月入职13人，4月入职10人，5月入职5人，6月入职12人，7月入职7人，其余2人不详。"每天都有很多招聘，先是人事把关，然后是各部门的组长、经理。"团宝网北京分公司的一位员工陈述道。由于大量消耗精力、人力在业务上，以至内部管理上都有些力不从心。团宝网在管理上的混乱、不规范尤为突出。在扩大企业对外广告宣传的过程中，团宝网并没有练好"内功"，随着人员的大规模扩张，企业高层管理人员疏于管理，四处奔波进行融资，这让整个公司的中层管理经常处于"真空"的状态。同时，中层、高层人员的离职也让管理团队不稳定，新招来的员工对团宝网没有认同感，忠诚度不高，加之团队成员非常年轻，缺乏一种责任感，团宝网最终以关闭收场。

（资料来源：21世纪经济报道.团宝网折戟启示录：失效的互联网三段论.新浪网，2012-02-11.有删改.）

◎ **案例解析**

创业者在创业征程上所遇到的创业风险是复杂多样的，它们又常常交织在一起，共同阻碍着企业迈向成功。团宝网的创始人任春雷犯了创业大忌：盲目扩张，管理落后，缺乏完善科学的员工管控机制。团宝网在1年多的短暂生命历程中经历了大起大落，以关闭收场。由此可见，创业者必须重视创业风险的防范，构筑风险预警机制，防微杜渐，及时化解困难，确保企业健康发展。

任务一　预测创业风险

创业有风险，投资需谨慎。创业是一个充满风险、艰辛与坎坷的过程，也是一个充满激情与喜悦的过程。如何才能预测与应对可能出现的创业风险，使创业过程能够顺利，尽快掘得第一桶金，是每个创业者都十分关注的问题。

一、创业风险的内涵

风险是指在一定条件下和一定时期内，由于各种结果发生的不确定性而导致行为主体遭受损失的大小，以及这种损失发生可能性的大小。风险是一个二维概念，风险以损失发生的大小与损失发生的概率两个指标进行衡量。

微课启学：
创业风险的
内涵及特点

创业风险是指在创业过程中存在的风险，是指由创业环境的不确定性、创业机会与创业企业的复杂性，创业者与其他创业相关人员的能力与可控资源的有限性等主客观因素，导致创业活动偏离预期目标的可能性及其后果。创业风险主要有两个方面的含义，一是指风险因素，即在创业过程中有可能遇到某些风险因素的干扰；二是指一旦某些风险因素真正发生，创业者即会阶段性遇到很难克服的困难，导致创业活动很难推进，甚至创业失败。以下从创业风险的成本、频率与程度方面更确切地认知创业内涵。

（一）创业风险的成本

创业风险的成本又称创业风险的代价，是指由于风险的存在和风险事故发生后人们所必须支出费用的增加和预期经济利益的减少。创业风险的成本包括风险损失的实际成本、风险损失的无形成本和预防、控制风险损失的成本。

（二）创业风险的频率与程度

风险频率又称损失频率，是指一定数量的标的在确定的时间内发生事故的次数。风险程度又称损失程度，是指每发生一次事故导致标的毁损状况，即毁损价值占被毁损标的全部价值的百分比。在现实生活中二者的关系是：风险频率很高，但风险程度不大；风险频率不高，但风险程度很大。

二、创业风险的特点

无论是企业刚刚创立还是已经稳定，风险都是客观存在的。创业风险有其自身特点，了解创业风险的基本特点，有助于创业者更好地预测、评估和应对创业风险。具体来说，创业风险主要有以下特点。

（一）客观性

在创业过程中，因为创业环境是动态的、不确定的、复杂的，所以创业风险的存在不以人的意志为转移，是任何企业都会遭遇的必然事实，是客观存在的。

（二）相对性

创业风险是相对的，是指风险因为面临的对象不同，基于时间和空间的差异，不同的对象面临的风险大小不完全相同。相对性主要体现三个方面：第一，不同的创业对象有不同的风险；第二，随着时间和空间的改变，风险也随之改变；第三，体现在创业主体的不同上，事件对不同的创业者会产生不同的风险，同一创业者由于其决策或采取的策略不同，会面临不同的风险结果。对于同一风险，不同的创业者所采取的措施或策略不同，所产生的风险大小和结果也会不同。

（三）不确定性

创业的过程往往是将创业者的某一构想或创新技术变为现实的产品或服务的过程。在这一过程中，创业者会面临各种各样的不确定因素，如进入新市场面临着需求的不确定、新技术难以转化为生产力、后续资金不足等问题，这些因素都有可能导致创业失败。换言之，影响创业的各种因素是不断变化且难以预知的，从而造成创业风险的不确定性。

（四）可测量性

尽管创业风险具有不确定性，但依然有其规律可循。因为任何事情的发生都是有其因果关系的，并且随着科技的进步和人们素质的提高，风险的规律性可以被更好地认识和应对。企业可以通过定性或定量等方法对风险进行识别和评估，为应对创业风险做好积极准备。

（五）损益双重性

在创业活动中，对创业者来说，风险和潜在的利益是共生的，即风险是利益的代价，利益是风险的报酬。

三、创业风险的来源

创业环境的不确定性，创业机会与创业企业的复杂性，创业者、创业团队与创业投资者的能力与实力的有限性，是创业风险的根本来源。研究表明，由于创业过程往往是将某一"异想天开"的想法或创新技术转化为具体的产品或服务的过程，在这一过程中，存在着几个基本的、相互联系的缺口，它们是上述不确定性、复杂性和有限性的主要来源。创业风险主要来源于以下五个方面。

（一）研究缺口

研究缺口主要存在于仅凭个人兴趣所做的研究判断和基于市场潜力的商业判断之间。当一个创业者最初证明一个特定的科学突破或技术突破可能成为商业产品基础时，他仅仅停留在自己满意的论证程度上。然而，这种程度的论证后来不可行了，在将预想的产品真正转化为商业化产品（大量生产的产品）的过程中，即具备有效的性能、低廉的成本和高质量的产品，在能从市场竞争中生存下来的过程中，需要大量复杂而且可能耗资巨大的研究工作（有时需要几年时间），从而形成创业风险。

相关链接

杜邦公司研发新产品事与愿违

20世纪70年代，杜邦公司曾对一种称为可发姆的皮革替代品进行产品开发并上市销售。预测和试穿的成功，使杜邦公司的决策层非常乐观，他们希望可发姆不仅能顺利上市，还能像公司曾经发明的尼龙一样，成为世界性的畅销商品，引发鞋面用料的革命，再现杜邦公司的辉煌。然而最终的结果大大出乎人们的意料：可发姆的产品开发亏损了近1亿美元，成为杜邦公司历史上罕见的一次失败。

（二）融资缺口

融资缺口存在于学术支持和商业支持之间，是研究基金和投资基金之间存在的断层。其中，研究基金通常来自个人、政府机构或公司研究机构，它既支持概念或创意的创建，又支持概念或创意可行性的最初证实；投资基金则将概念或创意转化为有市场的产品原型（这种产品原型有令人满意的性能，对其生产成本有足够的了解并且能够识别其是否有足够的市场）。创业者可以证明其构想的可行性，但往往没有足够的资金将其实现商品化，从而给创业带来巨大的风险。一般情况下，只有极少数投资基金愿意鼓励创业者跨越这个缺口，如个人或风险投资机构专门进行早期项目的风险投资，以及政府资助计划等。

（三）资源缺口

资源与创业者之间的关系就如颜料和画笔与艺术家之间的关系。没有了颜料和画笔，艺术家即使有了构思也无从实现。创业也是如此。没有所需的资源，创业者将一筹莫展，创业也就无从谈起。在大多数情况下，创业者不一定也不可能拥有所需的全部资源，这就形成资源缺口。如果创业者没有能力弥补相应的资源缺口，要么创业无法起步，要么在创业中受制于人。

（四）信息和信任缺口

信息和信任缺口存在于技术专家和管理者（投资人）之间。也就是说，在创业中存在两种类型的人：一是技术专家，二是管理者（投资者）。这两种人接受不同的教育，对创业有不同的预期、信息来源和表达方式。技术专家知道哪些内容在科学上是有趣的，哪些内容在技术层上是可行的，哪些内容根本就是无法实现的。在失败类案例中，技术专家要承担的风险一般表现在学术上、声誉上受到影响，以及没有金钱上的回报。管理者（投资者）通常比较了解将新产品引进市场的程序，但当涉及具体项目的技术部分时，他们不得不相信技术专家，可以说管理者（投资者）是在拿别人的资金冒险。如果技术专家和管理者（投资者）不能充分信任对方，或者不能够进行有效的交流，那么这一缺口将会变得更深，带来更大的风险。

（五）管理缺口

管理缺口是指创业者并不一定是出色的企业家，不一定具备出色的管理才能。进行创业活动主要有两种：一是创业者利用某一新技术进行创业，他可能是技术方面的专业人才，但不一定具备专业的管理才能，从而形成管理缺口；二是创业者往往有某种"奇思妙想"，可能是新的商业点子，但在战略规划上不具备出色的才能，或者不擅长管理具体的事务，从而形成管理缺口。

学习指导

在创业的路上，风险一定与你同行，并且会不离不弃。既然你选择了创业，风险也一定选择了你。因此，在你创业的过程中，一定要做好时刻面对风险的充分准备。

本任务带大学生一起认知了创业风险的特点（客观性、相对性、不确定性、可测量性和损益双重性）；理解了创业风险的来源（研究缺口、融资缺口、资源缺口、信息和信任缺口及管理缺口）。希望大学生通过学习，初步了解创业风险，并为学习、评估和应对创业风险做好铺垫。

任务检测：预测创业风险

任务二　评估创业风险

创业风险评估是指通过对创业企业运营系统中所存在的各种风险因素进行定性分析和定量分析，以量化风险发生的概率及其对企业所造成的影响和损失的可能性的工作活动。风险评估的主要任务是：通过有效识别企业所面临的各种风险，评估风险发生的概率及其对企业的影响，结合对企业的风险承受能力的判断，以明确风险消减和控制的优先等级，从而提出可行的风险防范预案。风险评估是创业企业提前判断并确定风险对企业影响程度的重要途径。

一、创业风险评估的分类与指标

（一）创业风险评估的分类

创业风险评估可以依据以下标准进行划分。

（1）按创业企业所处的不同阶段，创业风险评估可以分为初创期风险评估、成长期风险评估、成熟期风险评估和衰退期风险评估。

初创期风险评估主要是指创业企业在项目准备阶段，对企业项目运营的环境条件，项目所必需的要素条件的满足程度，企业项目规划的合理性、科学性、投入产出预测等各方面的风险因素所进行的评估工作。成长期风险评估是指创业企业为确保项目在运营过程中的顺利展开而进行的问题研究，及时判断项目目标实现的可能性，以便采取积极有效的措施降低风险出现或蔓延的可能性。成熟期风险评估是指企业对创业项目的生产、市场开发潜力、行业内的竞争压力、人员素质及管理水平等情况进行系统评估，以便对项目未来目标的调整作出科学判断。衰退期风险评估是指对保持创业项目维持与发展策略调整的必要性评估。

（2）按企业所采用的风险评估方法的特征，创业风险评估可以分为定性评估和定量评估。

定性评估是指通过人的主观判断，对创业企业在运营过程中所存在的风险进行评估。定性评估通常被应用于企业的新项目、新产品或新领域的风险评估。这主要是由于企业缺乏充足的数据，只能借助专业人员的经验对创业风险进行判断。

定量评估是指依靠充分的历史统计数据，运用数学方法构造数学模型来进行风险评估。定量评估法主要包括：① 概率评估法，先求出系统发生事故的概率，再计算风险率，最终确定系统的安全程度；② 专家评分评估法，根据专家的经验和个人见解制定一系列的评分标准，然后按风险因素的分数值进行风险评估；③ 数学模型评估法，主要运用风险评估软件进行预测。

（3）按创业风险评估的内容不同，创业风险评估可以分为政治风险评估、行业风险评估、市场风险评估、技术风险评估、财务风险评估、管理风险评估等。

（二）创业风险评估的指标

创业风险评估的指标是风险对企业影响程度的衡量尺度，一般用风险率和经济损失指标来表示。风险率是风险出现的概率。按对企业的危害程度来分，风险率一般用严重程度和频率来共同衡量。严重程度是对创业风险对企业所造成的经济损失的程度，一般用损失金额来表示。频率是指在企业运营一定的时间范围或生命周期内，创业风险发生的次数。风险率的计算公式为

$$风险率 = 严重程度 \times 频率 = 损失金额 \div 单位时间$$

经济损失指标是用来衡量创业风险对企业所造成经济损失的影响程度的指标，通常采用直接损失金额和间接损失金额来表示。

> **相关链接**
>
> **创业风险评估应遵循的原则**
>
> **1. 科学性原则**
>
> 科学性原则是指创业企业要制订科学的风险评价目标，风险评价方法的选择和运用要符合规定。创业风险评估方法有其局限性，评估人员在选择和运用创业风险评估方法时，必须首先对每种创业风险评估方法都有一个全面深入的了解，按照不同的评估方法所遵循的原理方法、特点、适用范围和适用条件进行科学选择和操作。
>
> **2. 合理性原则**
>
> 企业在进行创业风险评估操作时，首先，需要对创业风险评估各种影响要素的权重值进行合理设置。其次，对创业风险评估所采取的评估程序不同，会形成不同的判断结论。因此，为确保创业风险评估的效果，需要遵循客观规律，进行合理合规的操作。

二、创业风险评估的操作流程

创业企业进行创业风险评估的操作流程包括制定风险评估战略、选择风险评估方式进行风险评估、对风险进行测定和排序、准备风险防范预案。

（一）制定风险评估战略

制定风险评估战略是指创业企业为确保企业风险评估工作的顺利开展，提前对风险评估目标、评估流程、评估方法及其途径进行制订的工作过程。风险评估所针对的对象不同，风险的影响因素及其运行特点就会有很大的差异，企业所应采取的风险评估的时间、力度、幅度和深度都应进行相应的调整，从而针对不同的实际情况来选择与之相匹配的恰当的风险评估途径。

（二）选择风险评估方式进行风险评估

风险评估通常所采用的途径包括基线风险评估、详细风险评估和组合风险评估三种

方式。

1. 基线风险评估

基线风险评估是指企业从自身实际情况出发，提前为各种风险要素划定安全线，这些安全范围是根据标准规范设定的，通过这些安全线与实际运营操作所搜集到的信息进行比较，找出差距，根据基本的风险评估目标，可有目标地选择并实施风险防范措施，以此来达到化解、降低和控制风险的目的。安全线是能够使企业运营系统达到一定的风险评估目标的基本水平。创业企业可以根据相关的国际标准、国家标准、行业标准或行业惯例进行设定。

2. 详细风险评估

详细风险评估是指企业通过对资产进行详细识别和评价，及时对诱发风险的威胁和弱点进行深入评估，来识别和选择风险防范措施的过程。详细风险评估以资产风险评估为核心，通过有效识别企业资产风险的概率及企业对风险的承受能力，从而及时、有效地应对风险产生的影响。详细风险评估适合用于评估对象范围具体而清晰的项目的评估。

3. 组合风险评估

组合风险评估是将基线风险评估和详细风险评估两种途径相结合起来评估企业风险的方式。企业首先通过整体初评，粗略确定各种风险的级别及发生的概率；其次，企业对风险级次较高的因素进一步开展详细评估，从而达到成本低、效果优的目标。

（三）对风险进行测定和排序

在风险评估过程中常采用以下操作方法，即定性分析法、定量分析法、评分法。风险评估方法的选择需要考虑风险的性质、运行特征、时间、环境等多方面因素。

1. 定性分析法

定性分析法是指凭借专业人员的经验和直觉、行业的标准和惯例，对风险要素（风险的威胁程度、弱点、对风险的控制效力等）按照影响程度的大小或高低定性分级的方法。所确定的风险级次通常可分为高、中、低三个级次。定性分析法是当前采用较为广泛的一种方法。定性分析法的具体操作方法有德尔菲法、问卷调查法、电话访谈法、专家会议法、小组讨论法等多种形式。定性分析法操作起来相对简单，但与定量分析法相比，准确性和精确性不足。

2. 定量分析法

定量分析法是以大量的相关数据为基础，通过运用一定的模型进行计算，获得风险因素对企业影响程度的量化结果的风险评估方法。定量分析法需要确定两个重要指标，即风险发生的概率、风险发生所带来的损失。定量分析法的使用必须建立在大量统计数据的基础上，通过建立模型，对进行的风险实施评估。因此，定量分析法的结果较为直观和精确。

3. 评分法

评分法是指企业针对项目存在的不同风险，根据其特性进行风险程度及权重值的分配，风险程度与权重值的乘积作为该风险的得分，再将领域内各种风险特性的得分加总，即得到该领域风险的总分，依照分数高低可将不同领域所存在的风险进行排序。

（四）准备风险防范预案

企业在进行科学的风险评估工作之后，按照对企业所造成的危害或负面影响，对企业风险进行排序，随后针对不同的风险性质，制订多套科学、系统的风险防范预案，明确责任人，从而达到化解或降低风险的影响的目的。

三、创业者风险承担能力的评估

创业者风险承担能力是指创业者所能承受的最大风险。这个概念有两层含义：一是创业者能够承受的风险的大小。在各种创业风险面前，创业者能否不违背创业的初衷。二是一旦创业风险变成实际的亏损，是否会极大影响创业者的情绪和生活水平。创业者风险承担能力与创业者的个人能力、家庭情况、工作情况、收入情况等息息相关。对创业风险承担能力的评估可以从以下四个方面进行。

（一）计算特定时间段所要承担的风险

从创业到商业构思，再到创业企业的建立，不同阶段的创业风险大小会有所不同。一般来说，随着时间的推移和企业活动的深入，创业者面临的风险会逐渐增大。创业者首先要能够根据风险的来源及其对创业活动的影响程度，采用创业风险评估方法估计出不同时间段可能要承受的总的风险。

（二）计算可能用于承担风险的资金

一般来说，创业者的年龄和家庭状况会对创业者用于承担风险的资金有所影响。刚毕业的大学生因为很少有创业资金的积累，其用于承担风险的资金较少；同样，家庭比较困难的创业者会更多考虑到家庭基本生活对资金的需求，以及较少的家庭支持等，其用于承担风险的资金一般也会较低。正常情况下，用于承担风险的资金数量和创业者的风险承担能力呈正相关关系。

（三）从其他渠道取得收入的能力

从其他渠道取得收入的能力越强，创业失败对创业者的情绪和生活水平的影响就越小，创业者能够用来偿还创业失败所引致的债务的能力也就越强，其风险承担能力也就越强。因此，从其他渠道取得收入的能力和创业者的风险承担能力也呈正相关关系。

（四）危机管理的经验

创业者的危机管理能力会影响到创业风险发生时采取的风险抑制措施的效果，从而影响到损失的大小。危机管理能力越强，因风险因素导致风险事件发生并进而可能形成风险损失时，创业者越能及时采取有效的风险防范措施对损失状况进行抑制，避免损失进一步扩大，减少损失所产生的危害。因此，创业者的危机管理经验越丰富，其风险承担能力就越强，二者也呈正相关关系。

四、基于风险估计的创业收益预测

大学生在各种风险评估的基础上,应该能够对自己的创业收益进行预测分析。创业收益一般指创业者投入资源后的实际产出核减会计成本后的剩余部分。按照风险报酬均衡的原则,创业者所冒的风险越大,其所获得的收益应该越高。如果预计的创业收益能够弥补创业风险,并给创业者带来一定的报酬,则可以开始创业活动,通过建立适当的商业模式,将创业机会变成盈利的创业项目,否则放弃创业活动。创业收益预测主要有以下几种准则。

(一)等可能性准则

等可能性准则假定各种风险状态发生的可能性是相同的,通过比较每个创业方案的收益平均值来进行创业方案的选择。在利益最大化目标下,选择平均利润最大的创业方案;在成本最小化目标下,选择平均成本最小的创业方案。

例如,某新企业有三种产品待选,估计销路风险状况和收益情况如表3-3-1所示,用等可能性准则选择最优产品方案。

表 3-3-1 估计销路风险状况和收益情况　　　　　　　　　　　　　　　单位:万元

状态	甲产品	乙产品	丙产品
销路好	30	80	20
销路一般	10	30	10
销路差	-5	-40	-3

计算各产品在三种风险状态下的平均收益值:甲产品为11.67万元,乙产品为23.33万元,丙产品为9万元。可见,乙产品的平均收益值最大,所以乙产品为最优方案。

(二)乐观准则

如果创业者比较乐观,认为未来会出现最低的风险状况,所以不论采用何种方案均可能取得该方案的最好效果,那么决策时就可以首先找出各方案在各种风险状态下的最大收益值,即在最低风险状态下的收益值,然后进行比较,找出在最低风险状态下能够带来最大收益的方案作为决策实施方案。仍以上一个题目为例,因为甲产品的最大收益为30万元,乙产品的最大收益为80万元,丙产品的最大收益为20万元,所以80万元对应的乙产品为最优方案。

(三)悲观准则

与乐观准则相反,创业者对未来比较悲观,认为未来会出现最高的风险状态,因此创业者不论采取何种方案,均只能取得该方案的最小收益值。在决策时应首先计算和找出各方案在各风险状态下的最小收益值,即与最高风险状态相应的收益值,然后进行比较,选择在最高风险状态下仍能带来最大收益(或最小损失)的方案作为实施方案。仍以上一个题目为例,因为甲产品最小收益为-5万元,乙产品最小收益为-40万元,丙产品最小收益为-3万元，所以-3万元对应的丙产品为最优方案。

（四）折中准则

知识补给：创业者预防风险"八字诀"

折中准则认为应在两种极端中求得平衡。可以根据创业者的判断，给最低风险状态以一个乐观系数，给最高风险状态以一个悲观系数，两者之和为1，然后用各方案在最低风险状态下的收益值与乐观系数相乘所得的积，加上各方案在最高风险状态下的收益值与悲观系数的乘积，得出各方案的期望收益值，然后据此比较各方案的经济效果，作出选择。仍以上一个题目为例，设销路好的系数为0.7，销路差的系数为0.3，通过计算得到期望收益值，如表3-3-2所示，因为乙产品的期望收益值最大，所以乙产品为最优方案。

表 3-3-2 期望收益值　　　　　　　　　　　　　　　　　　单位：万元

状态	甲产品	乙产品	丙产品
销路好（0.7）	30	80	20
销路一般（0.3）	-5	-40	-3
期望收益值	19.5	44	13.1

📍 学习指导

创业风险评估是创业企业提前判断并确定风险对企业影响程度的重要途径。

创业者要想在变幻莫测的市场中评估自己的创业风险，可按创业风险的分类进行评估。进行创业风险评估的操作流程，创业者自身所能承受的最大风险、基于风险估计的创业收益，这些共同构成本任务需要解决的主要问题。

任务检测：评估创业风险

任务三　应对创业风险

较大的企业有能力承受一般意义上的风险损失，而风险损失对处于创业过程中的小企业来说是致命的。创业企业要在自己的努力下学会正常前行，并在这种学习过程中健康成长，不仅学会预测、评估各种风险，还要具备处理各种风险的能力。因此，如何应对创业风险，消除各种风险可能带来的潜在损失对创业企业而言具有至关重要的意义。

一、创业风险的处理方式

一般来说,对于风险应采取一些常用的创业风险处理方式,用最小的成本达到最大的安全保障。创业风险的处理方式很多,但常用的有以下几种方式。

(一)风险规避

风险规避即选择放弃、停止或拒绝等方式处理面临的风险。例如,采取中止交易、减少交易量、放弃交易或离开市场等方式避免风险的发生。这是各种风险处理技术中最简单也是最消极的一种方法。适合采用风险规避策略的情况有以下两种。

(1)某种特定风险所致的损失概率和损失程度相当大。

(2)采用其他风险处理方法的成本超过其产生的效益。

(二)风险保留

风险保留又称风险接受,是指企业自己承担风险损失。当某种风险不能避免,或者因冒风险可获得厚利时,由企业自己保留承担的风险,这是最为普遍与最小阻力的风险处理方法。按照处理的顺序和情况,风险保留可分为主动保留和被动保留两种。

风险保留的处理方式有以下四种。

(1)将损失摊入经营成本,即将发生的损失计入当期损益。

(2)建立意外损失基金。

(3)建立专项基金。

(4)从外部借入资金。

除了筹集资金提高企业自身的抗风险能力,企业还可以通过套期保值、设置专业自保公司等方法自留风险。

(三)风险转移

风险转移是指企业通过契约、合同、经济、金融工具等形式将损失的财务和法律责任转嫁给他人,达到降低风险发生频率、缩小损失幅度的目的。风险转移的形式有三种,即控制型非保险转移、财务型非保险转移和保险转移。

(1)控制型非保险转移是指通过契约、合同将损失的财务和法律责任转嫁给他人,从而解脱自身的风险威胁,主要有外包、租赁、出售、回租等方式。例如,一家公司在与某建筑承包商签订新建厂房的合同中规定,建筑承包商对完工前厂房的任何损失负赔偿责任。再如,计算机租赁合同中规定租赁公司对计算机的维修、保养及损坏负责。

(2)财务性非保险转移是指利用经济处理手段转移经营风险,主要有保证、再保证、中和、证券化、股份化等方式。

(3)保险转移是转移风险的一种办法,它把风险转移给保险人。保险也是一种分摊风险和意外损失的方法,一旦发生意外损失,保险人就应补偿被保险人的损失,这实际上是把少数人遭受的损失分摊给同险种的所有投保人。对创业企业来说,投保是其对企业各类纯粹风险进行管理的最为有效的手段。

（四）风险利用

风险利用是指把风险当作机遇，利用运营中的困难，通过风险战略开拓市场，实现更大的战略目的。风险利用是最为积极的风险管理战略，它对于培养经理人风险偏好、建立企业文化有重要的意义。风险利用的方式有配置、多样化、扩张、创造、重新设计、重新组织、价格杠杆、仲裁、重新谈判、影响等。

另外，在风险利用策略中还可通过对风险进行分散、分摊，以及对风险损失进行控制，也可化大风险为小风险，变大损失为小损失，实现风险控制的目的。

（五）损失抑制

损失抑制是指在损失发生时或在损失发生后为缩小损失幅度而采取的各项措施。损失抑制的一种特殊形态是割离，将风险单位割离成很多小的独立单位而达到缩小损失幅度的目的。损失抑制常常在损失幅度高且风险又无法避免或转嫁的情况下采用，如损失发生后的各种自救和损失处理等。

二、创业风险的应对策略

创业者评估风险后，若认为某种风险会给企业带来较大的损失，就会针对该风险采取相应的防范措施。

（一）财务风险的防范措施

（1）对创业所需资金进行合理估计，避免筹资不足影响企业的健康成长和后续发展。

（2）建立创业企业的信用，提高获得资金的概率。

（3）在企业的长远发展和目前利益之间进行权衡，设置合理的财务结构，通过恰当的渠道获得资金。

（4）管理创业企业的现金流，避免出现现金断流带来财务拮据甚至破产清算的局面。

（二）竞争风险的防范措施

（1）回归到产品本身，产品或服务才是创业者的"护城河"。

（2）关注竞争对手和用户需求，找到竞争对手的弱点，为用户提供独一无二的产品价值。

（三）技术风险的防范措施

（1）加强对技术创新方案的可行性论证，减少技术开发与技术选择的盲目性，并通过建立灵敏的信息预警系统，及时预防技术风险。

（2）通过组建技术联合开发体或建立创新联盟等方式减少技术风险发生的可能性。

（3）提高创业企业技术系统的活力。

（4）高度重视专利申请、技术标准申请等，通过法律手段减少损失出现的可能性。

（四）市场风险的防范措施

（1）时刻关注市场变化，善于抓住机会。

(2)以市场及消费者的需求为生产的出发点。

(3)摸清竞争对手底细,发现其创业思路与弱点。

(4)广泛收集市场信息,并加以分析比较,制定有效的市场营销策略。

(5)对各种成本精打细算,杜绝不必要的费用。

(6)健全符合自身产品特点的销售渠道网络。

(7)以良好、诚信的售后服务赢得顾客青睐。

(五)团队风险的防范措施

(1)谨慎选择创业团队成员。

(2)制定团队规范和团队纪律。在创业过程中须用良好的规范和纪律来约束团队成员。

(3)形成团队的共同价值观和愿景。让所有团队成员对于"创业使命""共同目标"等关键命题达成一个共识,并用这些共识指导整个团队和每个成员的行为。

三、大学生创业风险的规避

(一)树立创业风险意识

作为大学生创业者,首先应该树立正确的风险意识,具备未雨绸缪和有备无患的意识。当风险发生时,既不能怨天尤人,又不能骄兵轻敌,关键是要认清风险产生的原因,分析风险所面临的后果,识别各种潜在的风险,及时采取有效措施,减少损失,化解不利因素,甚至将其转化为盈利的机会。此外,由于创业风险伴随着整个创业过程,风险的预测、评估和应对工作应该连续地、系统地进行,并成为企业一项持续性、制度化的工作。

微课启学:
大学生创业
风险管控
对策

(二)谨慎选择创业项目

选择合适的创业项目能有效地减少投资的不确定性,很好地增加成功的筹码。大学生选择创业项目时可从以下两个方面着手。

(1)要有正确、前沿的项目理念。大学生创业时应首先选择自己最熟悉、最擅长、资源最丰富的项目,并依据自身的条件及项目的市场可行性进行选择,冷静分析创业环境,立足于自己所学专业对口的项目,扬长避短,发挥优势。

(2)拓宽选择项目的渠道。可以从经销商和批发商、政府有关部门、互联网、研究机构、专利部门、出版物、朋友和熟人、投资贸易洽谈会、展览会、博览会、工商协会等处获得项目信息。另外,也可以从旅游考察和创业讲座甚至竞争对手中获得项目信息,扩大选择对象,找到既适合自己又有市场需求的创业项目,提高创业的成功率。

(三)增强创业技能

大学生创业者只有掌握一定的社会经验,熟知企业管理及市场运营知识,在社会上积累足够的社会经验，对行业、企业有初步的了解，对创业进行充分的准备，才能抓住机会进行创业，有效规避因创业技能缺乏带来的风险。

（四）科学管理资金

资金来源是保证大学生创业成功的重要因素。对于大学生创业者来说，在预估融资结构、规模、成本、期限、时机等的基础上，寻找多元化、合适的融资渠道，同时对资金进行科学管理，健全科学的、合理的、具有可操作性的财务预算编制和预算管理，评估财务管理状况，将有限的资金用在刀刃上，规避资金风险。

（五）建立有效的营销策略

在大学生创业过程中，建立一套针对性强和多样化的营销模式是十分重要的。大学生创业者要以市场及消费者的需求为出发点，时刻关注市场变化，善于抓住机会，广泛收集市场情报并加以分析比较，制定有效的市场营销策略，健全符合自身产品特点的销售渠道与网络，并根据市场群体的多样性、消费者的多元化等因素，不断更新营销策略，修正产品定位，总结经验，完善服务，壮大自己的创业项目，有效规避因盲目营销决策而产生的风险。

（六）规范企业经营

对于大学生创业企业来说，规模通常不大，在创立初期，一定要规范经营、诚信经营、守法经营，建立健全规章制度，严格按制度和章程行事。同时，大学生创业者还要认真学习与创业相关的法律内容，只有懂法、守法，并依据法律保护自己的合法权益，才能确保创业行为稳健与长久，使创业企业实现从小到大、从弱到强的发展。

知识补给：
自我检测创业风险

（七）打造核心团队

选择合适的创业伙伴是获取创业成功的必要条件。在创业中，大学生创业者要选择具有良好道德品质、诚信、求实、善于吃苦奋斗的人作为自己的伙伴；同时综合考虑技术能力和合作能力两个因素，建立完善的雇员选择标准，寻找最能胜任工作的人选；此外，还要建立合理的信息沟通制度，使创业者能充分掌握员工及企业动态，增强内部员工的凝聚力，发挥团队的优势。

> **学习指导**
>
> 事实上，几乎很少有新创企业能清醒地认识到创业风险的根本来源和真实原因。在那些不成功的创业案例中，如果创业者能在创业前和创业中以比较客观的方式进行风险预测、评估和应对，那么创业成功的概率也会大幅提升。
>
> 本任务详细介绍了创业风险的处理方式和应对策略，并且重点从七个方面分析了大学生如何规避创业风险，分别是树立创业风险意识、谨慎选择创业项目、增强创业技能、科学管理资金、建立有效的营销策略、规范企业经营、打造核心团队。

任务检测:应对创业风险

实训活动

评估及应对创业风险

1. 活动参与人数
以班级为单位,人数控制在60人以内。

2. 活动场地和道具
创新创业实训中心和校外(校外调查和访谈可在课前进行),准备书、笔、A4纸。

3. 活动组织
分团队进行,学生以3~5人为一团队,确定自己的团队名称,选出团队负责人,以团队合作形式完成实训活动。

4. 活动步骤
(1)熟悉评估和应对创业风险的内容。阅读以下案例,回答问题并进行团队评分。

随着户外运动的兴起,新兴户外运动品牌增多,许多传统运动服装企业也嗅到了商机,纷纷开发出户外系列服装。选择一个你喜欢的户外运动品牌。如果通过加盟该品牌的方式进行创业,则需要注意哪些风险?应采取哪些防范措施?(主要对加盟前、加盟过程中和加盟后的风险进行评估)根据表3-3-3进行评分。

表3-3-3 评 价 表

评分标准	满分	实际得分	备注
能识别出不同阶段的风险	25		
能针对各种风险提出应对措施	25		
风险识别准确,措施合理有效	25		
能积极参与讨论,发表见解	25		
总分	100		

(2)提升创业风险的应对策略。

假设你和你的合伙人一起创办了一家咨询公司。在经营过程中,你们两人在管理和营销决策方面经常出现分歧,并且各自都觉得自己的想法是正确的。由于两人的意见经常不一致,矛盾越来越尖锐,合伙人经常不来公司,独自在外揽项目,并且不经过公司的账目。请根据上述问题,找出解决方案(至少2个)并填写表3-3-4,对每个方案进行分析。

表3-3-4 评 价 表

解决方案	优势	劣势	是否可行

评分标准:方案越多,越具有可行性,得分越高。

(3)开展创业风险评估调研(课前进行)。调研分为以下三个部分。

第一部分,访谈成功创业大学生对风险评估的看法。

① 确定访谈对象。

_____

② 准备访谈提纲。

_____

③ 确定访谈方式(如QQ、微信、电话、电子邮件、腾讯会议、面谈等)。

_____

④ 做好访谈记录。

_____

第二部分,上网搜索相关视频,了解社会各界对大学生创业风险的看法。

视频1:_____

视频2:_____

第三部分,查找当地关于创业风险评估的中介机构(表3-3-5)。

表3-3-5 创业风险评估中介机构情况

机构名称	服务项目	收费标准	联系电话	地点

(4)完成创业项目的风险分析和评估。根据创业风险评估的步骤和应对创业风险的策略,每组团队就其下述问题对自己的创业项目进行分析。

① 对该创业项目的风险进行预测,分析该项目可能面对的创业风险。

② 评估创业项目可能面对的风险程度，制定应对策略。

③ 完成对该创业项目的风险分析和评价报告。

5. 活动交流与讨论
（1）团队是如何分工合作的？
（2）团队在完成两个案例时遇到哪些分歧？团队是如何解决的？
（3）团队在完成调研时采用了哪些策略？
（4）团队在完成创业项目的风险分析和评估时遇到了哪些问题？团队是如何解决的？

6. 活动体验

7. 活动点评

　　创业是不拘泥于当前资源条件的限制对机会的追寻，将不同资源进行组合以利用和开发机会并创造价值的过程。在创业过程中，风险与机会同在，并伴随创业的全过程，是创业活动的固有属性。对大学生创业者而言，除了风险，没有什么是确定的。在创业过程中，大学生必须清晰地了解以下问题：创业需要面对哪些风险？如何科学地评估风险？如何有效地应对风险？通过本次实训活动，学生应熟知创业风险的特点和来源，掌握创业风险评估的操作流程，学会运用各种处理方式和策略应对创业风险。

模块四
分析创业市场

模块导学

>> 一个真正的企业家,不能只靠胆大妄为东冲西撞,也不可能是在学院的课堂里说教出来的。他必须在市场经济的大潮中摸爬滚打,在风雨的锤炼中长大。对于一个创业者,拥有了一种新产品后,如何把新产品成功推向市场是一个至关重要的问题。

学习目标

>> 知识目标:了解目标市场的选择标准;理解产品定位的策略;掌握产品营销组合策略。

>> 能力目标:能够运用市场营销知识选择目标市场、对产品进行恰当定位;具备科学地制定营销策略的能力。

>> 素养目标:培养正确分析和解决市场营销问题的能力;提升职业素养;塑造科学的创业观。

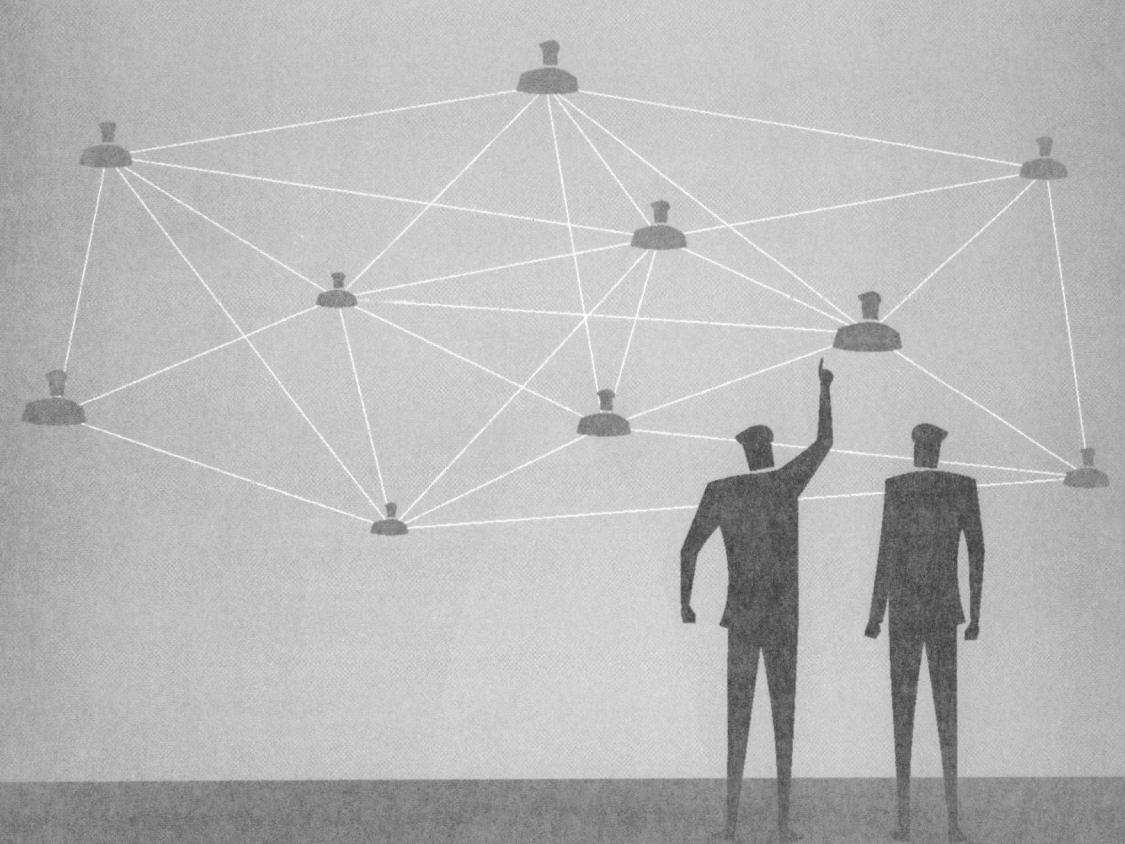

项目一　选择目标市场

学前思考

（1）什么是目标市场？影响目标市场选择的因素有哪些？
（2）目标市场的选择标准是什么？
（3）怎样进行目标市场环境分析？

案例导入

为中国人做一片属于自己的玻璃

◎ **案例描述**

福耀玻璃（全称福耀玻璃工业集团股份有限公司）成立于1985年，其创始人曹德旺以"为中国人做一片自己的玻璃"作为发展目标，成为第一个进入汽车玻璃行业的中国企业，并彻底改变了中国汽车玻璃市场由国外品牌垄断的历史。曹德旺自豪地说"在我的企业家生涯中，最大的成就就是和我的员工们一起实现了'为中国人做一片属于自己的玻璃'，并为汽车玻璃供应商树立了专业的典范。"曹德旺在《2023年中国最具影响力的50位商界领袖》榜单中排名第十位。

福耀玻璃精准定位目标客户，把优质产品源源不断地输送到世界各地，其汽车玻璃占中国70%市场份额的同时，还成功挺进国际汽车玻璃配套市场，为世界各地的名牌汽车提供配套产品和研发设计，成为世界第二大汽车玻璃厂商。多年来，从初期遮风挡雨的功能型玻璃，到具有多种高附加值的玻璃，福耀玻璃根据市场对玻璃提出的智能化、个性化等要求，不断开发适销对路的产品，努力提升产品的附加值。随着客户的要求越来越高，福耀也给自己定下更高目标：一是客户的任何要求都是行动指南；二是要让研究、开发、同步设计走在时代前沿；三是要保质、保量、准时交付，成为客户的"虚拟工厂"。

如今的福耀集团，已然成为汽车玻璃行业的巨头，在全球11个国家和地区建立现代化生产基地和商务机构。多年来，福耀玻璃坚持每年投入巨额研发费用，其部分高新技术产品代表了当今世界最高的制造水平，并拥有独立的知识产权。

2009年5月，曹德旺获得"安永全球企业家大奖"。这也是该奖项设立以来，首位华人企业家获此殊荣。

曹德旺坦言:"企业今天的成功,不仅来自企业自身坚持不懈的探索,更在于改革开放的好政策、良好的营商环境以及政府部门对企业的关心支持与宽容包容态度。"

◎ **案例解析**

福耀玻璃以高品质、高性能汽车玻璃为主要目标市场,以客户为中心,不断提高产品质量和技术水平,提高市场占有率和品牌竞争力。福耀玻璃将使命定位于全球,专注于创新,忠实于客户,表率于行业,满意于员工,信赖于公众,格局大、能量正,很有感召力。福耀的愿景代表了中国人民大众的心声,也表现出了中国人民顽强不屈的拼搏奋斗精神。

任务一 认识目标市场

市场营销学者麦卡锡提出应当把消费者看作一个特定的群体,称为目标市场。通过市场细分,有利于明确目标市场,通过市场营销策略的应用,有利于满足目标市场的需要。目标市场就是通过市场细分后,企业准备以相应的产品和服务满足其需要的一个或几个子市场。

> **头脑风暴**
>
> 有的放矢是指放箭要对准靶子,比喻说话做事有明确的目的性和针对性。出自《水心别集·十五·终论》。的:箭靶子,也比喻为目标;矢:箭。准备创业的你能为自己找到市场靶心吗?

一、目标市场的概念

目标市场是指企业在进行市场细分之后的若干子市场中,所运用的企业营销活动之"矢"而瞄准的市场方向之"的"的优选过程。例如,现阶段我国城乡居民对空调的需求,可分为高档、中档和普通三种需求。有专业调查表明,33%的消费者需要物美价廉的普通空调,51%的消费者需要使用质量可靠、价格适中的中档空调,16%的消费者需要美观、耐用、高档的空调。国内各空调生产厂家大多以中档、普通空调为生产营销的目标,因而市场出现供过于求,而高端空调的价格较昂贵。如果某一空调厂家选定16%的消费者目标,优先推出质优、价格合理的新型高档空调,就会受到这部分消费者的欢迎,从而迅速提高市场占有率。

二、影响目标市场选择的因素

(一)竞争对手

对于初创企业来说,竞争者可能来自多个方面,如供应商、替代品、那些与本企业提供的产品或服务相类似并且所服务的目标顾客也相似的其他企业。因此,为了更好地发现竞争对手，创业者可以同时从行业和市场这两个方面，结合产品细分和市场细分来进行分析。假设市场上同时销售五个品牌的某产品，而且整个市场可以分为十个细分市场。如果某品牌打算进入其他细分市场，就需要估计各细分市场的容量、现有竞争者的市场占有率，以及各竞争者当前的实力及其在各细分市场的营销目标与战略。从细分市场出发发现竞争对手，可以更具体、更明确地制定相应的竞争战略。

（二）企业资源

企业资源是指企业在向社会提供产品或服务的过程中所拥有，控制或可以利用的，能够帮助实现企业经营目标的各种生产要素的集合。我们应从更加广泛的角度来理解企业资源——凡是能转化为支持、帮助和优势的一切物质资源和非物质资源都是企业资源。企业资源可以分为外部资源和内部资源。企业的内部资源可分为人力资源、财物力资源、信息资源、技术资源、管理资源、可控市场资源、内部环境资源，而企业的外部资源可分为行业资源、产业资源、市场资源、外部环境资源。如此多的企业资源并不是每个创业者在创业之初就全部具备的，因此，创业者要先进行梳理，挖掘自己的优势资源，将优势资源变成核心竞争力，据此建立自己的竞争优势。

（三）产品特征

现代企业的竞争主要还是产品的竞争。产品特征是产品自身构造所形成的特色，一般指产品的外形、质量、功能、商标和包装等，它能反映产品对顾客的吸引力。产品特征是影响消费者认知、情感和行为的主要刺激物（图4-1-1）。这些特征是凭借消费者自身具有的价值观、信仰和过去的经验来评价的。在互联网时代，产品是口碑的基础，产品的本质是连接的中介，工业时代承载的是具体的功能，互联网时代连接的是趣味和情感。企业生产产品时就要力求把产品做到极致，超出预期，给用户惊喜，然后产生超越商业价值的情感关系。

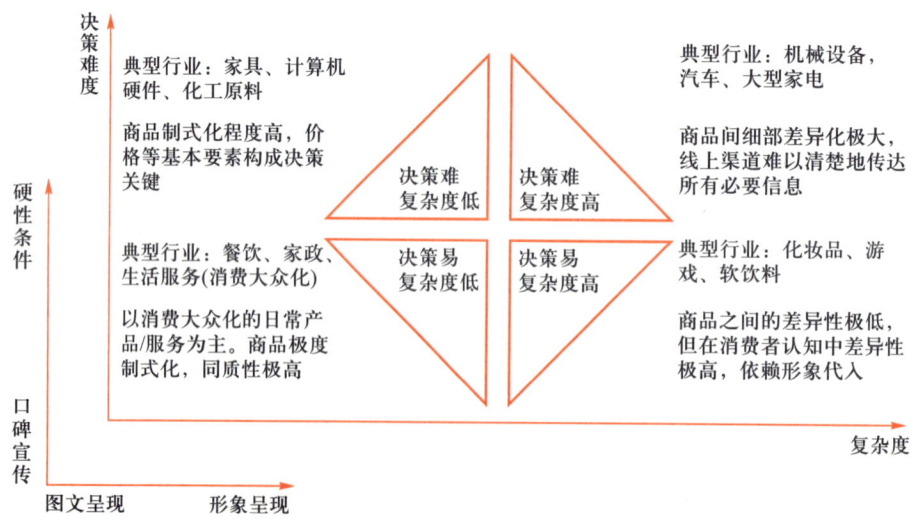

图 4-1-1　产品特性矩阵

（四）产品生命周期

产品生命周期是指产品在市场的生命周期（图4-1-2）。产品生命周期分为导入期、成长期、成熟期和衰退期四个阶段。新产品被投入市场后便进入导入期。此时，消费者对产品不了解，只有少数追求新奇的顾客可能购买，销售量很低。为了扩展销路，企业需要大量促销。当顾客对产品已经熟悉，大量新顾客开始购买，市场逐步扩大。产品大批量生产，生产成本相对降低，企业的销售额迅速上升，利润也迅速增长。竞争者看到有利可图，将纷纷进入市场参与竞争，使同类产品的供给量增加，价格随之下降，企业利润增长速度逐渐减慢，最后达到生命周期利润的最高点。之后，市场需求趋向饱和，潜在的顾客已经很少，销售额增长缓慢直至转而下降，标志着产品进入成熟期。在这一阶段，竞争逐渐加剧，产品售价降低，促销费用增加，企业利润下降。随着科学技术的发展，新产品或新的代用品出现，将使顾客的消费习惯发生改变，转向其他产品，从而使原来产品的销售额和利润额迅速下降。于是，产品进入衰退期。在产品生命周期的不同阶段，创业者选择的目标市场或目标人群不尽相同，采取的市场营销战略也会随之变化。

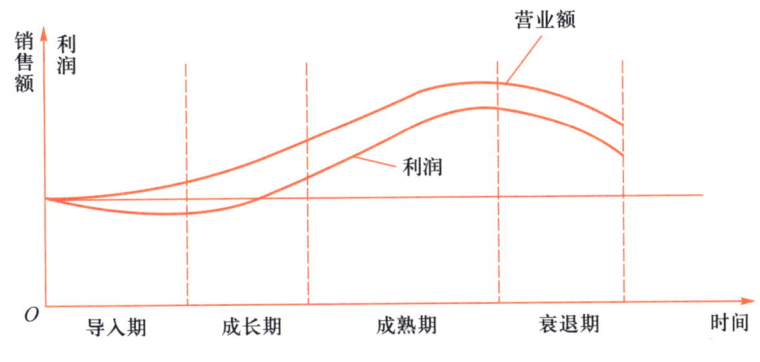

图 4-1-2　产品生命周期曲线

🔗 相关链接

有"个性"的营销

海尔集团最先推出了"定制冰箱"的概念。定制冰箱是指消费者需要的冰箱由消费者自己来设计，企业则根据消费者提出的设计要求来定做一种特制冰箱。例如，消费者可根据自己家具的颜色或自己的喜好，定制自己喜欢的外观色彩或内置设计的冰箱。定制冰箱能最大限度地满足顾客的不同需求。

🧭 学习指导

目标市场就是通过市场细分后，企业准备以相应的产品和服务满足其需要的一个或几个子市场。创业者要根据企业资源的有限性、企业经营的择优性和市场需求的差异性选择目标市场。同时，结合竞争对手、企业资源、产品特征、产品生命周期等因素有效选择目标市场。

任务检测：认识目标市场

任务二　明确目标市场选择标准

微课启学：
目标市场选择

如何科学地选择目标市场，而不是"拍脑袋"作出决策，关键在于创业者要结合企业自身的目标和能力，选择进入有一定的规模和发展潜力的市场，准确判断哪个市场对创业者来说吸引力最大，哪个市场其次，哪个市场与企业的实力和特长相匹配是极其重要的。

一、符合企业目标和能力

作为初创企业者，企业资源和市场经营能力是有限的，只有通过市场细分，把握力所能及的机会，选择有利的细分市场，集中人、财、物及信息等一切资源投入该细分市场，变全局市场劣势为局部优势，才能使自己在市场竞争中生存、发展、壮大。

某些细分市场虽然有较大的吸引力，但不能推动企业实现发展目标，甚至分散企业的精力，使之无法完成其主要目标，这样的市场应考虑放弃。另外，还应考虑企业的资源条件是否适合在某一细分市场经营。只有选择那些企业有条件进入、能充分发挥其资源优势的市场作为目标市场，企业才有可能立于不败之地。

在现代市场经济条件下，制造商品牌和经销商品牌之间经常展开激烈的竞争，即品牌战。一般来说，制造商品牌和经销商品牌之间的竞争，本质上是制造商与经销商之间实力的较量。在制造商具有良好的市场声誉、拥有较大市场份额的条件下，应多使用制造商品牌，无力经营自己品牌的经销商只能接受制造商品牌。相反，当经销商品牌在某一市场领域中拥有良好的品牌信誉及庞大的、完善的销售体系时，利用经销商品牌也是有利的。因此，进行品牌使用者决策时，要结合具体情况，充分考虑制造商与经销商的实力对比，以求客观地作出决策。

二、选择有一定的规模和发展潜力的市场

企业进入某一市场的目的是有利可图，如果市场规模狭小或趋于萎缩状态，则企业进入该市场后难以获得发展，此时，企业应审慎考虑，不宜轻易进入。当然，创业者也不宜以市场吸引力作为唯一取舍，特别是应力求避免"多数谬误"，即与竞争企业遵循同一思维逻辑，将规模最大、吸引力最大的市场作为目标市场。各企业共同争夺同一个顾客群会造成过度竞争和社会资源的浪费，同时使消费者的一些本应得到满足的需求遭受冷落和忽视。现在国内很多企业动辄将城市尤其是大中城市作为其首选市场，而对小城镇和农村市场不屑一顾，很可能就步入误区，如果转换思维角度，一些目前经营尚不理想的企业说不定会出现"柳暗花明"的局面。

三、明确细分市场的五大威胁

细分市场可能具备理想的规模和发展特征，然而从盈利的观点来看，它未必有吸引力。波特认为有五种力量决定整个市场或其中任何一个细分市场的长期的内在吸引力。这五种力量是同行业竞争者、新竞争者、替代产品、购买者和供应商。他们具有如下五种威胁性。

（一）同行业竞争者的威胁

如果某个细分市场已经有了众多强大的或竞争意识强烈的竞争者，那么该细分市场就会失去吸引力。如果该细分市场处于稳定或衰退，生产能力不断大幅度扩大，固定成本过高，撤出市场的壁垒过高，竞争者投资很大的局面，那么情况就会更糟。这些情况常常会导致价格战、广告争夺战，新产品推出，并使企业要参与竞争就必须付出高昂的代价。

（二）新竞争者的威胁

如果某个细分市场可能吸引会增加新的生产能力和大量资源并争夺市场份额的新竞争者，那么该细分市场就会没有吸引力。问题的关键是新竞争者能否轻易地进入这个细分市场。如果新竞争者进入这个细分市场时遇到森严的壁垒，并且遭受到细分市场内原来的企业的强烈报复，他们便很难进入。反之，这个细分市场就比较缺乏吸引力。某个细分市场的吸引力随其进退难易的程度而有所区别。根据行业利润的观点，最有吸引力的细分市场应该是进入的壁垒高、退出的壁垒低。在这样的细分市场中，新的企业很难进入，但经营不善的企业可以安然撤退。如果细分市场进入和退出的壁垒都高，那么该细分市场的利润潜量就大，但也往往伴随较大的风险，因为经营不善的公司难以撤退，必须坚持到底。如果细分市场进入和退出的壁垒都较低，企业便可以进退自如，然而获得的报酬虽然稳定，但不高。最坏的情况是进入细分市场的壁垒较低，而退出的壁垒很高。于是在经济良好时，企业蜂拥而入，但在经济萧条时，企业很难退出。结果是企业的生产能力过剩，收入下降。

（三）替代产品的威胁

如果某个细分市场存在着替代产品或有潜在替代产品，那么该细分市场就会失去吸引力。替代产品会限制细分市场内价格和利润的增长。企业应密切注意替代产品的价格趋向。如果在这些替代产品行业中技术有所发展，或者竞争日趋激烈，这个细分市场的价格和利润就可能下降。

头脑风暴

互补品：汽车与汽油、钢笔与墨水、自行车与自行车轮胎、颜料与画笔、铅笔与橡皮、牙刷与牙膏、左鞋与右鞋。

替代品：收音机与电视机、计算机与智能手机、汽车与高铁、自行车与共享单车、纸质货币与支付宝、实体店购物与网购。

你还能想到哪些互补品和替代品？

(四)购买者的威胁

如果某个细分市场中购买者的讨价还价能力很强或正在加强,该细分市场就没有吸引力。购买者便会设法压低价格,对产品质量和服务提出更高的要求,并且使竞争者互相竞争,所有这些都会使销售商的利润受到损失。如果购买者比较集中或有组织,或者该产品在购买者的成本中占有较大比例,或者产品无法实行差别化,或者顾客的转换成本较低,或者由于购买者的利益较低而对价格敏感,或者顾客能够向后实行联合,购买者的讨价还价能力就会加强。销售商为了保护自己,可选择议价能力最弱或转换销售商能力最弱的购买者。较好的防卫方法是提供顾客无法拒绝的优质产品供应市场。

(五)供应商的威胁

如果企业的供应商——原材料和设备供应商、公用事业、银行等,能够提价或降低产品和服务的质量,或者减少供应数量,那么该企业所在的细分市场就会失去吸引力。如果供应商集中或有组织,或者替代产品少,或者供应的产品是重要的投入要素,或者转换成本高,或者供应商可以向前实行联合,那么供应商的讨价还价能力就会较强大。因此,与供应商建立良好的关系和开拓多种供应渠道才是防御上策。

> **学习指导**
>
> 企业进入某一市场的目的是有利可图,如果市场规模狭小或趋于萎缩状态,则企业进入该市场后就难以获得发展,此时,企业应谨慎考虑,选择有一定的规模和发展潜力的细分市场。
>
> 从波特五种力量的角度考虑,创业者要进入具备长期内在吸引力的细分市场。只有选择那些企业有条件进入、能充分发挥其资源优势的市场作为目标市场,企业才有可能立于不败之地。

任务检测:明确目标市场选择标准

任务三 进行目标市场环境分析

对目标市场的环境分析即对需求的分析,创业者一定要考虑自己的产品是否能够被客户接受,也就是说客户是否有这样的需求,而且要知道这种需求是多大,因为只有需求量大,企业的产品才有可能销售出去,从而企业本身才有盈利(图4-1-3)。

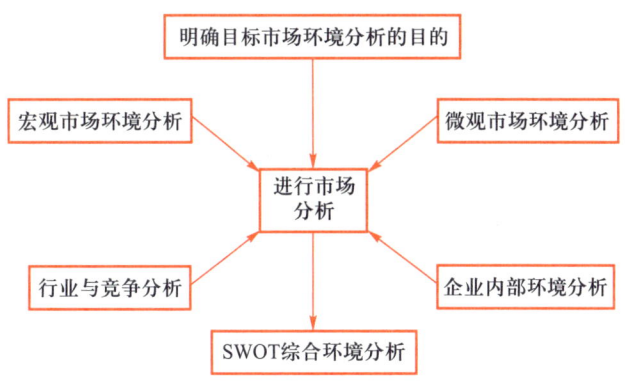

图 4-1-3　目标市场分析方法

一、明确目标市场环境分析的目的

通过目标市场环境分析，可以更好地认识市场的商品供应和需求的比例关系，采取正确的经营战略，满足市场需要，提高企业经营活动的经济效益。

目标市场环境分析可以帮助企业解决重大的经营决策问题。例如，通过市场环境分析，企业可以知道自己在某个市场有无经营机会或能否在另一个市场将已经获得的市场份额扩大。目标市场环境分析也可以帮助创业者对一些较小的问题作出决定，如企业是否应该立即对价格进行适当的调整，以适应顾客在节日期间的消费行为；或者企业是否应该增加营业推广所发放的奖品，以加强促销工作的力度。

二、进行目标市场环境分析的方法

目标市场环境是指一切影响和制约企业市场决策及实施的内部条件与外部环境的总和，包括企业在其中开展经营活动并受之影响和冲击的不可控行动者与社会力量，如供应商、顾客、文化与法律环境等。

（一）宏观市场环境分析

宏观市场环境是指企业无法直接控制的因素，是通过影响微观市场环境来影响企业经营能力和效率的一系列巨大的社会力量，包括人口、自然生态、经济、政治法律、科学技术、社会文化等因素（图4-1-4）。因为这些环境因素对企业的经营活动有着间接的影响，所以宏观市场环境又称间接市场环境。微观市场环境和宏观市场环境之间不是并列关系，而是主从关系。微观市场环境受制于宏观市场环境，微观市场环境中的所有因素均受到宏观市场环境中的各种力量和因素的影响。

（二）微观市场环境分析

微观市场环境是指与企业紧密相连、直接影响企业经营能力和效率的各种力量和因素的总和，主要包括企业自身、供应商、竞争者、营销中介及公众。因为这些环境因素对企业的经营活动有着直接的影响，所以微观市场环境又称直接市场环境（图4-1-5）。

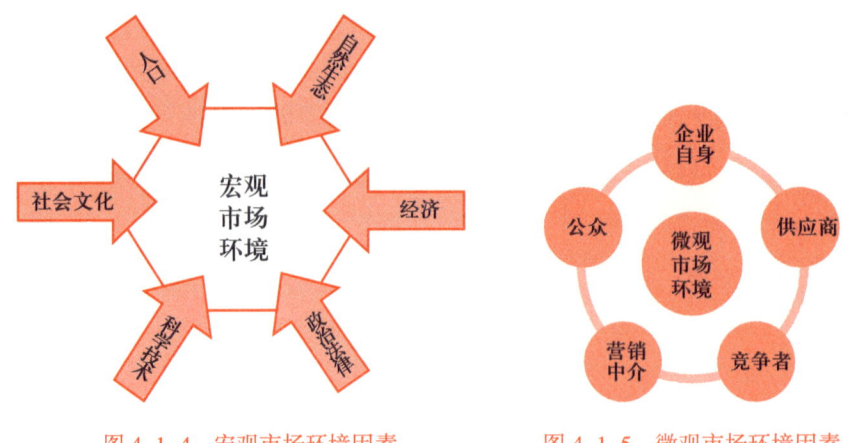

图 4-1-4　宏观市场环境因素　　　　图 4-1-5　微观市场环境因素

（三）企业内部环境分析

企业内部环境包括企业的物质环境和文化环境。它反映了企业所拥有的客观物质条件和工作状况及企业的综合能力，是企业系统运转的内部基础。因此，企业内部环境分析也可称为企业内部条件分析，其目的在于掌握企业实力现状，找出影响企业生产经营的关键因素，辨别企业的优势和劣势，以便寻找外部发展机会，确定企业战略。如果说外部环境为企业提供了可以利用的机会，那么内部环境则是抓住和利用这种机会的关键。只有在内外环境都适宜的情况下，企业才能健康发展。

（1）企业资源分析。企业的任何活动都需要借助一定的资源来进行，企业资源的拥有和利用情况决定了其活动的效率和规模。企业资源包括人、财、物、技术、信息等，可分为有形资源和无形资源两大类。

（2）企业文化分析。企业文化分析主要分析企业文化的现状、特点及它对企业活动的影响。企业文化是企业战略制定与成功实施的重要条件和手段，它与企业内部物质条件共同组成企业的内部约束力量，是企业内部环境分析的重要内容。

（3）企业能力分析。企业能力是指企业有效地利用资源的能力。拥有资源不一定能有效运用，因而企业有效地利用资源的能力就成为企业内部环境分析的重要因素。

（四）行业与竞争分析

波特认为："在任何产业中，无论是在国内还是在国外，无论是生产一种产品还是提供一项服务，竞争规律都寓于新竞争者的进入、替代产品的威胁、购买者的讨价还价能力、供应商的讨价还价能力和现有同行业竞争者之间的竞争五种竞争力量中。"整个行业的竞争态势取决于这五种行业竞争结构要素的相互作用关系。

波特在行业竞争五力分析的基础上制定了行业竞争结构分析模型，从而可以使创业者从定性和定量两个方面分析行业竞争结构和竞争状况（图4-1-6）。

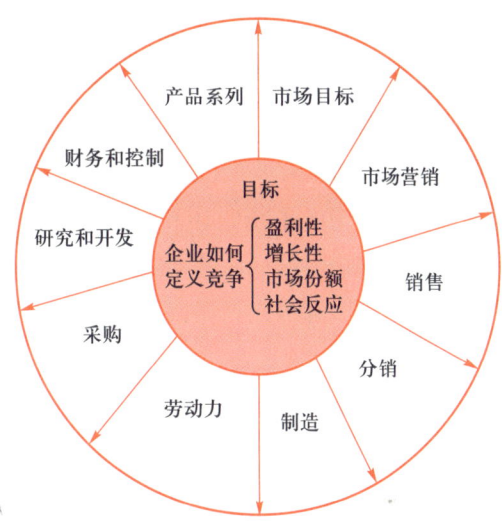

图 4-1-6 行业竞争结构分析模型

(五) SWOT 综合环境分析

综合环境分析的方法常采用 SWOT 分析法。如前所述,SWOT 分析法实际上是将对企业内外部条件各方面内容进行综合和概括,进而分析组织的优劣势、面临的机会和威胁的一种方法。通过 SWOT 分析法,企业可以把资源和行动聚集在自己的强项和有最多机会的地方,并让企业的战略变得明朗。某连锁酒店的 SWOT 分析如图 4-1-7 所示。

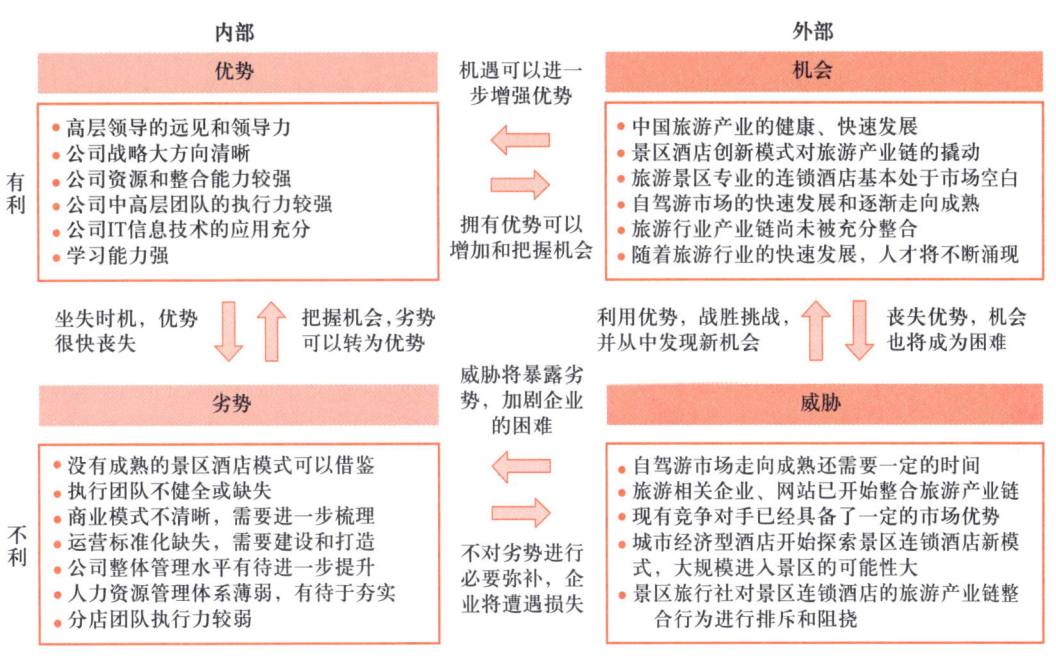

图 4-1-7 某连锁酒店的 SWOT 分析

SWOT 分析法的结论如下。

(1) 中国旅游产业的健康、快速发展,将很好地带动旅游相关产业快速发展,景区酒店作为旅游产业链的重要一环，将面临很好的行业和市场发展前景。

（2）目前旅游产业链正在被打破，面临重新整合，旅游产业各企业都在进行旅游产业链的整合和创新，以求抢占市场先机。

（3）随着旅游行业的不断发展和成熟，以及居民收入的连年增长，航空/高铁/高速公路交通网络的不断发展，汽车保有量的不断提升，汽车租赁行业的发展和现有组团游模式的萎缩，中国自驾游市场将迎来快速发展局面并不断走向成熟。

（4）公司看准行业未来机会，进入非城市性景区，发展景区连锁酒店事业，并试图整合旅游产业链资源，公司战略定位和商业模式还需要进一步梳理并确定，为后续迅速拓展并抢占景区市场奠定战略方向性的基础。

相关链接

网红书店的生意经

北京有家网红书店，它的铺面不大，在经营上却颇有特色，有些地方甚至有悖"常理"。例如，书店规模不大，理应节约开支，但这家书店却买进一辆货车，涂上店名并写上"招手即停""流动书架""来往各大专院校"；再如，按常理书店内不应设有座位，以免顾客坐下来阅读而影响书的出售，但这家书店却全部开架，地毯铺地，音乐轻柔，店中间设有几张桌椅，顾客可以坐在那里翻阅或抄写。

据书店负责人介绍，这样做是因为该书店将顾客定位为高等院校师生、科研机构工作人员。事实上，该书店的这些做法取得了颇为丰厚的精神回报和物质回报。各大专院校每月都要举办1~2次的书市，书店则一直是他们的主要邀请单位。通过这些书市，书店得到了可观的经济收入。同时，这些大专院校的学生及毕业后走向工作岗位的人士普遍对该书店具有高度认同感，许多人宁愿舍近求远，从距离较远的地方赶来，到该书店阅读、购书。

学习指导

在进行产品或服务市场定位之前，要对市场有一个清晰的把握，这就需要创业者深入了解市场。我们可以通过宏观市场环境分析、微观市场环境分析、企业内部环境分析、行业与竞争分析、SWOT综合环境分析五种分析方法，对目标市场的环境进行全方面、多角度的分析，从而更好地认识市场的商品供应和需求的比例关系，采取正确的经营战略，满足市场需求，提高企业经营活动的经济效益。

任务检测：进行目标市场环境分析

实训活动

寻找目标市场

1. 活动参与人数

以班级为单位,人数控制在50人以下。

2. 活动场地和道具

教室、工作坊等,纸、马克笔等。

3. 活动组织

以3~8人为一组,以小组形式完成。

4. 活动步骤

结合创业机会的识别,如果让你选择一个自己认为合适的行业及产品在本地市范围内进行经营,有10万~20万元的启动资金,请选择目标市场并进行目标市场环境分析。

(1)确定你的经营范围及产品名称。

(2)调研本地市范围内的行业竞争对手情况,对你所认为的几个主要竞争对手进行分析。

(3)进行该项目的消费者市场行为分析。

5. 活动交流与讨论

(1)你的竞争对手是谁?

(2)在寻找目标市场时遇到了哪些困难?

(3)在进行目标市场环境分析时存在什么问题?

6. 活动体验

_____

_____

7. 活动点评

选择目标市场是创业过程中至关重要的一环。只有在对的时间进入了对的市场才是真正创业的开始。因此,只有帮助学生了解目标市场,掌握目标市场的选择标准,进行目标市场环境分析,深入研究市场变化,紧跟时代潮流,做到有的放矢,才能激流勇进,受到消费者的喜爱和欢迎,从而迅速提高市场占有率。

项目二　制定营销战略

学前思考

（1）什么是市场细分？怎样进行市场细分？
（2）什么是市场定位？市场定位的策略有哪些？
（3）什么是产品定位？产品定位的策略有哪些？

案例导入

汇源乳业的细分市场

◎ **案例描述**

在消费者根深蒂固的印象中，汇源就是一家生产果汁的企业，业内人士据此认为，汇源专业的果汁形象，将会成为其进军新领域——乳业的一个掣肘。然而，汇源通过在营销、产品战略上进行创新，巧妙运用果汁资源优势，顺利进军乳业、抢占市场，把果汁的资源变成汇源进军乳业的一把利器。

由于鲜奶市场和超高温消毒奶的竞争相当激烈，汇源决定避开这两个市场，将目标集中在复合奶市场。汇源主推的产品就是"汇源200双纯奶"，"双纯奶"就是"纯牛奶加纯果汁"，不过它与传统的果奶有着本质的不同，果奶大多用香精调兑而不是100%纯果汁。运用产品差异化原则，汇源力图通过"双纯奶"给消费者留下"营养多，更好喝"的品牌印象，而纯果汁恰恰是汇源的品牌特色。这就是汇源扬长避短的基本策略。

汇源的发展策略避开了"拥挤的战场"，主打细分市场。在"汇源200双纯奶"之后，汇源又推出"早餐奶""睡前奶"等系列产品，以满足不同细分市场的顾客的需求。汇源提出"让不同的人喝上更适合自己的牛奶"的口号。

（资料来源：佚名.汇源果汁的产品定位.百度文库，2021-02-01.有删改.）

◎ **案例解析**

面对竞争激烈的乳业市场，后来者汇源选择了细分市场的战略。中国乳业市场进入崭新阶段，该阶段更加强调满足顾客的个性化需求，汇源通过将乳制品进一步细分甚至微分来满足顾客的个性化需求，收到良好的效果。

任务一　进行市场细分

评判创业成功与否的关键要素是产品或项目是否盈利,要想盈利就得把产品或项目销售出去,销售的数量越多,价格越高,盈利越多。"知己知彼,百战不殆",在创业过程中,了解市场,了解购买产品的顾客的需求至关重要。市场营销学者麦卡锡提出应当把顾客看作一个特定的群体,称为目标市场。通过对市场细分,有利于明确目标市场,通过对市场营销策略的应用,有利于满足目标市场的需要,为产品定位作出科学判断。

微课启学:
市场细分概述

一、市场细分的含义

在创业的过程中了解创业市场明确产品定位是第一步,产品市场细分是了解创业市场、科学定位产品的重要步骤。产品细分在经历了大量营销阶段、产品差异化营销阶段、目标营销阶段后,到20世纪90年代,在全球营销环境下,产品适度细分被赋予了新的内涵,适应了全球营销趋势的发展。

市场细分是创业者根据自身条件和管理意图,以需求的某些特征或变量为依据,区分具有不同需求的顾客群体的过程。经过市场细分,在同类产品市场上同一细分市场的顾客具有较多的共性,不同细分市场之间的需求具有较多的差异性。

🔗 相关链接

全球营销战略

全球营销战略是指企业从世界的角度去考察企业的生产、流通等全部营销活动,按最优化的原则,把不同国家中的不同企业组织起来,以最低成本、最优化的营销方案去满足市场需求,其目的是强调营销的国际比较。全球营销战略突破了国界的概念,从世界市场范围来考虑公司营销战略的发展,以求得企业的综合竞争优势。

二、进行市场细分的原因

(一)创业企业资源的有限性

除了自然垄断、国家垄断的行为及少数市场面极其狭窄的行业,对于大多数行业而言,企业是很难去满足其全部市场的,因为会受到企业资源和能力的限制。也就是说,企业只会去满足该市场中的一部分消费群体的需求。

(二)创业企业经营的择优性

既然企业只能去满足市场中的一部分消费群体的需求,那么,它就会面临两种选择:

一是不加区分地任意满足其中的一部分,从策略上讲就是广泛营销。结果是,由于没有针对性,市场群体的满意度就不会很高,从而企业的市场竞争力也就不会很强。二是寻找到同其他资源相匹配的,有可能充分发挥企业特色和优势的一部分市场群体,有针对性地去加以满足。这样就可能既使这部分市场群体的满意度大大提高,又使企业的核心竞争力得到充分发挥。毫无疑问,只要有可能,企业都会选择后者。

(三)市场需求的差异性

创业企业是否有可能找到这样一些在需求上同其他市场群体不同,而需要有针对地加以满足的市场群体呢?在各种因素的影响下,市场消费群体之间存在很大差异性,从而构成了一个又一个在需求上各不相同的市场群体,从而为创业企业有针对性地选择其目标市场提供了前提。

三、进行市场细分的方法

怎样进行市场细分是了解创业市场的关键。对于消费者市场而言,对一些细分变量进行分析,是市场细分的一般方法(表4-2-1)。

微课启学:
市场细分方法

表 4-2-1 对细分变量进行市场细分

细分标准	细分变量
地理因素	地理位置、城镇大小、地形、地貌、气候、交通状况、人口密集度等
人文因素	年龄、性别、职业、收入、民族、宗教、教育、家庭人口、家庭生命周期等
心理因素	生活方式、个性、购买动机、态度等
行为因素	购买时间、购买数量、购买频率、购买习惯、对服务、价格、渠道、广告的敏感程度等

(一)创业者分析细分变量是市场细分的方法

1. 地理细分

地理细分要求创业者把市场划分为不同的地理区域单位,包括洲际、国别、地区、行政区域、城乡、气候条件和其他地理环境等一系列的具体变量。例如,宝洁公司的地理细分主要表现在产品技术研究方面,如宝洁公司经过细心的研究,结合亚洲人发质的特点,研发出营养发质的潘婷,满足亚洲消费者的需求。针对不同地区,宝洁公司主推的产品也不一样,如在偏远地区,推出了汰渍及海飞丝、飘柔等经济实惠的洗涤及洗发产品;对于二三线城市则主推玉兰油、伊奈美等中端洗护产品;对于国际大都市则推出蜜丝佛陀等高端彩妆产品。

2. 人文细分

人文细分消费者市场主要是按市场人文变量进行市场细分,如以年龄、性别、家庭模式、家庭生命周期、社会阶层、收入、职业、教育、宗教、国籍等为基础,划分出不同的消费者群体。例如,宝洁公司的洗衣粉初打入中国市场时,该公司经调研发现中国消费者对洗衣粉的性价比要求较高。市场细分如下:将碧浪定位于高价市场,为5%的市场占有率；将汰渍定位于中价市场，为15%的市场占有率；将合资的当地品牌高富力、兰香等定位于低价市场。

3. 心理细分

消费者的心理因素是关于消费者自身的较深层次的因素，包括消费者的生活方式、个性等心理变量。有时候，在同一人文群体中，可能会表现出差异极大的心理特征。例如，宝洁公司面对生活方式的差异性，针对广大的家庭主妇型消费者，推出了桶装洗发水和沐浴露。对于大学生群体或经常外出的人们，推出了易携带的洗护二合一产品。对于白领一族，推出了中高端彩妆品牌。

4. 行为细分

行为细分是指根据与消费者购买行为习惯相关的一些变量，包括购买时间和频率、追求的利益、使用情况和消费者对品牌的忠诚度等，将它们划分为不同的群体。例如，宝洁公司根据不同消费者群体，推出四种不同诉求利益的洗发产品：海飞丝——去屑；潘婷——维生素原B5营养发质；飘柔——柔顺光滑；沙宣——专业美发；伊卡璐——草本精华纯天然。

（二）市场细分的实施步骤

1. 创业者将市场进行区隔

市场可以细分，但市场主要说的是人的一种需求。人从婴儿到老年都是有需求的，但是相同的产品不可能适应所有的人。一个产品适合一个年龄段的人群，这个年龄段就称为整体人群的区隔人群。有些产品适合从年龄上区隔，有些产品适合从性别上区隔，还有些产品适合从经济能力上区隔。区隔市场与市场细分不同，区隔是区隔出一个大的市场人群，也称市场区隔。也可以用一个产品类别去对应，除了对应不同年龄，还可以对应男性、女性。在男性和女性中，还可以从年龄上对应青年女性、青年男性。总之，用一个大产品类别对应市场的一类人群的就称为区隔市场。

2. 创业者在区隔市场的基础上确定初步细分市场

在区隔市场中，把已经区隔的人群进行细分。如何细分呢？就是在产品的共性利益基础上加上个性利益，然后针对这个年龄段不同个性特点的人所要求的个性利益点进行细分。

3. 创业者对初步细分市场的调查和市场趋向性进行分析

由于市场竞争的加剧，在大的细分条件下还出现了更细的细分。做细分产品时还要考虑这个市场是否成熟，市场没有成熟到一定程度时不要进行细分。

（三）决定产品细分市场的重要考量

1. 细分市场的需求潜量

首先，细分市场应该有足够大的需求潜量。唯有对创业企业发展有利的潜量规模才是具有吸引力的细分市场。其次要正确估测和评价一个市场的需求潜量，不可忽视消费者（用户）数量和他们的购买力水平这两个因素中的任何一个。

2. 市场细分内的竞争状况

在市场中可能占据的竞争地位是评估各细分市场的主要方面之一，如竞争对手实力是否雄厚、强弱与否，潜在竞争对手的状况，新的竞争者能否轻易地进入该细分市场等。总之，竞争实力强，创业企业对市场细分选择的自由度就大一些。反之，创业企业受到的制约程度就会高一些。

3. 细分市场所具有的特征与创业企业总目标和资源优势的吻合程度

创业企业进行市场细分的根本目的就是要发现与自己的资源优势能够达到最佳结合的市场需求。企业的资源优势表现在其资金实力、技术开发能力、生产规模、经营管理能力、交通地理位置等方面。既然是优势，必须是胜过竞争者的。消费需求的特点如果能促进企业资源优势的发挥将是创业企业的良机。否则，会出现事半功倍的情况，对创业企业来说是资源的浪费，严重时，甚至造成很大的损失。

4. 细分市场的投资回报

创业企业需要着重注意细分市场提供的盈利水平。高投资回报率是创业企业所追求的，必须对细分市场的投资回报能力做出正确的估测和评价。

市场细分有助于创业企业深刻地认识市场，有助于创业企业发现最佳的市场机会，有助于创业企业确定经营方向，开展针对性的经营活动。市场细分对小企业具有特别重要的意义。

相关链接

STP理论

市场细分的概念最早是由营销学家温德尔·史密斯在1956年提出的，此后，营销学家菲利浦·科特勒进一步发展和完善了史密斯的理论，并最终形成了成熟的STP理论——市场细分（segmentation）、目标市场（targeting）和市场定位（positioning）。它是战略营销的核心内容。

市场细分理论的产生，使传统营销观念发生了根本的变革，在理论和实践中都产生了极大的影响，被世界理论学称为市场营销革命。

学习指导

市场细分是创业企业根据自身条件和管理意图，以需求的某些特征或变量为依据，区分具有不同需求的顾客群体的过程。经过市场细分，在同类产品市场上同一细分市场的顾客具有较多的共性，不同细分市场之间的需求具有较多的差异性。市场细分的方法包括地理细分、人文细分、心理细分和行为细分。

任务检测：进行市场细分

任务二　进行市场定位

一个产品或项目在进入市场之前需要考虑自己在市场中同类产品里处于一个什么样的位置。能够准确地对自己的产品或项目定位是创业成功的必要条件。

一、市场定位的含义和内容

市场定位的实质是使自己的产品或项目与其他同类产品或项目严格区分开，使顾客明显感觉和认识到这种差别，在顾客心目中占有特殊的位置。

（一）市场定位的含义

市场定位是企业根据竞争者现有产品在市场上所处的位置，针对顾客对该类产品某些特征或属性的重视程度，为本企业产品塑造与众不同的、给人印象鲜明的形象，并将这种形象生动地传递给顾客，从而使该产品在市场上确定适当的位置。

（二）市场定位的内容

市场定位主要包括产品定位、企业定位、竞争定位、消费者定位四个方面。产品定位侧重于产品实体定位质量、成本、特征、性能、可靠性、用性、款式等，企业定位即企业形象塑造品牌、员工能力、知识、言表、可信度，竞争定位主要确定创业企业相对于竞争者的市场位置，消费者定位主要体现在确定创业企业的目标客户群。

二、市场定位的关键

市场定位的关键是创业者要设法在自己的产品上找出比竞争者更具有竞争优势的特性。

（一）分析目标市场的现状，确认自己潜在的竞争优势

消费者一般选择那些为他们带来最大价值的产品和服务。因此，创业者赢得和保持顾客的关键是比竞争者更好地理解顾客的需要和购买过程，以及为他们提供更多的价值。通过提供比竞争者较低的价格，或者提供更多的价值以使较高的价格显得合理。创业企业可以把自己的市场定位成为目标市场提供优越的价值，从而赢得竞争优势。

（二）准确选择竞争优势，对目标市场进行初步定位

竞争优势表明创业者能够胜过竞争对手的能力。这种能力既可以是现有的，又可以是

潜在的。选择竞争优势实际上就是创业者与竞争者的各方面实力相比较的过程。创业者需要避免三种主要的市场定位错误。第一种是定位过低，即根本没有真正为产品或项目定好位。第二种错误是过高定位，即传递给购买者的产品形象太窄。最后。创业者必须避免混乱定位，给购买者一个混乱的产品形象。

（三）显示独特的竞争优势和重新定位

创业者要通过一系列的宣传促销活动，将其产品或项目独特的竞争优势准确地传播给潜在顾客，并在顾客心目中留下深刻印象。因此，创业者首先应使目标顾客了解、知道、熟悉、认同、喜欢和偏爱其产品或项目的市场定位，在顾客心目中建立与该定位相一致的形象。其次，创业者通过各种努力强化目标顾客形象，保持目标顾客的了解，稳定目标顾客的态度和加深目标顾客的感情来巩固与市场相一致的形象。

三、市场定位的策略

微课启学：市场定位的策略

（一）避强定位

避强定位是指创业者力图避免与实力最强的或较强的其他产品或项目直接发生竞争，而将自己的产品定位于另一市场区域内，使自己的产品在某些特征或属性方面与最强或较强的对手有比较显著的区别。例如，五谷道场方便面"非油炸，更健康"的产品定位。

（二）迎头定位

迎头定位是指创业者根据自身的实力，为了占据较佳的市场位置，不惜与市场上占支配地位的、实力最强或较强的竞争对手发生正面竞争，而使自己的产品进入与竞争对手相同的市场位置。例如，肯德基与麦当劳、可口可乐与百事可乐、移动与联通之间的定位关系就属于迎头定位。

（三）创新定位

创新定位是指寻找新的尚未被占领但有潜在市场需求的位置，填补市场上的空缺，生产市场上没有的、具备某种特色的产品。例如，360杀毒是360安全中心出品的一款免费的云安全杀毒软件，它整合了领先的查杀引擎，一经推出，迅速占领了云杀毒市场的半壁江山。

（四）重新定位

创业者在选定了市场定位目标后，如果定位不准确或虽然开始定位得当，但当市场情况发生变化时，如遇到竞争者定位与自己的产品或项目接近，侵占了自己产品或项目的部分市场，或者由于某种原因消费者或用户的偏好发生变化，转移到竞争者方面时，就应考虑重新定位。例如，李宁品牌使用全新口号"让改变发生"代替了原来的"一切皆有可能"。

市场定位是创业者设计产品和形象的行为，以明确自己在目标市场中相对于竞争对手的位置。创业者在进行市场定位时应慎之又慎，要通过反复比较和调查研究，找出最合理的突破口，避免出现定位混乱、定位过宽或定位过窄的情况。一旦确立了理想的定位，创业者必须通过一致的表现与沟通来维持此定位，并应经常加以监测以随时适应目标顾客和竞争者策略的改变。

相关链接

中国国际"互联网+"大学生创新创业大赛获奖项目市场定位

1. 市场容量足够大

市场容量是指在不考虑产品价格或供应商策略的前提下，市场在一定时期内能够容纳某种产品或服务的单位数目。只有市场容量足够大，项目才有更大的发展空间，如果是初创组和成长组项目，尽可能做到行业细分领域的前三甲，以此证明项目具有十足的发展潜力。

2. 增长足够快

增长快多体现在项目的各种关键指标上升速度快或上升幅度大，包括销售额、客户量、利润额、市场占有率等。

学习指导

市场定位是企业根据竞争者现有产品在市场上所处的位置，针对顾客对该类产品某些特征或属性的重视程度，为本企业产品塑造与众不同的、给人印象鲜明的形象，并将这种形象生动地传递给顾客，从而使该产品在市场上确定适当的位置。

市场定位主要包括产品定位、企业定位、竞争定位、消费者定位四个方面。市场定位的关键是创业者要设法在自己的产品上找出比竞争者更具有竞争优势的特性，包括分析目标市场的现状，确认自己潜在的竞争优势；准确选择竞争优势，对目标市场进行初步定位；显示独特的竞争优势和重新定位。市场定位的策略有避强定位、迎头定位、创新定位、重新定位。

任务检测：进行市场定位

任务三 进行产品定位

产品定位成功与否，取决于顾客或消费者的反应。因此，在创业过程中不管是产品营销还是个人营销,都要学会应用定位的思想,善于向别人的头脑中根植概念或属性,努力在目标对象的记忆台阶中占据首要的位置,进而树立良好的形象,实现产品合理定位,为创业成功打下坚实的基础。

一、产品定位的含义

产品定位是创业公司为建立一种适合消费者心目中特定地位的产品,所采用的产品策略企划及营销组合的活动。产品定位并不是指产品本身,而是指产品在潜在消费者心目中的印象,亦即产品在消费者心目中的地位。

产品定位是指创业者对经营的产品赋予某些特色,使产品在用户中树立某种特定的形象。因此,创业者在进入市场时必须对产品进行合理定位,即确定哪些产品作为投放市场的对象。产品定位的主要体现在实体的构造、形状、成分、性能、命名、商标、包装、价格等直观方面,以及满足消费者豪华、朴素、艳丽、雅淡等不同的心理需求。

二、产品定位的策略

产品定位的基本策略有两种:一是创业者与竞争对手的产品相对比,显示出独特性;二是创业者与自己的系列产品相比较,显示出创新性。产品定位策略的恰当使用,有利于触发消费者求新、求美、求名、惠顾动机与习惯性购买行为。

(一)高价定位

高价定位是指产品通过定价高于其他产品而确定自己的独特性。例如,被称为"雪糕刺客"的钟薛高一经推出,便取得在网络一夜爆红且产品火爆热销的成绩,其定价明显高于其他街售品牌,原因在于其一开始就瞄准了年轻消费人群和家庭市场,将之前雪糕的随机消费转化为家庭仓储式的甜品享受式消费。通过一系列网络营销和事件营销手段以及独特的线上销售方式,在取得商业成功的同时打破了国内低价国产雪糕与国外高端品牌竞争的局面,引起了外界对其商业模式的广泛关注。

在商品价格与需求关系中存在一种凡勃伦效应,即价格相对高和与之相联系的社会购买信誉高,从而使商品和服务受到欢迎。换言之,商品价格定得越高,越能受到消费者的关注和青睐。

(二)功能定位

功能定位是指通过对自己产品各种功能的表现、强调,为顾客提供比竞争对手更多的收益和满足,借此使顾客对产品留下印象,实现产品某类功能。例如,红牛,定位为功能特饮,因为其含有较多的牛磺酸及葡醛内酯,并且咖啡因和维生素B6的含量也较高,能够被很好地吸收,特别是对于身体疲乏的人群,能够起到较好的提神效果,也有利于精神力的增强。"困了累了就喝红牛"的广告词直接表达了这个品牌的功能定位。

当产品的生产技术比较成熟,各企业在产品的主要功能上都已达到了某种水平,企业在主要功能方面难以和竞争对手拉开较大的距离时,往往要依靠产品的一些次要功能或服务来定位。

(三) 外形定位

消费者个性化需求的发展直接导致产品外形的不断更改，外形定位是产品定位的关键内容之一。例如，海尔集团从一封用户来信的抱怨中得到启发，于1996年推出第一代"小小神童"迷你即时洗全自动洗衣机。这种小型洗衣机既符合现代人生活节奏紧张、洗衣次数多的要求，又具有能够即时洗、占地小、易搬动的好处，因而在市场上获得了巨大的成功。

微课启学：
产品形象策略

(四) 包装定位

精美独特或人性化的包装能让产品增色不少。好的包装设计是产品"活"的灵魂，更是战胜竞争对手的有力武器。例如，2019年10月，农夫山泉推出中国第一款无糖茶——东方树335 ml的口袋装。这款产品上市，对标秋冬暖茶饮用场景，主要投放于便利店暖饮柜。考虑到暖柜环境，东方树叶口袋装的瓶身做了加厚及多重加强筋的处理，大大提升了瓶身的耐热性和稳定性，安全加热更放心。近年来，小包装成为流行趋势，从"大即好"到"小而美"，这一现象与中国消费人群结构转变密切相关。对年轻消费者来说，小包装更精致、更易携带、性价比更高。而东方树叶推出口袋装，既是顺应小包装趋势，也是结合了消费者偏好、季节性特征、饮用场景分析等多个因素的产品策略。更精准系统地拓展了消费群体、拓宽了暖茶饮用场景、提高了消费者饮用频次，东方树叶的小包装蕴藏着"大力量"。

(五) 渠道定位

渠道定位是指制造商通过提供比其他竞争对手更好的产品、服务、财务收入、项目和系统等而获得的在分销商中的一种信誉。例如，双汇集团就曾成功地运用了这个策略，从而在中国市场上做到了"后来者居上"的成绩。双汇火腿肠面市以来，就一直存在着和春都品牌的竞争问题。在面对春都这个实力强劲的竞争对手时，虽然双汇集团有着雄厚的经济实力和竞争优势，却没有采取"盲目充大，争抢第一"的策略，而是采取了渠道跟随策略。只要是春都火腿肠所到之处，就可以看到双汇火腿肠的影子。渠道跟随策略的采用，使双汇集团花了少量的资金就打开了销路，还避免了在开拓市场上走弯路的问题。这无疑为双汇集团的发展节省了资金，同时也加快了其发展的步伐。

(六) 首席定位

追求品牌成为本行业领导者的市场地位，或者市场占有率第一，或者销售量第一。例如，喜之郎在广告中说"果冻布丁当然是喜之郎"，海尔集团经常在广告中强调"销量第一"等，这就是首席定位策略。

(七) 加强定位

加强定位是指在顾客心目中加强现有的地位。例如，亚都公司在推销恒温换气机时，对顾客强调"我不是空调"。

(八) 寻求空档定位

寻求空档定位是指寻找为顾客所重视的，但尚未被开发的市场空间。例如，在红色罐装王老吉被推出之前，凉茶市场始终处于萎靡不振的状态，而红色罐装王老吉正好弥补了这一市场空缺。

（九）对比定位

对比定位是指通过与竞争品牌的比较，确立自己的市场地位。例如，国外一家经营汉堡包的公司针对其他公司的汉堡包里牛肉太少的情况，雇用一位家庭主妇做广告，她看着另一品牌的汉堡问道："牛肉到哪里去了？"

（十）高级俱乐部定位

高级俱乐部定位是指强调自己是某个具体的良好声誉的小集团的成员之一。例如，中国自主新能源汽车"蔚来"推出的俱乐部会员概念，很容易在顾客心中留下深刻印象。

三、产品定位的原则

在深入理解了产品定位的目标和本质、过程和手段、层次和境界后，我们相信无论是营销产品还是品牌或企业，甚至个人营销，应该有了更多的方寸。但是，在具体执行起来，往往还是误区重重，为了有效避坑，需坚持以下几个原则。

1. 产品定位贵在坚持

定位贵在坚持，否则就会把产品弄成"四不像"，或者把品牌画成"大花脸"，或者把创业者带到多元化的陷阱；做人也同样贵在坚持，坚持自己的风格和选择，这样更能赢得别人的认同，创业成功的机会才会更大。

2. 产品定位要有序提升

产品不断升级，品牌由知名度到美誉度，企业由小到大、由弱到强，都需要不断地有序提升定位；做人也需要不断提升自己，在大方向不变的基础上，适当地提高对自己的要求，正如马斯洛需求层次理论（图4-2-1），人们在实现了生理需求、安全需求之后，必

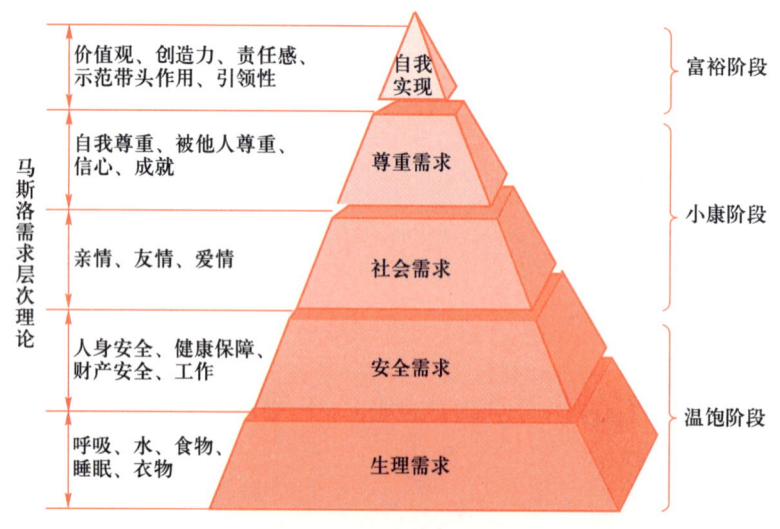

图 4-2-1 马斯洛需求层次理论

然会走向社会需求、尊重需求和自我实现阶段。

3. 产品定位要学会放弃与牺牲

这是因为，市场细分意味着放弃，市场定位意味着牺牲。就产品而言，十个让人犹豫不决的理由不如一个让人非买不可的理由；有数据表明，在广告里说得越多的，往往留给人的印象越淡。

> **学习指导**
>
> 产品定位是指创业者对经营的产品赋予某些特色，使产品在用户中树立某种特定的形象。产品定位的基本策略有两种：一是创业者与竞争对手的产品相对比，显示出独特性；二是创业者与自己的系列产品相比较，显示出创新性。产品定位的策略具体包括高价定位、功能定位、外形定位、包装定位、渠道定位、首席定位、加强定位、寻求空档定位、对比定位、高级俱乐部定位。产品定位贵在坚持，产品定位要有序提升，产品定位还要学会放弃与牺牲。

任务检测：进行产品定位

实训活动

进行市场细分与定位

1. 活动参与人数
以专业为单位，班级人数控制在50人。

2. 活动场地和道具
众创空间、孵化园、工作坊等场地，准备笔、本。

3. 活动组织
学生3~8人为一组，以小组形式完成。

4. 活动步骤
如果你打算在本地市范围内经营一家饮品店，有10万~20万元的启动资金，请进行市场细分并为你的饮品店进行市场定位。

（1）细分市场的潜量。主要是调查消费者（顾客）数量和他们的购买力水平。

（2）在区隔市场的基础上确定初步细分市场。

（3）对初步细分市场进行调查和市场趋向性进行分析。

（4）确定细分市场所具有的特征与企业总目标和资源优势的吻合程度。
（5）确定你的经营范围及产品名称。

5. 活动交流与讨论
（1）你的竞争对手是谁？
（2）你在细分市场时遇到了哪些问题？

6. 活动体验

_____
_____
_____

7. 活动点评
市场细分是创业市场里定位自己产品的关键一步。只有找准市场，准确定位自己的产品，才能赢得市场。该活动能够帮助学生了解细分市场，找准市场细分方法、掌握市场定位的策略，精准定位，准确把握市场，为创业成功奠定坚实的基础。

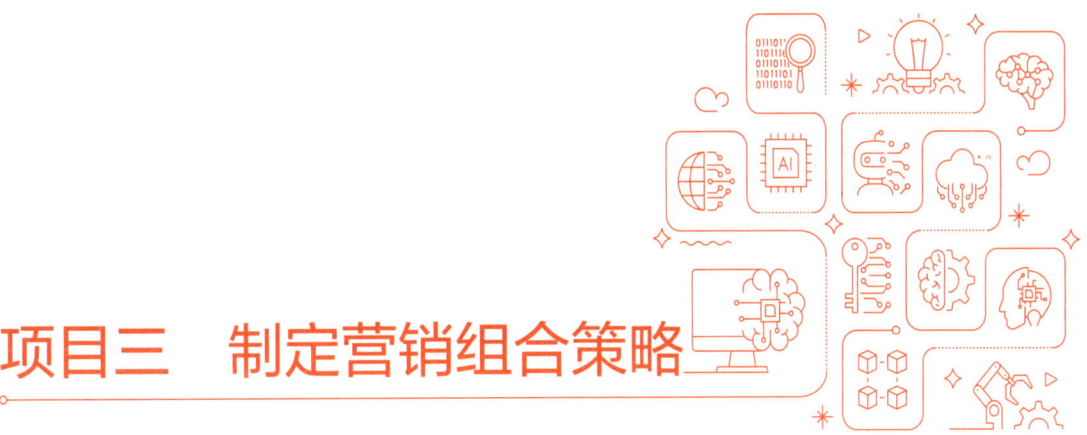

项目三 制定营销组合策略

学前思考

（1）产品整体概念包括几个层次？优化产品组合的策略有哪些？
（2）价格决策的步骤是什么？
（3）分销渠道的影响因素是什么？
（4）促销方式有哪几类？

案例导入

海尔的4P营销组合策略

◎ **案例描述**

1. 产品（product）

海尔集团的洗衣机是我国洗衣机行业跨度最大、规格最全、品种最多的产品。在洗衣机市场上，海尔集团根据不同地区的环境特点，考虑不同的消费需求，提供不同的产品。针对江南地区"梅雨"天气较多，洗衣服不容易干的情况，海尔集团及时开发了融洗涤、脱水、烘干于一体的海尔集团"玛格丽特"三合一全自动洗衣机。针对北方的水质较硬的情况，海尔集团开发了专利产品"爆炸"洗净的气泡式洗衣机。针对农村市场，海尔集团研制开发了下列产品：一是"大地瓜"洗衣机；二是小康系列滚筒洗衣机；三是"小神螺"洗衣机。

2. 价格（price）

海尔集团产品定价的目的是树立和维护品牌和品质形象，具体的定价策略为撇脂定价。海尔集团产品定价的原则：产品价格即消费者认可的产品价值；消费者关注产品价值比关注产品价格多得多；真正的问题所在是价值，而不是价格。

3. 渠道（place）

海尔集团的渠道组合策略如下。

（1）采取直供分销制，自建营销网络。直供分销制是指由厂商自主独立经营，不通过中间批发环节，直接对零售商供货。海尔集团直供分销制的具体做法是在全国每个一级城市（省会和中心城市）中设有海尔集团工贸公司；在二级城市（地级市）中设有海尔集团营销中心，负责当地所有海尔集团产品的销售工作；在三级市场（县）中按"一县一点"设立专卖店。

（2）采取特许经营方式，建立品牌专卖店。专卖店采用统一的标识、统一的布置、统一的服务标准，保证了产品的质量和服务的质量，防止了假冒伪劣产品，保证了产品的货真价实，避免了因伪劣产品造成的冲击。

4. 促销（promotion）

（1）海尔集团的品牌广告独具特色，处处渗透着对消费者的关怀，如"服务篇""技术篇""国家篇"等具体形象的宣传，诠释"真诚到永远"的内涵，避免内容的空洞化。

（2）人员推广方面，海尔集团冰箱事业部将目光转向良好的销售强劲的农村市场，制定了海尔冰箱"一对一"农村市场营销策略。

（3）公共关系方面，海尔集团曾投资制作了212集动画片《海尔兄弟》；为139个县的农民送映1万多场电影，传播和维护了海尔集团的良好形象。

（资料来源：佚名.4P营销理论案例分析——海尔.百度文库，2022-04-07.有删改.）

◎ **案例解析**

在产品与价格策略上，海尔集团根据市场细分的原则，以满足不同层次消费者的需求并依附于企业品牌形象和尽善尽美的服务至上的价格策略，赢得了消费者的心；在分销策略上，海尔集团设立品牌专卖店，集中全力选好进入市场的突破口，通过全面展示产品，提升品牌形象，提高海尔集团品牌的知名度和信誉度，同时促进产品的销售；在促销手段与公共关系方面，特别注重满足不同消费者的需求，做好服务，赢得消费者的好感等。

任务一　制定营销产品策略

产品是企业从事生产经营活动的直接物质成果。产品的范围很广，它指一切用于满足顾客需求的有形产品、无形服务或思想观念。创业者应该明确产品在市场营销中占据重要的位置。

一、产品整体概念

产品整体概念包含五个层次（图4-3-1），即核心产品层、形式产品层、期望产品层、附加产品层、潜在产品层。其中，核心产品就是消费者真正购买的基本利益和服务，形式产品则是核心利益借以实现的形式，期望产品是指期望得到与现有提供物质密切相关的一组属性和条件，附加产品包括消费者在购买时所能够附带获得的全部信息和利益的总和，潜在产品则是对提供物未来的潜在需求。

微课启学：
产品整体概念

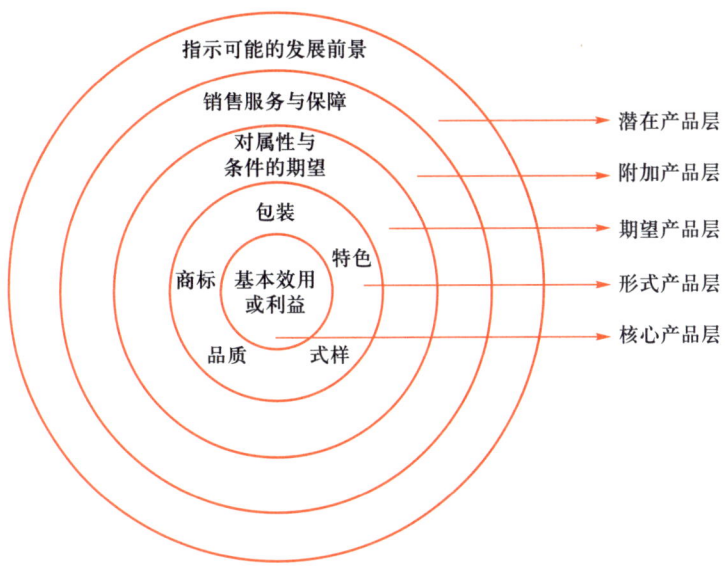

图 4-3-1　产品整体概念的五个层次

二、产品组合决策

产品组合决策是市场营销中比较重要的部分，它涉及公司的业务范围，主要内容包括产品组合的要素、产品组合的测量、优化产品组合及产品组合方案。

产品组合是指创业企业的业务经营范围，创业企业生产和经营各种类型的产品之间质的组合和量的比例。创业的产品组合由产品线和产品项目构成。产品线是指产品组合中某一产品大类，是一组在技术上和结构上密切相关的产品，具有相同的使用功能，规格不同而满足同类需求。产品项目是指产品线中不同的品种、规格、质量、型号、款式、价格的特定产品。

对于创业产品组合的测量包括对产品组合的宽度、长度、深度及相关性的测量。产品组合的宽度是指企业拥有的不同产品线的数量，长度是指每条产品线内不同规格的产品项目的数量，深度是指产品线上平均具有产品项目的数量，相关性是指企业各条产品线在最终用途、生产条件、分配渠道或其他方面的相关程度。产品组合的宽度越大，说明创业企业的产品线越多；产品组合的深度越大，说明创业企业的产品规格、品种越多。创业企业产品组合的深度越浅、宽度越窄，表明产品的相关性越大；反之，就越小。创业产品组合的宽度、长度、深度及相关性对企业的市场营销活动会产生重大的影响。一般来说，增加产品组合的宽度，可以使创业企业获得新的发展机会，更充分地利用企业的各种资源，也可以分散企业的投资风险；增加产品组合的长度和深度，就会使各产品线具有更多规格、型号的产品，能更好地满足消费者的不同需求和爱好，增强行业竞争力；而增加产品组合的相关性，就可以发挥企业在其擅长领域内的资源优势，避免经营风险。因此，产品组合决策是创业企业根据市场需求、竞争形式及企业自身能力对产品组合的宽度、长度、深度及相关性方面作出的决策。

> **相关链接**
>
> **伊利的产品组合策略分析**
>
> 内蒙古伊利实业集团股份有限公司（以下简称伊利）一直为消费者提供健康、营养的乳制品，是中国规模较大、产品线较全的乳制品企业，也是国内唯一一家同时符合奥运及世博标准、先后为奥运会及世博会提供乳制品的企业。伊利由液态奶、冷饮、奶粉、酸奶和原奶五大事业部组成，所属企业近百个，旗下拥有金典有机奶、营养舒化奶、QQ星儿童成长奶、味可滋、巧乐兹、伊利牧场、冰工厂、金领冠、托菲尔、每益添、安慕希等1 000多个产品品种，其产品组合的宽度是四条，分别是液态奶、冷饮、奶粉、酸奶。产品组合的长度是33。最深的产品线是液态奶，液态奶的产品项目分别是伊利金典系列、营养舒化奶、纯牛奶、高钙奶、谷粒多谷物奶，麦香系列早餐奶、养生珍馐系列调味奶。
>
> 伊利利用较强的研发能力，不断开发新产品，扩大产品线来拓展市场。伊利根据消费者的不同需求，不断研发新产品。对于伊利这样的大型企业来说，产品组合状况直接影响着企业的综合竞争力，产品线的完整和丰富意味着企业的综合研发实力和技术都将占有一定优势。伊利拥有科学均衡的产品结构，明星产品遍布液态奶、冷饮、奶粉和酸奶四大产品线。立体化的产品布局形成了一张立体大网，牢牢锁定了各类消费者的乳品需求——横向上，既有高科技含量、高附加值的产品抢占高端消费市场带动业务总额的40%，又有常态产品满足中低端消费人群的日常需求。纵向上，既有针对儿童的QQ星成长系列，又有针对中青年的营养舒化奶、针对年轻一族的冷饮系列，以及针对女性的酸奶、中老年的专属奶粉等。从产品层面上说，四条主要产品线、上千个自主开发的产品品种、不断升级的明星产品无不体现出伊利品牌以消费者为中心，为消费者而改变，更贴近消费者的理念。
>
> 伊利在不同的目标市场上采取不同的价格，在低端市场上，伊利采用竞争性定价策略，确保与主要竞争对手相比保持价格优势；在中高端市场上，伊利采用高价策略，通过产品的高质量与差异化获得消费者的满意与忠诚，赢得更多的利润空间。
>
> 产品在行业中的竞争优势包括：积极发展多元化战略，从单一的液态奶发展为酸奶、冷饮、奶粉等多种产品共存，凭借其雄厚的科技研发能力和积极的科技合作意识连续推出了营养舒化奶、金典牛奶、优品嘉人优酪乳、伊利金领冠婴幼儿配方奶粉和谷粒多。伊利凭借其安全的品质和丰富营养的功效而备受消费者的青睐。
>
> 产品在行业中的竞争劣势有：只有乳制品饮品，在非乳制饮品领域没有竞争力；公司由液态奶起家，在专业做奶粉企业中奶粉竞争力较差；产品在研发上市后易受到同行业的效仿，如果宣传营销不当，则某些产品可能会被同行业排挤出市场。

创业企业优化产品组合有以下五种策略。

（1）扩大产品组合策略，也称全线全面型策略。扩大产品组合策略有两种选择，即增加产品组合的宽度和增加产品线的深度。例如,海尔集团先后增加计算机产品线、手机产品线等,增加了产品线的宽度;而长虹在彩电产品线中增加了背投彩电项目等离子彩电项目,增加了产品线的深度。

(2)缩减产品组合策略,是指削减产品线或产品项目,特别是取消那些获利小的产品。在市场不景气或原料、能源供应紧张时,缩减产品线能使企业集中资源和技术力量改进保留产品的品质,使生产经营专业化,提高生产效率,降低生产成本,这样就能减少资金占用,加速资金周转。

(3)产品线延伸策略。它有多种形式,不同的产品线延伸策略在不同的促销方式的配合下,会对企业的母品牌及延伸品牌价值产生不同的影响。向下延伸是指在高档产品线中增加低档产品项目,向上延伸是指在原有产品线中增加高档产品项目,双向延伸则是指原定位于中档产品市场的企业掌握了市场优势以后,向产品线的上、下两个方向延伸。

(4)产品线现代化决策,分为渐进现代化决策和迅速现代化决策。渐进现代化决策采取渐进的方式为产品线增加现代化的要素,实行跟随战略的厂商通常采用此种方法。迅速现代化决策则是在较短的时间内迅速地提升产品线现代化的程度。

(5)产品特色化决策,是指在产品线中选择一个或几个产品项目作为该产品线的特色向市场推广。例如,某空调公司制造出一种廉价的经济型号,从而以"价格最低"来吸引消费者。

创业企业的产品组合策略应该遵循三个基本原则,即有利于促进销售,有利于竞争,有利于增加企业的总利润。

> **学习指导**
>
> 由于市场需求和竞争形势的变化,产品组合中的每个项目必然会在变化的市场环境下发生分化,一部分产品获得较快的成长,一部分产品继续取得较高的利润,另外一部分产品则趋于衰落。企业如果不重视新产品的开发和衰退产品的剔除,则必将逐渐出现不健全的、不平衡的产品组合。
>
> 为此,企业需要经常分析产品组合中各产品项目或产品线的销售成长率、利润率和市场占有率,判断各产品项目或产品线销售成长中的潜力或发展趋势,以确定企业资金的运用方向,作出开发新产品和剔除衰退产品的决策,以调整其产品组合。

任务检测:制定营销产品策略

任务二　制定营销价格策略

产品的价格直接影响创业企业利润目标的实现,是市场竞争的重要手段。当代市场营销环境急剧变化,迫使市场经济条件下的企业也日益重视定价策略。创业企业的价格制定需要考虑多方面的因素。一般来说,价格决策包括五个步骤,即选择定价目标、测定需求弹性、估算成本、选择定价方法、确定最终价格。

一、选择定价目标

创业者对企业的定价目标是以满足市场需要和实现企业盈利为基础的,它是实现创业企业经营总目标的保证和手段。同时,又是创业产品定价策略和定价方法的依据。企业定价目标大致有五种,即扩展目标、利润目标、销售目标、竞争目标、社会目标,如表4-3-1所示。

表 4-3-1　企业定价目标

企业定价目标	内容
扩展目标	维持企业生存、扩大企业规模、多品种经营
利润目标	最大利润、满意利润、预期利润、销售量增加
销售目标	扩大市场占有率、争取中间商
竞争目标	稳定价格、应对竞争、质量优先
社会目标	社会公共事业、社会市场营销概念

二、测定需求弹性

产品价格会影响市场需求。一般情况下,市场需求会按照与价格相反的方向变动。价格上升,需求减少;价格降低,需求增加,说明需求曲线是向下倾斜的。就市场美誉度高的商品来说,需求曲线有时呈正斜率。例如,香水提价后,其销售量却有可能增加。当然,如果提价太高,需求将会减少。

创业企业定价时必须依据需求的价格弹性,即了解市场需求对价格变动的反应。价格变动对需求影响小,这种情况称为需求无弹性;价格变动对需求影响大,这种情况称为需求有弹性。需求的价格弹性由以下公式确定。

$$需求的价格弹性 = \frac{需求量变动百分比}{价格变动百分比}$$

在以下条件下,需求可能缺乏弹性。
(1)代用品很少或没有,没有竞争者。
(2)消费者对价格不敏感。

（3）消费者改变购买习惯较慢和寻找较低价格时表现迟缓。

（4）消费者认为产品质量有所提高，或者认为存在通货膨胀等，价格较高是应该的。

如果某产品不具备上述条件，那么产品的需求有弹性，在这种情况下，创业企业应适当降价，以刺激需求，促进销售，增加销售收入。

三、估算成本

产品的需求为企业指定产品价格确定了一个最高上限，而成本构成下限。创业企业的成本包括固定成本和可变成本两个部分。固定成本是在短期内不随企业的产量和销售收入的变化而发生变化的成本，包括厂房设备的折旧、租金、利息等。可变成本是直接随着企业的产品产量和销售收入的变化而变化的成本，包括原材料、员工的工资等。总成本是在一定水平下生成所需的固定成本和可变成本的总和。创业者应该明确企业制定一个价格，至少需要包括一定水平生产所需要的全部生产成本。

四、选择定价方法

产品的成本规定了价格的下限，竞争者的价格和替代品的价格提供了创业企业在制定价格时必须考虑的参考点。根据这些影响因素，创业者使用的定价方法主要有七种，即成本加成定价法、目标收益定价法、认知价值定价法、价值定价法、通行价格定价法、拍卖式定价法和集团定价法。

微课启学：
定价方法

> ### 🔗 相关链接
>
> #### CoCo 都可奶茶的定价策略
>
> **1. 根据市场环境定价**
>
> CoCo 都可奶茶的价格是否合理，要充分了解奶茶市场行情。对于不同地方，所产生的价格是不一定的。有些城市 CoCo 都可奶茶的价格会普遍偏高，而有些城市的价格就要低很多。因此，定价要结合市场的情况。
>
> **2. 根据竞争对手定价**
>
> CoCo 都可奶茶加盟店的周围一般会有一些竞争对手的存在，定价时也要参考竞争对手的价格。不要定得太高，也不要定得太低，应符合奶茶店的档次和地段。
>
> **3. 根据消费人群定价**
>
> 在对 CoCo 都可奶茶的定价时要符合消费者的消费能力。如果定价超出消费者的消费能力，店里的生意又怎么会好呢？例如，奶茶店周围的学生居多，他们的消费能力相对要低些，就不能像在商业区那样定价。

五、确定最终价格

经过以上四个步骤,创业者可以制定一个基本价格。但是,在选定最终价格时需要考虑其他情况。例如,创业者必须考虑其品牌、质量和竞争者的广告宣传,还必须与企业的定价政策相一致。另外,创业企业的管理层也必须考虑分销商和经销商对价格的感觉、推销人员对价格的态度、竞争者可能作出的反应、政府是否会干预和制止价格的制定等,这些因素都会影响最终产品价格的制定。

> **学习指导**
>
> 价格策略是为所有消费者规定一个价格,是一个比较近代的观念。它形成的动因是19世纪末大规模零售业的发展。在历史上,在多数情况下,价格作为消费者作出选择的主要决定因素在起作用;如今,在消费者选择行为中非价格因素已经相对地变得更重要了。但是,价格仍是决定企业市场份额和盈利率的重要因素。在营销组合中,价格是唯一能产生收入的因素,其他因素表现为成本。
>
> 三种主要的定价决策问题是:对第一次销售的产品如何定价;怎样随时间和空间的转移修改一个产品的价格以适应各种环境和机会的需要;怎样调整价格和对竞争者的价格调整作出反应。

任务检测:制定营销价格策略

任务三 制定营销渠道策略

知识补给:优良的渠道是新产品入市的保证

未来学家阿尔温·托夫勒指出:"现在所有的市场都无非是一个弹性的渠道。"创业者要了解产品的营销渠道将生产者和购买者连接起来,提供实现组织营销的手段。市场营销渠道是一个很复杂的系统,很多企业是靠着经营起来的独一无二的渠道系统,获取竞争优势,从而取得成功的。

一、分销渠道

分销渠道是指创业产品从制造者转至消费者的过程中所经过的各中间商连接起来而形成的通道。分销渠道的起点是制造者,终点是消费者或用户,中间环节包括各参与商品交易活动的批发商、零售商、代理商和经纪人。

根据长度的不同，分销渠道分为以下四种基本类型。

（1）零层渠道，也称直接市场营销渠道，是指由制造商直接将产品销售给最终消费者或用户，中途不经过任何中间商。

（2）一层渠道，是指只包含一层销售中间机构，如零售商。

（3）二层渠道，包含两层营销中介机构，如消费者市场一般是批发商和零售商。

（4）三层渠道，包含三个中间层次。

分销渠道的基本职能在于把自然界提供的不同原料，根据人类的需要转换成有意义的产品组合，实现产品从生产者向消费者用户的转移。分销渠道的主要职能有研究、促销、接洽、配合、谈判、物流、融资、风险承担。

相关链接

优良的渠道是新产品入市的保证

未来企业的竞争不仅仅是产品的竞争，更是分销渠道的竞争。越来越多的企业发现，在产品、价格乃至广告同质化趋势日益加剧的今天，仅凭产品的独立优势在市场竞争中胜出已非常困难。唯有"渠道""品牌"的差异化才能形成竞争优势。

强势的分销渠道是新产品成功进入市场的基本保证。新产品的包装、口感、价格的测试，可先在分销渠道成员中开展，一旦决定上市，分销成员将会全力以赴地配合，从产品完成生产到零售终端的上柜、展示与推荐，很快就由各级分销商分工完成。例如，娃哈哈的成功主要得益于其优秀的销售渠道。娃哈哈茶饮料、果汁饮料虽然上市的时间晚，其差异化也不明显，但是正因为娃哈哈具有分销渠道的优势，所以没有在广告、促销上投入过多的费用和精力，却获得了较高的市场份额。

渠道畅通、产品上市快速、渗透力强、渠道管理有序、市场推广力度大、通路费用低、终端维护持久、宣传促销有力是确保新产品上市成功的关键。

二、分销渠道的影响因素

（一）创业产品特性

鲜活易腐产品应采取最直接的渠道，体积大、分量重或技术的专用产品则比较适于尽可能短的渠道；单价高、需要较多附加服务的产品多由生产企业直接销售，或者只经过一道中间环节；反之，产品越标准化，越为顾客熟悉，渠道越可长且宽。新产品由于尚未被市场接受、需求不稳定，通常要由生产企业自己派人直接从事推销和开拓市场。

（二）市场需求特性

因为个人消费品市场分散、购买频繁，要求能就近方便地买到，所以有些创业企业宁愿在批发企业的协助下组成长渠道，或者利用批零合一的连锁店。

（三）创业企业的状况和目的

如果企业声誉高、财力雄厚，并且具备经营管理销售业务的经验和能力，在选择中间商方面就有更大的主动权，甚至可以建立自己的销售公司，这种营销渠道短而窄。产量组合广的创业企业可采取短而宽的渠道；产品组合深的企业则适于采取短而窄的渠道。

（四）环境特性

从微观环境看，企业大多尽量避免使用与竞争对手相同的分销渠道。从宏观环境看，经济形势有较大的制约作用。例如，在经济萧条时，生产企业采取的策略的重点只能是控制、降低产品的最终价格，因此必须尽量减少流通环节。

三、设计分销渠道

创业企业的渠道设计包括三个方面的决策，即确定渠道模式、确定每一层次所需中间商的数目、规定渠道每位成员的权利与责任。

相关链接

麦卡锡的渠道策略

20世纪60年代，麦卡锡提出了影响深远的4P组合策略，即产品策略、价格策略、渠道策略和促销策略，这一组合策略使人们从较为繁杂的营销变数中找到了最为重要的因素，其中首次提出了"渠道策略"的概念。渠道策略是指为使目标顾客能接近和得到其产品而进行各种活动的策略。他提出必须有效地利用各种中间商和营销服务设施，以便更有效地将产品和服务提供给目标市场，并指出厂家必须了解各种类型的零售商、批发商和从事实体分销的公司及他们是如何进行决策的。

学习指导

营销渠道策略是整个营销系统的重要组成部分，是规划中的重中之重。它对降低企业成本和提高企业竞争力具有重要意义。随着市场发展进入新阶段，企业的营销渠道不断发生新的变革，旧的渠道模式已不能适应形势的变化，包括渠道的拓展方向、分销网络建设和管理、区域市场的管理、营销渠道自控力和辐射力的要求。

企业营销渠道的选择将直接影响到其他的营销决策，如产品的定价。它同产品策略、价格策略、促销策略一样，也是企业是否能够成功开拓市场、实现销售及经营目标的重要手段。

任务检测：制定营销渠道策略

任务四　制定营销促销策略

促销是科学，也是艺术。创业企业促销的成功与否直接决定着在市场竞争中的命运。促销实质上是一个沟通的过程，其主要任务就是要将有关本企业和产品的信息传递给目标市场的顾客，以达到扩大销售的目的。创业企业可供选择的促销方式有四大类，即广告、人员推销、销售促进和公共关系。

一、广告

广告是诸多促销方式中被广泛采用的一种。广告是企业按照一定的预算方法，支付一定的费用，通过一定的媒体把商品的信息传递给广告目标顾客的一种促销方式。创业者在制订广告计划时，首先必须确定目标市场及购买者的动机，然后据此作出所需要的五项决策，即广告目标、广告预算、广告制作、广告效果预测与评估。

（1）广告目标取决于创业企业整体的营销组合决策、战略，以及企业面对的客观市场情况。归纳起来，企业的广告目标有三种，即告知、说服和提示。

（2）广告预算的制定要考虑一些影响因素，包括企业产品所处的生命周期的阶段产品的竞争情况、产品的替代性、产品需求的特点及目标顾客对广告的态度等。

（3）广告制作就是设计广告的内容，包括收集、确定广告所要传递的事实，以及将这些事实和广告发送者的意图编制成具体的音像、图片、语言和文字等。

（4）广告效果预测与评估，是广告主在投放广告前对媒体效果的预估，通过广告投放前的效果预测和广告投放后的评估结果，提前调整广告投放计划，避免盲目投放广告，有针对性地优化广告投放策略，利于后期营销推广。广告效果预测与评估的主要方法和指标包括广告媒体价值评估、广告信息评估和竞品广告监测。

相关链接

广告促销策略的类型

广告促销策略主要包括馈赠型、直接型、示范型和集中型。

1. 馈赠型广告促销策略

（1）赠券广告。利用报纸或杂志向顾客赠送购物券。

(2)赠品广告。将富有创新意识与促销商品相关的广告小礼品，选择时机在较大范围内赠送给消费者，从而引起轰动效应，促进商品销售。

(3)免费试用广告。将商品免费提供给消费者，一般让消费者在公众场合试用，以促进商品宣传。

2. 直接型广告促销策略

(1)上门促销广告。促销人员不在大众媒体或商店做广告，而是把商品直接带到潜在消费者门口，当面向潜在消费者做产品宣传，并为潜在消费者提供一定的附加利益的一种促销方法。

(2)邮递促销广告。促销人员在促销期间将印有"某商品折价优惠"或"请君试用"等字样，并备有图案和价目表之类的印刷品广告，通过邮递直接寄到潜在消费者家中或工作单位。现多采用互联网信息推送的方式。

3. 示范型广告促销策略

(1)现场表演示范广告。选择特定时间和地点，结合人们的生活习惯，突出商品的时尚功效，在公开场合进行示范表演。

(2)名人示范广告。让社会名人替商品做广告。

4. 集中型广告促销策略

利用大型庆典活动、赞助公益事业、展销会、订货会、文娱活动等人群集中的场合进行广告宣传，即集中型广告促销策略，其广告形式多种多样。

广告媒体的种类很多，主要有报纸、期刊、广播、电视、直接邮寄和电视广告、互联网广告等。其中报纸是最重要的传播媒介，优点是读者稳定、面广，传播覆盖面大，时效性强，地理选择性好，制作简单、灵活，收费较低；缺点是保留时间短，读者很少传阅，表现力差，不能保证印刷质量。期刊与报纸相比，专业性较强，读者更为稳定、集中，保留时间长，传阅者多，名声好，画面印刷效果好；然而杂志的发行量不如报纸，覆盖面小，传递信息的速度也不如广播、电视、报纸及时。广播是一种大量、广泛使用的听觉媒体，地理和目标顾客选择性较强，成本低，但是随着电视的普及和电视广告的大量增长，其重要性相对下降。另外，广播的信息无法保留。直接邮寄是指将印刷的广告通过邮政系统直接寄给目标买主中间商或代理人、消费者。它比较显著的优点就是地理选择性和目标顾客针对性极好，灵活，提供信息全面，反馈快；缺点是可信度低。互联网广告则是当下主流的广告媒体，成本低，针对性强。

对广告进行的正确评估可以帮助创业企业在降低广告费用的同时，获得更好的广告效益。对广告评估的内容很多，就效果而言主要包括销售效果、传播效果两个方面。

二、人员推销

人员推销是最古老的促销方式，也是最重要的促销方式。人员推销是创业企业派出销售人员亲自向目标顾客介绍、推广、宣传与销售产品，与消费者面对面口头洽谈交易的一种促销方式。

三、销售促进

销售促进是企业运用各种短期诱因，鼓励购买或销售企业产品或服务的一种促销方式。销售促进的范围很广，形式多样，如赠送优惠券、折扣、集点优惠、陈列、展览等都是销售促进的方式。销售促进的最大特点就是即期效用明显，创业企业在推销新产品或服务以及为了与竞争对手进行直接竞争时，销售促进的作用非常明显。

四、公共关系

公共关系是指创业企业以非付款的方式通过第三者在报纸、期刊、电台、电视会议、信函、网站等传播媒体上发表有关企业产品的报道、展示或表演，以刺激消费者需求的一种促销方式。

学习指导

促销策略是企业营销活动的重要内容。现代市场营销认为，促销策略是指能够引发消费者购买行为起到促进销售的手段，是以各种方式传递信息，激发消费者的购买欲望，诱导消费者采取购买行动的一切活动。促销策略的主要任务是向消费者传递信息，让消费者了解产品，引发消费者的兴趣。

显然，在当前激烈的市场竞争中，产品的同质化日益普遍，如果要在市场中占有较高地位，就有必要迅速提高己方的知名度，对此，最为行之有效的方法为促销。然而，促销的效果能否最大化，由促销策略的质量决定。

任务检测：制定营销促销策略

实训活动

做好新产品开发与管理

1. 活动参与人数

以班级为单位，人数控制在50人以下。

2. 活动场地和道具

教室，纸、马克笔等。

3. 活动组织

在教师指导下，由学生自由组合成4~6人为一组的研究性学习项目小组，并确定负责人，并经教师确认选择2~3个类型的产品作为研究的样本。

4. 活动步骤

由小组组织市场调研，针对样本产品的整体概念、市场生命周期等问题收集市场信息、确定所研究产品的整体概念和市场生命周期阶段。根据研究结论，针对该产品的竞争和营销现状提出改进方案，填写在表4-3-2中。

表4-3-2 产品情况

序号	产品或服务	特征（质地、颜色、规格、包装、维修或服务的效率、质量）	市场生命周期	产品组合	改进方案
1					
2					
3					
4					
5					

5. 活动交流与讨论

（1）该产品的产品整体概念可以怎样表达？

（2）该产品处于生命周期的哪个阶段？

（3）该产品有何进一步开发的机会？

（4）该产品的品牌能否延伸？包装可否进一步调整？

6. 活动体验

_____
_____
_____

7. 活动点评

影响市场竞争的要素很多，市场营销的理论也多种多样，特别是随着移动互联网时代的来临，营销技巧更是层出不穷。但是，根据实践的经验，正确地进行产品组合定位是营销制胜的关键。

通过本次实训活动，学生能熟悉产品的整体概念、产品市场生命周期、产品组合、新产品开发、品牌与包装等策略的原理与应用。

模块五 利用创业资源

模块导学

>> 哈佛商学院教授史蒂文森认为:"创业者在企业成长的各阶段都会努力争取用尽量少的资源来推进企业的发展,他们需要的不是拥有资源,而是要控制这些资源。"创业者要把所拥有的人脉、信息和知识等资源,在时间和空间上加以合理配置、重新组合,以实现效用的最大化,实现竞争优势。

学习目标

>> 知识目标:了解创业资源的内涵和种类;掌握获取创业资源的途径、创业资金的构成和创业融资的主要渠道。

>> 能力目标:能够识别创业所需资源;运用各种方法利用创业资源;开展创业资金的预测和估算,具备创业资金筹措的能力。

>> 素养目标:培养守正创新综合解决问题的能力,树立政策法律意识,成为我国社会主义现代化建设中守法务实的创业者。

项目一　汇集创业资源

学前思考

（1）创业需要哪些资源？
（2）创业资源在哪里获取？
（3）如何有效整合创业资源？

案例导入

通过资源整合实现多赢

◎ **案例描述**

不少人出行时会选择搭乘飞机，因为飞机速度快，但是从机场到达目的地这段路程却让乘客"煞费苦心"。成都双流国际机场有一个特别的景象，当你下了飞机以后，会看到机场外停留了百部写有"免费乘坐"字样的休旅车。只要一台车坐满了，司机就会发车带乘客去市区的任何一个地点。四川航空推出的这个免费的班车计划，却实现了航空公司、乘客、汽车商、司机等几方共赢的局面。四川航空是如何做到呢？

四川航空将原价为14.8万元的休闲旅游汽车以9万元的单价购买了150台，条件是允许司机为这款汽车做广告。每辆车可以搭载7名乘客，每天3次，按150辆车计算，汽车公司可以得到每年200万人次的受众群体广告宣传服务。

司机从哪儿找呢？四川航空对外招募了一批愿意合作的司机，将每辆车以17.8万元的价格卖给这些司机，当然这17.8万元包括稳定的客户流、特许经营费、管理费等，另外每载一名乘客就可以获得25元的收入，由四川航空结算。此举吸引了很多司机，四川航空很快就获得1 320万元的收入。

四川航空还推出5折机票，为乘客节省了机票费用及80~150元的车费。司机成为四川航空的专职司机，每月营收3万多元，汽车公司节省了大量的广告费用，还多了150名业务员。航空公司除了获得1 320万元的收入，据统计每天多销售出1万多张机票，同时带来了优质的客户体验感和好评。

（资料来源：佚名.四川机场大巴的整合王道.文秘帮，2022-10-29.有删改.）

◎ **案例解析**

资源整合的魅力在本案例中展现得淋漓尽致。四川航空用免费的班车、免费的司机解决了客户的痛点，赢得了口碑，创造了巨额的收益，还给汽车商带来了巨大的广告受益，解决了部分就业问题，一举多得。将航空公司、乘客、汽车商、司机的需求结合起来，进行资源整合给予满足，优化各方的利益，实现共赢。资源整合的本质是交换，如何找到更多的人帮自己的顾客付费，找到更多人帮自己降低成本，形同一个互利的"交换系统"。

任务一　识别创业资源

一、创业资源的含义

何为资源，是理解创业资源内涵的基石。资源是指任何主体在向社会提供产品或服务的过程中，所拥有或所支配的能够实现公司战略目标的各种要素及要素组合。创业活动的本身就是一种创业资源的重新整合，创业机会存在本质上是部分创业者能够发现特定资源的价值，而其他人不能做到这一点。丰富的创业资源又是企业战略制定和实施的基础及保障，同时，丰富的创业资源还可以适当校正企业的战略方向，帮助新创企业选择正确的创业战略。

微课启学：
认识创业资源

创业资源是企业创立及成长过程中所需要的各种生产要素和支撑条件。创业资源对于创业者来说，如果无法获取创业所需的各类资源，那么就如同"无源之水，无本之木"，即使拥有再好的创业机会、再优秀的创业团队，对于创业者而言也毫无意义。

在创业过程中，创业者只有把创业资源时刻放在反复估量权衡的重要位置上，将新创企业所需的各种要素有效地组合，形成新的产品或服务，才能创造出新的价值。

二、创业资源的种类

根据资源基础理论，常见的创业资源可以按其来源、存在形式、性质，以及在生活过程和创业过程中的作用予以不同分类。

微课启学：
创业资源的种类

（一）创业资源按其来源分类

创业资源按其来源可以分为自有资源和外部资源。自有资源是指创业者或创业团队自身所拥有的可用于创业的资源，如创业者自身拥有的可用于创业的自有资金、技术、自己建立的营销网络等，创业者所发现的创业机会就是其所拥有的唯一创业资源。外部资源是指创业者从外部获取的各种资源，包括从亲戚朋友、商务伙伴或其他投资者处筹集到的资金、经营场所、设备或其他原材料等。在企业创立和早期成长阶段运用外部资源，对创业者来说，外部资源是一种非常重要的方法，关键在于控制资源或影响资源部署。另外，创业者还应致力于扩大、提升自有资源，特别是技术和人力资源的拥有状况，这些会影响外部资源的获得和运用。

（二）创业资源按其存在形式分类

创业资源按其存在形式可以分为有形资源和无形资源。有形资源是可见的、具有物质形态的、价值可用货币度量的资源，如厂房、机器设备、原材料、产品、资金等。无形资源是具有非物质形态的、价值难以用货币精确度量的资源，如信息资源、人力资源、政策资源、企业的声誉、技术、专利等。无形资源往往是撬动有形资源的重要手段。

（三）创业资源按其性质分类

创业资源按其性质可以分为六种资源，即人力资源、社会资源、财务资源、物质资源、技术资源和组织资源。

1. 人力资源

人力资源在整个企业的创办过程中起着至关重要的作用，是创业资源核心资源之一，风险投资家在进行项目选择时，尤其是天使投资人重点看的就是项目里的"人"。创业者、创业团队及其组织成员的洞察力、知识、技能、经验、视野、愿景及社会关系影响到整个创业过程的开始与成功。高素质人才的获取和开发是现代企业可持续发展的关键。创业者自身素质与能力对创业企业的成长有非常重要的作用。创业者的个性对机遇的识别和把握、其他资源的整合能力、创业的成败有直接影响。合适的员工也是创业人力资源的重要组成部分。

2. 社会资源

社会资源的范畴很大，这里所说的社会资源主要是指由人际和社会关系网络而形成的关系资源，即人脉。在创业过程中，拥有丰富的社会资源的创业者更容易整合更充裕的社会资源，获取别人难以接触或先于别人获取有价值的资源，从而为创业服务。因此，创业者应该注重利用社会关系网络撬动更高的社会资源，为创业获取资源和信息提供支持。

3. 财务资源

财务资源主要指以货币形态存在的资源，包括资金、资产、股票等。充足的资金有助于新创企业的持续发展，对创业者来说，财务资源主要来源于个人、家庭成员和朋友。但是因为新创企业在创业初期往往缺乏抵押能力，很难从银行获得足够的资金，所以如何有效地筹集资金，成为创业成功与否的关键问题之一。

4. 物质资源

物质资源是指企业在创业过程和经营活动中所需要的有形资源，如房屋及建筑物、机器设备、生产材料等，也包括一些自然资源，如矿山、森林等。

5. 技术资源

技术资源属于创业资源的另一核心资源，在创业初期，技术资源是关键的创业资源，如关键技术、工艺流程、专业生产设备等。创业技术决定着创业产品的市场竞争力及创业企业的获利能力；创业企业如果拥有创业技术的所有权，则可以降低创业企业的初创成本。

6. 组织资源

组织资源包括组织结构、制度化和正规化企业管理、企业诊断、市场营销策划等，有时候组织资源还包括创业者的个人魅力。一般来说，人力资源只有得到组织资源的支持，才能更好地发挥作用；企业文化、品牌也需要在良好的组织环境下培养。组织资源是创业者及其创业团队对创新企业的最初设计和不断调整，从而让创业企业内部能有效地按照最初设想运转起来。

（四）创业资源按其对生产过程的作用分类

创业资源按其对生产过程的作用分为生产性资源和工具性资源。生产性资源被直接用于生产过程或开发其他资源，如物质资源，像机器设备、厂房、运输设备等，被认为直接用于生产产品或提供服务；工具性资源则被专门用于获得其他资源，如财务资源，借助财务资源可以获得人力资源、技术资源、物质资源等。另外，对于新创企业来说，个人的声誉资源和社会网络也属于工具性资源。

（五）创业资源按其在创业过程中的作用分类

创业资源按其在创业过程中的作用分为两类。一类是运营性资源，包括人力资源、技术资源、物质资源、组织资源等。另一类是对新创企业生存和发展具有关键作用的战略性资源，能够为企业建立竞争优势的资源，如优越的地理位置、卓越的领导者、行业的准入限制及对物质资源进行控制，能够实现价值创造等。同时，战略性资源还具有难以模仿、不可替代性的特点，这是企业能够拥有持久竞争力的必要条件。

三、创业资源与创业过程

（一）创业资源在创业过程中的地位

创业资源的重要性可以从创业资源与创业过程的关系中去认识。机会识别与创业资源密不可分。机会识别的实质是创业者判断是否能够获取足够的资源来支持可能的创业活动。如果从资源角度来看，创业机会识别的落脚点在创业资源的获取上，而获取创业资源需要特定的技术和思维分析方式。创业资源对创业成长具有重要的支持作用，在创业过程中，创业者应把焦点放在如何有效地攫取更多的创业资源，并进一步整合成企业的竞争优势上。对于任何一个企业来说，如果战略定位不清晰、核心资源不明确，则会成为企业发展的主要障碍。因此，有效的资源整合能够帮助创业者重新认识企业的竞争优势，制定切实可行的创业战略，为新创企业的成长打下良好的基础。

微课启学：
大学生创业资源盘点

（二）创业资源在创业过程中的作用

1. 社会资本是基础资源

资本可以是实物的，也可以是抽象的，创业离不开资本的支持。比较有代表性的社会资本是指个人通过社会联系获取稀缺资源并由此获益的能力，也就是基于人际和社会关系网络形成的资源。因此，社会资本同人力、物力、财力及自然资源一样，是创业企业的基础资源。创业者只有具有前瞻性和动态调整性，通过社会网络挖掘别人看不到的资源，才能提升企业的竞争力。

2. 资金是重要资源

因为新创企业的人才招募、场地租赁、设备购买、材料采购与运输等企业的一切活动均需要资金的支持，所以各项环节能顺利高效地开展，都受到资金所有量的制约。因此，新创企业的财务管理，特别是融资与投资决策的制定格外重要。

3. 技术是核心资源

技术是创业企业成功的"法宝"。它决定着创业企业资本的大小、创业市场的竞争力和获利能力。例如，王老吉凉茶于1828年由广东鹤山人王泽邦创建，至今已有190多年的历史。王老吉在新时期依然展现出光芒，始终领先大健康饮料市场，在同类型凉茶产品中销量始终保持前列，得益于王老吉凉茶的正宗配方。

4. 人才是关键资源

人才是创业过程中的第一资源，是获取、转化、利用其他资源的基础，也是关键资源。只有有了人才，创业企业的发展才能起到事半功倍的效果，甚至以一敌十。因此，创业者为自己公司招募人才是一件大事，绝不可掉以轻心。

相关链接

创业最重要的是人才

雷军是中国互联网代表人物及全球年度电子商务创新领袖人物。雷军创业做小米科技时曾多次在不同场合说过，要创办一家企业，创业者需要解决两个核心问题：一是人才在哪里？二是如何说服人才加入。因此，在创业初期，雷军80%的时间都在找人，他找到了七个不同领域的合伙人。

如今，小米从一家创业公司成为互联网巨头，以高性价比的普惠产品实现了智能手机的全面普及，实现集团发展"从0到1"的跨越。作为一家极其重视人才的公司，小米的成功离不开人才的获取与培养，甚至可以说小米的梦想开始的关键一步就在于人才。

学习指导

创业资源是创业者拥有或可支配的能够实现公司战略目标的各种要素的总和。创办任何企业都需要创业资源，包括有形资源和无形资源。例如，物质资源属于有形资源，而人力资源、技术资源、社会资源、信息资源等都属于无形资源。

资源对于企业来说很重要，但不是所有的资源对企业都同等重要。创业者一是要重点关注资金、技术、人才等关键资源所起到的作用；二是要有前瞻性的眼光去发掘战略性资源，这是企业获得竞争优势的前提。

任务检测：识别创业资源

任务二 获取创业资源

一、影响创业资源获取的因素

创业资源获取是新创企业的关键活动，获取资源是创业者在确认并识别资源的基础上，得到所需的资源并使之为创业服务的过程。但是对于新创企业来说，存在各种资源匮乏的先天不足问题，即便初创企业依靠创业者的初始资源获得初步发展，但是如果不继续获取或积累新的资源，企业就不会得到进一步发展。这就要求新创企业在确定资源需求以后利用自身已具备的资源不断攫取资源，这就是资源获取。

微课启学：影响创业资源获取的因素

只有清楚影响资源获取的因素有哪些，才能帮助创业者更好地获取资源。通常影响创业资源获取的因素包括内部影响因素和外部影响因素。

（一）内部影响因素

企业文化、企业愿景对企业获取创业资源产生着深远的影响，它决定着企业长远的发展方向、企业获取资源的目的和步骤，同时也决定着企业的行事风格和行为准则，进而影响企业获取资源的途径和方式。

企业战略是企业未来发展的规划，决定着获取创业的方向和速度。战略目标不同，企业在不同阶段所需的创业资源也不同。

创业者及其创业团队的创业经验和行业经验、组织与领导等都决定着企业获取资源的效率与效益。创业者先前的创业经验可以帮助创业企业更容易获得可取的特定机会，通过更多的途径获取创业资源。此外，还可以帮助创业者克服新企业面临的新的不利因素的影响，从而规避风险。先前行业经验可以强化创业者发现创业机会、获取资源的能力。同时，先前行业的管理经验能够帮助创业者解决创建和管理创业团队过程中遇到的诸多困难。此外，拥有先前行业经验的创业者往往享有更强的社会网络，其在先前行业中获得的公正声誉和处理利益相关者之间关系的技能有利于新创企业获得合法性认可。创业者的管理能力是企业软实力的主要表现，管理能力越高，获取资源的可能性越大。创业者的管理能力可以从其沟通能力、激励能力、行政管理能力、学习能力和外部协调能力等多方面予以衡量。

（二）外部影响因素

行业环境包含着各种因素，如竞争者因素、替代品因素、供应商、客户方因素等，每种因素都会直接或间接影响资源的获取。例如，供应商、客户方能否赊账决定着企业获得物质资源、财务资源的难易程度。

社会环境包括影响企业发展的政治因素、经济因素、文化因素、技术因素等，这些因素都决定着企业可否顺利获得相应的创业资源。

二、获取创业资源的途径

微课启学：获取创业资源的途径

不同类型的创业活动对于资源需求不同。影响其获取的因素不同，获取的途径也就不同。如果以技术驱动创业的创业者最先拥有技术资源，技术资源较为充足，那么创业者应重点关注人力资源等其他资源获取；如果创业者以拥有的团队为基础进行创业，那么应通过发挥团队特长或根据机会开发需要来获取、整合和利用资源；如果创业者最先拥有资金或初创资金较为充裕，那么应以资金带动其他资源向企业聚集资源。综上所述，获取创业资源的主要途径有外部获得和内部积累。

（一）外部获得

外部获得途径包括购买、联盟、并购、外部吸引等。

1. 购买

购买是指利用财务资源通过市场购买的方式获取外部资源，主要包括购买厂房、机器设备、材料等物质资源，购买专利和技术，聘请有经验的员工等。对创业者来说，购买资源可能是其最常用的资源获取方式，大部分资源，尤其是技术资源、物质资源、人力资源等都可以通过市场购买的方式得到。

案例拓展：产学研合作筑梦企业发展

2. 联盟

联盟是指对于一些难以或无法自己开发的资源可以联合其他组织共同开发。前提是联盟双方在资源和能力上互补且有共同的利益，而且能够对资源的价值及其使用达成共识。这种方式是获取技术资源常采用的方式。例如，高科技企业与高校科研机构联盟研发，可以借助高校设备，利用自己企业的技术，使企业保持可持续发展的后劲。

3. 并购

并购是通过股权收购或资产收购，将企业外部资源内部化的一种交易方式。并购是一种资本经营方式，通过并购可以帮助创业者缩短进入一个新领域的时间，从而使创业者及时把握商机，实现创业目标。

4. 外部吸引

外部吸引是指通过自身资源来撬动和获取其他资源，这种获取资源的方式对于初创企业来说是非常困难的。新创企业只有利用商业计划、产品雏形，通过对企业前景的描述，或者利用创业团队的声誉来吸引或获取资源拥有者的好感，从而吸引其将资源投入创业企业中。

（二）内部积累

内部积累是另外一种重要的资源获取途径，主要是利用企业现有资源通过内部培育形成自己所需的资源，如通过培训来提高员工技能和知识、企业自己开发新的技术、通过自我积累获取资金等。对于企业来说，内部积累是必要的资源获取方式。可以将通过内部积累获取人力资源作为企业的激励方式，激发企业成员提高工作积极性；通过资源积累的方式获取技术资源，可以在获得核心技术优势的同时，保护好商业机密。

> **相关链接**
>
> **海信自研画质芯片获得电视行业唯一"中国芯"奖**
>
> 2021年12月20日，在由国家工业和信息化部指导的全国性集成电路——第十六届"中国芯"集成电路产业促进大会上，海信信芯自主设计开发的第四代显示画质处理芯片获得"优秀技术创新产品"奖，这是行业内唯一一款获奖的显示驱动类芯片产品，海信也成为中国电视行业唯一获得"中国芯"大奖的企业。
>
> 时任海信集团董事长周厚健表示："做电视与手机，没有自己的芯片，永远都是二流企业。"芯片恰恰是互联网核心技术。没有自己的芯片设计能力，只能生产"千人一面的大路货"。
>
> 海信是国内最早涉足芯片研发的彩电商，通过不断实现自身内部积累，开发独一无二的技术资源，"造芯"技术积淀深厚，从而获得更大的产业空间和话语权。

三、获取创业资源的技巧

获取创业资源的主要原则是灵活地用好、用足企业现有资源，以有限的内部资源，撬动最大化的外部资源，具体获取技巧包含以下四个方面。

（一）充分重视人力资源的获取

高素质人才的获取和开发是现代企业可持续发展的关键。对于高科技企业来说，因为其占有更大的知识比例，人才资源则更为重要。

（二）以适用和够用为原则

创业者获取的资源首先应适用，只有新创企业发展需要的资源，才是资源获取的目标。因为任何资源的获取都是有代价的，所以获取资源还要遵循够用原则，"多多益善"的思路并不能给企业带来有效的利益。

（三）尽可能筹集多用途资源和杠杆资源

新创企业初期各类资源短缺，企业应尽可能筹集多用途资源和杠杆资源，以此为杠杆撬动外界资源。例如，创业者可利用个人魅力和现有的社会资源，吸引外部投资者入股；编制推陈出新的创业计划书，打动外部投资者以便为企业筹集资金。

（四）善用合作换取各类资源

新创企业初期资源紧缺，可以通过广泛合作，通过对未来的利益预期换取合作，获取资源。例如，通过连锁加盟获得品牌知名度，从而缩短市场客户对产品和企业的认知期，降低经营风险，帮助企业度过初创期。

> **学习指导**
>
> 获取创业资源的途径：一方面可以通过购买、联盟、并购、外部吸引等市场交易的途径来获取，也可以利用企业本身的资源来攫取和获取其他资源；另一方面要通过自身资源的积累来培育自己所需的资源。
>
> 创业者在获取资源时要注重充分重视人力资源的获取、以适用和够用为原则、尽可能筹集多用途资源和杠杆资源、善用合作换取各类资源，从而最大限度地利用资源。

任务检测：获取创业资源

任务三　整合创业资源

一、创业资源整合的含义

创业本身是一个系统过程，起源于创业机会，成就于企业管理。创业资源是新企业创建和成长的基础，是企业发展的脊梁。因此，对创业资源进行整合与优化，是增强新创企业竞争优势的关键。

整合是将一个系统内相互关联的各种生产要素，通过各种资源扩展渠道、途径和方法，实现各要素之间的关联、协调，构成一个新的系统的过程，也就是"1+1>2"的增值效果。

创业资源整合是一个复杂的动态过程，是指把企业所拥有的自然资源、信息资源和知识资源在时间和空间上加以合理配置、重新组合，以实现资源效用的最大化。

二、创业资源整合的原则

（一）渐进原则

有时创业资源的获取并不是一件容易的事，创业者应遵循渐进原则，根据对资源的需求程度，以及开发、利用的成本、收益和不确定性多方面的综合考虑，逐步地寻找机会获取各种创业资源。

（二）共赢原则

因为获取外部创业资源需要付出代价，所以创业者在开发和使用资源的时候，不能仅站在自己的利益的角度上，要兼顾各方面利益的相关者，实现双赢、多赢才是最高境界。

（三）量力原则

对于创业资源的开发和利用，创业者应该量力而行，不要过度整合与开发。

（四）缓冲原则

因为创业企业遇到困难和挫折是常有的事情，当发生这些困难时更多是依靠企业自有资源，所以在整合内部资源时要留有余地，以备不时之需。

（五）当前利益与长远利益相结合原则

任何基于当前利益对创业资源进行过度开发的行为，都会给企业的长远利益带来隐患。因此，在整合资源时，创业者不能只考虑眼前的既得利益，应该把眼光放得长远，将当前利益与长远利益相结合。

（六）比选原则

创业者要根据创业项目发展的需要、自身的实力及创业资源的特点，选择最合适的外部资源。

（七）提前原则

创业者不要等到需要时再去考虑该如何整合外部资源，而是应当具有一定的超前眼光，适当和提前做好外部资源整合规划，并逐步实施。

三、创业资源整合的方法

（一）内部资源整合的方法

内部资源基本上可以概括为人力资源、资产资源、无形资源三个主要的方面，整合的根本目标是如何更有效地优化配置和使用内部资源，内部创业资源整合被形象地比喻为"内部挖潜"。按照创业资源整合的一般流程，先发掘、列清单、进行资源识别，最后进行资源的开发、配置与应用。内部资源整合清单如表5-1-1所示。

微课启学：
资源整合的方法

表 5-1-1 内部资源整合清单

资源名称	对资源的认知
创业者	素质、能力、社会关系网络、需求特征
创业企业员工	素质、能力、社会关系网络、需求特征
创业企业的流动资产	成本、有效配置
创业企业的固定资产	使用周期、成本、有效配置
创业企业的无形资源	后续研发、拓展应用

1. 对人力资源的整合

初创企业的财与物都较为匮乏，甚至可能没有，唯一的资源就是创业者自身。人作为创业活动及新创企业管理活动的主体，对人进行整合就必须充分调动人的积极性，建立激励机制，实现人力资源的最佳配置和利用，这样才能充分发挥出人的积极性与创造性，确保最初的创业目标得以实现。为此，充分利用现有的人力资源，内部挖潜，合理整合，大力开展多层次、全方位的教育培训，积极营造和谐的内部企业环境，为人才竞争搭建平台，力求人尽其才、才尽其用，较好地激发员工潜在的积极因素，使员工的综合素质得到全面的提升，实现人力资源的最大化利用。

2. 对资产资源的整合

对资产资源的整合是指对创业企业内部的固定资产、流动资产的整合。因为资产资源具有很强的可度量性，所以强化初创企业的财务管理是实现对资产资源有效整合的重要工具。这就要求创业者建立完善的财务管理及决策相关体系及制度，对资产性资源的配置和使用做好财务核算，以经济效益为选择整合手段和方法的重要标准。另外，在整合内部资产资源的同时，创业者还要考虑企业外的资本会给企业带来的其他的资源。

3. 对无形资源的整合

企业内部的无形资源包括技术、品牌、企业文化、专利、商标等。在技术开发上，企业应当建立技术研发部门，加大对研发队伍和技术创新的投入力度。大力推进产品创新、服务创新、知识创新、管理创新、技术工艺创新、生产方式和流程创新，不断提高产品质量，开发出新的产品、提供新的服务，创造出新的市场价值。品牌资源的建立需要长期的建设过程，要求创业者始终把产品、服务的品质和质量放在首位，把诚信放在首位，并努力在产品或服务的品质、样式、商标、工艺等方面独树一帜。对那些不能以技术驱动创业的企业来说，要想创业产品在市场上具有竞争力和获利能力，必须将资源整合的重点放在寻找成功的创业技术上。开发技术资源时，一定要注意以市场需求、顾客满意为导向，同时可以考虑整合企业外部的技术资源。技术资源的主要来源是人力资源，重视技术资源整合时要注重对人力资源的整合。

（二）外部资源整合的方法

与内部资源相比，外部资源整合就要复杂许多。首先，外部资源都是相对独立的利益主体；其次，外部资源与创业者或创业企业的关系也更加复杂，创业者或创业企业对这些资源的开发、配置和使用的难度更大；最后，很多外部资源不是直接摆在创业者和创业企业面前的，而是需要去寻找、发掘或选择，因此具有相当的不确定性。为此，创业企业首先需要盘点外部资源有哪些，其次才是考虑如何拓展外部资源（表5-1-2）。

表 5-1-2 外部资源清单

资源名称	对资源的认知
相关政府机构	市场监督管理部门、税务管理部门等相对规范的外部资源
商业化的服务组织	银行、技术市场、管理咨询公司、会计师事务所、律师事务所、投资机构、广告公司
非营利性的服务组织	慈善基金会、公益组织
产业链相关组织	原材料供应商、机器设备供应商、潜在顾客、批发商、零售商、代理商
可能的合作伙伴	高校、科研院所等研究机构
竞争者	有竞争关系的公司
创业团队的个人社会网络	与创业者存在人际关联的人

对于大部分创业者来说,由于创业者没有创业经验、缺乏历史业绩、没有有效的资产作为抵押,更谈不上应对创业风险的措施与防范,以及其创业未来收益的不确定性,造成创业企业在吸引外部资源时的难度加大,能够获得外部资源的可能性降低。因此,对创业者而言,难以整合充足的外部资源并不意味着不能够创业成功,如果对自身资源进行再创造,就有可能在有限的资源情况下,充分发挥资源整合效应,实现创业成功。

四、有限资源创造性利用的方法

资源是有限的,为了更好地开发现有资源,实现高效的资源配置,创业者需要开动脑筋,运用知识的力量,创造性地利用有限资源获得更大的收益。尽管创造性利用资源的方法难以总结出具体的套路,但是可借鉴以下方法。

微课启学:
资源整合的步骤

(一)借鸡生蛋

"借鸡生蛋"通常指新创企业的创业者手中暂无资金、实物、场地等现有资源,可以通过置换、代售的方式先获取利润再偿付成本的做法。例如,创业者缺乏创业资金,可以通过诚信的品质赢得上游供应商的信任,先赊购货品,然后通过网络、实体店、上门推销等方式销售,利用销售所获得的收入再补偿先前货款,从而解决创业初期缺乏资金等问题。这种做法即属于"借鸡生蛋"策略。

(二)东拼西凑

"东拼西凑"通常也是伴随创业者创业初期,创业资源匮乏而诞生的。东拼一点西凑一点,积少成多,这也是创业者的能力。创业者利用自己身边能够找到的一切资源进行创业活动,有些资源或许对别人无用,但是对创业者来说,经过个人经验和技巧,可以实现资源的整合。

(三)借船出海

"借船出海"是针对创业者创业初期比较弱小而采取的方法,如果能找到好的平台,则创业成功也许会容易很多。例如,创业者通过加盟某知名连锁品牌店,来获得产品和品牌资源,有公司的成熟管理体系和营销攻势作为支持,创业就会稍轻松一些。

(四)以小博大

"以小博大"针对的是企业资源有限而采取的方法,意图达到"小投入,大回报"的目的,"少花钱多办事,不花钱也办事"。创业初期,如果创业企业没有足够资金购买先进的设备,则可以通过融资租赁设备等方式解决这一资金设备难题。

(五)纵横捭阖

"纵横捭阖"是指在新创企业成立初期实力尚且单薄的时候,整合各种资源,构建战略协作生态圈,互惠互赢。例如,面对大经销商批量进货的成本优势,小企业可以联合其他众多小企业"联合采购,分散经营",通过联合进货以获得批量采购进货优势。

五、有效利用创业资源的方法

(一)步步为营地运用自用资源

创业初期,在资源匮乏的情况下,创业者分多个阶段投入资源并在每个阶段投入最有限的资源,这种方法被称为"步步为营"。这种方法不仅适用于创业型小企业,还适用于高成长企业。

"步步为营"的策略首先表现为节俭,设法降低资源的使用量,降低管理成本。例如,利用外包,将企业经营过程中的一部分交给专业团队完成,创业者则更有精力专注于企业其他特长业务。有研究表明,外包行为可以使企业节省9%的成本,而企业整体能力与质量则上升了15%。但也要注意不要过分强调降低成本,从而影响产品和服务质量,甚至制约企业发展。

"步步为营"的策略其次表现为自力更生,减少对外部资源的依赖,目的是降低经营风险,加强对所创事业的控制。更多时候,"步步为营"不仅仅是一种做事最经济的方法,也是创业者在资源受限的情况下寻找实现企业理想目的和目标的途径,更是在有限资源的约束下获取满意收益的方法。习惯于"步步为营"的创业者会形成一种审慎控制和管理的价值理念,这对创业型企业的成长与向稳健成熟发展期的过渡尤其重要。

(二)创造性地拼凑资源

"拼凑"一词由人类学家列维·施特劳斯提出。绝大部分企业在创立之初会受到严重的资源束缚。例如,没有资金购买先进的设备,就去淘一些废弃的二手货;招聘不到满意的员工,创业者就身兼数职。如何利用有限的资源在竞争日益激烈的市场上抢占一席之地,这就需要创造性地拼凑。在资源约束下,创业者为了解决新问题或利用新机会,整合手头现有的资源行事。

创造性地拼凑资源有以下三个关键要素。

(1)身边的已有资源。创业者通常利用身边能够找到的一切资源进行创业活动,有些资源对他人来说也许是无用的、废弃的,但创业者可以通过自己的独有经验和技巧对其加以整合创造。

（2）整合资源用于新目的。拼凑者善于用发现的眼光，洞悉身边各种资源的属性，将它们创造性地整合起来用于新目的。

（3）将就使用。拼凑的载体往往是身边的一些"零碎"资源，出于时间和成本的考虑，这种先天不足从一开始就注定拼凑出的东西品质有限，将就使用。

> **相关链接**
>
> **大学生拼凑创业，助力乡村振兴**
>
> 某职业本科院校毕业生，巧借党中央乡村振兴的东风，毅然回到自己的家乡搞起了农业开发。他发现自己村里有一个废弃的煤矿，煤矿形成的污水坑产生了大量沼气。于是他在本地工厂购买了二手柴油发电机，经过简单改造，使之能够燃烧沼气。考虑到发电机产生的大量热能，他便利用发电机的冷却系统加热水温，建造了一个温室，利用温室进行无土栽培番茄。利用沼气发电将生产出的电力点亮温室中的补光灯，加速番茄生长。就这样，在别人眼里已经废弃的资源，被他拼凑在一起，不仅收获了财富，助力了乡村振兴，还为大学生毕业后如何创业树立了榜样。

（三）发挥资源杠杆效应

成功的创业者往往善于利用关键资源的杠杆效应，利用他人或其他企业的资源来完成自己创业的目的，利用一种资源补足另一种资源，产生更高的复合价值；或者借用一种资源撬动和获取其他资源。

对创业者来说，容易产生杠杆效应的资源主要包括人力资源和社会资源等非物质资源。借助人力资源的受教育背景、以往的工作经验及品质、口碑特征或有特殊行业背景相关知识、经验、技能等，创业者可以更快地整合到资源；借助社会资源的关系网络，创业者可以获取更丰富的商业信息，从而有助于提升创业者对特定商业活动的认知，帮助创业者获得难以被他人发现的商机，进而实现有限资源的最大化利用，这正是杠杆作用。

案例拓展：
图书馆搬家的故事

> **学习指导**
>
> 创业资源对于创业来说不可或缺，成功的创业者都善于开发与整合资源。创业资源整合就是寻找并有效利用各种创业资源的过程。对于初创企业来说，因为自身条件较薄弱，对于外部资源吸引或整合难度大，所以对创业者而言，一方面要借助自身的创造性，利用有限的资源创造尽可能大的价值；另一方面更要设法获取和整合各类战略性资源。
>
> 有效利用创业资源的方法包括步步为营地运用自有资源、创造性地拼凑资源、最大化地发挥资源杠杆效应。

任务检测：整合创业资源

实训活动

盘点创业资源

1. 活动参与人数

全体学生。

2. 活动场地和道具

教室，A4纸、便笺纸若干张。

3. 活动组织

根据班级授课人数，将学生分成若干小组。以小组为单位进行讨论，全面了解自己的创业资源有哪些，建立自己的创业资源库；另外，了解从外部可以获得哪些资源，如何整合这些资源，为创业做好准备。

4. 活动步骤

（1）分组。将全体学生划分成若干小组，确定每个小组的组长。

（2）进行头脑风暴。

（3）小组内的每个学生描述自己的内、外部资源有哪些，并记录下来。

（4）组长负责根据每个学生的记录整理汇总。

（5）盘点你的内部资源（表5-1-3）。

表5-1-3　内部资源盘点表

资源种类	具体分类	具体描述
大学生拥有的内部资源	资金（现金、银行存款及现金等价物）	
	房产	
	交通工具	
	技术专长	
	信用资源	
	经验	
	社会资源（人脉、家族资源）	
	个人能力	

（6）盘点你的外部资源（表5-1-4）。

表 5-1-4　外部资源盘点表

资源种类	具体分类	具体描述
大学生获取的外部资源	政府资源（财政扶持政策、税收政策、政府采购政策等）	
	人脉资源（同学、同乡、朋友等）	
	人际资源	
	人才资源	
	信息资源	
	技术资源	
	资产资源	
	行业资源	

（7）建立创业资源库。将表5-1-3和表5-1-4合并成你的创业资源库，进行分类整理，做好创业准备，以便高效使用（表5-1-5）。

表 5-1-5　创业资源库

资源种类	具体分类	具体描述
大学生拥有的内部资源	资金（现金、银行存款及现金等价物）	
	房产	
大学生拥有的内部资源	交通工具	
	技术专长	
	信用资源	
	经验	
	社会资源（人脉、家族资源）	
	个人能力	
大学生获取的外部资源	政府资源（财政扶持政策、税收政策、政府采购政策等）	
	人脉资源（同学、同乡、朋友等）	
	人际资源	
	人才资源	
	信息资源	
	技术资源	
	资产资源	
	行业资源	

5. 活动交流与讨论

（1）在获取创业资源时有哪些便利条件？

（2）如何进一步挖掘自己的创业资源？

（3）如何整合自己的优势创业资源与劣势资源？

6. 活动体验

_____

_____

_____

7. 活动点评

该实训活动旨在让学生了解自身创业资源，建立自我创业资源库，利用所学知识有效整合、管理和评估自己的创业资源。

每组学生利用提供的盘点表，结合自身情况，描述自身的内、外部资源，实现一个组内成员之间的相互评价。各组组长对于大家集思广益的结果进行汇总，形成小组创业资源库，各组展开分享，完成组与组之间的评价。教师结合学生实训项目的分享及完成情况，进行教师评价。

项目二　筹措创业资金

学前思考

（1）创业需要多少资金？
（2）创业资金从哪里获取？

案例导入

理想汽车的融资历程

◎ **案例描述**

戴着创业明星光环的李想在第三次创业时（创立理想汽车）遭遇了融资困境，甚至还经历了被100多家投资人抛弃的"惨剧"……

理想汽车的天使轮融资都是熟人和朋友。2015年，李想一开始打算做一大一小两款汽车，先从小汽车开始。李想自己投资5 000万美元，投资过汽车之家的黄明明拉上李想在汽车之家的伙伴一起投资了1 000多万美元。利欧股份的上市公司公告显示，除了李想自己和理想汽车联合创始人沈亚楠，其他人都是汽车之家的团队成员。

理想汽车的A轮融资是非主流投资人。2016年6月，理想汽车获得7.8亿元的A轮融资，这轮融资金额和李想自己投资的天使轮差不多，虽然A轮融资由华兴资本担任顾问，但投资理想汽车的主要还是非主流投资人。

理想汽车坚定信心的A+轮融资。理想汽车做了A1、A2、A3轮融资，蓝驰创投参与了A2轮、A3轮、B1轮、B3轮、C轮五轮投资。蓝驰创投的管理合伙人和李想是因为投资趣店认识的。他表示，理想汽车是蓝驰创投单个投资额最高的企业，这代表了最大的决心。

理想汽车B轮融资引入主流风险投资（Venture Capital，VC）。2018年，由于政策原因，理想汽车终止了小型智能电动汽车（Smart Electric Vehicle，SEV）项目，全力转型生产中大型运动型实用汽车（Sport/Suburban Utility Vehicle，SUV），也是在2018年完成了B轮融资。在此之前理想汽车进行了天使轮、A1、A2、A3轮的多轮融资，与很多创业者优先选择知名VC不同，李想作为明星创业者，之前的多轮融资都没有出现大牌VC的身影，主

231

要是熟人投资。

理想汽车从"地狱"到"天堂"的C轮融资。在一段时间内，李想见了100多家机构都拿不到融资，听了好友的建议后求助几位千亿美元级企业的朋友，扛过了"融资寒冬"。2019年8月，理想汽车获得5.3亿美元的C轮融资，并搭建可变利益实体（Variable Interest Entities，VIE）架构准备去境外上市。2020年7月，理想汽车完成5.5亿美元的D轮融资，投后估值40.5亿美元，当月的最后一天，其在美国上市。理想汽车"火"了，理想汽车的融资也从"寒冬"走向"春天"，新的投资人"蜂拥而至"，原有的投资人纷纷抢夺份额。理想汽车在纳斯达克上市时，认购过程火爆，比原计划提前一天挂牌。

（资料来源：中国企业家杂志.融资超20亿美元，王兴力挺，理想汽车吹响市值千亿美元冲锋号？凤凰网，2020-07-14.有删改.）

◎ 案例解析

理想汽车的融资历程告诉我们，一个企业的成功创立与发展离不开资金的支持，资金是企业的重要资源，有效的筹资对企业的生存与发展至关重要。什么是有效的筹资呢？首先，资金的筹集使用是有成本的，企业要合理确定筹资规模；其次，筹资的渠道与方式是多样的，企业的发展阶段不同，采用的筹资方式就会不同，对企业的影响也会不同。因此，在企业的初创期多采用权益融资，如采用天使投资，当企业有所发展时可以采用财务风险较大的债务融资等。

任务一　估算创业资金

微课启学：
估算启动资金

企业的创业资金是指创办企业并使其正常经营所需要筹集的资金。企业的创业资金可以根据具体用途分为投资资金和流动资金两大类。投资资金是创办企业购置的固定资产和无形资产、筹建时支付的开办费及其他投入所需资金的总和。创办企业时，投资是必不可少的，创办不同类型的企业所需的投资也是不同的，有的企业投资多，有的企业投资少，但值得注意的是，不论创办什么性质的企业都要把必要的投资降到最低限度，以减少企业的经营风险。流动资金是企业日常经营所需要支出的资金，一般金额较小，资金回收的速度比较快。

一、创业财务预测

（一）投资资金的预测

创办企业离不开必要的投资，投资资金一般可分为固定资产投资、无形资产投资、开办费投资及其他投资四类。

1. 固定资产投资

固定资产投资是企业购置价值较高、使用寿命较长的资产，如厂房、办公场所、办公家具、机器、设备等所投入的资金。固定资产投资额的预测取决于固定资产的取得方式，其方式主要有两种：一种是自建，另一种是外购。

（1）自建。如果企业对固定资产有特殊要求，则最好采用自建的方式。自建固定资产的好处是能够更好地满足企业生产经营的需要，但是也有不足，即会占用大量的资金、时间。如果企业可以直接外购固定资产，如购买合适的商铺或购买可以直接用来开工生产的设备，则创办企业的效率会更高，相对会比较简单、快捷。如果可以在家创业或利用已有房产、设备等资源创业，就可以减少固定资产投资，降低创业成本，创业会更容易。如果创业资金不是很充足，很难购建固定资产，则可以采用租赁的方式。租房比建房、买房所需的资金要少，也更容易改变经营地点。设备价值比较高的情况下也可以考虑租赁以减少投资，降低公司风险。

自建固定资产投资包括固定资产建造的材料费、人工费、水电费及其他费用等。例如，创办一家企业需要自行建造生产车间，预测建造过程中须购买工程物资支出200 000元，支付工程人员工资50 000元，购买原材料支出10 000元，支付其他费用10 000元。假设创业企业固定资产投资预测不考虑增值税，则自建生产车间的固定资产投资为以上支出的合计数270 000元。

（2）外购。外购固定资产投资包括买价、相关税费、安装费等费用。创办企业，除了有厂房还需要设备，假如直接外购不需要安装的设备1台，预计设备价款为30 000元，支付运杂费400元、包装费300元。如果不考虑增值税，则外购设备的固定资产投资为30 700元。

2. 无形资产投资

无形资产投资是企业取得长期使用的、不具有实际形态，但能带来经济收益的资产所付出的资金，如特许经营权、商标权、专利权、土地使用权等。无形资产具有一定的特殊性，因此在预测无形资产投资时，首先要保证所购无形资产的合法性，其次要确认无形资产的法定有效期，最后要找准评估和计价的法律依据。在创业的过程中，如果需要购买特许经营权等无形资产，则可以向特许经营权等无形资产的拥有者咨询所需费用，也可以向经营同类业务的企业家或创业者寻求帮助来预测无形资产投资。在进行无形资产投资预测时还要注意，不同的创业地点，费用可能会有不同，因此还需要向特许经营商或无形资产的出让者进一步验证预测的投资额。

3. 开办费投资

开办费是企业在筹建期间发生的各项费用，包括培训费、差旅费、印刷费、注册登记费，以及不计入固定资产和无形资产价值的借款费用等。

4. 其他投资

其他投资是指除了固定资产、无形资产、开办费的各项投资。企业在对其他投资进行估算时应尽可能涵盖可能涉及的各类支出，并且留有余地，以保证企业创立的资金需求。

为了使投资资金的预测更加清晰，在创业时可以根据各类投资资金的预测结果编制投资资金预测表，写入创业计划书。例如，要创办一家会计服务公司，创业者需要做投资预测。投资包括固定资产投资,如办公场所、办公家具、计算机、打印机等投资;开办费投资,如培训费、市场调查费等投资;其他投资,如装修费投资。由于会计服务公司处于初创阶段,经营的不确定性较大,为降低经营风险,减少资金投入,办公场所采用租赁的方式取得并进行简单的装修。投资资金预测表如表5-2-1所示。

表5-2-1 投资资金预测表　　　　　　　　　　　　　　　　　　　　单位:元

项目	单价	数量	金额
办公家具: 　办公桌 　办公椅	 500 200	 6张 12把	 3 000 2 400
电子设备: 　计算机 　打印机	 3 000 2 500	 6台 3台	 18 000 7 500
开办费: 　市场调查费、咨询费 　培训费			 2 000 2 100
其他投资: 　前期装修费			15 000
合计			50 000

说明:此投资资金预算表可以根据创办企业的实际情况进行修改与设计,也可以添加每个项目测算的辅助表格。

根据表5-2-1,会计服务公司的投资总额为50 000元,包括固定资产投资30 900元、开办费投资4 100元、其他投资15 000元。

(二)流动资金预测

一般情况下,企业在建设期以资金投入为主,现金流为负,只有到了经营期才能有销售收入,才开始盈利。制造企业只有先把产品生产出来才能销售;服务企业只有先购买材料和办公用品才能提供服务;商贸企业只有先采购货品才能销售货品;农、林、牧、渔企业则只有需要更长时间的投入才能有回报。因此,企业在获得收益之前,先要有维持生产经营的流动资金投入。结合初创企业生产经营实际进行分析,流动资金主要包括购买并储存原材料及商品的费用、人工费、日常工作支出、广告宣传费、租赁费、保险费、其他费用七项。

企业创办初期所需投入的流动资金数额取决于企业获得销售收入之前所需要的时间。有的企业需要足够的流动资金来支付6个月的经营费用,有的企业需要足够的流动资金来支付4个月的经营费用,获得收入前需要的时间越长,所需投入的流动资金就越多。因此,在进行流动资金估算时,要本着"以销定产"的思想,根据销售数量或提供服务的数量估计可能发生的材料及商品购买费用。因为企业在初创期没有形成稳定的市场占有率,销售情况并不乐观,所以预测流动资金时要计划得更宽裕一些。

1. 购买并储存原材料及商品的费用

制造商生产产品需要预测原材料的需用量，服务企业提供服务需要预测顾客付款前原材料的用量，商贸企业进行销售需要预测营业前的商品采购量。企业预计的存货越多，采购需要的流动资金越多，资金投入越多。因此，保持合理的存货量以降低成本，从而降低企业经营风险尤为重要。

工业企业要以市场调查和市场分析为前提，科学地估计销售数量，根据销售数量及企业要求的库存量计算生产数量，从而决定原材料的采购数量和金额。商贸企业则根据销售数量和库存来估计商品的采购数量和金额。服务企业直接根据盈利前提供服务的数量估计材料的消耗量，从而估计材料费用。农、林、牧、渔企业需要根据动植物的生长期及专业的种植、养殖技术来估计材料费用。因为服务业和农、林、牧、渔企业的业务比较灵活，涉及面比较广，很难形成相对统一的材料费用估算方法，所以以下主要介绍工业企业及商贸企业的材料、商品的估算方法。

（1）工业企业预测采购材料所需资金。

首先，根据预计销售量及期初、期末结存量估计生产量。

$$预计生产量 = 预计销售量 + 预计期末结存量 - 预计期初结存量$$

例如，创办一家食品加工厂，2月正式生产销售，预计2月的销售量是500箱，3月的销售量是650箱，4月的销售量是700箱，为了保证销售顺利进行及应对突发情况对产品需求的影响，要求每个月末保留下个月预计销售量的10%的存货。那么，2月、3月需要生产多少产品呢？因为是2月才开始第1个月的生产，所以期初结存量为0。2月生产量计算过程及结果为

$$预计2月生产量 = 500 + 650 \times 10\% - 0 = 565（箱）$$
$$预计3月生产量 = 650 + 700 \times 10\% - 650 \times 10\% = 655（箱）$$

其次，根据生产产品数量及材料的单位消耗量预测生产需要材料数量。接上例，如果当前工艺水平下，产品加工的原材料单位消耗是每箱3千克，那么满足2月及3月产品生产需要多少材料呢？

$$2月生产需用量 = 预计生产量 \times 材料单耗 = 565 \times 3 = 1\,695（千克）$$
$$3月生产需用量 = 预计生产量 \times 材料单耗 = 655 \times 3 = 1\,965（千克）$$

最后，根据生产产品的材料需用量结合期初、期末的材料库存量要求，估计材料的采购数量，乘以预计材料单价，预测当月可能发生的材料费用。接上例，因为2月刚投入生产，所以期初材料库存为0，为保证产品生产的顺利进行要求期末材料库存为下个月材料需用量的15%，2月需要采购材料的计算过程为

$$2月材料采购量 = 生产需用量 + 期末材料存量 - 期初材料存量$$
$$= 1\,695 + 1\,965 \times 15\% - 0 = 1\,989.75（千克）$$

根据当前市场情况，从供应商处得知，每千克材料的单价为200元，则该食品加工厂2月的材料费用计算过程如下

2月材料费用＝预计材料采购量×材料预计单价
=1 989.75×200=397 950（元）

（2）商贸企业预测采购商品所需资金。

商贸企业的主要业务就是采购与销售，没有生产过程。因此，创办商贸企业主要是估计商品采购量及所需的采购费用。商品采购量及采购费用的计算公式为

预计商品采购量＝预计销售量+预计期末结存量-预计期初结存量

商品采购费用＝预计商品采购量×预计单价

假如要创办一家商贸企业，只经销一种商品，该商品的市场估价为5元/件，不允许赊购。为了保证销售的顺利进行，要求月底存货为次月销售量的10%加1 000件。预计1月底的实际存货为4 000件，2月预计销售40 000件，3月预计销售25 000件。预测2月的采购量及采购费用。

商品采购量＝预计销售量+该种商品期末结存量-该种商品期初结存量
=40 000+（25 000×10%+1 000）-4 000=39 500（件）

商品采购费用=39 500×5=197 500（元）

需要说明的是，以上购买原材料及商品所需费用的测算没有考虑赊购，也就是应付账款对资金需求的影响。企业在初创期，赊购的可能性不是很大，应付账款不多；如果进入正常的经营期，则赊购是很正常的现象，这时再预测购买材料或商品的资金需求必须考虑应付账款对资金的影响，如应付账款的增加会减少资金的占用，应付账款的偿还会增加资金的占用与投入。

如果创业企业的市场需求比较稳定，企业的业务量变化不大，则可以不按月预测，而是结合企业实际按季度或按年采用上述方法预测材料费用和商品采购费用。

2. 人工费

企业的生产经营离不开人的劳动。人工费是指用人单位依据国家有关规定或劳动关系双方的约定，以货币形式支付给员工的劳动报酬，如员工的工资、为员工缴纳的社会保险等费用。社会保险包括养老保险、医疗保险、失业保险、工伤保险、生育保险，其中前三项保险为企业与职工共同缴纳，后两项保险则只有企业为员工缴纳。在预测人工费时，通常用每月支付的工资总额和社会保险的金额乘以还有没到达收支平衡的月数加以计算。

3. 日常工作支出

日常工作支出是指企业为了维持正常的运营，除了场地费、原材料和库存商品费用及人工费，发生的各项办公支出，主要包括电话费、网络费、水电费、招待费等。这部分支出可以根据实际情况预测。

4. 广告宣传费

企业在初创阶段为了让外界了解企业及产品，往往需要扩大宣传，树立企业形象，促销产品，因此要测算出企业的广告宣传支出。广告宣传支出可以根据广告项目和当地实际收费标准预测。

5. 租赁费

企业的经营场所和设备可以是购买的，也可以是租赁的。如果是购买取得的则不存在租赁费，如果是租赁的则需要测算租赁费。租赁费可以按月、按季或按年支付，测算时可以用月租金乘以还没有到达收支平衡的月数。如果租金是按季度支付或半年、一年一付的就直接按季、按年测算。这样初创企业的流动资金投入会更大一些，企业的资金压力也会更大。

6. 保险费

企业从创立开始就必须支付必要的保险费，主要是以商业保险的形式，包括财产保险，如机动车保险、企业财产保险、家庭财产保险、货物运输保险等；人寿险和健康险，如疾病保险、医疗保险等。保险费可以根据投保的项目及投保的标准测算。这也是流动资金投资的一部分。

7. 其他费用

企业的日常经营除了上述列举的主要支出，还可能发生许多其他支出，如设备维护费、车辆使用费等。因此，要求在资金预测时列出详细的费用项目。

在投资资金预测中企业可以借助投资资金预测表，在流动资金预测中企业也可以编制流动资金预测表。在编制流动资金预测表时，企业需要详细列出流动资金的项目及未来3~6个月的预计流动资金金额。承接上述投资资金预测表编制案例，以下编制流动资金预测表。

会计服务公司成立之初，市场认可度不是很高，还没有形成稳定的客户，需要采用电话宣传、走访宣传等方式进行业务宣传以争取客户。企业共有员工6人，创始人不拿工资，假设当地最低工资标准是每月3 000元，为节约人工成本，工人工资定为每人每月3 000元。因为会计服务公司属于服务业，提供的主要是技术服务，所以没有原材料的消耗。根据同行经验及市场预测，会计服务公司要实现收支平衡需要3个月，因此，采用各项流动资金预测方法测算出创业前3个月的流动资金预测表，如表5-2-2所示。

表 5-2-2　流动资金预测表　　　　　　　　　　　　　　　　　　　　　　　单位：元

项目	每月支出	3个月支出合计
人工费（6人，3 000元/月·人）	18 000	54 000
电话费	252	756
广告宣传费	850	2 550
租赁费	2 000	6 000
保险费	600	1 800
水电费	350	1 050
交通费	1 000	3 000
网络费	50	150
其他费用	100	300
合计	23 202	69 606

说明：此流动资金预测表可以根据创办企业的实际情况进行修改与设计，也可以添加每个项目测算的辅助表格。

通过投资资金预测及流动资金预测，我们可以测算出创办一家会计服务公司所需启动资金为投资资金50 000元加上流动资金69 606元，共计119 606元。从启动资金的构成分析，创办服务型企业最大的投资是人力资源投资，这符合服务业的特点。

（三）销售收入预测

企业的经营目标是生存、发展、盈利，创业企业在进行广泛的市场调查和分析的基础上，合理地预测了启动资金，接下来则是要更好地运用启动资金实现盈利。这就要求企业做到心中有数，做好销售收入预测。销售收入是销售量与销售单价的乘积。企业已经根据市场分析及行业饱和度等信息预测出销售量，因此，销售收入预测的核心是合理准确预测销售价格。因为企业产品或服务的定价离不开成本，只有定价高于成本，企业才有利润，所以销售收入的预测可以分为以下三个步骤。

1. 预测企业产品或服务成本

企业之间的竞争很大程度上是成本的竞争，同样的产品与服务、同样的质量与价格，哪个企业的成本更低，哪个企业就具有了竞争优势。企业成本一般包括变动成本和固定成本两个部分。变动成本是指在一定业务量范围内，成本总额随着业务量的变化而呈正比例变化的成本费用，如材料费用。固定成本是指在一定的业务量范围内，成本总额固定不变的成本费用，如固定资产的折旧费。

如果要正确预测产品或服务成本，首先要分析企业有哪些成本，哪些是固定成本，哪些是变动成本。对于制造企业或服务企业来说，与生产产品或提供服务有直接关系的成本就属于变动成本，如生产产品的材料费用、零售商的进货成本、食品店购进的饮料等。企业中比较典型的固定成本是企业中的折旧费与摊销费，该费用虽然不会产生现金流出，但是会影响产品成本和企业利润。

企业在计算生产产品或提供服务的成本时，可以先将全月发生的所有成本和期间费用相加计算出月总成本，然后用月总成本除以当月生产产品或提供服务的数量，即可得出生产产品或提供服务的单位成本，即完全成本。该成本既可以作为制定销售价格的依据，又可以作为预测利润的基础。以创办的会计服务公司为例，以下计算完全成本，编制成本预测表。

首先，计算月总成本。月总成本包括当月流动资金投资及当月的固定资产折旧。会计服务公司需要计提折旧的固定资产主要有办公家具和电子设备。办公家具价值5 400元，企业预计5年后更换，折旧年限为5年；电子设备价值25 500元，由于更新换代较快，按3年计提折旧。假设固定资产报废时无残值。折旧额的计算保留整数位。

办公家具的折旧费=5 400÷60=90（元/月）

电子设备的折旧额=25 500÷36≈708（元/月）

月总成本=23 202+90+708=24 000（元）

其次，编制成本预测表，计算完全成本。假如会计服务公司平均每月提供代理记账服务的企业一共有40家，编制成本预测表，如表5-2-3所示。

表 5-2-3　成本预测表　　　　　　　　　　　　　　　　　　　　　　单元：元

项目	金额
人工费	18 000
电话费	252
广告宣传费	850
租赁费	2 000
保险费	600
水电费	350
交通费	1 000
网络费	50
其他费用	100
折旧费	798
月总成本	24 000
单位成本	600

说明：此成本预测表可以根据创办企业的实际情况进行修改与设计，也可以添加每个项目测算的辅助表格。

2. 制定销售价格

销售收入的预测离不开销售价格，销售价格的制定受价值因素、成本因素、市场供求因素、竞争因素、政策法规因素等多种因素的影响，需要全面考虑。此外，企业的性质不同、定价目标不同，制定的价格也会不同。

企业的定价目标影响着价格的制定。如果创业企业所经营的领域或产品在市场上处于垄断地位或具有很强的竞争优势，就可能以实现利润最大化为目标，通过为产品制定一个较高的价格，从而提高产品单位利润率，最终实现企业利润最大化。如果创业企业就是为了打开产品市场，保持或提高市场占有率，则产品定价往往要低于同类产品价格，以较低的价格吸引客户，逐步扩大市场份额，但在短期内可能要牺牲一定的利润空间。如果创业者采用加盟方式创业，就要求价格稳定，在定价时由领导企业制定一个价格，其他企业的价格则与之保持一定的比例关系，不会随便降价。如果创业企业以应对和避免竞争为目的，企业则需要参照对市场有决定性影响的竞争对手的产品价格变动情况，随时调整本企业产品价格。

创业企业产品或服务的定价方法可以分为两大类：一类是以成本为基础的定价方法，另一类是以市场需求为基础的定价方法。以成本为基础的定价方法可以选择的成本包括变动成本、制造成本、完全成本。因此，以成本为基础的定价方法又细分为完全成本加成定价法、保本点定价法、目标利润定价法和变动成本定价法。

完全成本加成定价法是指在完全成本的基础上，加上合理的利润来定价。合理利润在工业企业一般根据成本利润率确定，在商业企业一般根据销售利润率确定。在考虑税金的

情况下，定价公式为

产品或服务的单位价格＝单位成本＋单位税金＋单位利润

＝单位成本×（1＋成本利润率）/（1－适用税率）

＝单位成本/（1－销售利润率－适用税率）

以会计服务公司为例，如果企业要求的成本利润率为10%，并且无相关税金，则代理记账业务的定价可以确定为

代理记账业务的定价＝600＋600×10%＝660（元）

需要说明的是，产品或服务的定价可以在完全成本加成定价法确定的基础上，结合企业定价目标、定价策略及竞争对手的价格策略进行相应调整。

保本点定价法按照刚好能达到盈亏平衡的价格来确定产品的销售价格。采用这种方法确定的销售价格是创业企业可以接受的最低价格。定价公式为

单位价格＝单位完全成本＋单位税金＝单位完全成本/（1－适用税率）

采用保本点定价法，会计服务公司的定价应该确定为600元，这也是公司可以接受的最低价格。

目标利润定价法是根据目标利润、产品销售量、产品成本、适用税率等因素来确定销售价格的方法。定价公式为

单位价格＝单位成本＋单位税金＋单位目标利润

＝（单位目标利润＋单位完全成本）/（1－适用税率）

假设会计服务公司的单位目标利润为120元，则代理记账业务的定价为

单位价格＝600＋120＝720（元）

变动成本定价法是指在企业有剩余生产能力的情况下增加生产一定数量的产品，增加的这部分产品不负担固定成本，只负担变动成本时，以变动成本为基础确定销售价格。此处的变动成本既包括变动制造成本，又包括变动期间费用。定价公式为

单位价格＝单位变动成本×（1＋成本利润率）/（1－适用税率）

变动成本定价法主要在企业有追加订单的情况下采用。

以成本为基础的定价方法主要关注企业成本情况而不考虑市场需求，因此还可以采用以市场需求为基础的定价方法，该方法又可以分为需求价格弹性系数定价法和边际分析定价法。鉴于这两种方法的专业性比较强，使用起来比较复杂，这里不再详细介绍。

创业企业在制定价格时，是很难预测竞争对手的反应的。如果在企业进入市场初期，竞争对手的反应比较激烈，也许会采用低价格策略，这样就会使初创企业难以立足从而面临经营风险。因此，销售价格的制定除了采用上述专业定价方法测算，还要考虑市场的反应、竞争对手的策略及其他外部因素对价格的影响，在价格测算的基础上根据定价策略进行相应调整，以最终确定销售价格。企业可以采用的定价策略主要有折扣定价策略、心理定价策略、组合定价策略、生命周期定价策略等。不同定价策略的选择会在一定程度上影响销售价格，从而影响销售收入。

假设我们创办的会计服务公司采用的是以成本为基础的定价法并参考同行业竞争对手的定价，以保证在实现盈利的基础上进一步开拓市场，即代理记账业务的定价为720元/月。本书以此价格作为销售收入预测的基础。

3. 预测销售收入

首先，根据市场调查与分析，采用专门的方法预测销售量；其次，制定销售价格，销售量乘以销售价格即销售收入，但是企业生产的产品或提供的服务往往不止一种，这就需要先区分产品与服务项目，再测算销售收入。因此，预测销售收入可以分为以下四个步骤。

（1）列出企业推出的所有产品、产品系列或服务项目。

（2）通过市场调查与市场分析，预测每个月每种产品或服务的期望销售量，至少完成6个月的预测。

（3）为企业生产和销售的每种产品或提供的每项服务制定销售价格。

（4）利用销售价格乘以月销售量来预测每项产品或服务的月销售收入。

需要注意的是，在企业的初创期或市场环境变化较大的时期，经营的不确定性较大，因此，在销售数量和销售收入的预测上不要太乐观，要切合实际。

会计服务公司计划在1月正式开始营业，正常情况下每月服务的代理记账企业在40家左右，本案例采用平均水平，计划业务量定在了40家，未来还有可能争取到新的客户，预计未来业务量还会有所增加，如表5-2-4所示。

表5-2-4 销售收入预测表　　　　　　　　　　　　　　　　　　　　单位：元

月份	1月	2月	3月	4月	5月	6月	7月	8月	9月	10月	11月	12月	合计
业务量/家	30	35	35	35	37	37	40	42	42	45	45	47	470
单价	720	720	720	720	720	720	720	720	720	720	720	720	720
收入（含税）	21 600	25 200	25 200	25 200	26 640	26 640	28 800	30 240	30 240	32 400	32 400	33 840	338 400

说明：此销售收入预测表可以根据创办企业的实际情况进行修改与设计。

二、编制财务计划

1. 编制利润计划

要掌握企业的经营情况，仅仅知道企业的销售收入是不够的，还必须计算出企业的利润，只有这样才能知道企业是否盈利。创业企业利润计划的编制不同于我国企业会计准则中利润表的编制，利润计划的编制依据创业企业所做的销售成本预测，最好是计算简单且数字准确。利润的计算可以通过销售收入减去成本费用来完成。销售收入及成本的预测方法已经介绍了，这里特别强调影响利润的税金的计算。在税金测算时应充分考虑国家对小型微利企业的税收优惠政策。

会计服务公司的注册资金为20万元，共有员工6人，属于小型微利企业，享有小型微利企业的税收优惠。公司的收入和成本已经预测了，以下计算公司的税费及利润。公司应缴纳的税费包括增值税、教育费附加、城市维护建设税，具体的计算过程如下。

根据税收规定，按季纳税的小规模纳税人季销售额不超过30万元免征增值税。会计服务公司各季度的销售额均未超过30万元，不需要缴纳增值税。

$$企业利润 = 不含税销售收入 - 总成本 - 附加税费$$

$$净利润 = 利润 - 应纳企业所得税额$$

$$应纳企业所得税额 = 应纳税所得额 \times 税率$$

小型微利企业符合企业所得税税收优惠时，可将其所得减按25%计入应纳税所得额，减按20%缴纳企业所得税。会计服务公司就符合这一所得税税收优惠政策。

根据上述数据，编制会计服务公司的利润计划，如表5-2-5所示。由表5-2-5可以看出，虽然公司进入经营期的第1个月是亏损的，但是经营状况在第2个月就随着业务量的上升而有所好转，并且在年度终了实现了47 975元的净利润，创业项目可行。

2. 编制现金流量计划

企业实现了盈利并不意味着企业有充足的现金来维持经营。现金是企业生存的血液，因此，还必须编制现金流量计划以保证企业有充足的现金维持生产经营。

在编制现金计划时，需要包括三个方面的内容，即现金流入量、现金流出量、净现金流量。在测算现金流入量时要考虑赊销的情况，当期赊销会减少现金流入，当期收回欠款会增加现金流入。在测算现金流出量时要考虑赊购的情况，当期赊购会减少现金流出，当期支付前期欠款会增加现金流出。此外，企业还需要测算每月的净现金流量，从而判断现金的余缺并采取应对措施。

假设会计服务公司的代理记账服务费采用按月结清的方式，不允许延期付款，因此销售收入全部收现。因为会计服务公司主要提供的是技术服务，不生产具体的产品，所以没有原材料的采购也就没有赊购。目前可以筹得的启动资金只有52 000元。为了可以清楚地反映所有现金流量，设置第0个月表示1月的月初，反映原始投资。据此编制出现金流量计划以分析企业是否存在现金短缺，如表5-2-6所示。

根据现金流量计划分析，预测的启动资金为119 150元，但是实际能够筹集投入的资金为52 000元，远远低于预测的启动资金，但并没有造成资金的短缺，这是什么原因呢？结合利润计划进行分析，只有1月的利润为负，2月利润就已经为正，证明企业2月就实现了盈利。因此，我们可以分析出企业实现收支平衡的时间只需1个月，因此在进行流动资金预测时只需预测1个月的流动资金投资。此外，流动资金预测是以当月收入为0时作为假设前提计算的，但会计服务公司第1个月就已经有了业务，所以真正需要的启动资金比预测值小。

三、财务分析方法

财务分析是根据企业财务报表等信息资料，采用专门方法，系统分析和评价企业财务

表 5-2-5 利润计划

单位：元

月份项目		1月	2月	3月	4月	5月	6月	7月	8月	9月	10月	11月	12月	合计
销售收入	含税销售收入	21 600	25 200	25 200	25 200	26 640	26 640	28 800	30 240	30 240	32 400	32 400	33 840	338 400
	增值税	0	0	0	0	0	0	0	0	0	0	0	0	0
	销售净收入	21 600	25 200	25 200	25 200	26 640	26 640	28 800	30 240	30 240	32 400	32 400	33 840	338 400
成本	人工费	18 000	18 000	18 000	18 000	18 000	18 000	18 000	18 000	18 000	18 000	18 000	18 000	216 000
	电话费	252	252	255	260	260	260	270	270	270	275	275	275	3 174
	广告宣传费	850	850	850	850	850	850	850	800	800	800	800	800	9 950
	租赁费	2 000	2 000	2 000	2 000	2 000	2 000	2 000	2 000	2 000	2 000	2 000	2 000	24 000
	保险费	600	600	600	600	600	600	600	600	600	600	600	600	7 200
	水电费	350	350	350	350	350	350	350	350	350	350	350	350	4 200
	交通费	1 000	1 000	1 000	1 000	1 000	1 000	1 000	1 000	1 000	1 000	1 000	1 000	12 000
	网络费	50	50	50	50	50	50	50	50	50	50	50	50	600
	其他费用	100	100	100	100	100	100	100	100	100	100	100	100	1 200
	折旧费	798	798	798	798	798	798	798	798	798	798	798	798	9 576
	总成本	24 000	24 000	24 003	24 008	24 008	24 008	24 018	23 968	23 968	23 973	23 973	23 973	287 900
附加税		0	0	0	0	0	0	0	0	0	0	0	0	0
利润		−2 400	1 200	1 197	1 192	2 632	2 632	4 782	6 272	6 727	8 427	8 427	9 867	50 500
企业所得税		0	0	0	0	0	0	0	0	0	0	0	0	2 525
净利润		0	0	0	0	0	0	0	0	0	0	0	0	47 975

说明：此利润计划可以根据创办企业的实际情况进行修改与设计。

表 5-2-6 现金流量计划

单位：元

月份		项目	0月	1月	2月	3月	4月	5月	6月	7月	8月	9月	10月	11月	12月	合计
		月初现金	0	2 000	398	2 396	4 391	6 381	9 811	13 241	18 821	25 891	32 961	42 186	51 411	
现金流入		现销收入		21 600	25 200	25 200	25 200	26 640	26 640	28 800	30 240	30 240	32 400	32 400	33 840	338 400
		赊销收入														
		借款														
		股东投资收入	52 000													52 000
		现金流入合计	52 000	21 600	25 200	25 200	25 200	26 640	26 640	28 800	30 240	30 240	32 400	32 400	33 840	390 400
		现金采购														0
		赊账采购														0
现金流出		人工费		18 000	18 000	18 000	18 000	18 000	18 000	18 000	18 000	18 000	18 000	18 000	18 000	216 000
		电话费		252	252	255	260	260	260	270	270	270	275	275	275	3 174
		广告宣传费		850	850	850	850	850	850	850	800	800	800	800	800	9 950
		租赁费		2 000	2 000	2 000	2 000	2 000	2 000	2 000	2 000	2 000	2 000	2 000	2 000	24 000
		保险费		600	600	600	600	600	600	600	600	600	600	600	600	7 200
		水电费		350	350	350	350	350	350	350	350	350	350	350	350	4 200
		交通费		1 000	1 000	1 000	1 000	1 000	1 000	1 000	1 000	1 000	1 000	1 000	1 000	12 000
		网络费		50	50	50	50	50	50	50	50	50	50	50	50	600
		其他费用		100	100	100	100	100	100	100	100	100	100	100	100	1 200
		偿还贷款本息		0	0	0	0	0	0	0	0	0	0	0	0	0
		增值税														0
		固定资产投资	30 900													30 900
		开办费	4 100													4 100
		装修费	15 000													15 000
		附加税费														
		现金流出合计	50 000	23 202	23 202	23 205	23 210	23 210	23 210	23 220	23 170	23 170	23 175	23 175	23 175	328 324
		月净现金流量	2 000	398	2 396	4 391	6 381	9 811	13 241	18 821	25 891	32 961	42 186	51 411	62 076	

状况、经营成果及未来发展趋势的过程。财务分析方法包括财务分析的基本方法和财务分析的综合方法。企业通过财务分析方法来评价企业的经营状况,以找到提高利润、加快企业发展的方法。

(一)财务分析的基本方法

财务分析的基本方法主要有比较分析法、比率分析法、因素分析法。

1. 比较分析法

比较分析法是指对两个或两个以上的可比数据进行对比,找出企业财务状况或经营成果中的差异与问题。比较分析法具体可以分为三类,第一类是趋势分析法,即比较的对象是本企业的历史数据;第二类是横向比较法,即比较的对象是同类企业的同期数据;第三类是预算差异分析法,即比较的对象是预算数据。

比较分析法的应用比较普遍,也是创业企业常用的一种方法。例如,创业企业可以将企业连续几个月的利润进行比较,以分析企业是否具备持续盈利的能力,或者将本企业当期的营业额与同行业同规模企业当期的营业额比较,以分析企业在同行业的水平,是否具备竞争优势,也可以将企业实际经营数据与预算数据进行比较,以分析预算的执行情况。比较分析法的使用比较灵活,创业企业可以根据自己的分析目标,合理选择参照对象进行比较分析,并依据分析结果进行决策或挖掘,加强经营管理,增加企业盈利,促进企业发展的途径。

2. 比率分析法

比率分析法是通过计算各种比率指标来确定财务活动变动程度的方法。在比率分析法中,比率指标主要有三种,即构成比率、效率比率、相关比率。

构成比率反映部分与整体的关系,可以考查总体中某部分的形成及安排的合理性,以协调各项财务活动,如流动资产占资产的比例,比例越大,流动资产越多,资金的盈利能力越差,可根据企业实际需要适当减少流动资产。

$$构成比率 = 某个组成部分数值 / 总体数值 \times 100\%$$

效率比率反映企业经济活动中投入与产出、所得与所费的关系,主要用于经营成果分析,如成本利润率、销售利润率等。该比率越高,企业盈利能力越强。

$$效率比率 = 所得金额 / 所费金额 \times 100\%$$

相关比率是将两个不同但是又有一定关联的项目进行比较得出的比率,反映经济活动中的各种关系,如流动比率。

$$相关比率 = 某一指标 / 另一相关指标 \times 100\%$$

比率分析法是财务分析中比较常用的一种方法,在报表分析中更为常用,也是创业企业可以采用的一种方法。例如,可以借助比率分析法分析创业风险。创业企业的启动资金多来自风险投资、个人投资和银行贷款。例如,大学生小明自主创业成立了一家企业,注册资本为100万元,其中外来风险投资20万元,大学生创业资金申请10万元,银行贷款55万元,自己家的积蓄15万元。该企业创建时的资产负债率高达55%,企业长期偿债能力较差,有资不抵债的可能性,企业财务风险较大。因此,企业最好调整资本结构,可考虑合伙人投资，增加权益资金比例，减少债务资金比例，从而降低公司风险。

> **相关链接**
>
> **常用财务比率**
>
> 财务比率也称财务指标，是指通过财务报表数据的相对关系来揭示企业经营管理的各方面问题，是最主要的财务分析方法。财务分析的主要内容包括偿债能力分析、营运能力分析、盈利能力分析、发展能力分析。常用的财务比率如表5-2-7所示。
>
> 表 5-2-7 常用的财务比率
>
> | 分析内容 | 财务指标 |
> | --- | --- |
> | 短期偿债能力分析 | 流动比率 = 流动资产 / 流动负债 |
> | 长期偿债能力分析 | 资产负债率 = 负债总额 / 资产总额 |
> | 营运能力分析 | 总资产周转率 = 销售收入净额 / 平均资产总额 |
> | 盈利能力分析 | 净资产收益率 = 净利润 / 平均所有者权益 |
> | | 销售净利率 = 净利润 / 销售收入 |
> | 发展能力分析 | 营业利润增长率 = 本年营业利润增长额 / 上年营业利润总额 |

3. 因素分析法

因素分析法是依据分析指标与影响因素的关系，从数量上确定各因素对分析指标影响方向和影响程度的一种方法，包括连环替代法和差额分析法。差额分析法是连环替代法的简化方法，因此，此处主要介绍连环替代法。

连环替代法是在财务指标对比分析确定差异的基础上，利用各因素的顺序替代，从数值上分析各相关因素对有关财务指标差异影响程度的一种方法，具体的计算过程如下。

首先，选择分析指标，进行指标分解，建立指标与影响因素的关系式。

设 $F=A\times B\times C$，F 为分析指标，A、B、C 为指标的影响因素。

其次，确定分析指标的参照对象，即基数，该基数可以是历史水平、同行业对手水平，也可以是计划数或预算标准，用 F_0 表示，$F_0=A_0\times B_0\times C_0$。

再次，确定差异。差异为实际与基数的差异，即 F_1-F_0。

最后，连环替代，进行差异分析。按照影响因素的顺序，逐一替代影响因素且保持其他因素不变，分析各影响因素对指标差异的影响，并且每次替代都在上次替代的基础上完成。用公式表示为

设 $F=A\times B\times C$；基数 $F_0=A_0\times B_0\times C_0$；实际 $F_1=A_1\times B_1\times C_1$。

基数：$F_0=A_0\times B_0\times C_0$。　　　　　　　　　　　　　　　　　　　　①

置换 A 因素：$A_1\times B_0\times C_0$。　　　　　　　　　　　　　　　　　　②

②−① 即 A 因素变动对 F 指标的影响。

置换 B 因素：$A_1 \times B_1 \times C_0$。 ③

③－② 即 B 因素变动对 F 指标的影响。

置换 C 因素：$A_1 \times B_1 \times C_1$。 ④

④－③ 即 C 因素变动对 F 指标的影响。

假如某创业企业某种原材料费用的实际数是4 620元，而其计划数是4 000元。实际比计划超出620元。创业企业想控制产品成本，降低原材料费用，就可以采用因素分析法。因为原材料费用是由产品产量、单位产品材料消耗量和材料单价三个因素的乘积组成的，所以就可以把材料费用这一总指标分解为三个因素，然后逐个来分析它们对材料费用总额的影响程度。

通过因素分析法，我们发现材料费用对材料单价这一因素的变化最为敏感，如果创业企业要降低材料费用进而降低成本提高利润，那么找到合适的供应商，控制材料的单价是比较有效的途径。

（二）财务分析的综合方法

财务分析的综合方法主要有杜邦分析法和沃尔评分法。杜邦分析法最早是由杜邦公司创立并成功运用的，也因此而得名。该方法是利用反映盈利能力、营运能力、偿债能力的几个主要财务比率之间的相互关系来综合地分析企业的财务状况，完全从财务角度评价企业绩效的一种经典方法。杜邦分析法的基本思想是将企业净资产收益率逐级分解为多项财务比率乘积，再运用因素分析法分析每个因素对企业经营业绩的影响。

沃尔评分法是由亚历山大·沃尔提出的，该方法选择了七个财务比率，即流动比率、产权比率、固定资产比率、存货周转率、应收账款周转率、固定资产周转率和自有资金周转率，分别给定各指标的比例，然后确定标准比率（一般以行业平均数为基础），再将实际比率与标准比率相比得出相对比率，将此相对比率与各指标比例相乘，得出总评分，以综合评价企业的财务状况。

这两种方法虽然都是财务分析的综合方法，但是侧重点各有不同。杜邦分析法侧重于分析企业盈利能力、营运能力、偿债能力等变化对企业绩效的影响，适用于企业综合绩效变动时的影响因素分析；沃尔评分法则侧重于企业综合绩效的比较研究，适用于分析企业在同行业中的水平，便于不同企业综合绩效排名进行分析。因为这两种方法都要求企业具备完整的财务数据，所以不适合初创企业采用。如果创业企业进入成长期或成熟期时，可以考虑采用这两种方法对企业进行综合分析评价。

学习指导

资金是企业的血液，筹资是启动新企业的第一推动力。

创业项目所需的启动资金预测要尽量准确。对启动资金进行估算，需要对市场行情进行充分分析，并具备足够的企业经营经验。正确地预测启动资金需要量，首先要找到真实可靠的信息，然后选择科学的计算方法精确测算所需要的资金，这是成功创业的第一步。

任务检测：估算创业资金

任务二　进行创业融资

一、创业融资的主要渠道

微课启学：创业融资的渠道

融资渠道是指筹措资金来源的方向与通道，体现资金的来源与流量。企业常见的融资渠道主要有六种，即银行信贷资金、其他金融机构资金、其他企业资金、居民个人资金、国家资金（包括由国家财政以直接拨款方式形成的资金，以及国家对企业"税前还贷"或减免各种税款而形成的资金）和企业自留资金（主要包括提取公积金和未分配利润等）。

创业融资因受企业规模、盈利能力及经营特点等的影响，融资渠道与方式会受到很多限制，筹资的难度也更大。创业融资的渠道主要有以下六种：一是来源于家人和自己的积蓄，即自我融资；二是来源于亲戚朋友的借贷，即亲情融资；三是来源于银行和其他金融机构的贷款；四是来源于经营过程中其他企业的资金，即赊购；五是来源于专门的投资人或网络金融；六是来源于国家的创业支持资金。

二、创业融资的方式

融资方式是企业筹集资金所采用的具体形式。不同专家站在不同角度按照不同的分类标准对企业的融资方式进行分类，如表5-2-8所示。

表 5-2-8　融资方式的分类

分类标准	类型	举例
按资金的权益特性不同	股权筹资	吸收直接投资、发行股票、利用留存收益等
	债务筹资	发行债券、借款、融资租赁等
	混合筹资	可转换债券、认股权证等
按是否借助于金融机构为媒介	直接筹资	发行股票、发行债券、吸收直接投资等
	间接筹资	银行借款、融资租赁等
按资金的来源范围不同	内部筹资	利用留存收益等
	外部筹资	吸收直接投资、发行股票、发行债券、向银行借款、融资租赁、利用商业信用等
按所筹集资金的使用期限不同	长期筹资	吸收直接投资、发行股票、发行债券、取得长期借款、融资租赁等
	短期筹资	商业信用、短期借款、保理业务等

目前我国创业融资呈现融资难度大、融资渠道少、融资成本高及阶段性特点鲜明的特点，因此，创业企业采用的融资方式可以细分为以下13种。

1. 自我融资

企业在创立初期和经营过程中很重要的一个资金来源和融资方式就是依靠家人和自己多年的积蓄融资。这种融资方式的优点是有利于创业者控制企业且占有绝大部分的股份，可以长期使用，并且不需要还本；其缺点是融资数额往往有限，筹资风险较大，一旦创业或经营失败，个人及家人多年的积蓄将付诸东流。

2. 亲情融资

新创企业融资的另外一个渠道就是从亲戚朋友处借钱，然后实现融资。这也是寻找初创资金和扩大经营规模时，创业企业比较容易采用的融资方式。这种融资方式的优点是筹措资金速度快，风险小，成本低，方便、快捷、灵活；缺点是会给亲戚朋友带来资金风险，甚至资金损失，如果创业或经营失败，可能会影响双方的感情。因此，诚信在创业过程及经营过程中都很重要。

3. 合伙人融资

合伙人融资是祸福同享的共同投资。它的优点是既可以有效筹集到资金，又可以充分发挥人才的作用，有利于整合和利用各种资源，尽快形成生产能力，降低创业风险；缺点是合伙人多了，就容易产生意见分歧，降低办事效率，也可能因为权利与义务的不对等而导致合伙人之间产生矛盾，不利于合伙企业的稳定。

4. 大赛融资

大赛融资是指通过在"创青春""互联网+"等国家部委举办的全国创新创业大赛中获奖，而取得各地政府对获奖项目无偿资助的融资形式。这种融资方式对于大学生创业者有着很大的吸引力，也为大学生创业提供了更多机会。例如，杭州市出台政策，支持"创青春""互联网+"等国家部委举办的全国大学生创业大赛中获得金、银、铜奖（或前三等相当奖项）项目在杭州落地，可免予评审并直接申请享受50万元、30万元、20万元的项目无偿资助等。

5. 政府扶持资金

企业创立初期，特别是大学生创办企业，国家会有相应的政策扶持。政府扶持资金的优点是政府投资一般是免费的，能降低或免除融资成本，而且不用担心投资方的信用问题；缺点是申请创业基金有严格的申报要求，同时政府每年的投入有限，筹资者必须面对与其他筹资者的竞争。

6. 金融机构贷款

金融机构贷款是银行、信托公司、金融公司等金融机构根据国家政策，以一定的利率将资金放贷给资金需要者并约定归还期限的一种经济行为。金融机构贷款在创业者中很有群众基础，主要是金融机构贷款的形式灵活多样，有抵押贷款、信用贷款、担保贷款、贴现贷款等。金融机构贷款融资的优点是方便、灵活，期限和类型较多，风险较小，不涉及企业资产所有权的转移；缺点是申请手续比较麻烦，筹集资金的数量有限，利率较高，一旦金融机构因企业无力偿还而停止贷款，则可能使企业陷入困境，甚至导致企业破产。

7. 票据贴现融资

票据贴现融资是指票据持有人将商业票据转让给银行，取得扣除贴现利息后的资金。在我国，商业票据主要有银行承兑汇票和商业承兑汇票两种。企业从收到票据到票据到期兑现，少则几十天，多则6个月，为解决该期间的资金短缺问题，企业可以利用票据贴现进行融资。

票据贴现融资不但手续简便，而且融资成本较低，只需创业者带上相应的票据到银行办理有关手续即可。

8. 典当融资

典当融资是借款人将有较高价值的物品质押在典当行，以物换钱的融资方式。民间有"急事告贷，典当最快"的说法，因此典当融资主要解决救急资金。典当融资的基本类型大致包括应急型典当、投资型典当和消费型典当。其中，投资型典当是指以生产经营融资为目的的典当形式。企业一般利用手中闲置物资或设备等从典当行中押取一定量的资金，然后投到生产或经营中，将死物变成活钱，利用投融资的时间差获取收益。典当融资的典当费率虽然高于银行同期贷款利率，但对于急需资金的创业者来说，也是一个比较方便的融资渠道。

9. 融资租赁

融资租赁是指出租人根据承租人对租赁物件的特定要求和对供货人的选择，出资向供货人购买租赁物件并租给承租人使用，承租人则分期向出租人支付租金的经济行为。在租赁期内，租赁物的所有权属于出租人，使用权属于承租人。它的优点是在交付部分资金的情况下就能够拥有该固定资产的使用权，实现融资和融物的结合。在实际的筹资过程中，有时也可以将融资租赁和向商业银行贷款联合运用。此外，当承租人出现问题时，租赁公司因为可以回收处理租赁物，所以在办理融资时，对企业资信和担保的要求不高，是创业者比较容易采用的一种融资方式。它的缺点是融资成本比较高，潜在的风险性较大，一旦企业亏损则无法归还到期的融资费用，并产生一系列的消极影响。

10. 天使投资

微课启学：获取天使投资的策略

天使投资是企业初创期可以采用的一种融资方式。它对具有巨大发展潜力的初创企业进行早期投资，是一种自发而又分散的民间投资方式，也是风险投资的一种。需要注意的是，天使投资与风险投资是有区别的，天使投资一般是在申请投资的人具有明确市场计划时就已经开始投资，而风险投资公司是暂不接受这些市场计划或想法的，也不会投资。

天使投资的优点是相比风险投资而言门槛较低，有时即便是一个创业构思，只要有发展潜力就能获得资金；缺点是申请成功的概率不是很高。分析原因，一方面是我国的天使投资还不够成熟、发达，另一方面是投资人对企业的创业项目要求较高。

11. 风险投资

风险投资是由职业金融家投入新兴的、迅速发展的、具有巨大竞争潜力企业中的一种权益投资行为。从投资行为的角度讲，风险投资是把资本投向蕴藏着失败风险的高新技术及其产品的研究开发领域，旨在促使高新技术成果尽快商品化、产业化，以取得高资本收益的一种投资过程。从运作方式来看，风险投资是指由专业化人才管理下的投资中介向特别具有潜能的高新技术企业投入风险资本的过程，也是协调风险投资家、技术专家、投资者关系，利益共享，风险共担的一种投资方式。

风险投资的方式主要有三种：一是直接投资，二是提供贷款或贷款担保，三是提供一部分贷款或担保资金。同时投入一部分风险资本购买被投资企业的股权。风险投资人分为风险资本家、风险投资公司、产业附属投资公司和天使投资人，一般对高科技、高成长潜力的企业投资，以获得潜在的高收益。

风险投资的优点是投资期限一般较长，资金流动性不高，资金流供给稳定。风险投资投向处于早期发展阶段的小微企业，可以满足其技术创新、产品研发、组织营销等各环节及不同发展阶段对资金的需求。此外，投资者与企业是风险利益共同体，因而会积极参与企业经营管理。风险投资严格规范的运行机制可对企业进行财务监督，以使其遵守各种法律法规政策的规定，可规范企业行为，保护知识产权，提高其自主研发能力。

12. 众筹融资

众筹融资是创业者把自己的产品原型和创意提交到众筹平台发起募集资金，由感兴趣的人来捐献指定数目资金的融资方式。有了这一平台的帮助，任何有想法的人都可以启动一个新产品的设计生产并进行创业。一般来说，众筹融资有三种模式，分别为凭证式众筹融资、会员制众筹融资和股权式众筹融资。股权式众筹融资主要适用于小微企业融资，是通过互联网形式进行公开小额股权融资的活动。

13. 私募融资

私募融资是指不采用公开方式，而是通过私下与特定的投资人或债务人商谈，以招标等方式募集资金。私募融资的形式多样，主要取决于与当事人之间的约定，如向银行申请贷款，获得风险投资等。

私募融资分为私募股权融资和私募债务融资。私募股权融资是指融资人通过协商、招标等非社会公开方式，向特定投资人出售股权进行的融资，包括股票发行以外的各种组建企业时的股权筹资和随后的增资扩股。私募债务融资是指融资人通过协商、招标等非社会公开方式，向特定投资人出售债权进行的融资，包括债券发行以外的各种借款。

三、创业不同阶段融资的方式选择

融资渠道解决的是资金来源问题，融资方式则解决通过何种方式取得资金的问题，它们之间存在一定的对应关系。一定的融资方式可能只适用于某一特定的融资渠道，但是，同一渠道的资金往往可采用不同的方式取得，同一融资方式又往往适用于不同的融资渠道。因此，企业在融资时应实现两者的合理配合。

新创企业一般会经历种子期、创业期、成长期和成熟期四个阶段。在不同的阶段，融资数量、融资渠道及融资方式有着不同的特点，创业者要做到融资方式选择与融资阶段、融资需求及融资渠道相匹配。

（一）种子期

在种子期，创业者往往刚萌生创业的想法，可能只是有了一个创意或有了一个正在研究的科研项目。在这个阶段，创业者可能还没有注册企业或刚完成注册，也可能正在进行市场调研，也许还未制订商业计划，还未形成创业团队，还没有自己的产品或服务，还没有实现销售和利润。这个阶段大概要持续3个月到1年。在种子期，创业者的主要任务就是将创业理想变为创业现实，所需资金主要是用于新技术、新产品的研发或市场调研，资金需求量不是很大，资金主要来源于创业者自己和家人的积蓄，融资方式主要选择自我融资、亲情融资或众融融资。

（二）创业期

创业期是创业者创办企业并让企业生存下来的阶段。在这个阶段，创业者完成了公司注册，制订了商业计划，组建了创业的核心团队，已经完成产品的研发和市场调研，有了较少的销售或较少的利润；企业如果要生存下来就需要大力地开拓市场，加大产品宣传，有足够的资金保证生产。这个阶段大概需要1~2年的时间。在创业期，创业者需要大量的资金保证企业的建立、生产经营的顺利进行及市场开拓。因为这时企业的生产规模较小，市场占有率不高，管理制度还不够健全，经营风险还较大，机构投资者和金融机构出于稳健经营的考虑往往不会提供大量的资金支持给企业，所以此阶段创业者的资金主要来源于个人资产、私人借贷、合伙人或天使投资和风险投资。这时的融资方式可以选择少量的金融机构借款，多选择自我融资、亲情融资、合伙人融资、商业信用融资、典当融资等。如果创业者可以争取到天使投资的青睐也可以选择天使投资；如果创业企业是高科技企业也可以选择风险投资，得到风险投资在管理和资金上的支持。

（三）成长期

在成长期，企业的生存问题已经基本解决，企业开始实现盈利，销售进一步扩大，企业生产经营面临的主要问题就是进一步占有市场，不断扩大生产经营规模。这就要求创业者有更多的资金投入，这个过程通常要持续2~3年。在这个阶段，企业已经步入正轨，资金需求主要是满足企业发展和扩张的需要，资金需求量较大。此时企业的经营风险降低，可以增加债务资金投入，发挥财务杠杆作用，提高企业资金的盈利能力。在融资方式的选择上，可以选择金融机构贷款、融资租赁、风险投资、商业信用融资、票据贴现融资等。

（四）成熟期

创业企业在成熟期需要确定企业未来的发展方向，如上市、被并购或独立发展。发展方向不同，融资的渠道与方式就会不同。如果创业企业选择上市，那么可以采用发行股票的方式或吸收直接投资的方式融资；如果企业选择被并购，则收购方可能采用杠杆收购的形式。收购方可以以目标企业的资产或未来的现金做抵押向银行以优先债形式获得60%左右的收购所需资金，从风险投资公司以可转化债券和优先股形式获得30%左右的夹层资金，以及自己投入10%左右的资金来完成杠杆收购。因为上市和被并购都会涉及夹层资金，所以成熟期的融资主要是夹层融资。

学习指导

创业融资是每个创业者的必经之路，是创业管理的关键内容，影响着创业公司未来的发展潜力与规模，在企业成长和发展的不同阶段具有不同的特点及要求。

创业者需要多管齐下，融资渠道多多益善，融资方式灵活多样，并且结合创业不同阶段的特点合理选择融资渠道与方式，尽可能降低资金成本，控制公司风险。大学生创业者的融资则主要依靠家人和自己的积蓄、亲戚朋友的借贷、金融机构的贷款、典当、商业信用及寻找天使投资和风险投资来实现。

任务检测：进行创业融资

实训活动

筹措你的创业资金

1. 活动参与人数

以上课班级为单位，人数控制在70人以下。

2. 活动场地和道具

教室、实训室等，纸、笔等。

3. 活动组织

学生5~7人为一组，以小组形式完成。

4. 活动步骤

（1）设定模拟情景。几位大学生即将毕业，他们商量着开一家特色甜品店。假如你是这几个创业大学生中的一员，主要任务就是解决创业资金的问题，如何才能准确预测创办甜品店的资金，可以采取哪些方式筹集资金。

（2）明确活动要求。

① 确定筹资金额。作为特色甜品店的创立者之一，首先应该根据特色甜品店的地理

位置、规模、主要客户及经营业务估计所需资金的支出项目，并且运用资金预测的方法估计各支出项目所需资金的数额。

② 撰写融资策划书。试结合筹措创业资金的相关知识撰写一份合情合理的融资策划书。

（3）确定评价标准。

① 是否按时完成。

② 是否符合实际情况，具有可行性。

③ 方案是否符合一定的规范。

④ 评估在活动中成员的表现。

5. 活动交流与讨论

（1）如何预测创办特色甜品店所需资金？

（2）融资策划书应包括哪些内容？如何打动投资人？

6. 活动体验

_____

_____

_____

7. 活动点评

筹措创业资金是创业过程中非常重要的工作，通过模拟团队筹措创业资金的活动，让学生清楚如何估算创业或活动所需资金，并分别从筹资人和投资人的角度思考如何筹集到所需资金，为什么要进行投资，有助于学生理解筹资与投资的关系，理解相关者利益最大化。同时，学生组建团队，按小组完成任务，有助于学生组织能力、表达能力和沟通协调能力的培养；撰写融资策划书也有助于提高学生的写作能力。

模块六
论证商业模式

模块导学

>> 管理学大师彼得·德鲁克说:"当今企业之间的竞争,已经不是产品和服务之间的竞争,而是商业模式之间的竞争。"项目是否具有良好的商业模式,已成为判断该项目潜力、投资价值,以及竞争优势的重要标准。对于创业者来说,需要准确理解和把握商业模式的本质,学会设计并创新商业模式,打造项目核心竞争力。

学习目标

>> 知识目标:理解商业模式的本质和构成要素;熟悉常见"互联网+"商业模式;认知商业模式设计的价值与意义。

>> 能力目标:能够利用商业模式画布设计商业模式;掌握改进和完善商业模式的思路与方法;学会商业模式创新的方法。

>> 素养目标:培养善于思考、敏于发现的创新意识;拓展商科思维,树立企业家思维方式;提升创业者使命感和社会责任感。

项目一　构建商业模式

学前思考

（1）什么是商业模式？如何理解商业模式的本质和构成要素？
（2）什么是商业模式画布？如何设计、改进与完善商业模式？

案例导入

商业模式创新　焕新百年品牌

◎ **案例描述**

从121年前曲焕章创制百宝丹，到1971年云南白药独立建厂，再到1993年云南白药成为云南第一家A股上市公司，作为生物医药领军企业，云南白药坚守底蕴传承，不断创新变革，业务覆盖药品、个人护理健康品、中药材资源及医药物流四大板块，目前已成功从一家省属小型企业发展成为全国大健康领军企业，其商业模式也从传统中药制造商向健康服务提供商转变。

云南白药的商业模式具体如下。

1. 打造中药资源产业生态圈：从"经验主义"到"标准主义"的生产方式转变

云南白药创新培育方式，专注研发产出，实现农企共赢，完成了对重要药材资源如三七、重楼等的现代化生产。2022年，云南白药数字三七产业平台升级为2.0版本，以平台为桥梁为整个产业的参与者建立了全面有效的连接，让用户直接对接药材种植户。可以说，凭借自身供应链、技术、经验等优势，云南白药全面重构了从上游种植到下游终端产品开发与销售的价值链，打造了中药材全产业链布局和健康可持续的中药资源产业生态圈。

2. 将传统中药融入现代生活：从"白药"向"百药"的进阶

一瓶止血百宝丹，开启了云南白药的发展历史，止血百宝丹已成为爆品，但云南白药并没有止步于此。此后，云南白药将以"药"为本落实到底。2005年，云南白药牙膏横空出世，从传统牙膏清洁、护理等"治标"的基本功能，发展到防治口腔疾病的"治本"阶段。云南白药在中医药领域的创新发展只是第一步。云南白药以中医药创新为根基，在口腔、骨伤等领域进行数字化、智能化，进一步开拓增量。目前，云南白药集团已拥有产品及服务600多种，建成7个国家级科研平台，成为医药健康综合解决方案的提供商。

3. 积极拥抱数字化：转型为研发创新驱动的医学科技公司

云南白药集团一直坚持走在变革的前沿。云南白药牙膏工厂采用的是世界先进的牙膏灌包装柔性生产线，高速包装线生产效率可达到每分钟510支；赋码关联管理系统打造一物一码，保证产品质量全程可追溯……同时，云南白药集团还与北京大学合作成立了国际医学研究中心，充分发挥、共享市场、人才和技术优势，实现成果转化、交叉融合和创新发展；在近年来兴起的AI制药方面，云南白药与华为达成合作，以华为人工智能技术探索特定场景的AI算法模型，从而高效发现药效最好且最稳定的晶型结构，使云南白药沉淀了多年的、行业独有的植物标本数据库发挥了最大效用。

（资料来源：南早网.在云南白药寻找中医药创新的答案.金融界，2023-03-08.有删改.）

◎ **案例解析**

当前，商业模式创新已成为生物医药大健康产业竞争的关键。一个企业的成功，不仅在于产品的成功，还在于商业模式的成功。商业模式决定了企业如何创造并传递价值从而实现盈利的系统逻辑。

任务一　认识商业模式

一、商业模式的含义

微课启学：
商业模式的
概念

前时代华纳CEO迈克尔·邓恩说："在经营企业的过程中，商业模式比高技术更重要，因为前者是企业能够立足的先决条件。"一个不可争辩的事实是，企业必须选择一个适合自己的、有效的和成功的商业模式，并且随着客观情况的变化不断加以创新，才能获得持续的竞争力，从而保证自己的生存与发展。商业模式具有"点石成金"的功能。

商业模式是指为实现客户价值最大化，将影响企业运行的内外各要素整合起来，形成一个完整的、高效率的、具有独特核心竞争力的运行系统，并通过最优实现形式满足客户需求、实现客户价值，同时使系统达成持续盈利目标的整体解决方案，简单地说就是一个公司获得利润的途径或方式。商业模式是一个非常宽泛的概念，与商业模式有关的概念很多，包括运营模式、盈利模式、B2B（Business to Business）模式、B2C（Business to Consumer）模式、"鼠标加水泥"模式、广告收益模式等。商业模式是一种简化的商业逻辑。

清华大学雷家骕教授将企业的商业模式概括为：一个企业如何利用自身资源，在一个特定的包含了物流、信息流和资金流的商业流程中，将最终的商品和服务提供给客户，并收回投资、获取利润的解决方案。

二、商业模式的本质

从本质上看,商业模式是一系列制度结构和制度安排的连续体,其核心直指企业组织的价值产生机制。价值创造是企业组织存在的根本理由和发展的必要条件,也是经营活动的核心主题。商业模式主要有三个来源,即组织自身价值链、技术变革和价值网络。

静态地来看,在组织自身价值链层面,商业模式从制度上决定业务流程,而业务流程又与信息系统密切相关,两者适应与否决定了组织能否实现价值预期。在技术变革层面,商业模式是技术开发与价值创造之间的转换机制,其成本/收益结构决定了技术开发成本能够获取的价值收益。在价格网络层面,随着信息技术和电子商务的发展,组织边界日益模糊,这大大增加了交易和协作促进价值网络增值的可能性。

动态地来看,上述三个方面是商业模式在特定时间和空间下的静态实现。但事实上,今天的模式也许并不适用于明天,甚至成为发展的障碍。为了使企业组织获得长期的、韧性的核心优势,商业模式必须具备基于制度结构和制度安排的动态连续性,必须始终保持必要的灵活性和应变能力——动态匹配,只有这样,商业模式才能获得成功。

三、商业模式的要素

微课启学:
商业模式的
要素

商学教授、作家加里·哈默尔认为,商业模式由四个要素构成:核心战略、战略资源、伙伴网络和客户界面。

(一)核心战略

核心战略从企业的使命、产品/市场范围、差异化基础等方面描述了企业如何与竞争对手进行竞争。

企业的使命描述了企业为什么存在及其商业模式与实现的目标。例如,深圳市大疆创新科技有限公司是一家致力于成为持续推动人类文明进步的科技公司,其以"让生命更丰富"为企业使命;作为一家国际化企业,比亚迪股份有限公司肩负"用技术创新,满足人们对美好生活的向往"的企业使命,推动人类社会可持续发展。通过企业使命陈述,可以看出企业的意图。在不同程度上,使命体现了企业优先考虑的事项,并设置了衡量企业绩效的标准。

企业的产品/市场范围定义了企业集中关注的产品和市场。首先,产品的选择对企业商业模式的选择有重要影响。例如,当当网起初是作为网上书店而被创建的,但是它逐渐开始销售服装、百货等其他产品。它的商业模式现在已经拓宽,涉及除出版商之外的其他供应商和伙伴的关系的管理。企业从事经营活动的市场也是影响其核心战略的重要因素。例如,京东慧采将计划进行电商化转型或需要快速提升企业内部采购协同效率的企业级客户作为目标客户;而拼多多则主要将家庭主妇、退休老人、学生群体这三类人群作为目标客户。对这两个企业来说,它们的选择对形成自己的商业模式有重要作用。

企业选择的战略会对它的商业模式产生很大影响。成本领先战略要求商业模式专注于效率、成本最小化和大批量。由于专注于低成本而非舒适性，成本领先的企业不会追求产品的新颖。相反，差异化战略要求企业商业模式集中于开发独特的产品和服务，追求更高的价格。采用差异化战略的企业把大量精力和财力用于创造客户品牌忠诚度上，即客户对某个品牌产品的忠诚，如小米手机。

（二）战略资源

如果缺乏资源，企业就难以实施其战略，企业拥有的资源会影响其商业模式的持续性。企业的核心竞争力和战略资产是两种重要的战略资源。

核心竞争力是一种资源或者能力，是企业胜过竞争对手的竞争优势的来源。它是超越产品或市场的独特技术或能力，对客户的可感知利益有巨大的贡献，并且难以被模仿。企业的核心竞争力在短期内和长期内都很重要。在短期内，核心竞争力使得企业实现差异化，并创造独特价值。例如，联想公司的核心竞争力包括供应链管理、有效装配产品和服务于企业客户，因此它的商业模式使它能够向企业客户提供价格便宜、技术新颖、售后服务优良的计算机。从长期来看，通过核心竞争力获得成长及在互补性市场上建立优势地位很重要。例如，联想公司已经在装配和销售个人计算机方面具备了核心竞争力，并开始将它们移向计算机服务和其他电子设备市场。

战略资产是企业拥有的稀缺、有价值的事物，包括工厂和设备、位置、品牌、专利、客户数据信息、高素质员工和独特的合作关系等。企业的品牌是一项特别有价值的战略资产。例如，王老吉花了很大力气来树立品牌形象，其他凉茶零售商要想获得同等的品牌认知度需要付出极大努力。企业最终会把自己的核心竞争力和战略资产综合起来，以创造可持续竞争优势。

（三）伙伴网络

企业的伙伴网络是商业模式的第三个构成要素。新创企业往往不具备执行所有任务所需的资源，因此需要依赖其他合作伙伴。在很多时候，企业并不愿独自做所有事情，因为完整地完成一项产品或交付一种服务会分散企业的核心优势。例如，联想公司因其装配计算机的专业技术而具有差异化优势，而在暂不具核心竞争力的芯片领域从英特尔公司购买产品。同样，联想公司依靠国际快运公司递送产品，而不是自己建立一个遍布全球的物流系统。

企业的伙伴网络包括供应商和其他合作者。

1. 供应商

供应商是向其他企业提供零部件或服务的企业。例如，英特尔公司是向联想公司提供芯片的供应商。几乎所有的企业都有供应商，它们在企业商业模式的运作中发挥重要作用。

传统上，企业与供应商维持着有一定距离的关系，并把它们看作竞争对手。需要某种零部件的生产企业往往与多个供应商联系，以寻求最优价格。如今，企业更多地将精力放在如何推动供应商高效率运作方面。

2. 其他合作者

除了供应商，企业还需要其他合作伙伴一起推动商业模式有效运作。合资企业、合作网络、社会团体、战略联盟和行业协会是合作关系的常见形式。合作关系给企业带来更多的创新产品、更多有益的机会和高成长率。

创业者形成创建具有可持续竞争优势的新企业的能力，依赖于企业自身，也依赖于外部合作伙伴。例如，合作伙伴关系有助于企业集中精力发展核心竞争力。

当然，合作伙伴关系也包含着风险，在仅有的合作关系成为企业商业模式的关键要素时更是如此。由于种种原因，很多合作关系没能实现参与者初期的愿望。企业联盟也有一些潜在劣势，如专有信息丢失、管理复杂化、财务和组织风险、依赖伙伴的风险及决策自主权的部分丧失等。

（四）客户界面

客户界面是指企业如何与客户相互作用。与客户相互作用的类型取决于企业选择如何在市场上竞争。例如，当当网只通过互联网销售书籍，而新华书店则通过传统书店和网络两种途径销售书籍。

对新创企业来说，客户界面的选择对于它如何与对手竞争及定位于产品或服务价值链的哪个环节非常重要。下面分别从目标市场、销售实现与支持、定价结构三个方面来表述客户界面的内容。

1. 目标市场

目标市场是企业在某个时点追求或尽力吸引的有限的个人或企业群体。企业选择的目标市场会影响它所做的每件事情，如获得战略资产、培育合作关系及开展推广活动等。拥有清晰界定的目标市场将使企业受益。由于目标客户的明确界定，企业能够将自己的营销和推广活动聚焦于目标客户，并且能够发展与特定市场匹配的核心竞争力。

2. 销售实现与支持

销售实现与支持描述了企业产品或服务进入市场的方式，或如何将其送达客户的方法。它也指企业利用的渠道和提供的客户支持水平。所有这些都影响企业商业模式的形式与特征。

假设有一家新创企业开发出一项移动电话技术，并为此申请了专利。为了形成自己的商业计划，该企业在如何把该技术推向市场的问题上有以下几种选择：一是将技术以特许经营方式转让给现有移动通信企业，如苹果公司和三星公司；二是自己生产移动电话，并建立自己的销售渠道；三是与某个移动通信公司（如华为）合作生产，并通过与移动电话服务提供商的合作关系来销售移动电话。

企业对销售实现与支持的选择，深刻地影响企业演化的类型及开发的商业模式。例如，如果企业对它的技术进行特许经营，那么它很可能会建立一种强调研发的商业模式，从而不断获得领先的技术。

企业愿意提供的服务内容也影响它的商业模式。有些企业将自己的产品和服务差异化，通过高水平的服务和支持向客户提供附加价值。例如，送货和安装、财务安排、顾客培训、担保和维修、便利的经营时间、方便的停车场、通过免费电话和网站提供信息等。

3. 定价结构

企业的定价结构随企业目标市场与定价原则的不同而变化。例如，有些租车企业收取日租金，有些租车企业则按照行驶的里程来收取租金。有些咨询企业按照提供服务的次数收费，而有些咨询企业则按照时间收费。在某些情况下，企业还必须决定是直接向客户收费，还是通过第三方间接收费。

总之，新创企业应从整体角度审视自己，理解商业模式的重要作用，根据自身核心战略及资源优势构建适合的、有效的商业模式。

> **学习指导**
>
> 商业模式简单地说就是一个企业通过什么途径或方式来获得利润。
>
> 从本质上看，商业模式是一系列制度结构和制度安排的连续体，其核心直指企业组织的价值产生机制。

任务检测：认识商业模式

任务二 设计商业模式

一、商业模式的设计

商业模式的设计是指根据客户需求而进行创新的战略重塑，为追踪可持续利润而进行的企业战略设计，它的重点在于全部架构必须紧扣客户价值，因为这是一个为了"创造客户价值"而精心规划的价值创造系统。

商业模式的设计有以下特点：一是将他人或者自己此前做不了的商业，转变为自己可以做的商业；二是有助于新创企业尽快实现"正的现金流"和"最大化利润"；三是反复试错、修正；四是作为企业战略设计的基础。

许多成功的商业模式给企业带来了巨大效益，之所以可以达到这样的效果，是因为它遵循着一个基本框架，也是在商业模式设计分析时常用的一个基本工具——商业模式画布。

微课启学：
详解商业模式画布

商业模式画布是一种用来描述商业模式、可视化商业模式、评估商业模式,以及改变商业模式的通用形式。商业模式画布是用于会议和头脑风暴,设计、分析商业模式的一个工具,它通常通过一面大板、一张白纸或者一面墙来展现,它可以给决策者呈现一种简约而高效率的内容,从而更有效地帮助设计者进行商业模式的设计。

商业模式画布直观、简单、可操作性强。在创业项目和大企业中,商业模式画布都起到了健全商业模式、将商业模式可视化及寻找已有商业模式漏洞的作用。在项目运作前,创业者常通过进行头脑风暴来避免错误,减少失败决策带来的损失。

如图6-1-1所示,商业模式画布通常由以下九个部分构成。

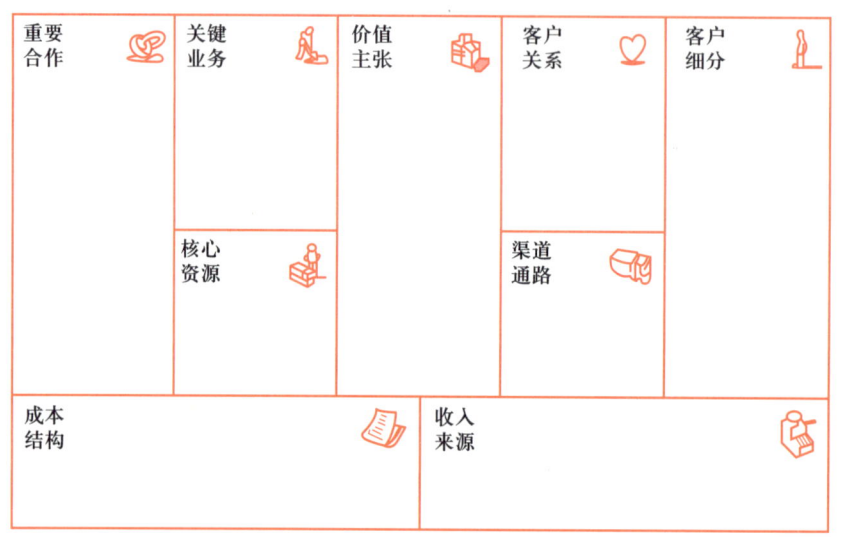

图6-1-1 商业模式画布

(一)客户细分

客户细分(Customer Segments,CS)用来描绘一个企业想要接触和服务的不同人群或组织。客户构成了商业模式的核心。没有(可获益的)客户,企业就无法长久地生存。企业可能把客户分成不同的细分类别,每个细分类别中的客户都具有共同的需求、共同的行为和共同的属性。应服务哪些客户细分群体?应忽略哪些客户细分群体?一旦企业作出决策,就可以凭借对特定客户群体需求的深刻理解,仔细设计相应的商业模式。也就是说,千万不要想做所有人的生意,特别是初创企业,要学会抵御诱惑,放弃一大部分的可能性。

对于面向企业用户的产品,需要注意的是,不要混淆了用户和客户。举例来说,一款面向某集团公司的企业应用分析平台,其目标客户可以是应用开发商及集团公司本身,而其用户则主要是产品设计、开发及运营人员,如产品经理等。

以新能源汽车的佼佼者特斯拉电动汽车为例,在传统汽车向新能源汽车过渡的初期,能主动去接受新能源汽车的大部分是环境保护意识更强的人,而这部分人往往资产净值较高。再加上困扰电动车发展的"充电困难""里程焦虑"等问题,电动汽车最初曾被称为

"有钱人的玩具"。

（二）价值主张

价值主张（Value Propositions，VP）用来描绘为特定客户细分创造价值的系列产品和服务。它解决了客户困扰或者满足了客户需求，是客户选择你而非别人的重要原因。每个价值主张都包含可选系列产品或服务，以迎合特定客户细分群体的需求。在这个意义上，价值主张是企业提供给客户的受益集合或受益系列。

价值主张可分为两类：一类是创新的，并表现为全新的或破坏性的提供物（产品或服务），而另一类则是与现存市场提供物（产品或服务）类似的提供物，只是增加了功能和特性。

以特斯拉电动汽车为例，特斯拉公司以数字化为核心，选址于美国硅谷，旨在尽量提高电动汽车续航里程、降低造价，打造性价比高的电动汽车。

（三）渠道通路

渠道通路（Channels，CH）用来描绘企业是如何沟通、接触其细分客户，并传递其价值主张和销售理念的渠道，它构成了企业与客户的接口界面。渠道通路是客户接触点，它在客户体验中扮演着重要角色。

渠道通路包含以下功能。

（1）提升企业产品和服务在客户中的认知度。

（2）协助客户购买特定产品和服务。

（3）向客户传递价值主张。

（4）提供售后客户支持。

以特斯拉电动汽车为例，其营销模式效仿苹果公司的直销模式，由于电动汽车有别于内燃机汽车，其产品讲解、销售、保养都需要专门的人员来实施。作为小众品牌，直营店可以提供更专业的服务及更好的品牌展示。特斯拉更注重体验，有别于传统的4S店经营模式。同时，特斯拉同样仿效苹果公司的模式，通过体验店的方式发展网上销售端。从渠道通路来看，特斯拉公司销售模式及方式与传统的汽车4S店模式大相径庭。

（四）客户关系

客户关系（Customer Relationships，CR）用来描绘企业与特定客户细分群体建立的关系类型。企业应该了解自己希望和每个客户细分群体建立的关系类型。客户关系可以被以下几个动机所驱动。

（1）客户获取。

（2）客户维系。

（3）提升销售额（追加销售）。

例如，不少移动网络运营商的客户关系是由积极的客户获取策略所驱动的，包括入网赠送免费移动电话或者进行购买补贴。当市场饱和后，运营商转而聚焦客户保留及提升单客户的平均贡献度（ARPU值）。

以特斯拉电动汽车为例，特斯拉公司更多地采用了全产业链服务模式，直接打消了客户从买车到使用、再到保修及增值等所有环节的顾虑。综合来看，特斯拉公司已经帮助客户考虑了从买车到用车、从保修到充电等各环节的所有问题，客户需要做的就是付款提车而已。

（五）收入来源

收入来源（Revenue Streams，RS）用来描绘企业从客户群体中获取的现金收入。如果客户是商业模式的心脏，那么收入来源就是动脉。企业必须问自己，什么样的价值能够让各客户细分群体真正愿意付款？只有回答了这个问题，企业才能在各客户细分群体中发掘一个或多个收入来源。每个收入来源的定价机制可能不同，如固定标价、谈判议价、拍卖定价、市场定价、数量定价或收益管理定价等。

一个商业模式可以包含几种不同类型的收入来源，包括：通过客户一次性支付获得的交易收入；经常性收入来自客户为获得价值主张与售后服务而持续支付的费用；转移支付。

以特斯拉电动汽车为例，其收入构成主要由汽车销售和退税补贴两部分构成。

（六）核心资源

核心资源（Key Resources，KR）用来描绘让商业模式有效运转所必需的最重要因素。每个商业模式都需要核心资源，这些资源使得企业、组织能够创造和提供价值主张、接触市场、与客户细分群体建立关系并赚取收入。不同的商业模式所需要的核心资源也有所不同。芯片制造商需要资本密集型的生产设施和固定资产投入，而芯片设计商则需要更加关注"高精尖"的人才资源。

核心资源可以是实体资产、金融资产、知识资产或人力资源。核心资源既可以是自有的，也可以是企业租借的或从重要伙伴那里获得的。

以特斯拉电动汽车为例，特斯拉公司自身拥有的核心技术是建筑设备管理系统（Building Management System，BMS）系统，具有一定的领先优势。就电动汽车的核心技术电池而言，特斯拉公司所使用的电池是钴酸锂系列的锂电池，优点是单位质量的电池所能提供能量更高，这使特斯拉公司使用同等体积和质量的电池，可以产生更多的能量。

特斯拉公司成功的最核心资源还在于其资源的整合力，其在商业模式的创新和应用上有别于大部分电动汽车厂商，这使其并非特别亮眼的技术构成部件组合起来却具有了令人震撼的动力。

（七）关键业务

关键业务（Key Activities，KA）用来描绘为了确保其商业模式可行，企业必须做的"最重要"的事情。任何商业模式都需要多种关键业务活动，这些业务是企业成功运营所必须实施的活动。正如核心资源一样，关键业务也是创造和提供价值主张、接触市场、维系客户关系并获取收入的基础。关键业务也会因商业模式的不同而有所区别。例如，对于微软等软件制造商而言，其关键业务是软件开发。对于戴尔等计算机制造商来说，其关键业务是供应链管理。对于麦肯锡等咨询企业而言，其关键业务是问题求解。

以特斯拉电动汽车为例，其关键业务主要集中于三个开发制造平台，即最早的修改版的莲花Elise平台、Tesla Model平台和Tesla GENIII平台。特斯拉公司还有部分研究开发服务，这部分营收来自向其他汽车制造商提供电动汽车动力系统及组件的设计开发服务。

（八）重要合作

重要合作（Key Partnerships，KP）用来描述商业模式有效运作所需的供应商与合作伙伴的网络。企业会基于多种原因打造合作关系，合作关系正日益成为许多商业模式的基石。很多企业采取创建联盟的策略来优化其商业模式、降低风险或获取资源。

我们可以把合作关系分为以下四种类型：在非竞争者之间的战略联盟关系；在竞争者之间的战略合作关系；为开发新业务而构建的合资关系；为确保可靠供应而构建的"购买方—供应商"关系。

以特斯拉电动汽车为例，其重要合作伙伴很多。例如，特斯拉公司最早同莲花汽车合作以弥补其车身及相关设计的不足，后期引入戴姆勒奔驰和丰田为战略合作伙伴，彻底补足了其在汽车制造领域底蕴不足的缺憾。对于电动汽车最核心的部件，特斯拉公司与松下合作，使得锂电池的配套成本不断降低，推动市场需求的释放。此外，对于充电装置，特斯拉公司坚持走小型化路线，将其外包给创始人控股的Solarcity公司。特斯拉公司还跟硅谷的IT企业建立合作关系。特斯拉上海超级工厂已成为其最重要的出口基地和生产中心，截至2022年，全球一半的特斯拉都出自上海超级工厂。

（九）成本结构

成本结构（Cost Structure,CS）用来描绘运营一个商业模式所需要的所有成本。创建价值和提供价值、维系客户关系及产生收入都会引发成本投入。对于这些成本，在确定关键资源、关键业务与重要合作后，可以相对容易地计算出来。然而，有些商业模式相比于其他商业模式更多地由成本所驱动。例如，那些号称"不提供非必要服务"（no frills）的航空公司，是完全围绕低成本结构来构建其商业模式的。

以特斯拉电动汽车为例，ModelS系列产品，电池成本约占到整车总成本的50%，其次为BMS系统，约占整车总成本的25%，其余包括车身等构件总计约占整车总成本的25%。可见电池系统为特斯拉电动汽车最核心的成本构成。

目前特斯拉公司应用的电池由日本松下公司提供，BMS系统成本比较固定。以高配版汽车为例，其使用的7 410节松下NCR 18650A电池成本达到了18.5万元（按电池价格25元/节计算），占到了电池总成本的70%。另外，电池管理系统成本约为8万元。特斯拉电动汽车的BMS系统目前已经发展较为成熟，属于该公司自身设计开发的核心竞争力模块，未来在成本端有望稳中有降。

把这九大板块理顺之后,我们就可以一窥整个商业模式画布。学生可以按照以上的顺序依次在九个板块里填写内容,最好以便签纸的形式,在每张纸上只写一个点,直到每个板块拥有大量可选答案。然后,摘掉点不好的便签纸,留下点较好的便签纸,最后按照顺序让这些便签上的内容互相产生联系,就能形成一套或多套商业模式。为了更好地理解商业模式画布,我们还可以结合以下案例来进行学习。

> **相关链接**
>
> **某移动医疗公司的商业模式画布**
>
> 该公司想解决血糖仪和智能电话数据传送缺乏可操作性及标准化的问题,最终建立统一的糖尿病管理解决方案。它可以从超过25款不同品牌的血糖仪上,将血糖数据直接同步到30多个不同型号的手机上。然后糖尿病患者可以在App上互动,也可以及时在App或网页浏览到图表和统计数据,还可以通过邮件、打印或传真等方式将报告转发给家庭医生。充分利用移动和云端解决方案为机构提供大数据收集和分析,可以让机构进行糖尿病人群风险分层管理等。
>
> (1)该公司针对哪些客户细分群体?提供什么样的价值主张?(图6-1-2)

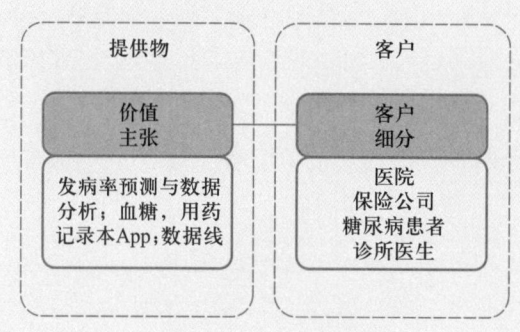

图 6-1-2 价值主张

(2)该公司如何接触客户?(图6-1-3)

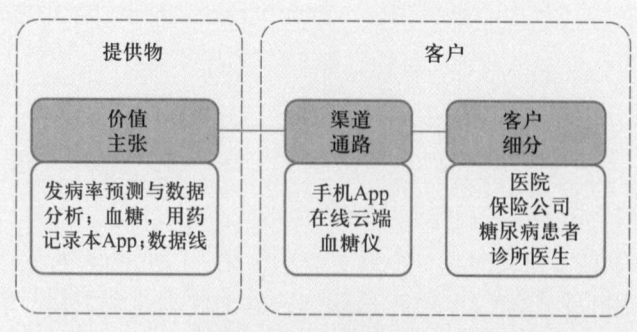

图 6-1-3 商业模式(1)

(3)该公司如何建立客户关系?(图6-1-4)

提供物
价值
主张
发病率预测与数据分析；血糖，用药记录本App；数据线
客户
客户
关系
与专业人士分享数据
渠道
通路
手机App
在线云端
血糖仪
客户
细分
医院
保险公司
糖尿病患者
诊所医生

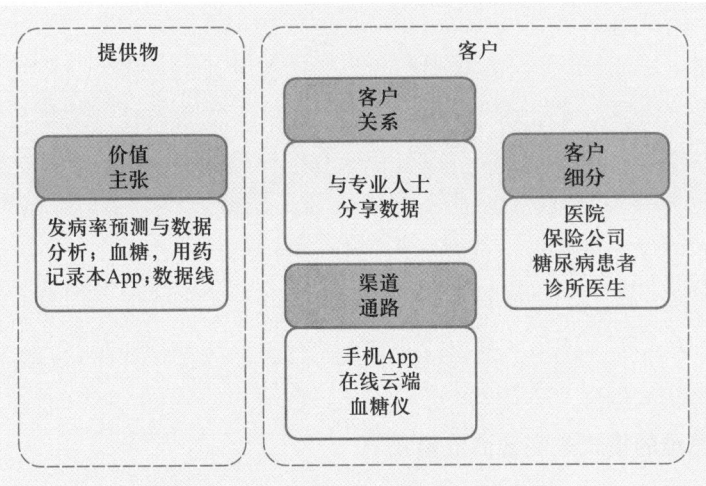

图 6-1-4　商业模式（2）

（4）该公司的商业模式全局是什么样？（图6-1-5）

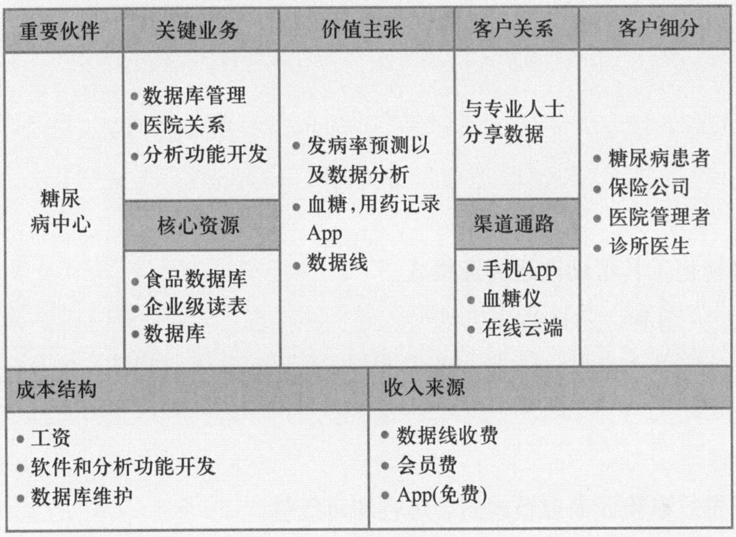

重要伙伴
糖尿病中心
关键业务
• 数据库管理
• 医院关系
• 分析功能开发
核心资源
• 食品数据库
• 企业级读表
• 数据库
价值主张
• 发病率预测以及数据分析
• 血糖，用药记录App
• 数据线
客户关系
与专业人士分享数据
渠道通路
• 手机App
• 血糖仪
• 在线云端
客户细分
• 糖尿病患者
• 保险公司
• 医院管理者
• 诊所医生
成本结构
• 工资
• 软件和分析功能开发
• 数据库维护
收入来源
• 数据线收费
• 会员费
• App(免费)

图 6-1-5　商业模式全局

二、商业模式的改进

当有了商业模式的初步设计之后，创业者需要对建立的商业模式进行改进和完善，以实现商业模式的进一步优化升级或创新，规避项目的致命问题和风险。

改进与完善商业模式的思路和方法如下。

1. 从客户的角度来推演商业模式

在设计商业模式的过程中，创业者往往会从自己的角度看问题，而忽略客户是怎么看

问题的。例如，创业者认为客户需要一个产品或者一个服务，而客户则需要关于一个问题的整体解决方案。例如，智能手机战胜传统功能手机就是典型案例。传统功能手机厂商认为客户需要的是一台质量更好的移动电话，而客户实际需要的是一个拿在手上能解决和通话相关的所有问题（上网、下载、联系、语音和视频等）的解决方案。这是智能手机大获全胜的原因。

从客户的角度来考虑问题，就是切换视角，向客户"移情"。客户看到的是什么？客户听到的是什么？客户说的是什么？客户做的是什么？客户想的是什么？客户希望获得什么？他们的痛点和难点在哪里？通过这些视角来让客户决定企业需要的价值主张、渠道通路、客户关系和收入来源。

2. 以批判思维的模式来完善商业模式

从批判或否定原有设计的思维角度来重新思考商业模式，最重要的关键词是"假如"。假如提供免费服务、假如不从银行那里贷款、假如客户自己组装家具……面对初步设计的商业模式，作出假设，如果增加一个客户细分群体，商业模式会变成什么样；如果去掉一些成本很高的业务，商业模式又是什么样；如果加入一些免费的产品，商业模式又会变什么样子；如果……通过不断质疑，得到不同的结果，得出相对合理的商业模式。

批判否定思维模式，并不代表没有原则。创业者需要抓住"我的目前或者将来有什么样的资源""可以提供什么样的服务和产品""客户需要什么""我们要怎么得到收入"等焦点问题来思考。

3. 采用可视化工具帮助改进商业模式

可以使用的可视化工具比较多，如商业模式画布和思维导图等工具，利用这些工具重新思考和改进初步设计的商业模式。这需要团队有共同的语言规则，能够互相理解彼此之间在表达和交流什么。通过良好的可视化图像可以向参与商业模式设计的核心团队直观表达自己思路和问题。

4. 通过场景故事验证商业模式的合理性和可行性

核心团队可以假设自己是一名客户或公司的合作伙伴，从不同的角度来告诉大家故事主角的感受和需求。通过角色扮演、视频、图像等方法来演示整个故事。通过一个个的故事场景来模拟和推演商业模式，从具体的场景中发现问题，找到商业模式的更优方案。

5. 通过事实来推测将来的商业情景

根据商业模式的九个板块，依次分析初步设计的商业模式各部分的关键描述，从描述信息中，尝试找到相关事实，然后通过这些具体事实来推测原有描述是否合理、是否现实可行，比较其优势与劣势，判断是否有可实现的具体商业情景，以此来完善改进原有商业模式的设计。

这种方法可与SWOT分析法相结合（表6-1-1），提高事实列举和推测后的决策科学性。

表 6-1-1 商业模式画布的 SWOT 评估

构造块	内部 S 或 W	外部 O 或 T
客户细分	（1）客户群体的细分是否合理？ （2）能否根据客户细分的反馈来调整商业模式	（1）我们能服务新的客户细分群体吗？ （2）我们能通过更为精细的客户细分群体来更好地服务客户吗
价值主张	（1）产品和服务之间的协同效应是强还是弱？ （2）我们的价值主张是否具有很强的网络效应？ （3）我们的价值主张与客户需求是否一致	（1）市场上存在我们的产品和服务的替代品吗？ （2）竞争对手正在试图提供比我们价格更低或价值更高的产品和服务吗
渠道通路	（1）自身是否拥有合理的渠道通路？ （2）渠道维护成本是高还是低	（1）在市场上同样的渠道是否会受到威胁？ （2）渠道通路能否进一步得到优化
客户关系	（1）客户的流失率是高还是低？ （2）能否持续不断地赢得新的客户	我们应该怎样利用日益壮大的市场
收入来源	（1）收入来源是否可持续？ （2）收入来源是否稳定？ （3）是否受益于较高的利润率	（1）是否过于依赖一种或几种收入来源？ （2）我们的利润率是否受到来自竞争对手的威胁？是由技术引起的吗
核心资源	（1）核心资源能否进一步得到提升？ （2）核心资源本身是否具有竞争优势	市场上是否存在类似的核心资源
关键业务	（1）自身的关键业务是否有竞争优势？ （2）关键业务成本如何	市场上是否存在类似的关键业务，并对自身存在产生竞争威胁
重要合作	（1）价值主张是否与客户需求一致？ （2）价值主张是否具有很强的网络效应？ （3）产品和服务之间是否有很强的协同效应	（1）我们可以将产品转化为服务来获得重复增加的营业收入吗？ （2）我们能更好地整合产品或服务吗？ （3）我们可以满足额外的客户需求吗
成本结构	（1）自身运营成本是否过高？ （2）是否能进一步降低成本	（1）哪种成本可能会在将来变得不可预测？ （2）哪种成本可能会快速增加，以至于我们的收入无法承担

以上是一个SWOT的分析框架，通过参考以上各构造块中的问题（可根据评估对象商业模式的特点修改问题），与事实相对照，逐一进行五分制评分，结构化分析评估对象的商业模式，从而得出两方面的结论：一是评估对象现在的处境（优势和劣势）；二是带给评估对象一些关于未来发展趋势的思考，甚至可以通过同行业对比，发现其商业模式中存在的短板，在扬长的同时，弥补自己的不足，从而实现全面超越竞争对手的目标。

这种方法需要创业者全面地理解拟开发的产品特点和行业状况等信息，把相关细节列举出来，然后做深入分析或者预测，从而改进原有的商业模式。

学习指导

商业模式画布是指一种用来描述商业模式，可视化商业模式，评估商业模式，以及改变商业模式的通用语言，由九个部分构成。

改进和完善商业模式的方法有客户角度推演、批判思维完善式、可视化工具改进、场景故事验证和事实推测商业情景。

任务检测：设计商业模式

实训活动

分析商业模式案例

1. 活动参与人数
以班级为单位，人数不限。

2. 活动场地和道具
教室，A4纸若干。

3. 活动组织
以小组讨论、分享的形式完成，以5~8人为一组。

4. 活动步骤
（1）研读并思考以下案例，时间为5分钟。

小李的创业项目是校讯通，旨在解决学校与家长间、家长与家长间的沟通问题，计划通过公众微信平台来实现。

小李开始做这个项目时，前期花了一周时间通过学校师生与教育行业的朋友等了解了家长、学校、教师的基本需求，最后总结出三大最有需求的功能：通讯录查询、群发信息、家长圈。但是只有这几个功能的产品并不足以产生有效的客户黏性，后来他想出了以下几项提升方案。

第一，从家长圈中分离出一块作为班级要闻，只显示教师发的各类信息。

第二，简化教师的操作。教师只需要在下课时，拿手机在黑板上拍张照就可以了，不需要回办公室编辑文字信息。

第三，家长都可以分享、评论发生在孩子身上的新鲜事，并且建立家长交流群。

基于商业模式的本质与要素，请分析上述项目的商业模式如何？问题在哪里？如何改进？请绘制改进后的商业模式画布。

（2）小组讨论。

小组成员就案例给定问题进行讨论与分析，时间为15分钟。

（3）小组汇报。

根据小组讨论结果，汇报小组解决方案，时间为15分钟。

5. 活动交流与讨论

（1）明确整个商业模式中谁是最终付费方？

（2）项目的支付方式是什么？

（3）该项目与现有服务的差别在哪里？学校、教师、家长改变的动力何在？

（4）市场中有哪些可以参考的成熟的商业模式？

6. 活动体验

_____

_____

_____

7. 活动点评

创业者往往沉浸于自己设计的商业模式中，觉得自己的商业模式比市场上现有解决方案更好，性价比更高。确实，创业需要激情，要敢想敢做。但具体操作要一步一个脚印、脚踏实地。因此，我们在想象产品的宏大前景时，要分析关于产品的整个商业模式。产品不是商业模式，商业模式也不只是产品这么简单。要明白产品为谁服务、谁会为产品买单，这是一条商业逻辑链，要平衡好各种商业关系。

项目二 创新商业模式

学前思考

（1）"互联网+"时代商业模式创新的环境有何变化？
（2）如何围绕行业结构创新商业模式？

案例导入

方便面销量"断崖式"下滑的背后原因

◎ **案例描述**

打开包装，放入酱料和脱水蔬菜，倒上热水，压住盖子两三分钟就可以开吃。

方便面也许是最容易"烹饪"的食品，虽不是珍馐美味，但能很快地填饱肚子。于是，我们无数次一边用塑料叉子挑起泡面，一边看着包装纸告诉自己：这是红烧牛肉、鲜虾鱼板、葱烧排骨……

然而，方便面的地位正在逐渐降低。世界方便面协会的统计数据显示，2013~2016年，我国方便面年销量减少约80亿包。

小泡面折射大转折。方便面销量下降的背后，是人们生活方式、消费结构的变化。

中国是全球最大的方便面产销国。自20世纪90年代以来，我国方便面营业额一度连续18年递增。2013年，我国方便面总销量达到462.2亿包，平均每秒打开1 465包方便面。

然而，从2013年起，我国方便面行业开始走下坡路。到了2016年，我国方便面年销量已下滑至385亿包。

国内方便面厂商遭遇"寒冬"。业内两大巨头康师傅和统一近年来开始变卖资产，传递出行业"寒意"。

康师傅公司年报显示，2006~2013年康师傅方便面板块营收从10.52亿美元增长至43.32亿美元。2013~2016年，这一板块营收下降至32.39亿美元。

2015年，已有6家比较知名的方便面企业倒闭。

据国家统计局数据显示，2018~2020年，中国方便面产量连续3年下滑，且2013~2016年方便面需求量连续4年减少,仅在2019~2020年有所上升(新冠疫情驱动)。根据尼尔森数据显示,2021年方便面行业整体销量同比降低4.0%,销额同比降低2.7%。

(资料来源:新华国际头条.中国方便面销量"断崖式"下滑 外媒分析三大原因.中国新闻网,2018-01-03.有删改.)

◎ **案例解析**

方便面销量减少原因有四点。

(1)消费人群减少。方便面消费的主力军是农民工群体,进城务工人员减少的拐点与方便面销量下滑的拐点高度一致。

(2)消费偏好巨变。中国农业大学食品科学与营养工程学院教授沈群认为,受近年来"32小时还不能完全消化"等网络谣言的影响,同时国内消费升级加快、收入水平提高,人们更加追求绿色、健康、营养的高品质生活,对产品的品牌、质量、外观及口感都有更高的要求,这种消费偏好的巨变,带来了方便面销售量的下滑。

(3)替代品涌现。2013年以来,网络外卖平台开始兴起,人们通过手机下单就可以吃到美味食品,且外卖平台的美食又多又快,因此方便食品逐渐不再受青睐。替代品的涌现降低了人们对于方便面的需求。如今,旅途中的人们也可以享受外卖服务。2017年7月,高铁外卖在全国27个高铁车站上线运行,商家在12306互联网订餐配送中心和乘务员的协助下,实现对乘客订餐的精准投放。

(4)基础设施建设带来的冲击。人们乘坐交通工具的时间缩短,对方便食品的需求减少。

通过方便面的销售案例,我们得出这样的认知:当前的消费正在经历结构性变化,这是消费升级的要因。

任务一 洞察商业模式创新的环境

在分析某个企业、一款新产品的商业模式之前,一定要对商业时代发展的基本潮流、基本的趋向有一个判断,当下最主要的驱动力是消费升级。这是在当前中国社会基本矛盾变化的宏观层面下,商业社会发展的一个趋势。

党的二十大报告指出,在充分肯定党和国家事业取得举世瞩目成就的同时,必须清醒看到,我们的工作还存在一些不足,面临不少困难和问题。例如,群众在就业、教育、医疗、托育、养老、住房等方面面临不少难题等。消费者需求是商业模式设计的逻辑起点,创业者要充分把握宏观层面的变化及趋势,分析微观层面的表现,以此设计自己创业的方向及服务的内容与方式。

一、消费升级下的行业变化

消费升级带来两大变化:电商的崛起和知识产权(Intellectual Property,IP)大爆发。

1. 电商的崛起

随着互联网的快速普及，电商行业已经成为中国经济发展的重要驱动力。从传统电商、社群电商、跨境电商到直播电商，电子商务的增长一直在加速，不仅给消费者带来了更加便捷的购物体验，还促进了消费市场的扩大和经济结构的转型，带动物流、支付、数据分析等相关产业链的发展。

同时，电商在拉动内需的同时，还在不断促进消费升级：一是以电商为代表的便利高效的新型消费方式蓬勃发展，二是消费的提质升级趋势明显，消费者追求高品质商品和服务的消费理念已经逐步形成。

2. IP大爆发

IP自2015年开始流行，IP及其内容的大爆发，给中国的商业发展带来了巨大变化，IP产业得到快速发展。IP是通过智力创造性劳动所获得的成果，并且是由智力劳动者对成果依法享有的专有权利。IP可以是漫画作品、文学作品、原创短片、某个平台，甚至一个概念。一个好的IP极具商业价值，它可以后续衍生为电影、电视作品、游戏、音乐、动漫、文学、周边创意等娱乐产品。在"万物皆媒"时代，IP不仅代表了一种新的话语体系与知识叙述方式，还体现了从泛娱乐化形态快速渗透到新商业生态全维度的变化。

随着IP创意产品消费强势崛起，消费不再局限于功能性效用的满足，而是与文化相互融合，拓展了消费活动的整体体验。一方面，IP消费是消费升级的重要形式之一，反映了消费需求更加多样化、个性化。从文化景点到卡通形象、从体育运动到影视动漫，不同消费群体通过IP产品展示自己的喜好，既彰显了个性，也找到了认同感。另一方面，IP产品是IP文化价值与商业价值的结合，可以更好地促进文化产业发展与兴盛。消费者通过消费行为表达对某种文化产品和活动的喜爱，可以获得更多满足感和幸福感；IP产品作为文化内涵的衍生品，提升相关产品的溢价，能为文化创作带来更多的经济价值。

IP变现是商业模式设计的重点，一般来说，首先IP通过优质原创内容吸引第一批粉丝，并通过再创作延伸至其他领域，实现粉丝数量的指数型增长和粉丝群体的横向拓展。在这个过程中，原始IP影响力发散，推动不同产业之间互动融合，构成良好的产业生态，IP价值得以释放和变现。以某漫威公司为例，其创造了几十个超级IP，以他们为蓝本改编的电影、游戏及下游衍生品不计其数，在最大限度地发挥品牌效应的同时，获得了巨大的经济价值。

二、新一轮的消费升级

如今，中国正迎来新一轮消费浪潮。从国家层面看，中国经济已经由出口驱动转变为消费驱动，国内消费占国内生产总值（Gross Domestic Product，GDP）的比重日渐上升；从行业看，市场开始陆续诞生众多新兴消费品牌和商业模式；从消费层面看，消费的含义被日益扩大，选择也越来越多。中国社会在经历过巨量的人口红利之后，经济结构和人才结构正在发生翻天覆地的变化，知识价值的凸显势必催生中产阶层这一社会主力人群，新阶层拥有新主张，新主张需要新消费。可以预见，中国新一轮消费浪潮将更加汹涌。

1. 消费升级的发展

改革开放以来，我国总共出现了三次消费升级：第一次消费升级出现在改革开放之初，表现为粮食消费下降、轻工产品消费上升，"老三件"（自行车、手表、收音机）是典型的时代特色产品；第二次消费升级发生在20世纪80年代末至20世纪90年代末，表现为耐用消费品向高档化方向发展，且带动了电子、钢铁、机械制造业等行业的快速发展，"新三件"（冰箱、彩电、洗衣机）是典型的时代特色产品，每一次消费升级都带来了经济的强劲增长；当前我们正处于第三次消费升级的时代大潮中，新一轮消费结构升级转型驱动相关产业发展。在这场消费升级中，增长最快的是教育、娱乐、文化、交通、通信、医疗保健、住宅、旅游等方面的消费。近两年，以云计算、大数据、移动互联网、物联网、人工智能为代表的新一代信息技术消费呈爆炸式增长。

2. 促进消费升级的因素及条件

（1）经济发展和收入提高为消费升级提供了经济基础。随着中国人均GDP超过3 000美元，国内消费市场总体空间进一步扩大，中国正在向消费型国家过渡。

（2）社会的发展和进步为消费升级提供了环境导向。随着社会的发展，以及新一代消费群体的出现，人们的消费意识、消费观念都发生了巨大的变化，对新产品的好奇心更为强烈。另外，居民收入、政策鼓励、人口结构等多重因素的共同作用，也引发了人们消费观念的改变。例如，随着男性对自身外表要求的提高、消费习惯和生活观念的改变，男士化妆品的市场前景和巨大消费潜力已成为化妆品行业实现消费升级的一个新亮点。

（3）科技进步为消费升级提供了物质基础。现代科学技术的发展，不仅改变了产业结构和工业结构，还改变了产品结构，进一步影响了人们的消费结构和消费模式。现代科学技术成果产业化、商品化进程的加快，使得产品的更新换代速度大大加快，产品淘汰率大大提高。现在，市场销售竞争趋于激烈，商品的市场寿命相对缩短，这为人们提供了丰富的消费品，从而为消费升级提供了物质基础。

（4）人们对更高生活水平的追求和向往是消费升级的内因和永不衰竭的动力。从古至今，人们对美好生活的追求从未停止，随着人类社会的发展，人们对物质文明、精神文明的追求成为消费升级的动力。从最初的"茹毛饮血""刀耕火种"到现今各种饮食文化的发展，人类一直在追求更高级的生活方式，这种内在的动力促使消费不断地升级。

（5）政策、法律、法规的引导、规范和约束为消费升级提供保障。随着社会的发展，政府越来越多地介入对消费品的监督管理，人们对食品安全问题的日益重视，也促使政府制定更加完善的法律、法规来约束、规范企业行为，通过政府的规范保障消费者的合法权益，促使企业形成自律的意识、履行企业社会义务。通过政府的引导，消费者能够提高保护自己的意识和能力，维护应有的利益，保障消费安全，而这一切外部条件也为消费升级提供了保障。

3. 消费升级的新特点

（1）追求精神生活的满足。当一国的经济和社会发展达到一定水平时，物资类消费的重要性开始减弱，而电影、文化休闲等精神类消费的需求开始快速增加。近年来，我国电影产业的爆发式增长就是最好的例证。相关统计数据显示，截至2022年，中国内地的中产阶层家庭已经达到了3 320万，毫无疑问，中产阶层对于精神类产品有着更为强劲的需求，这必将助推精神需求的进一步爆发。

（2）追求更高的性价比。消费升级的本质是生活方式的升华，而不是简单地追求最贵、最奢华的产品，其具体表现是追求性价比更高的产品。要追求更高的性价比，用户需要了解更多的消费知识，具体方式是通过互联网媒体或者用户海外旅游的实地体验。在追求更高的性价比成为消费升级新特点的情况下，之前电商和O2O（Online to Offline）企业屡试不爽的价格战策略已经不再行之有效，市场竞争的核心不再是简单的价格战，而是要把重点放在品质和服务上。

（3）更讲究体验。企业竞争的核心是体验，尤其是在人们消费已经进入情感经济时代的背景下，客户消费的需求更加差异化、个性化、多样化，而情感体验和情感共鸣带来的心理价值和精神价值能够带来更好的体验。要真正实现客户体验为王的理念，为客户提供更好的体验，就必须通过服务升级来充分利用消费升级的新机遇。在当前中产阶层已经成为重要消费群体的背景下，客户无疑具有更高的购买力，而能够带来更强参与感的旅游、教育、娱乐等行业自然更容易实现爆发式增长。要实现服务升级，就必须在商品的售前、售中、售后各阶段都提供更为个性化的细致服务，以实现与其他商家的有效区分。

（4）更为多元的体现。无论是富裕阶层、中产阶层，还是普通阶层，都存在消费升级的需要。不同阶层的客户在消费升级的过程中，其行为必然多样化，其需求也更加多元化和细分化。尤其在互联网快速发展的背景下，一些之前为富裕阶层服务的产品，现在中产阶层也能享受到。例如，过去进口产品是富裕阶层的特权，而现在随着跨境电商的蓬勃发展，很多中产阶层也能够以相对便宜的价格享受全球精选商品。对于普通阶层人群来说，厂家通过优化供应链和营销链，将成本控制做到极致，并同步提升产品质量，能够使得其享受到之前由中产阶层享受的产品和服务。

消费升级是由核心消费人群的变化引发的消费品类、消费场景、消费行为的整体升级。灵敏地捕捉住这种个性化的需求，并且把它以一种很好的方式呈现出来，成为创新商业模式的关键。

4. 消费者赋权是新消费升级的核心

互联网原住民的消费呈现出与以往不同的特点，如表达评价权、体验综合化、服务智能化、交易O2O化、供应链弹性化。具体如下。

（1）透明的知情权。所有的消费者在购买产品时，对这款产品的其他几代产品的价格及竞品的价格能有透明的比较。当前，很多电商网站已经做到这一点。

（2）表达评价权。如大众点评，当服务过程中出现问题，消费者可以在大众点评中给出差评，其他消费者看到这个差评后，其消费欲望会发生很大的变化。

（3）个性定制权，基于消费者个体的偏好，个性化定制产品，这是消费者被赋予的权利。

消费者获得前所未有的权力，倒逼企业实行扁平化变革，从依附组织到依附专业精神。对于企业来说，致力于提升专业精神，获得客户的赞赏尤为重要。因消费者赋权而实现的口碑管理，锁住了整个组织。对于个体来说，致力于做好自己的产品，与我们提倡的工匠精神是一致的。

此外，"互联网+"的最大特点是数字化运营，这为数据的沉淀、提取及应用提供了更多的可能，数字化营销、数据智能必将带来不同领域的创新。

> **学习指导**
>
> 我们生活在一个日新月异的、变化的年代，可能一件具体的事情没变，但是行业、客户，以及客户消费的偏好、支付方式等都发生了巨大的变化。因此，在开始创新之旅、开创新事业时，我们必须要了解环境的变化。
>
> 当下的最大变化就是消费的升级及"互联网+"为消费升级的赋能。

任务检测：洞察商业模式创新的环境

任务二　锚定创新商业模式的切入点

一、行业构造块

中国宏观经济的发展模式发生巨大变化，从中央的宏观经济定调来看，量质并重、供给侧结构性改革等，这些都对行业的发展产生深远的影响。此外，从消费者角度来看，消费升级所带来浪潮使互联网原住民日益成为消费的主流，这些都在结构性地改变许多行业的样貌。在大众创业、万众创新政策的推动下，很多创新者在用新技术、新模式重新定义行业，对传统行业的升级、如何实现"互联网+"，有着深层次的思考逻辑和技术创新。

创新商业模式，要从对一个行业的理解入手，一方面需要理解行业变革机理，另一方面需要参与行业创新实践。要整体把握一个行业，需要对行业的构造有清晰的了解（图6-2-1）。

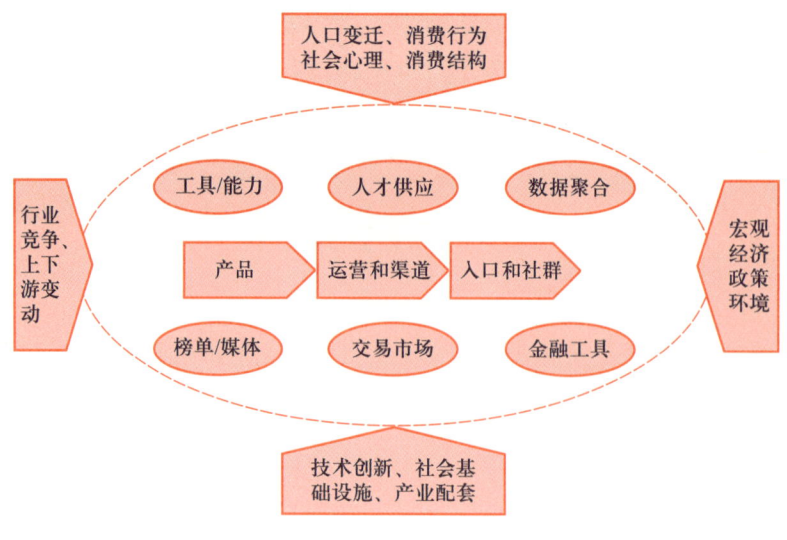

图 6-2-1　行业构造

消费升级是由核心消费人群的变化引发的，人口的变迁、消费行为、社会心理的变化都是其核心要素。一个行业上游需要有产品，无论是具体的产品，还是服务，都采用以产品（服务）为中心的商业模式。还有相当多的企业聚焦运营、渠道环节，这一类企业的商业模式以渠道运营为核心，如大润发、京东、当当，都可以被定位在一个行业的渠道侧。大量的技术创新，如人工智能、社会基础设施的配套，会引发一系列行业的剧变。以 IP 大爆发为例，由于运营与渠道高度集中，创新更多地聚集在产品环节，大量的内容生产者开始进入这个环节，新型的入口和社群也同时出现。此外，一些产业还有一些周边市场，给这个产业链的主轴提供某种工具或能力。例如，阿里云本质上是给各正在转型的传统企业和互联网公司提供云服务，提供相应的存储、计算功能。在大数据时代，大量的行业都有数据的沉淀和聚合，如何对这些数据进行挖掘、关联、分析，使其产生新的价值，催生了一类非常重要的商业模式——数据聚合。此外，任何企业都需要一个垂直媒体，因此媒体会大量垂直化。很多行业都会出现围绕这个行业资源的交易，从而在市场与金融工具领域产生新的商机。

二、创新商业模式

大体上，可以把一个行业分成九个构造块，通过这样的划分，分析互联网时代的行业里有哪些创新、蕴含着什么样的商机。行业结构的任何一个构造块都可以是商业模式创新的切入点。

（一）产品驱动的创新

当前产品发展与消费升级趋势不无关系。早期的消费升级是"奢侈品消费"，但现在更多倾向"工匠精神深度打磨"，因此产品创新不再浮躁，而是通过技术与内容创新获得更高产品溢价，使客户愿意花更多的钱来购买。

文化行业内容付费在实践中被证实能被消费者接受。上游IP大爆发使得内容付费浪潮兴起，由此使文化产品制作成本水涨船高。IP内容产品迎合时代品位、引领消费者追随的独特之处有：现代感、短小精美、大开脑洞与社群互动。此外，IP跟随本身没有问题，但是要注意差异化，要取得与众不同、革命性的结果。对投资人来说，文化行业关键是看团队质量及能力，即"是否先前打造过优秀产品"。文学、影视、视频、动漫、图片等优质IP争夺全面爆发，人们对更加优质的文化产品的需求与文化产品的不能充分供给之间的矛盾，是这一类产品发展的直接推动力。

对于Z世代（网生代）的创业者来说，未来是用产品来定义个体的时代。

（二）渠道变革

电商渠道为中国产品运营与销售提供更多可能，不仅推动线下产业链效率的提升，还改善了用户感知。互联网下的商业生态使得区域化产品拥有全国销售渠道，因此电商通常拥有区域化、精品化、垂直化的特点。渠道运营在当下"要么做大，要么做强"。"做大"对应平台运营的马太效应，而"做强"则对应当前垂直化电商的趋势。例如，当前视频内容服务商已经形成由腾讯、爱奇艺、优酷等企业高度集中的格局；而音频内容的几大提供者也日益集中，喜马拉雅、得到、网易云音乐在相互拉锯；工业品领域交易撮合平台如找钢网，通过准确抓住产业"需要找便宜且有垫付能力的供货商"的痛点，做好电商去中介化、去信息不对称的服务。一个行业如果在渠道方面发生变化，就会引发一个产业的生态、成本结构和用户体验的变革。

微课启学："互联网+"的六种商业模式

例如，淘宝出现之后，中国很多商业的业态都发生变化，商家把开实体店的成本转移到线上，成本结构变化使客户体验跟着改变。文化类产业具有典型的马太效应，强者越强，弱者越弱。创新者要进入市场，要么有新的技术，特别能"吸粉引流"，不能说后来者完全没有机会，但其在文化运营体系上的机会通常表现在内容、场景、客群的差异化。

电商的本质是去中介化，其直接的后果就是成本结构变迁。理论上，各区域都有自己的优势产品，有了电商，某个区域的产品就能够进入全国的各市场。电商最基本的特点就是区域化、垂直化和精品化。

传统电商主要分为两类：一类是B2C，另一类是B2B。随着工业品领域的交易平台不断涌现，如找钢网、找油网等，这类产业的痛点是信息不对称，产业链条非常长。一个楼房的建筑工地，需要钢材，就要和经销商提出要求，约定材质、数量、交付日期。对于经销商来说，他的优势在于找到便宜货、有资金垫付能力。于是经销商找中间商，中间商找批发商，批发商找厂家，这个链条耗时久、非常复杂，这就是信息不对称导致的结果。这时，电商的价值就体现出来了，去中介化，利用网络搭建平台，直接撮合上游的厂家和下游的需求方。

渠道创新，本质上是行业变革的杠杆。渠道创新，带来成本结构优化、产业链效率提升、用户感知改善。无论是B2B还是B2C，电商实现业态渠道的优化，最终实现成本结构的优化；产业链整体效率提升，厂家根据客户的需求处理自己的存货，了解下一年的备货，进行产品开发；客户感知改善，能够便利地买东西，这就是渠道创新带来的结构性变化。渠道创新有明显的马太效应，强者越强，逐渐走向寡头垄断。创业者必须开辟全新的技术或垂直战场，体现在内容、场景、客群的差异上，而长期竞争则要考虑内容运营及智能匹配能力。

（三）入口与社群

互联网时代，入口的重要之处不言而喻。百度是PC端的入口；微信、抖音是移动端的入口；而未来，智能硬件也将成为千万用户的产业链入口。例如，智能硬件"非常云"通过提供路由器服务掌握清晰的用户上网路径大数据；根据用户习惯设计快速搜索产品"飞搜"等。

当前入口社群呈现高度分散化、垂直人群细分化的特征。例如，已被证实可行的知识类社群是基于用户学习社群化的天然特征，如"凯叔讲故事"凝结的"粉丝"达到600万人，"罗辑思维"凝结的"罗友会"会员也有几百万人；空间型入口是基于空间凝聚人的特征，只要有人就可以形成商业、资金。

入口与社群之争将长期持续，彼此争夺用户的时间、场景、行为份额。时间份额即用户的注意力份额，其重要性日益提升；场景份额即用户的空间，如清华大学大数据产业联合会发起人沈拓的"商业模式创新"付费课程等。

大家都在一个产业链里选择了一个"我"能选择的定位，其背后有一整套逻辑的。例如，生产的产品要有一定优势，如成本更低，有更优的体验、渠道，有更好的把控力、入口，能切割更多的时间份额。

（四）工具/能力

赋能一词所传达的核心意思是怎样让人有更强的能力去完成他们想要完成的事情。这是阿里巴巴学术委员会、湖畔大学教务长曾鸣教授最先提出的。他指出，未来时代的竞争，最重要的不是你拥有多少资本，而是你能调动多少资本。从内部的组织管理，进而扩展到商业模式的创新上，这种给产业链的主角赋能，为一些小型企业提供工具。数据整合、分析等支持。

> **相关链接**
>
> #### 让人工智能成为"智慧动能"
>
> 从人脸识别的逐步应用，到方兴未艾的自动驾驶，人工智能在越来越多的领域发挥作用。2022年8月，科技部、教育部、工业和信息化部（以下简称工信部）等六部门联合发布《关于加快场景创新以人工智能高水平应用促进经济高质量发展的指导意见》，统筹人工智能场景创新；同月，科技部发布《关于支持建设新一代人工智能示范应用场景的通知》，支持建设包括智慧农场、智能港口在内的

10个人工智能示范应用场景……助力培育人工智能应用场景的政策措施接连出台，为牵引推动人工智能落地营造了良好的政策环境。

习近平总书记强调："人工智能是引领这一轮科技革命和产业变革的战略性技术，具有溢出带动性很强的'头雁'效应。"作为赋能手段，人工智能与实体经济融合，能够引领产业转型，孕育新产业、新模式、新业态；作为服务人们美好生活的工具，人工智能的应用有助于提升生活品质，满足人们的消费升级需求。无论是促进传统产业提质增效，还是培育新的经济增长点，人们对以互联网、云计算、大数据、人工智能为代表的新一代信息技术寄予厚望。

助力传统行业转型升级，传统行业转型升级是当下中国经济在微观层面发出的最强音。"链客盈销""就爱优品"，做的就是"你要转型，我帮助你"，这种商业模式就是通过工具革命，提升运营效率，改善用户体验，为产业链主角"赋能"。剖析行业的变革之旅，很多行业都在经历结构性变化，许多创新者都在用新技术、新模式重新定义行业。

（五）交易市场

每个行业都要有资源交易市场，每个行业都有资源的涌动，这些行业、模块之间的资源禀赋交换，会自然形成一些市场，对行业的需求与供给进行市场化分配。从某种意义上讲，在这个构造块上的选择面是很宽的，可以选择进入这个产业的主轴，还可以根据自己的需要，进入周边市场。

相关链接

数字技术赋能全球服务贸易

"这是斯里兰卡的红茶，我把产品靠近镜头给大家看一下。"在中国国际服务贸易交易会（以下简称服贸会）"一带一路"沿线各国特色文化产品"国际甄选"电商直播间，中国斯里兰卡经贸合作商会主席晋兰加正在镜头前跟网友互动。他说："直播传播速度快、受众面广、互动性强，这次尝试通过直播的方式销售，我们的货品很快就被抢购一空。"

数据显示，2021年中国数字服务进出口总值达3 597亿美元，同比增长超过22%；数字服务净出口规模达到300亿美元，同比增长超过100%。上海合作组织（以下简称上合组织）副秘书长索海尔·汗表示，中国在电商发展方面有巨大潜力，跨境电商能够进一步提升市场的开放度、包容度，上合组织希望能够通过分享实践经验，加强成员国之间的合作，尤其是在电商和数字经济方面的合作。

在2022年的服贸会上，71个国家和国际组织以国家或总部的名义设展参会。与会各方见证了中国在服务贸易领域扩大对外开放的务实成就，也期待同中国共享数字服贸新机遇。

"数字化平台大大提高了生产力，降低了贸易成本，增强了竞争力。"世界贸易组织副总干事张向晨指出，在过去几年里，数字技术的发展推动了全球贸易的加速增长。伴随大数据分析、区块链、物联网、3D打印及人工智能等技术发展，实体经济与数字经济进一步融合，激发出服务贸易的更多潜力。

（六）榜单与媒体

围绕媒体服务的创新方向，每个细分人群、每类细分市场都会出现专业化媒体，如现在有专门报道吃喝玩乐的媒体、专门报道O2O的媒体、汽车的媒体，甚至有专门报道石墨烯的媒体，任何一个垂直细分跑道都会出现垂直媒体。在一个快速发展的行业中，企业需要有展现平台，需要有价值评估体系，需要评估自己的价值。

此外，每个行业都有衍生金融市场，围绕金融工具的创新方向，行业转型升级、技术、金融工具三者之间彼此相互推动。在大数据时代，大量的行业都有数据的沉淀和聚合，对这些数据进行挖掘、关联、分析，从而产生新的价值，产生了一类非常重要的商业模式——数据聚合。人才供应也成为创新的一个渠道，越来越多拥有专业技能的自由职业者与企业大量的个性化需要，使得这个环节无论是从平台意义上，还是从人才供应角度，都为创新提供了无限可能。

三、商业模式创新的判断

无论是做生意，还是编写一段程序，要把事情做好，都必须有合理的内在逻辑。好生意必有坚实的商业逻辑，最简单的商业逻辑包括四个要素：一是客户需求，这是商业逻辑的起点；二是产品，这是商业逻辑的核心；三是能通过资源组织把产品交付出去，这是商业逻辑的基石；第四，盈利方式，这是商业逻辑的落脚点。通过这四个维度来判断商业模式是否有创新。

（一）客户需求是商业逻辑的起点

客户需求是否源于真实的需要？客户真正的痛点是商业机会，商业机会即未被满足的需求，真实的需求符合人性。成功的产品源自高频需求，在考虑创新模式时，应根据产品的状况，考虑需求频次的问题。此外，还要考虑需求是否有明确的应用场景，成功的产品可以稳定地占据用户的行为和时间，这衍生出两类现象：打造新场景、为老场景带来新行为。

（二）产品是商业逻辑的核心

产品的价值主张等于用户的购买和使用理由，价值主张要足够锐利；还要考虑产品的竞争力问题。

（三）资源组织是商业逻辑的基石

通俗地讲，资源组织就是通过组织实现构想，即产品的生产方式如何、如何组织生产、是单品还是集成、是单边市场还是双边市场、是预生产还是实时生产。要考虑产品是怎样生产出来、生产的方式是什么，还要考虑产品的生产方式是否有竞争力。

（四）盈利模式是商业逻辑的落脚点

盈利模式是商业逻辑的最终落脚点，商业模式的创新，最终要落在盈利上。盈利模式主要有三点。

（1）怎么定价？盈利模式是否有未来？成本结构是否有竞争力？

（2）是"一锤子"买卖还是持续收费？是前向收费还是后向收费？是利用价格弹性还

是利用价格组合?

（3）盈利模式是否可持续?

好的商业模式一定是逻辑闭环和可信的。

> **学习指导**
>
> 商业模式创新并无固定模式，本任务只是从环境变化、人口变迁、消费方式改变等方面进行分析，了解变化是创新的前提。商业模式创新有法，但无定法，行业的每个构造块都可能成为创新的起点，也可能是几个构造块的协同创新，需要根据行业及自己的产品或服务变通进行。
>
> 考核商业模式创新最根本的落脚点是盈利，但盈利不是最终的目的。创业要获得成功，需要考量的因素很多，路还很长，希望创业者能不忘初心，继续努力。

任务检测：锚定创新商业模式的切入点

实训活动

创新商业模式

1. 活动参与人数

以班级为单位，人数控制在50人以下。

2. 活动场地和道具

教室、纸、马克笔等。

3. 活动组织

学生以创业小组为单位，以小组形式完成活动。

4. 活动步骤

（1）商业模式分析。

① 明确创业项目。按照课程内容的设计，以小组为单位，围绕创业项目，在前期的市场调查、团队组建的基础上，明确小组创业项目。

② 分析创业项目在产业链中的位置。以行业构造块为基础，分析创业项目在产业链中的位置，了解其创新及盈利环节所在。

（2）绘制商业模式画布。

① 以创业项目为基础，按照商业模式画布的基本构造，填写各模块。

② 小组成员对商业模式画布内容进行分析研讨，进行组间互换，讨论分析并提出修改意见。

（3）创新商业模式。

在完善商业模式画布的基础上，按照商业模式创新的基本评价，对自己商业模式的创新角度与可行性进行分析、讨论，形成独特的商业特色。

（4）团队宣讲。

召开团队成立大会，由团队负责人就团队的商业模式进行宣讲，请其他小组进行评价。

5. 活动交流与讨论

（1）创业项目的商业模式中有哪些创新设计？

（2）创业项目在产业链中的位置及创新走向如何？

6. 活动体验

_____
_____
_____

7. 活动点评

商业模式的确定，是创业过程的关键环节，商业模式设计是否合理，对创业企业的生存与发展起着至关重要的作用。在对商业模式的梳理过程中，对企业设立的商机、市场调查及团队组建等环节进行梳理，明确用户的需求、盈利与否，有助于创业团队理清思路，为后续的创业项目路演做好准备。

通过商业模式创新项目的实训，可以提高学生的分析能力、表达能力和沟通协调能力，而商业模式及行业构造、产业链接的分析则可以训练学生对企业宏观架构及行业发展的认知。

模块七
呈现创业计划

模块导学

>> 对于创业者来说，准备创业计划的过程实质上是分析并预测环境进而化解未来不确定性风险的过程，其作用远大于撰写创业计划书本身。同时，一份优秀的创业计划也可能成为创业者吸引资金的"敲门砖"和"通行证"。因此，专业的创业计划撰写能力与优秀的项目演绎能力，对于创业者来说尤为重要。

学习目标

>> 知识目标：了解创业计划的基本内容及重要性；熟知路演创业计划的要求。

>> 能力目标：掌握撰写创业计划书的逻辑与方法；学会路演创业项目。

>> 素养目标：培养良好的沟通能力及团队协作能力；提升发现问题、分析问题、解决问题的主观能动性。

项目一　制订创业计划

学前思考

（1）什么是创业计划书？创业计划书有哪些作用？
（2）创业计划书的内容是什么？该如何撰写？

案例导入

让随时随地打印成为可能

◎ **案例描述**

"炫酷！好玩！"在2023年4月9日举行的大学生创新创业成果展上，许多人看到"Goprint——智能打印机先行者"后都不禁发出感慨。一排排手办小人从打印机里快速"诞生"。

"把想象中的东西变成一个能够看得见、摸得着的实体，是一件非常酷的事情。"当时还是浙江大学电子科学与技术专业本科生的陈天润在宿舍里与同学们探讨，能不能让打印机在各种介质上进行打印，实现移动化？能不能通过技术手段，降低3D打印的成本？

以此为开端，陈天润和同学们开始研发"Goprint——智能打印机先行者"，并凭借此项目斩获第七届中国国际"互联网+"大学生创新创业大赛季军。陈天润介绍："我们的核心技术有两方面：一是数字打印相关技术，即如何把数字文件变成机器可执行的指令；二是控制打印质量的方法，如精确的定位、颜色的呈现等。"

2021年，陈天润创办魔芯（湖州）科技有限公司，在学校支持、专家指导、业界校友帮助之下，实现了大规模生产。陈天润的3D打印机系列产品累计创造营收数千万元，在美国、日本等十几个国家和地区发售。

如今，陈天润已是浙江大学计算机科学与技术学院直博研究生。"创业需要勇气，也需要不断拓宽提升能力，敢闯会创，不要害怕"，陈天润说。

（资料来源：林焕新，张欣.让随时随地打印成为可能.中国教育新闻网，2023-04-10.有删改.）

◎ **案例解析**

大学生的努力是可能转化成财富的，是用科技、智慧把无形的东西转化成巨额的财富。一些创业者凭借一份创业计划书就筹得大笔资金的奇闻逸事,在满怀激情的潜在创业者之间流传。再加上风险投资公司和公共风险投资机构的推动,很多人认识到了创业计划书对于成功创业的重要战略意义。

任务一　认识创业计划书

当具备创业者、创业机会、创业资源这三个创业关键要素之后,就可以进入新创企业的筹办阶段了。然而"预则立,不预则废",没有事前周密的计划,是很难取得最后的成功的。"不打无准备之仗"是初次创业者开始创业行动前必须知道的原则。因此,在新企业创立之前,制定创业计划是关系到创业成功与否的关键步骤。

一、创业计划书的含义与作用

(一)创业计划书的含义

创业计划是指在战略导向下通过确定的商业模式实现阶段性战略目标的一切计划和行动方案。创业者想要获得成功,则需对创办企业相关的背景知识、市场调研、企业管理、生产管理、成本构成、商业模式、融资方式、财务分析和风险等条件逐一进行规划分析,制定一个详细完整的计划方案,并开展行动。将创业计划以书面文字的形式呈现出来,就是创业计划书。创业计划书是创业者在创业初期准备的一份书面计划,用以描述与

微课启学:
创业计划书
的概念

创办一个新的企业相关的内部要素及外部条件,是对特定商业活动详尽筹划后的系统描述,主要用于向投资方和创业投资者说明企业未来发展战略与实施计划,展示自己实现战略和为投资者带来回报的能力,从而取得投资方或创业投资者的支持。它是引领创业的纲领性文件,是创业者具体行动的指南。

(二)创业计划书的作用

创业和风险投资家盖伊·卡维萨基曾说过:"一旦他们将商业计划写在纸上,那些希望改变世界的天真想法就会变得实实在在且冲突不断。因此,文件本身的重要性远不如形成这个文件的过程。即使你并不试图以它来筹资,你也应当准备一份创业计划书"。对于初创的企业来说,创业计划书的作用尤为重要。

1. 创业计划书是创业者准确定位的重要依据

创业者在创业之初,应明确自己的创业理想,规划自己的创业蓝图,明晰自己的创业目标。作为一个酝酿中的项目,一开始往往很模糊,创业者应该以认真的态度提出一个初步的行动计划,并详尽地分析自己所拥有的资源、市场存在的机会和威胁、初步的竞争策略等,做到心中有数,然后再逐条推敲,编制一份完整的创业计划书。这样创业者就可以对这一项目有更加清晰的认识,理清创业思路。

2. 创业计划书是创业者凝聚人心的重要方法

一份清晰的创业计划书对企业的愿景和未来作出了详细的陈述，使管理层和员工对企业及个人的未来充满信心，从而了解个人角色、明确个人任务及确认自己是否能够胜任，它不仅可以使企业迅速壮大，还可以使创业者在创业实践中有章可循，更容易管理企业，增强创业者的自信心。

3. 创业计划书是创业者整合资源的重要途径

创业计划书的整合作用是其最根本、最重要的作用。在创业的过程中，各种要素是分散的，各种信息是凌乱的，各种工作是互不衔接的。通过制订创业计划书，梳理思路，进行调研，完善信息，从而找到各种程序之间的衔接点，最终把各种资源有序地整合起来、调动起来，形成商业利润，进行最佳要素的组合。这种整合，使各种分散的资源聚拢起来，形成一种增量资源，获得明显的经济效益。

4. 创业计划书是创业者筹集资金的重要工具

资金是企业的血液，是创业的要素，也是企业能够快速发展和崛起的前提。通过向风险投资商、银行、客户和供应商宣传拟建企业及其经营方式，包括企业的产品、营销、市场及人员、制度、管理等各方面，获得风险投资支持，其中一个重要的途径就是从审验创业计划书开始。

相关链接

创业计划书的意义

创业计划书不仅吸引投资人，也是吸引合伙人的利器，写好创业计划书意义重大。有调查显示，投资公司接到数量巨大的创业计划书中，仅仅只有0.5%~1%的项目才会最终得到投资。一份好的创业计划书，不仅仅有助于创业者头脑中的创意和想法逻辑化、结构化，更是争取与投资商面谈机会的一块"敲门砖"。

创业计划书除了有利于创业者理清思路、说服投资人，还有利于创业者付诸行动，作出最后的抉择及吸引更多的人才加入团队，激励团队为共同的目标而努力。

二、创业计划书的基本格式

创业计划书通常包括封面、保密要求、目录、摘要、正文、附录。

（一）封面

封面（标题页）可以放一张企业的项目或产品彩图，但须留出足够的版面排列以下内容：创业计划书编号、公司名称、项目名称、项目单位、地址、电话、传真、电子邮件、联系人、公司主页、日期等。

微课启学：
创业计划书
的封面

（二）保密要求

保密要求可放在标题页，也可放在次页，主要是要求投资方项目经理妥善保管创业计划书，未经融资企业同意，不得向第三方公开创业计划书涉及的行业秘密。

（三）目录

目录标明各部分内容及页码，要注意确认目录页码同内容一致。

（四）摘要

摘要是对整个创业计划书的概括，目的在于用最简练的语言将创业计划书的核心、要点、特色展现出来，吸引读者仔细读完全部文本，因此内容一定要简练。

创业计划书摘要应从正文中摘录出投资者最关心的问题，包括对企业内部的基本情况，企业的能力以及局限性，企业的竞争对手，营销和财务战略，企业的管理队伍等情况的简明而生动的概括。

（五）正文

正文（综述）是创业计划书的主体部分，应分别从企业基本情况、经营管理团队、产品/服务、技术研究与开发、行业及市场预测、营销策略、产品制造、经营管理、融资计划、财务预测、风险控制等方面对投资者关心的问题进行介绍，要求既有丰富的数据资料，又要突出重点、实事求是。

（六）附录

附录是对正文中涉及的相关数据、资料的补充，作为备查。

> **学习指导**
>
> 创业计划书是有效传达创业理念的一种形式，不仅可以帮助创业者理清思路、准确定位，还可以帮助创业者积累资源、凝聚人心，壮大自己的团队。尤其是在创业资金方面，创业计划书决定了融资的成败。
>
> 创业计划书的基本格式包括封面、保密要求、目录、摘要、正文、附录六部分。摘要作为整份创业计划书的精华和亮点，需要用最清晰、简洁的语言认真凝练内容，以此引起投资者阅读创业计划书全文的兴趣。

任务检测：认识创业计划书

任务二　撰写创业计划书

一、创业计划书的主要内容

创业计划书主要是为了向创业团队、投资者、管理部门介绍企业要做什么、准备怎么做、为什么自己能够做好等问题。因此，围绕这一中心，用比较完整、规范的方式描述是十分必要的。由于创业计划书种类不同，内容也有所不同，创业计划书并不需要千篇一律，但一份完整的创业计划书往往包括以下重点内容。

（一）摘要

摘要是创业计划书的精华，涵盖了创业计划书的要点。一般要在后面所有内容编制完毕后，再把主要结论性内容摘录于此，以求一目了然，让阅读者能在最短的时间内评审计划并作出判断。摘要篇幅一般在1~2页。

在摘要中，企业必须要回答以下问题。

（1）企业所处的行业、企业经营的性质和范围是什么？

（2）企业主要产品的内容是什么？

（3）企业的市场在哪里？谁是企业的客户？他们有哪些需求？

（4）企业的合伙人、投资人是谁？

（5）企业的竞争对手是谁？竞争对手对企业的发展有何影响？

（6）如何投资？投资的数量和方式有哪些？投资回报及安全保障如何？

（7）企业的优势是什么？获取成功的市场因素有哪些？

（二）企业描述

创业计划书的主体部分是从企业描述开始的。企业简介如同自我介绍，要全面而简明扼要地分析创业设想、发展趋势、目前状况，让投资者能充分了解企业在社会的地位及发展沿革，特别是企业的核心竞争力和优势。主要从以下几个方面进行描述。

1. 企业基本情况

（1）企业组织形式。新创企业注册前，要确定企业的组织形式。企业组织形式表明一个企业的财产构成、内部分工与外部社会联系。简单地说，企业组织形式就是一个企业对内、对外如何分配利益、如何分担责任。它是新企业生存发展的重要法律基础。

一般来说，大学生创业常见的组织形式有个体工商户、个人独资企业、合伙企业和有限责任公司等。

① 个体工商户。个体工商户是指生产资料归劳动者个人所有，以自己个人的劳动为基础，劳动成果由劳动者个人占有和支配的市场经营主体。个体工商户属于民办非企业类型。

相关链接

中国第一张"个体工商户营业执照"

1980年12月11日，章华妹，一个19岁的温州姑娘，从温州市工商局鼓楼工商所领到了一张用毛笔填写的附有她本人相片的"个体工商业营业执照"。让章华妹没有想到的是，她领到的这张编号为10101的证书，是中国第一张"个体工商业营业执照"。

② 个人独资企业。个人独资企业是最为简单的企业组织形式，是指依照《中华人民共和国个人独资企业法》在中国境内设立的，由一个自然人投资，财产为投资人个人所有，投资人以其个人财产对企业债务承担无限责任的经营实体。个人独资企业是非法人型企业，个人独资的财产属投资人个人所有，在企业财产无法清偿债务时，由投资人以个人独资企业以外的财产承担。它较适用于初涉市场、资金实力有限的创业者。

③ 合伙企业。合伙企业是指按照《中华人民共和国合伙企业法》在中国境内设立的，由各合伙人订立合伙协议、共同出资、合伙经营、共享收益、共担风险并对各合伙企业债务承担无限连带责任的营利性组织。它是一种灵活、简便且不失一定规范和规模的企业组织形式。

④ 有限责任公司。有限责任公司是指由50个以下的股东共同出资，每个股东以其所认缴的出资额对公司承担有限责任，公司以其全部资产对其债务承担责任的经济组织。现代企业制度的核心是公司制，有限责任公司是所有企业组织形式中最成熟、最规范、最先进的企业组织形式。

选择一个合理合法的组织形式是一个复杂的问题，组织形式的选择有赖于创业者的目标和达成目标的资源状况。表7-1-1中概括了四类组织形式的优劣。

（2）企业名称。取一个响亮的名字，能够引起顾客美好的联想，提高产品的知名度与竞争力。企业及企业产品的名称对消费者的选择有直接影响，也是让消费者"久闻大名"的前提条件，例如"华为""康师傅""联想""海信"等都给消费者留下了深刻而美好的印记。

企业名称包括四项基本要素：行政区划名称+字号+行业（或经营特点）+组织形式。字号是企业名称中的核心要素，是企业名称中最显著和最重要的组成部分。例如北京京东世纪贸易有限公司，其中"北京"为行政区划，"京东"为字号，"贸易"为行业，"有限公司"为组织形式。"京东"就是企业的字号，是区别于其他企业的主要标志。在一定范围内，其他企业的字号不能与已有的企业字号重复的。

按照《企业名称登记管理规定》，企业名称不得有下列情形。

① 损害国家尊严或者利益。
② 损害社会公共利益或者妨碍社会公共秩序。
③ 使用或者变相使用政党、党政军机关、群团组织名称及其简称、特定称谓和部队番号。
④ 使用外国国家（地区）、国际组织名称及其通用简称、特定称谓。
⑤ 含有淫秽、色情、赌博、迷信、恐怖、暴力的内容。
⑥ 含有民族、种族、宗教、性别歧视的内容。
⑦ 违背公序良俗或者可能有其他不良影响。
⑧ 可能使公众受骗或者产生误解。

表 7-1-1 四类企业组织形式的优劣比较

企业组织形式	业主数量和注册资本	成立条件	经营特征	利润分配和债务责任
个体工商户	(1) 业主是一个或一个家庭。 (2) 无资本数量限制	(1) 有相应的经营资金和经营场所即可。 (2) 可以起字号	资产属私人所有,可以雇帮手或雇工(不超过8人),业主本人既是所有者,又是劳动者和管理者	(1) 利润归个人或家庭所有。 (2) 由个人经营的,由其个人资产对企业债务承担无限责任,由家庭经营的,以家庭财产承担无限责任
个人独资企业	(1) 业主是一个人。 (2) 无资本数量限制	(1) 投资人是一个自然人。 (2) 有合法的企业名称。 (3) 有投资人申报的出资(工商部门要验资)。 (4) 有固定的生产经营场所和必要的经营条件。 (5) 有必要的从业人员	财产为投资人个人所有,业主既是投资者,又是经营管理者	(1) 利润归个人所有。 (2) 投资人以其个人资产对企业债务承担无限责任
合伙企业	(1) 业主是两个人及以上。 (2) 无资本数量限制	(1) 有两个以上合伙人,并且都依法承担无限责任。 (2) 有书面合伙协议。 (3) 有合伙人的实际出资。 (4) 有合伙企业的名称。 (5) 有经营场所和从事合伙经营的必要条件	依照合伙协议共同出资,合伙经营、共享收益、共担风险	合伙人按照合伙协议分配利润,并共同对企业债务承担无限连带责任
有限责任公司	(1) 由两个及以上、50个及以下的股东组成。 (2) 注册资本在3万元以上	(1) 股东符合法定人数。 (2) 股东出资额达到法定资本最低额。 (3) 有公司名称,建立符合有限责任公司要求的组织机构。 (4) 有公司章程。 (5) 有固定的生产经营场所和必要的生产经营条件	公司设立股东大会、董事会和监事会,并由股东会聘请职业经理人管理公司,经营业务	股东按照出资比例分配利润,并以出资额为限承担有限责任

说明:个体工商户不属于企业组织形式,但其作为重要的市场主体类型,大学生创业的重要方式之一,故将它置于上表中同其他组织形式进行比对。

⑨ 法律、行政法规以及国家规定禁止的其他情形。

需要特别强调的是，我国实行公司名称预先核准制。企业名称经核准后，企业要遵照《企业名称登记管理规定》和《企业名称登记管理实施办法》到市场监督管理部门申请注册，未经市场监督管理部门核准的企业名称不受法律保护。

（3）企业地址。新创企业除选择合适的项目外，选择创业地址也是关键一环。有利地址可以减少投资成本，加快建设速度，减少企业生产经营费用，降低产品质量成本。不同企业、不同产品对企业选址有不同要求。一般来说，企业选址需要考虑政治因素、经济因素、技术因素、社会因素和自然因素。

企业选址的步骤如下。

① 市场信息的收集和研究。在新企业的初创时期，市场信息的使用会影响企业的预判，一般通过前期观察、上网查询、实地访谈、聚点小组、试验及问卷调查等方式，有效收集市场信息，这是出色地完成选址决策的第一步。

② 多个选点的评价。通过对市场上各种信息的收集、汇总、整理及初步简单的定性分析后，创业者可以得出若干新企业地址的候选地，借助科学的、定性定量的方法对各候选地进行整体评价，找出各候选地的优劣点。

③ 确定最终地点。创业者依据已经汇总整理的市场信息及其所要进入的行业特点和自己企业的特征，通过科学的评估手段完成选择决策，迈出创业至关重要的一步。

（4）其他相关信息，如企业电话号码、传真号码、电子邮箱地址、网址和通信地址、联系人等。

2. 企业愿景和企业宗旨

企业愿景是指企业成员普遍接受和认同的企业长远目标，是组织的理想与愿望。它是最高管理者对企业未来的设想，是对"我们代表什么""我们希望成为怎样的企业"的持久性回答和承诺。

企业宗旨是关于企业存在的目的或对社会发展的某一方面应作出的贡献的陈述，有时也被称为企业使命，是指企业的责任与义务。企业宗旨是建立在企业愿景的基础之上的，它往往被认为是对企业生存的一种肯定。

3. 企业发展历史与经营现状介绍

创业者主要向投资人介绍企业的形成过程，包括其创意来源、进化的方式、企业成立时间、第一次生产产品或提供服务的时间、企业发展经历的几个重要阶段、经营状况、盈利情况等。这部分的介绍必须简短切题，从创业的开端一直叙述到现在。

4. 企业发展规划

按时间顺序描述企业未来业务发展计划，并指出关键的发展阶段。这部分在篇幅上可长可短。如可以这样描述："本企业未来五年将致力生产销售目前这两种主要产品，在第三年将引入另一种同类产品。"这样的描述简明而切合主题。但如果企业预计未来业务发展需要经受许多变动因素的考验，则通常应该讲清楚，因为投资人需要清楚企业发展成功必须做哪些事情。

（三）产品（服务）介绍

投资人关注的焦点是，企业提供什么产品及产品或服务的价值如何。在进行投资项目评估时，投资人会提出相当多的问题，因此创业者一定要对所有可能发生的情况进行充分考虑并给予合理的答复，应该准确、详尽地描述产品或服务项目，特别是产品的技术特点。产品（服务）介绍应包括以下内容：产品的概念、性能及特性；主要产品介绍；产品的市场竞争力；产品的研究和开发过程；发展新产品的计划和成本分析；产品的市场前景预测；产品的品牌和专利等。

产品介绍必须回答以下问题。

（1）客户希望企业的产品能解决什么问题？客户能从企业的产品中获得什么好处？

（2）企业的产品与竞争对手的产品相比有哪些优缺点？客户为什么会选择本企业的产品？

（3）企业为自己的产品采取了哪些保护措施？企业拥有哪些专利？

（4）企业采用何种方式改进产品的质量、性能？

（5）企业对发展新产品有哪些规划？

（6）该产品或服务如何拥有稳定的客户群？如果客户群缺失，则企业应如何应对？

（四）市场分析

市场分析是创业计划书正文的第一个重要部分。创业项目在市场上的竞争力是投资者最看重的部分。在进行市场分析时，需要进行三个层次的分析。

1. 目标市场分析

在进行目标市场细分时，要从企业目标、产品、优势和劣势、机会和威胁、竞争者战略等因素入手分析目标市场的合理性和可行性。市场细分不是越细越好，目标市场不是越小越好，要考虑市场的容量足够大，发展的空间足够大，企业价值的增长才能持续稳定。此部分在本书模块四"选择目标市场"中已做了详细介绍。

2. 行业市场分析

行业市场分析的目的是使投资人了解该行业的发展状况、新创企业的发展潜力、企业成长性的预期。这需要对可能影响市场需求的购买行为的因素进行分析，对行业市场发展状况、存在问题、未来发展等方面进行详细分析论证。可以从以下几个方面进行行业市场分析：

（1）该行业生命周期处于哪个阶段，是初创期、发展期，还是衰退期？该行业未来发展趋势如何？

（2）该行业销售额及利润率处在何等水平？市场容量有多大？

（3）决定该行业发展的宏观环境，包括国家的政策导向、社会文化变化、技术发展等因素如何？

（4）企业在行业内部是否拥有包括与上下游企业、同行业经营者、客户群体、行业协会等利益相关者的良好网络关系？

（5）该行业竞争者、供应商、客户群等方面的情况怎样？

（6）进入该行业的障碍是什么？有什么困难？要如何解决？可能进入的跟随者有多少？会构成多大的威胁？

进行行业市场分析一定要用数据论证，在运用第一手调查统计资料的基础上进行论证分析。可将调查统计分析数据及论证结果附在创业计划书的后面。

3. 竞争对手分析

竞争对手是指在市场上和本企业提供相同或类似的产品和服务，并且在配置和使用市场资源过程中与本企业具有一定的竞争性。

竞争对手分析是市场分析中的重要环节，只有知己知彼，才能百战百胜。如何击败竞争对手，是每个企业家都要考虑的问题。信息收集是进行竞争对手分析的前提。企业内部信息库、传统媒体、互联网、商业数据库、咨询机构、服务机构、人际关系网络等，都是收集竞争对手信息的重要途径。创业者要对竞争对手进行详细分析，并用调查数据进行论证。

可以从以下几个方面进行竞争对手分析。

（1）竞争对手有哪些？最大的竞争对手是谁？未来的竞争对手会是谁？

（2）竞争对手的优势是什么？有什么新的发展动向？

（3）创业者的竞争优势和劣势是什么？如何发挥优势、消解劣势？

（4）创业者如何应对竞争对手的竞争？能在多大程度上承受竞争对手所带来的压力？

（五）人员及组织机构

在所有的创业资源中，人是最宝贵的资源。创业者和创业团队素质是否够高、组织结构是否合理、能力是否强，是创业成功的重要保证。

1. 管理层核心人员介绍

管理层核心人员是指本企业董事会成员及主管业务的重要人物，一般在3~4人。董事会成员决定企业的发展，业务人员关乎企业的效益。因此，应该详细介绍他们的经历和背景。具体来讲，包括个人基本信息、工作履历、受教育程度、主要经历、道德素养和综合素质。

2. 组织结构与团队成员介绍

组织结构即企业管理架构。组织结构体系很多，但初创企业组织结构相对比较简单，员工就是股东。组织结构的关键是分工明确、各司其职。团队成员介绍主要包括团队分工配合情况及团队成员在企业内的职责、各部门的构成及人员配置，可用一览表的方式展示出来。

> **相关链接**

组织结构的发展与变化

从企业发展历程来看，一般采用的组织结构大致遵循以下路径。

1. 初创期——企业家结构/简单结构

初创组织往往由企业家直接领导、管理员工，只有一个权力中心，企业家负责作出各项决策，决策速度比较快。但是随着组织规模的不断扩大，员工需要进一步分工，这种结构的弊端也日渐显现。

2. 发展期——职能型结构

在职能型结构下，从事相同或相似工作的员工被聚集在同一部门，领导层下面管理多个职能部门，如人事部、财务部、市场部、生产部等。

这样分工之后，同部门的员工可以一起分享经验、制定标准化流程，员工职业发展路径也愈发清晰，但同时存在沟通出现障碍等问题，部门经理为保证各自的利益，可能与其他部门经理产生矛盾，甚至与组织的整体利益相冲突。在一些组织中，尤其是高耸型组织，同一职能内部的纵向沟通因等级制度森严而存在纵向沟通不畅等问题。

3. 扩张期——事业部结构

上述两种组织结构都适合于集权化组织，但随着组织规模进一步扩大，组织的产品种类不再单一，或者主要服务于多个大客户，或者组织分布地域日益广阔，那么，职能型结构就不再适合于组织发展了。

例如，按照职能型结构，同一个生产部的员工，有人生产A产品、有人生产B产品，产品之间差异极大，同部门之间无法更好地沟通协作，此时依照事业部制搭建组织结构更加合适。这种组织结构是先按照产品、地域、客户等划分不同的事业部，每个事业部都是一个独立的利润中心，由事业部领导对此负责，这属于一种分权化的组织结构。在每个事业部之下，有各自的一些职能部门作为支持。

这种结构的优点是可以随着组织规模的扩大随时复制出新的事业部，并且对于企业中层领导具有较好的激励作用，高层管理者可以将更多时间用于思考战略层面的问题；缺点是可能存在重复劳动的情况，因为每个事业部只负责自己的业务单元，缺乏足够沟通会造成资源浪费。

由此可见，组织结构的建设不是企业管理层"拍脑门"的随意决定，它取决于企业的发展状态和外界的变化。

（六）营销策略

营销策略的核心是为了完成产品或服务在市场上的销售而进行的一系列营销策划工作。一个好的营销策略不但符合外部市场情况，而且具有很强的可操作性，以保证营销计划目标的实现。投资人可以从营销策略中看到企业进入市场的能力。营销策略主要包括以下几个方面的内容。

1. 总体营销策略

营销策略是为销售企业的产品或服务所采用的总体方法，为营销的相关活动奠定基础。每个企业在制订销售计划、开展销售活动时，都会受到资源的限制。因此，一个总体的营销指导思想和操作方法，可使企业在使用资源上更有目的性和连贯性。可以从以下几个方面描述营销策略。

（1）总体营销策略、营销机构及人员配置。

（2）企业的定位策略和差异化点。

（3）市场开拓计划。

（4）销售程序、销售预测。

（5）市场营销中处理应急情况的对策。

2. 定价策略

定价策略需要对企业产品或服务的定价方法及原因进行解释。企业可以采用的定价方法有竞争定价法、心理定价法、成本定价法等，它们分别适用于不同的产品或服务及不同的市场竞争状况。

3. 销售渠道开拓

销售渠道是企业的产品能够到达消费者手中的有效渠道，是进行产品市场开拓必须认真解决的问题。创业者无论是自建销售渠道，还是与经销商或代理商合作，都必须在营销计划中充分地反映出来。在有些情况下，虽然企业生产的产品有一定的竞争力，但由于销售渠道不通畅，甚至销售渠道设置比较混乱，不能很好地进行产品推销和售后服务，在市场中造成不好的影响，使消费者满意度下降，这对于新创企业是致命的。因此，必须在营销计划中说明分销渠道建设情况，可从以下几个方面进行描述。

（1）分销渠道的构成及实现方案。

（2）人员配置、激励机制与约束机制。

（3）销售渠道建设方向及各阶段目标。

（4）销售渠道建设中可能遇到的问题及解决方案。

4. 促销策略

刚刚起步的企业有必要靠促销来打开产品市场。比较有效的促销手段包括试用、赠送、折扣、礼品捆绑、有奖销售等。创业者应制订比较具体的促销方案，可以从以下几个方面进行描述。

（1）企业采取何种方式让客户群知道将要推出的产品？企业将采取哪种类型的广告？

（2）企业是参加国内外产品展销会，还是独自开办产品展销会？

（3）企业用于推广产品的费用是多少？如何控制费用支出？

（4）企业参加或独自开办产品展销会，或者进行广告宣传的具体措施是什么？

（5）预测推广产品的效果，如果效果不佳，则应采取哪些应对措施？

(七)生产计划

生产计划是企业成本中重要的组成部分,旨在使投资人了解产品的生产经营状况。主要内容如下。

(1)生产制造所需厂房、设备的情况。

(2)产品制造和技术设备现状。

(3)生产流程及关键环节介绍。

(4)新产品投产计划。

(5)生产经营成本分析。

(6)质量控制和改进计划及能力。

(八)财务分析

财务分析是创业计划书中非常重要的部分,好的财务分析能够增加风险企业的评估价值,提高企业获取资金的可能性。财务分析一般包括以下内容。

1. 历史经营状况数据

一般来说,创业者应提供过去三年的财务状况,具体包括以下两方面。

(1)现金流量表、资产负债表和损益表。其中,现金流量表是企业的生命线,损益表是企业盈利状况的写照,资产负债表体现企业在某一时刻的状况。

(2)常用的财务指标及相关分析。

(3)财务状况分析,特别是针对不良财务数据的分析,需要指出其原因和解决办法。

2. 未来财务整体规划

未来的财务整体规划是在分析企业生产经营状况的基础上,着重对未来的财务状况进行预测分析,并将预测依据、预测方法、预测结果在财务规划中反映出来,增加财务预测的可信度,让投资人了解未来的财务规划的客观性、合理性。要写好财务规划,创业者必须列出以下内容。

(1)单件产品的生产成本是多少?利润多大?

(2)产品定价是多少?在固定时间段内产品的发出量有多少?

(3)雇用哪些人生产、加工、销售产品?薪酬预算是多少?

(九)风险分析

风险分析是创业计划书的必要构成部分,因为任何投资都存在风险,所以作为投资人应尽可能地弄清企业可能面临的风险。主要包括以下内容。

(1)企业自身各方面的限制,如资源限制、管理经验的限制和生产条件的限制等。

(2)创业者自身的不足,包括技术上的、经验上的或者管理能力上的欠缺等。

(3)市场的不确定性。

(4)技术产品开发的不确定性。

(5)财务收益的不确定性。

(6)针对企业存在的每一种风险,企业进行风险控制与防范的对策或措施。

对于企业可能面临的风险，创业者应采取客观、实事求是的态度，不能因其产生的可能性小而忽略不计，也不能为了增大获得投资的机会而故意隐瞒风险因素，应该对企业所面临的各种风险认真地加以分析，并针对每种可能发生的风险做出相应的防范措施，这样才能取得投资人的信任，也有利于引入投资后双方的合作。

（十）退出策略

任何新企业发展到一定阶段，都存在创业者与投资人的退出问题。这一部分需要描述创业者如何被取代及投资人的退出战略，即他们如何收获资助新企业所带来的利益。这部分可以从以下几个方面进行描述。

（1）投资人可能获得的投资回报，分期收回资金说明。

（2）公开上市可能性，投资人可在资本市场出售股权。

（3）兼并收购可能，通过出售企业给其他公司，投资人也能够收回投资。

（4）回购股份（协议转让），即创业者按怎样的偿付回购条款购买投资人手中的股份。投资退出方式是创业计划书的最后部分，应明确投资人的退出方式，并以客观充分的论据阐述可行的退出方式，让投资人无后顾之忧。

案例拓展：
创业计划书
模板

（十一）附件

附件通常包括合同文本、分析数据图表格、相关法规、供应商、客户来信评价等，是与创业计划相关但不宜放在前面的一些内容，对于提高创业计划书的质量有着重要的作用。

二、创业计划书的撰写过程

从根本上讲，撰写创业计划书是一个展望项目的未来前景、细致探索合理思路、确认实施项目所需的各种必要资源、寻求所需支持的过程。创业者一般按照以下步骤撰写创业计划书（图7-1-2）。

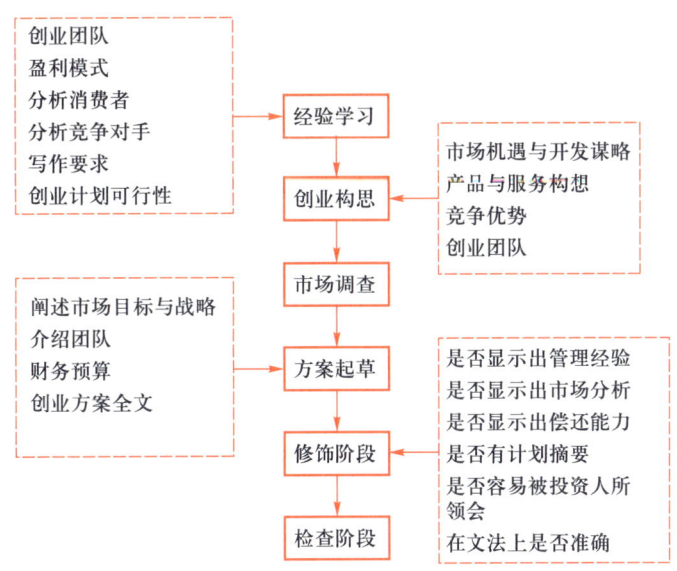

图 7-1-2　创业计划书撰写流程图

三、创业计划书的撰写原则与技巧

（一）创业计划书撰写原则

1. 简明扼要

撰写创业计划书的目的是获得风险投资，或向合作者展示企业的发展思路。因此，在表达时要开门见山地切入主题，用真实、简洁的语言描述创业想法，不要过多赘述与主题无关的内容。

2. 层次清晰

撰写创业计划书最好的方法是将创业计划书分成几个层次，每个层次都有明确描述的主题，将一些详细的计算过程或分析步骤放在创业计划书的附录中。这样可以让阅读者尽快掌握创业计划书的基本要点，了解支持创业主题成立的要素。

3. 客观公正

撰写创业计划书应实事求是，要体现项目的真实情况，包括企业可能面临的风险。创业者一定要从客观实际出发，明确指出企业的市场机会、竞争威胁、潜在风险，而不是用夸张的措辞来炫耀市场有多么的巨大。尤其是创业计划书中出现的数据、案例，要客观、符合实际，并尽量以具体资料为依据，切勿主观臆造。

> **相关链接**
>
> **投资人想从创业计划书中得到什么？**
>
> （1）该企业或企业项目有什么独特之处？
>
> （2）该企业是如何运作的，如何保持盈利？
>
> （3）风险投资会给该企业带来什么好处？
>
> （4）该企业的管理能力如何？
>
> （5）财务预算是否合理？
>
> （6）投资人是否能够退出？

微课启学：
创业计划大赛

4. 资料翔实

如果没有详细的第一手材料，则创业者很难在制订计划时做到有理有据，难以打动投资人。写计划前应充分地进行资料准备，包括市场调查报告、财务数据分析、运营具体案例、行业基本情况等。前期资料准备得越完整，越能做到有的放矢、胸有成竹。

（二）创业计划书撰写技巧

1. 创业计划书撰写"七要"

（1）要力求表述简洁。

（2）要关注市场，用事实和数据说话。

（3）要解释潜在客户为什么会买你的产品或服务。

（4）要站在客户的角度考虑问题，提出引导他们进入你的体系的策略。

（5）要在头脑中形成一个相对比较成熟的退出策略。

（6）要充分说明为什么你和你的团队最适合做这件事。

（7）要声明公司的目标。

2. 创业计划书撰写"七不要"

（1）不要对产品/服务的前景过分乐观，令人产生不信任感。

（2）不要使用没有说服力的数据，如一些与产业标准相去甚远的数据。

（3）不要将导向归向市场，而应归向产品或服务。

（4）不要轻视竞争、忽视威胁。

（5）不要进入一个拥塞的市场，企图后来居上。

（6）不要使用含糊不清或无确实根据的陈述或结算表。

（7）不要随便选择投资人，不要滥发材料。

学习指导

要制订一份高质量的创业计划，需要创业团队仔细研讨创业构想并形成统一认识后，将创业构想细化为创业计划书。按照创业计划书主要内容要点，创业者需要从计划摘要、企业描述、产品（服务）介绍、市场分析、人员及组织结构、营销策略、生产计划、财务分析、风险分析和退出策略等方面将创业构想变成文字方案。

创业计划书的撰写要遵循简明扼要、层次清晰、客观公正和资料翔实的原则。学会运用撰写技巧，能够使创业计划书更具有吸引力和可信度。

任务检测：撰写创业计划书

实训活动

撰写创业计划书

1. 活动参与人数

以班级为单位，人数控制在50人以下。

2. 活动场地和道具

教室、工作坊等,准备纸、笔等。

3. 活动组织

学生4~6人为一组,以小组形式完成活动。

4. 活动步骤

(1)以前期教学内容确定的创新创业项目作为撰写创业计划书的蓝本。

(2)以成立的团队为单位,由CEO负责分配撰写任务。

(3)按照创业计划书的撰写技巧和要求,撰写创业计划书。

(4)创业计划书完成后,在课堂进行展示。以小组为单位,选出代表进行发言,由各团队CEO作为评审互评创业计划书并评分。

(5)教师进行最后的总结及点评。

5. 活动交流与讨论

(1)创业计划书对创业企业的重要性有哪些?

(2)你的项目是否进入了一个"红海"市场?

(3)如果成本翻番,这还是一份好的创业计划书吗?

6. 活动体验

_____

_____

7. 活动点评

创业计划书是将创业者关于创业的诸多想法,以文书的形式表现出来,它是整个创业过程的灵魂。学生通过撰写创业计划书,可以认识到为什么创业者需要在创业过程中准备创业计划书,以及创业计划书在创业初期尤其是获得投资人认可方面的重要性。同时,团队合作、分工完成的实训,可以提高学生的组织能力、表达能力和沟通协调能力,培养团队合作精神。

项目二　路演创业计划

学前思考

（1）何为路演创业计划？
（2）怎样进行路演？

案例导入

"互联网+"大赛冠军项目负责人的参赛感言

◎ **案例描述**

时间飞逝，我感觉还是在第六届比赛决赛的夜晚，但是眨眼工夫，我们就迎来了第七届中国国际"互联网+"大学生创新创业大赛的全国总决赛。2021年是个非常特别的年份，是我们伟大中国共产党的百年华诞。今天我特别荣幸，能在这个如此特别的日子，作为参赛者的代表，向大家介绍中国国际"互联网+"大学生创新创业大赛对我的深刻影响。

2020年4月，国家发展和改革委员会将"卫星互联网"纳入"新基建"。这给卫星通信行业带来了全新的发展机遇。在这个背景下，我和我的团队迎来了新挑战与新机遇，走上了中国国际"互联网+"大学生创新创业大赛的赛场。

回望过去，我觉得自己的工作和生活在参加中国国际"互联网+"大学生创新创业大赛的前后，被分为了泾渭分明的两个阶段。在参加"互联网+"大赛之前，我是一名科研工作者，更多的是在和"物"打交道。我推公式、编程序，努力去解开一个个复杂问题，乐此不疲。但是中国国际"互联网+"大学生创新创业大赛给了我一个更丰富更盛大的舞台，它让我开始学会了和"人"打交道。从参加比赛到现在，我有幸见到了非常多的投资人导师和青年创业者。我借鉴着投资人的智慧，也汲取着青年创客们的热情。我学会了原来创业是需要"抓人、抓钱、抓方向"的，我也了解了什么是商业模式，什么是盈利模式。我接触到了科技成果转化方面的各种政策和便利条件，也深深感受到了国家在科技创新和大众创业上的决心。

我特别感激"互联网+"大赛，因为它给我提供了一个开阔眼界、打开格局的平台，一个经受历练、锤炼意志的舞台，让我能看见自己的不足，让我能遇见同路的伙伴，让我能明白只要心怀家国、坚定不移，我们的征程就是星辰大海。

最后,我想用习近平总书记的教导结束我的发言,"青年是祖国的前途、民族的希望、创新的未来。青年一代有理想、有本领、有担当,科技就有前途、创新就有希望。"作为新时代的青年、中国的航天科研工作者和刚刚起步的创业新人,我想代表所有的"互联网+"大赛参赛者,向祖国作出汇报:"为中华之崛起而奋斗努力是我们年轻一代的理想;不忘求学报国初心,牢记科技强国使命,是我们青年一代的担当;在将来,无论何时,以何种形式,能通过自己的力量,真真正正地于国于民作出贡献,这是我们这代人的目标。"

未来,征途依旧漫漫,未来,脚步更大更远!预祝第七届中国国际"互联网+"大学生创新创业大赛取得圆满成功,也希望所有的参赛者都能取得好成绩。谢谢大家。

(资料来源:教育部.新闻发布会:介绍第七届中国国际"互联网+"大学生创新创业大赛有关情况.教育部,2021-10-09.有删改.)

◎ **案例解析**

"选择卫星通信这条道路并为之奋斗12年是有一个故事的,一切起源于2008年的汶川地震。"在第六届中国国际"互联网+"大学生创新创业大赛冠军争夺赛的现场,宋哲这样介绍自己和团队12年深耕不辍的奋斗故事。"2008年汶川地震发生后,当地地面通信全部被损毁,重灾区和外面的联系只能依靠解放军战士背着卫星电话以非常危险的'盲跳'方式伞降进入重灾区,这个事情深深震撼到了我。在本科毕业设计题目选择时,我义无反顾地选择了卫星通信这个方向。"

路演创业计划,是将自己的创业计划讲演给投资人、消费者,不同人对创业计划的演绎是不同的,达到的效果也不同。创业者需要以最好的状态将路演呈现给观众,真诚永远是最打动人的!

任务一 认识路演

一、路演的含义

微课启学:
项目路演及答辩

路演又叫路演推介,是指在公共场所对自己的企业、产品、团队、经营理念等进行演说、展示和推介。

路演发端于国外,最初是股票承销商帮助发行人安排的调研活动及面向投资人的推介活动。路演是在投资和融资双方充分了解下促成股票发行的重要宣传手段,它提高了投资和融资双方的信息互换与沟通,有利于提升股票的价值。

路演通过现场展示,引起投资人和消费者的关注,不但起到了宣传的作用,让投资人和消费者清晰地了解企业和产品,而且有助于提升企业的知名度,提高产品的销量,从而树立品牌,使企业获得更多效益,未来能够平稳快速地发展,从而获得更多融资。

二、路演的目标

路演成功的关键是创业者及其团队具有足够清晰的目标,明确路演要达到的结果,同时清楚地知道这个结果与投资人的期望是否一致。

一个成功的企业家不但拥有详细的创业计划,能够合理利用资源,发挥自身优势,而且应清楚地知道自己未来的目标,在路演时要把这些目标清晰地表达出来。想要达成路演的目标,须着重关注以下几点。

(1)从投资人/消费者的角度出发,了解投资人和消费者的需求。

(2)直入主题,抛出听众想要听的内容。

(3)关注投资人/消费者的利益,创业者的路演要在投资人利益的基础上展开,只有先实现投资人的目标,才能实现创业者的目标。

只有明确路演的目标,找准目标,准确出击,才能获得成功。

三、路演的基本类型

路演主要包括融资路演、产品路演、众筹路演、财经路演、IT路演、公关路演等。

(一)融资路演

融资路演是创业者根据创业情况、企业的发展状况、经营模式等,采用科学的方式对所需资金进行预测和预算,采用路演的方式向投资人筹集资金的行为。

投资人对一个项目、一个创业者的投资,实际上是对该项目的未来进行投资。因此,融资路演的重点是让投资人看到双方可共同拥有的未来,看到项目的发展前景。在进行融资路演的过程中,要着重注意以下几点。

(1)明确强调自身项目优势。

(2)选择有利的战略合作伙伴。

(3)强调企业愿景。

(4)详述企业的经营模式。

(二)产品路演

产品路演是指企业为了提升产品的知名度、提高产品的销量、树立企业品牌,在户内、户外、互联网等举办的产品推广活动。这些推广活动,不但成本低,而且能够和消费者进行面对面的交流和探讨,既推广了产品,又能起到市场调研的作用。新技术和新产品在产品路演中得到有力的推广。产品路演主要包括现场咨询、有奖问答、以旧换新、产品发布会、产品试用、新品特惠、媒体发布会等。

(三)众筹路演

众筹路演是指创业者向投资人讲解产品特性、发展规划、融资计划等,通过线上众筹路演和线下众筹路演两种方式,向投资人融资,并且回答投资人的问题。线上众筹路演主要通过社交平台(微信、QQ等)对众筹项目进行在线讲解。线下众筹路演则通过现场活动使得创业者与投资人进行面对面的交流。众筹路演的优势是可以使多个投资人了解创业者的投资项目，使得双方有更广阔的交流平台，这对创业者和投资人来说都是十分有利的。

（四）财经路演

财经路演能够扩大企业的影响力，增强投资人和企业的联系，增强投资人的信心，避免企业被低估。财经路演可以有效地防范企业股票被恶意控制，使得股票保持真实价值，从而实现上市企业的平稳发展，确立企业在资本市场中的地位。

（五）IT路演

IT路演是对计算机、互联网技术及其产品的推广。首先，IT路演可以推广新技术、新应用，让消费者了解技术前沿和科技的发展；其次，IT企业通过IT路演扩大了企业的知名度，有利于企业的长远发展；再次，广受发烧友的推崇，成为消费者和企业的共同需求。在IT路演中必须重视以下几方面。

（1）形式多样。通过现场咨询、有奖问答、礼品赠送、现场体验等多种形式使消费者体验到新产品的优势。

（2）着重选择场地。IT路演的地点是决定路演成败的重要因素，我们应该尽量选择繁华的商业区进行路演。

（3）客观分析市场。根据市场情况的不同举办不同的活动。

（4）重点宣传品牌。企业只有树立良好的企业品牌形象，才能在消费者中产生广泛的影响。

（六）公关路演

公关路演是指企业为了进行品牌宣传、展示新技术、共享新信息、建立良好的社会关系而进行的宣传活动。公关路演为展示企业的整体形象提供了平台，如今已成为企业的一种推广艺术。具体来说，公关路演有以下作用。

（1）吸引消费者。通过公关路演营造的现场气氛激发吸引消费者的兴趣，并与消费者产生积极互动。

（2）提高企业知名度。在日趋激烈的竞争环境下，公关路演是提高企业品牌、技术、客户满意度的一个重要途径。

（3）价值体现。公关路演能够在人才推荐、自我价值的展现中发挥积极的作用。

> **学习指导**
>
> 这是一个无处不在路演的时代！路演既是大众创业中创客把梦想演绎成愿景清晰度的坐标尺，也是万众创新中企业面对投资人时阐述价值的放大器。
>
> 路演简单来说就是创业者将自己的创业项目、产品、未来发展计划、发展前景等，向投资人、消费者进行讲演解释，从而达到融资、推广产品的目的。成功的路演，是将创业计划付诸实践的一个前

提，更是一个让投资人、消费者了解项目的好机会。

　　成功的路演是获得投资人和消费者青睐的前提，只有了解路演的本质、熟练掌握路演的流程、分清路演的类型，才能在路演来临时轻松自如地展现团队的项目。

任务检测：认识路演

任务二　掌握路演的实施过程

路演的实施过程主要分为三个阶段，即准备阶段、实施阶段和反馈阶段。这三个阶段相辅相成、相互影响，是路演成功必不可少的组成部分。

一、准备阶段

在准备阶段，路演者应该从以下几个方面着手准备路演。

（一）明确路演对象

面对不同身份的人，路演内容应该有不同的侧重点。准备进行路演，第一步要明确路演对象。我们可以通过走访、观看以往案例等方式了解路演对象的身份、性格、偏好等。如果路演对象是投资人，那么路演内容就应该重点讲解投资人关注的项目未来发展、项目优势等；如果路演对象是消费者，那么路演内容则应侧重表现产品的优势、独特之处。只有明确路演对象，路演内容才能准确、定位才能精准。因此，明确路演对象尤为重要。

（二）明确路演目标

明确路演目标，才能做到知己知彼，才能使自己的准备有方向。路演目标对于整个路演工作来说，就像罗盘之于在大海中航行的帆船。路演所做的所有工作都是为这个目标而努力。因此，明确路演目标是路演成功的关键。明确路演的目标，不但要了解路演对象的特点，而且要正确把握自己项目及产品的特性，明确企业及项目未来的发展方向。

（三）制订路演计划

根据路演对象的特点和路演目标，制订详细的路演计划，使自己的路演能够有章可循。路演计划包括路演PPT（课件）、路演计划书等。

PPT的制作是制订路演计划的一个重要环节。制作PPT切忌简单地罗列文字，利用视觉元素丰富PPT是不错的选择，具体内容如下。

（1）使用视觉元素能够引起互动交流，利用图片可以唤起强烈的兴趣，引发读者的思考。

案例拓展：
路演PPT样例

（2）利用视觉元素讲故事，用微视频、真实图片讲故事。

（3）利用视觉元素制造悬念，利用特殊字符引起读者的疑问。在制作PPT时，应学会根据自己的目标，选择视觉元素，使PPT看起来能生动、丰富。

相关链接

创业大赛路演PPT

在路演中，PPT不但是路演者进行路演的提纲，而且是听众视觉感受的来源。PPT对路演结果的影响十分重要。

（四）模拟路演现场

为了保证路演能够顺利实施，在正式路演之前，应该组织进行模拟路演。模拟路演应尽量选择与真实路演相同的环境，大到路演的每个环节，小到每个细节，都应该在模拟路演中体现出来。许多创业者会计算时间成本，认为花很多时间准备路演是浪费时间，可能会顾此失彼。这样想就错了，一个好的路演，往往能够创造巨大的商业价值，有不可小视的长尾效应。因此，路演要尽可能多地模拟，可以选择不同人群进行模拟，如朋友、家人、同事、消费者等。模拟完成后要认真听取听众的意见，结合意见修改路演计划，不断完善路演计划。

二、实施阶段

整个路演过程最重要的是实施阶段，而最难的也是实施阶段。

在路演界有这样一种说法：70%的人怕失败，90%的人怕上台路演。这并非危言耸听。无论是普通的路演者还是企业家，对现场路演的驾驭能力都是十分重要的素质。再充分的准备也难以做到面面俱到，这就要求路演者有良好的应急应变能力。

在开场阶段，可用一个与人们生活息息相关的小故事开场，引起听众的注意。在讲演阶段，用清晰、准确、自信的语言来表达自己的观点，告诉听众自己的观点将如何被执行，执行之后会有什么结果。在收场阶段，根据听众的反应构建结尾。

为了使路演现场能够更具影响力，路演者应遵循以下四个基本原则。

（1）互动体验，通过互动体验带动听众的思维，听众的思维一旦活跃起来，路演的效果就会翻倍。

（2）利他主义，在整个路演过程中，听众其实更关心自己能够得到什么。针对这种心理，路演者应从听众的角度出发来满足对方的预期。

（3）内容真实可信，对产品的介绍、企业的发展、未来愿景的介绍应真实。

（4）简练专业，路演应主次分明、语言简练，不要为了追求量而画蛇添足。

三、反馈阶段

路演的目的是让投资人、消费者了解企业的未来，了解产品的特性，让投资人和消费者看到企业的优势，让企业获得更好的发展。

路演结束并不代表创业者向投资人、消费者介绍自己这一过程的结束，这恰恰是一个良好的开始。这时，创业者要多跟投资人和消费者互动交流，多了解他们对项目的意见和建议。企业的发展离不开投资人，更不离不开消费者。创业者应该意识到，要不断根据市场的变化调整企业的发展战略，以使企业能够保持良好的发展。

无论路演结果如何，路演结束后，路演者都应总结路演的优与劣，做到心中有数、积极完善；同时也应多学习成功的路演案例，汲取其中的长处并应用到自己的路演中。

学习指导

真正的路演不是演讲，也不是销售，它是一套精准的逻辑体系的阐述；它需要的是从内容到精神的全面演绎；它需要的是从方法工具到理论体系的全面提升与塑造。

在路演过程中，创业者应把握每个环节，使路演效果最大化。在准备阶段，要明确路演对象，了解他们的身份、偏好、性格；确定路演目标，使整个准备工作在路演目标的指导下展开；制订路演计划，做好路演PPT，使路演能够有章可循；模拟路演，多次排练，查漏补缺，完善路演计划。在实施阶段，要发挥临场应变能力，把企业愿景讲清楚，把产品特性讲明白，通过通俗易懂的语言使更多的投资人认可项目。在反思阶段，要不断听取意见，审时度势，顺应市场，以使企业能获得长远的发展。

任务检测：掌握路演的实施过程

实训活动

路演创业计划

1. 活动参与人数

以班级为单位，人数控制在60人左右。邀请合作企业项目管理人员、项目实训教师参加。

2. 活动场地和道具

多媒体教室，打分牌。

3. 活动组织

学生以4~5人为一团队，以团队合作形式完成路演准备工作，并推选一名成员上台进行路演。

4. 活动步骤

（1）路演创业计划。由项目组成员对创业计划进行讲演，对项目团队、项目经营模式、项目盈利点等进行详细而全面的讲演。

（2）团队成员助力。主讲人讲演完毕，由团队其他成员进行补充，进一步完善对该项目的讲解。

（3）项目诊断。企业项目管理人员、项目实训教师对项目进行诊断，提出自己存在的疑问，与项目组成员进行进一步的探讨和深入的了解。

（4）选出优秀项目。通过上述三个步骤对项目的了解，企业项目管理人员、项目实训教师、学生共同推选出优秀的创业项目，并给予大力的扶持和帮助。

5. 活动交流与讨论

（1）团队在准备创业计划路演时会遇到哪些问题？是如何解决的？

（2）你认为路演创业计划的重点问题有哪些？

（3）路演创业计划的难点有哪些？

6. 活动体验

_____

_____

7. 活动点评

路演创业计划，是项目落地生根的前提，是投资人、消费者对项目进行初步了解的途径。好的路演能够吸引更多的投资人，能给项目带来好机会。那么什么是路演创业计划？怎样完成一个好的路演？好的路演能够给创业者带来什么积极效应呢？学生通过本次实训活动，可以对路演创业计划有一个全面的了解，知道怎样路演、怎样成功地路演。

参考文献

◎ 图书

[1] 汤锐华.大学生创新创业基础（配实训手册）[M].2版.北京：高等教育出版社，2020.

[2] 高丽华，王蕊.创新创业基础[M].北京：高等教育出版社，2021.

[3] 刘莲花，张剑波，张涛.创新创业教育与就业指导[M].2版.北京：高等教育出版社，2022.

[4] 王远霞，茹华所，陈南苏.创新创业教育（配案例分析与实践）[M].北京：高等教育出版社，2022.

[5] 丛子斌.创新创业教育[M].北京：高等教育出版社，2016.

[6] 邰葆清，梁明亮，李江涛.创新创业教育（配行动手册）[M].北京：高等教育出版社，2023.

[7] 滕瑜，陈福亮，周霞霞，赵丽琦.大学生创新创业基础[M].2版.北京：高等教育出版社，2023.

[8] 李红英，段桂英，肖斌.创新创业基础[M].北京：人民邮电出版社，2019.

[9] 张海燕，李向红.创新与创业教育（配实践手册）[M].北京：高等教育出版社，2023.

[10] 李泽虹，李晓颖.梦想起航：大学生创业指导[M].青岛：中国石油大学出版社，2016.

[11] 由建勋.创新创业实务[M].北京：高等教育出版社，2016.

[12] 王涛，严光玉，刘丽华.创新创业实践能力训练：中职学生创业素质教程[M].上海：上海交通大学出版社，2016.

[13] 吉家文；李转风.创新创业基础[M].北京：高等教育出版社，2021.

[14] 江远涛.路演中国 互联网+资本黄金时代 懂路演者成就未来资本帝国[M].北京：人民邮电出版社，2016.

[15] 科歌昂，英格兰，施密特.这样路演就对了：富兰克林柯维教你建立商务演示优势[M].易文波，译.广州：广东人民出版社，2016.

[16] 许祥鹏，何辉.创业基础：创业知与行[M].北京：高等教育出版社，2023.

[17] 奥斯特瓦德，皮尼厄.商业模式新生代[M].王帅，毛心宇，严威，译.北京：机械工业出版社，2011.

[18] 延凤宇，孙艳丽.大学生创业基础[M].北京：国家行政学院出版社，2017.

[19] 蒋晓明，巢昕.高职学生创新创业基础[M].2版.北京：高等教育出版社，2021.

[20] 钟秋明.大学生创业基础[M].北京：高等教育出版社，2017.

[21] 王官成，黄文胜.大学生创新创业教育[M].北京：高等教育出版社，2016.

[22] 达芳菊.大学生创新与创业教育教程[M].北京：中国传媒大学出版社，2016.

[23] 郭金玫，珠兰.大学生创新创业基础[M].上海：上海交通大学出版社，2017.

[24] 周俊武.大学生创新创业指导[M].长沙：湖南师范大学出版社，2016.

[25] 吴晓义.创新思维[M].北京：清华大学出版社，2016.

[26] 刘胜辉.大学生创新创业基础[M].北京：北京理工大学出版社，2016.

[27] 周苏.创新思维与方法[M].北京：机械工业出版社，2017.

[28] 爱德华·德博诺.六顶思考帽：如何简单而高效地思考[M].马睿，译.北京：中信出版社，2016.

[29] 古典.拆掉思维里的墙：原来我还可以这样活[M].北京：北京联合出版公司，2016.

[30] 陈叶梅，贾志永，王彦.大学生创新创业基础[M].成都：西南交通大学出版社，2016.

[31] 陈爱玲.创新潜能开发实用教程[M].北京：化学工业出版社，2013.

◎ **期刊**

[1] 吴兰花.大学生创业机会识别综述及思考[J].教育学文摘，2015（172）：7.

[2] 陆娟.大学生创业风险分析[J].现代商贸工业，2017（28）：67.

郑重声明

高等教育出版社依法对本书享有专有出版权。任何未经许可的复制、销售行为均违反《中华人民共和国著作权法》，其行为人将承担相应的民事责任和行政责任；构成犯罪的，将被依法追究刑事责任。为了维护市场秩序，保护读者的合法权益，避免读者误用盗版书造成不良后果，我社将配合行政执法部门和司法机关对违法犯罪的单位和个人进行严厉打击。社会各界人士如发现上述侵权行为，希望及时举报，我社将奖励举报有功人员。

反盗版举报电话　（010）58581999　58582371
反盗版举报邮箱　dd@hep.com.cn
通信地址　北京市西城区德外大街4号　高等教育出版社法律事务部
邮政编码　100120

读者意见反馈

为收集对教材的意见建议，进一步完善教材编写并做好服务工作，读者可将对本教材的意见建议通过如下渠道反馈至我社。

咨询电话　400-810-0598
反馈邮箱　gjdzfwb@pub.hep.cn
通信地址　北京市朝阳区惠新东街4号富盛大厦1座
　　　　　高等教育出版社总编辑办公室
邮政编码　100029

防伪查询说明

用户购书后刮开封底防伪涂层，使用手机微信等软件扫描二维码，会跳转至防伪查询网页，获得所购图书详细信息。

防伪客服电话　（010）58582300

编委会

主　编：刘雅丽　刘亚芹　李红英　李新丽

副主编：张　涛　吕　闯　李增欣　崔玲玲　孟延军

主　审：延凤宇

编　委（以姓氏笔画为序）：

丁　凯	石家庄职业技术学院	张　婷	石家庄信息工程职业学院
王　玮	河北艺术职业学院	张立言	秦皇岛职业技术学院
王慧聪	河北交通职业技术学院	张剑波	河北政法职业学院
吕　闯	石家庄信息工程职业学院	周京晶	河北工业职业技术大学
刘　瑛	河北正定师范高等专科学校	郑　娇	石家庄信息工程职业学院
刘亚芹	河北交通职业技术学院	孟　涛	河北交通职业技术学院
刘亮亮	河北政法职业学院	孟延军	河北工业职业技术大学
刘雅丽	河北交通职业技术学院	郝平昌	河北工业职业技术大学
刘晶晶	河北女子职业技术学院	荣新艳	秦皇岛职业技术学院
孙艳丽	河北艺术职业学院	索明健	河北正定师范高等专科学校
李红英	河北工业职业技术大学	高瑞果	石家庄信息工程职业学院
李桂环	河北旅游职业学院	郭军城	河北交通职业技术学院
李新丽	河北工业职业技术大学	曹凤江	沧州职业技术学院
李增欣	秦皇岛职业技术学院	崔玲玲	河北科技工程职业技术大学
张　涛	河北政法职业学院	梁　君	秦皇岛职业技术学院

第二版前言

党的二十大报告指出：必须坚持科技是第一生产力、人才是第一资源、创新是第一动力。创新创业是培育和催生经济社会发展新动力的必然选择，是扩大就业、实现富民之道的根本举措，更是激发全社会创新潜能和创业活力的有效途径，是实现高水平科技自立自强，进入创新型国家前列，推动经济高质量发展的重要支撑。习近平总书记曾经指出："中国如果不走创新驱动发展道路，新旧动能不能顺利转换，就不能真正强大起来。强大起来要靠创新，创新要靠人才。"创新是民族进步的灵魂，大学生作为国家栋梁，需要具备创新精神、创新意识和创新能力。高等学校的创新创业教育改革关乎人才的培养和国家的发展。

《国务院办公厅关于深化高等学校创新创业教育改革的实施意见》（国办发〔2015〕36号）指出，深化高等学校创新创业教育改革，是国家实施创新驱动发展战略、促进经济提质增效升级的迫切需要，是推进高等教育综合改革、促进高校毕业生更高质量创业就业的重要举措。《国务院办公厅关于进一步支持大学生创新创业的指导意见》（国办发〔2021〕35号）再次指出，纵深推进大众创业万众创新是深入实施创新驱动发展战略的重要支撑，大学生是大众创业万众创新的生力军，支持大学生创新创业具有重要意义。2023年1月31日，习近平总书记在二十届中央政治局第二次集体学习时的讲话指出：要实现科教兴国战略、人才强国战略、创新驱动发展战略有效联动，坚持教育发展、科技创新、人才培养一体推进，形成良性循环；坚持原始创新、集成创新、开放创新一体设计，实现有效贯通；坚持创新链、产业链、人才链一体部署，推动深度融合。做好大学生创新创业教育意义深远。

1. 编写思路

相对于单纯的理论教学，高职大学生更愿意通过案例探究创新创业的奥秘。因此，本书作为主教材的重要补充，采用案例教学法，更能让学生在真实的创新创业案例中体会如何创新和创业。通过案例教学，学生能置身于真实的场景中，深刻地体会创业者的思想和行为；通过案例学习，学生能增强自信心，学会独立思考及团队协作，树立荣誉感。编者结合职业教育类型特色，联合行业企业广泛开展调研，结合思创融合、专创融合及"课赛融通"的编写理念，对本书的案例进行精挑细选。案例来源于不同的行业企业、不同的区域，具有鲜明的职业教育特色。

2. 内容特色

（1）每个项目都选取了一个典型案例。本书每个典型案例都聚焦国内创新创业企业的典型人物和事件，具有真实性、代表性、现实性和时代性。案例的关键节点都配有详细的专家点评，帮助学生活跃思维，突出问题为导向，提升学习质效。案例之后配有案例分析，从不同维度总结出带有规律性、普遍性和借鉴意义的指导内容。每个典型案例配有案例思考与讨论，能有效激发学生的探索欲望，培养学生的思辨精神。

（2）每个项目都设置了"拓展阅读"栏目。"拓展阅读"栏目与案例主题及背景高度相关，作为典型事件的重要补充，以二维码的形式呈现。其中，大量引用我国高校学生的创业实例，对在校大学生具有重要的启发和借鉴意义。

3. 使用建议

本书采用案例教学法进行编写，通过对案例的分析，引导学生主动学习创新创业相关知识，培养学生创新创业能力，提高学生职业素养。本书与主教材配套使用。

本书由刘雅丽、刘亚苹、李红英、李新丽担任主编，由张涛、吕闯、李增欣、崔玲玲、孟延军担任副主编，由延凤宇任主审。具体编写分工如下：模块一由刘雅丽、刘亚苹、郭军城、王慧聪、孟涛、索明健、刘瑛编写；模块二由张涛、曹凤江、郝平昌、张剑波、刘亮亮编写；模块三由李新丽、李红英、周京晶、刘晶晶编写；模块四由高瑞果、张婷、吕闯、郑娇编写；模块五由李增欣、荣新艳、梁君、张立言编写；模块六和模块七由崔玲玲、李桂环、孙艳丽、王玮、丁凯编写。

编者在编写本书的过程中参考和应用了大量文献资料，在此谨向相关作者表示衷心的感谢！同时，书中案例除了客观描述，也会有编者的主观分析，受编者水平所限，本书不足之处在所难免，敬请广大读者批评指正，以便再版时修正。

编者
2023年6月

第一版前言

2014年9月，国家发出"大众创业、万众创新"的号召。2015年的政府工作报告中明确指出，推动大众创业、万众创新，"既可以扩大就业、增加居民收入，又有利于促进社会纵向流动和公平正义"。2018年3月7日，习近平总书记在参加广东代表团审议时强调："发展是第一要务，人才是第一资源，创新是第一动力。中国如果不走创新驱动发展道路，新旧动能不能顺利转换，就不能真正强大起来。强起来要靠创新，创新要靠人才。"创新是民族进步的灵魂，大学生作为国家栋梁，需要具备创新精神、创新意识和创新能力。高等学校的创新创业教育改革，关乎人才的培养，关乎国家的发展。

1. 本书编写思路

相对于单纯的理论教学，学生们更愿意在理论基础上通过案例去探究创新创业的奥秘。如今，案例教学法已成为全球教育领域最有效的教学手段之案例教学法是一种动态的、富有想象力的教学手段。本书作为创新创业基础的补充教材，通过案例教学，更能让学生们在一个个真实的、成功或失败的创业案例中体会如何创新，如何创业，感受创新创业的多种可能性。本书中的案例来源于不同行业、不同区域，可以让学生置身真实的场景中，深刻地体会创业者的思想和行为。通过案例学习，学生可以增强自信心，学会独立思考以及培养团队协作意识，增强荣誉感。

2. 本书的特色

（1）每一项目一个典型案例。本书每个典型案例都选取了国内外标杆企业的典型人物和事件，具有真实性、典型性和现实性。案例的关键节点都配有详细的专家点评，帮助学生活跃思维，也使其可以发现其中存在的问题和缺陷，为今后的教育实践提供借鉴。案例之后配有案例分析，从不同维度总结出带有规律性、普遍性和借鉴意义的内容。每个典型案例配有案例思考与讨论2~3题，启发学生深入思考。

（2）每个项目设置了"拓展阅读"栏目，扩大知识面。"拓展阅读"栏目与案例主题及背景高度相关，作为典型案例的重要补充，以二维码的形式呈现。其中，很多是高校学生的创业成功案例，对在校生有相当大的启发意义。

3. 本书的使用建议

我们建议本书和《大学生创新创业基础》配套使用。本书采用案例教学法，通过对案例的分析，引导学生主动学习创新创业相关知识，指导学生如何自主创新，培养学生创新创业能力，提高学生职业素养。本书内容按照30学时安排，推荐学时为：模

第一版前言 >> >> >>

块一4学时,模块二4学时,模块三6学时,模块四4学时,模块五4学时,模块六8学时。

本书具体编写分工如下:模块一由刘雅丽、刘亚苹、郭军城、李冬、孟涛、索明健、刘瑛编写;模块二由张涛、曹凤江编写;模块三由李新丽、李红英、韩建伟、刘晶晶编写;模块四由高瑞果、张婷、吕闯、郑娇编写;模块五由李增欣、荣新艳、梁君、张立言编写;模块六由崔玲玲、李桂环、孙艳丽、王玮编写。

本书在编写过程中参考和应用了大量文献资料,在此谨向原作者表示衷心的感谢!同时,书中案例除了客观描述,也会有作者的主观分析,受编者水平所限,缺漏和错误敬请广大读者不吝指正,以便再版修正。

编者

2018年4月

目录

模块一　开启创新之路 / 1

项目一　培养创新意识 / 1
　　在风口上起飞——小米的成功之道

项目二　开拓创新思维 / 4
　　创业直播电商——新农潮助增收促就业

项目三　掌握创新方法 / 6
　　从游乐园到主题公园——中国主题公园的变迁

项目四　锻炼创新能力 / 10
　　品牌文化互补——蒙牛携手海尔开创跨界营销先河

项目五　转化创新成果 / 12
　　专利是企业创新的脊梁——传统医药领域的知识产权保护

模块二　建强创业团队 / 15

项目一　评估创业潜质 / 15
　　从"电池大王"到"新能源汽车的领导者"
　　　——王传福及比亚迪的进击之路

项目二　打造创业团队 / 18
　　团队的小船说翻就翻——"西少爷"的创业团队纷争

项目三　管理创业团队 / 22
　　"家族企业"变为"企业家族"——正泰企业的成功之道

模块三　发掘创业机会 / 27

项目一　分析创业环境 / 27
　　好风凭借力——用好创业扶持政策实现创业梦想

项目二　选择创业机会 / 29
　　机会来了不放过——大学生张新刚的创业故事

项目三　防范创业风险 / 33
　　梦想是创业的指南针——程天科技外骨骼康复机器人背后的故事

I

目录 >> >> >>

模块四　分析创业市场 / 37

项目一　选择目标市场 / 37
　　确认过眼神——大学生的成功之路
项目二　制定营销战略 / 40
　　"拼时代"下电子商务行业的营销策略——以拼多多为例
项目三　制定营销组合策略 / 45
　　让"中国最大的民营快递公司"实至
　　名归——顺丰速运的营销组合策略

模块五　利用创业资源 / 51

项目一　汇集创业资源 / 51
　　资源整合的商机——"我知盘中餐"
项目二　筹措创业资金 / 54
　　"饿"出来的创业——"饿了么"的融资历程

模块六　论证商业模式 / 59

项目一　构建商业模式 / 59
　　玩转"铁人三项"——小米的商业模式
项目二　创新商业模式 / 63
　　用创新点燃活力——老字号逆势新生

模块七　呈现创业计划 / 67

项目一　制订创业计划 / 67
　　事半功倍——"挑战杯"大赛金奖作品
项目二　路演创业计划 / 71
　　成功路演之道——一款基于用户睡眠行为分析的App路演

参考文献 / 75

模块一
开启创新之路

项目一 培养创新意识

在风口上起飞——小米的成功之道

关键词

饥饿营销策略 运用于商品或服务的商业推广，是指商品提供者有意调低产量，通过调控供求关系，制造供不应求的"假象"，以期维护产品形象并维持商品较高售价和利润率的营销策略。

源创新战略 始于理念的创新，并以满足生态系统内其他成员的共赢为基础。信息时代的源创新是科技应用能力的创新，是解决整个系统问题的创新，是吸引上下游两面市场成员融入共建生态系统的创新，归根结底，就是思维和眼界的创新，也是境界和胸怀的创新。

流创新战略 关注的是改善现有的价值链，其战略也都放在产品上。通过降低生产成本、增加供应链效益、提高产品质量、创造产品的差异化、设计产品来迎合细分市场的需求等，这些都是流创新战略。

4P营销理论 指市场需求在某种程度上会受到"营销要素"的影响。为了寻求一定的市场反应，企业要对这些要素进行有效组合，从而满足市场需求，获得最大利润。4P取自product、price、place、promotion的首字母，意思为产品、价格、渠道、宣传。

典型事件

在信息、科技引领的时代大潮下，手机、计算机、互联网，三者相互交融，已经变成了人们生活中必不可缺的一部分。计算机和互联网早已紧紧地融合在一起，而智能手机的出现恰恰是手机、互联网与计算机三者结合的产物，华为手机就是智能手机的典型

专家点评： 互联网时代是一个创新的时代。

代表。

移动互联时代的智能手机大量出现，其中价格亲民的小米迅速抢占市场，成为人们青睐的手机之一。小米手机的竞争力来自哪里呢？

小米公司首创了用互联网模式开发用户社群系统、发烧友参与开发改进的模式。经过6年的快速发展，小米已成为国内较具创新力的公司。从诞生起，小米注定要成为同类产品中的"异类"。

2011年8月16日，小米公司正式发布小米手机、米聊、米柚（MIUI）这三大核心科技产品。小米通过手机硬件体系和MIUI操作系统的软件体系，逐步打造整个小米手机生态系统。那么小米的创新之处到底在哪里呢？

> 专家点评：将相对高端先进、价格低廉的硬件产品推向市场，让用户感受到性价比的诱惑——高性价比是小米的创新之一。

首先，在产品上，相对于动辄几千元的智能机来说，小米手机以高性价比的明确定位成为市场上硬件配置最具竞争力的"品牌手机"，1.5GHz双核处理器着实让人印象深刻，而其背后的供应商团队也为其产品品质提供了保障。在价格上，小米科技创始人雷军表示，此前在为小米定价时，他曾想把手机的价格定在1 499元甚至999元，最终因为成本原因，还是没能实现，不过即便如此，这已经是市场上性价比较高的智能机了。

> 专家点评：通过互联网直销砍掉传统实体店成本，支持整体的低价战略——线上的饥饿营销，这是小米的又一创新。

其次，在销售渠道上，线上销售是小米最主要的销售渠道，小米也借此真正实现了流通渠道的多元化。但不可否认的是，依靠网络销售的模式的确为小米省下了不菲的渠道营销费用，而多频次饥饿营销的模式又放大了其渠道的相对优势。小米的线上销量就像"放卫星"一样刺激着所有关注小米手机的用户、媒体、传统手机制造商和运营商的神经，与手机产品销量快速增长相伴随的是"米粉"数量的快速激增。

> 专家点评：与用户保持最近距离，并根据用户的反馈及时修改自己的产品，这是小米手机快速成长的最重要的原因。

最后，在系统升级上，小米让用户广泛参与其中。小米对操作系统的升级更多的是对用户需求的准确把握。据了解，小米在米聊论坛建成了一个"荣誉开发组"，从几万人的论坛中抽取活跃度相当高的用户200~300人，他们会和小米内部同步拿到软件更新的版本。内部和外部的人一起同步测试，发现问题并随时修改。这样一来，小米就很好地借助了外力，把复杂的测试环节问题很好地解决了。黎万强说道："在一个企业内部，最多能建立一个二三百人的开发团队，但是你如果扩大到互联网，那么就是上万人帮你一起来开发，我觉得这是小米又一大创新。"

> 专家点评：不断地开拓创新是小米在日新月异的时代大潮中不断壮大的原因。

小米是首个创新性的、以硬件进入移动互联网领域的公司，并在手机、操作软件、IM（instant messaging，即时通信）领域取得了极大成功，这是小米的源创新，它将大量手机行业参与者、用户吸引到自己的生态系统。小米采用不一样的产品策略，分享了其他智能手机厂商享受的高利润，在短短两三年时间内，小米在智能手机上的高速发展带来了估值的翻倍增加。

当智能手机的销量无法维持指数增加时，小米又走上了扩充产品线的道路，开始了流创新，推出了一系列产品：电视、体重秤、手环、净水器、路由器、摄像头、无人机……

时至今日，小米已从最早的MIUI ROM开发者和智能手机制造商，开发了消费电子国民品牌、智能家庭生态建立者，以及移动互联网内容和服务的分发平台。

（资料来源：佚名.4P理论——小米的营销策略.百度文库，2022-06-16.有删改.）

思考与讨论

话题一：小米手机相较于其他同类公司的创新之处主要有哪些？

话题二：小米手机采用的饥饿营销策略还可以应用于哪些领域？

话题三：现阶段小米所面临的问题有哪些？应该如何突破？

多维分析

维度一：斯坦福大学谢德荪教授将创新分为两大类，一类是科学创新，另一类是商业创新，是指创造新价值。他在书中将前者称为始创新，后者又可进一步分为流创新和源创新。流创新关注的是改善现有的价值链，其战略也都放在产品上。源创新针对市场的开拓，需要建立一个强大的生态系统来实现新理念的价值过程。小米先采用源创新，后来才采用流创新，从无到有，建立了自己的手机生态系统，这是创造新价值的过程，也是值得我们借鉴的地方。

维度二：移动互联网的席卷之势似乎要颠覆传统的营销及管理理论。但是只要企业时刻保持创新意识，拥有创新思维，在更高的层次上，从更多元的角度去重新审视或略微修正，即使简单的4P理论，仍然可以被用于适应新的外部环境，关键是如何灵活地运用。在新的行业形势下，借鉴移动互联网的经验，很多企业可以作出改变、逆势而上，实现"弯道超车"。

拓展阅读1-1

模块一　开启创新之路 >> >> >>

项目二　开拓创新思维

创业直播电商——新农潮助增收促就业

关键词

逆向思维　逆向思维就是"倒过来想问题"。逆向思维能够起到转换具体思考目标和角度的作用，使人想到许多按正向思维想不到的东西，有可能出其不意地获得解决问题的新路径。科学研究中的反证法、预测决策中的反头脑风暴法、技术发明中的缺点逆用法等，都是比较典型的逆向思维方法。

发散思维　发散思维又称求异思维、分散思维、辐射思维，与辐合思维相对应，是指人根据问题所提供的信息，沿着不同方向和途径去思考，获得多种新答案的思维形式。在实现目的和解决问题的过程中，已有的信息存储模式不一定够用，需要在发散思维中找出解决问题的新途径。它是创造性思维的一个重要环节，以思维的流畅性、变通性和独创性为其主要特点。

互联网+　"互联网+"就是"互联网+传统行业"，这不是简单的两者相加，而是充分发挥互联网在社会资源配置中的优化和集成作用，将互联网的创新成果深度融合于经济、社会各域中，提升全社会的创新力和生产力，形成更广泛的以互联网为基础设施和实现工具的经济发展新形态。

直播电商　2022年，浙江省网商协会发布的《直播电子商务管理规范》，将直播电子商务定义为"利用即时视频、音频通信技术同步对商品或者服务进行介绍、展示、说明、推销，并与消费者进行沟通互动，以达成交易为目的商业活动"。直播电商是典型的注意力经济、网红经济的代表。

典型事件

专家点评： 外出能人返乡创业，站在了实施乡村振兴

在山东省寿光市田柳镇一处电商小院里，寿光"90后"新农人闫庆梅正在直播带货，与一般带货主播不同的是，她的带货以科普农业的新、奇、特为主。"这个东西在我们这儿叫作赖葡萄。这个外面的皮非常绵软好吃，里面的种子才是真正的

'灵魂'。"

闫庆梅大学毕业后，曾在字节跳动等大公司任职，亲眼见证了快手、抖音这种新电商平台的迅速崛起带来的商机，在2021年的时候正式进入农业电商这个赛道。闫庆梅表示："我以前在公司做的就是'选品'这一块，但多数是美妆类、服装类、食品类，要想单干时做出特色，不仅要有清晰的定位，还要有独特的资源优势。"

经过一番思量，闫庆梅最终选择了网售家乡寿光的农业产品。寿光的蔬菜种植面积近4万公顷（1亩≈666.7平方米），年产蔬菜432万吨，年蔬菜交易量900万吨，是全国重要的蔬菜集散中心、价格形成中心、信息交流中心和物流配送中心，被誉为"中国蔬菜之乡"。利用家人常年从事种子、种苗销售的优势，闫庆梅制订了清晰的奋斗目标：新型直播带货渠道+蔬菜种子、种苗销售。

最初为了在直播带货行业"试水"，闫庆梅曾亲自当主播，但时间一长，她发现一个人的精力有限，身兼数职并不能让自己的创业路走得更宽、更广。回乡后的闫庆梅了解到，农村已婚妇女是农村女性的主要群体。于是，一个大胆的想法在闫庆梅的脑海中浮现：把家庭妇女培养成主播。这不仅能解决公司的人员短缺问题，还能带动农村剩余劳动力发家致富。经过一段时间的调查走访、精心培训，闫庆梅成功培养了7位农村妇女带货直播。

这些妇女有的以前也是搞大棚种植的，每天（凌晨）四五点起来就得干活，一年除了肥料、苗子、棚租的费用，一年到头挣不到多少钱。在闫庆梅的带领下，她们从以前的不懂如何做到拍摄、剪辑、带货，一步步走到了现在，每个月收入能在1万元左右。

为了能和主播长久合作，闫庆梅制定了一套比较完善的收益分成方案，"直播带货时，公司只拿销售利润的一小部分，大部分给了女主播。只有大家都有所得，才能彼此信任、合作。"

"质量是金，信誉是桥。勤学习，敢创新，是指引我走向成功的'金钥匙'。"闫庆梅说。如今，闫庆梅的创业路已走上正轨，年销售额在5 000万元左右，带动40多位乡村妇女做农资电商，销售占比80%以上，并在当地政府的支持下，免费培训全职妈妈、农村妇女1 000多人。

（资料来源：夏莉娟.乡村振兴在行动|新农人引领"新农潮" 带动百名家乡妇女就业.新华网，2022-12-29.有删改.）

战略、加速发展现代农业的风口，在大城市学得的新技术和新思维、积累的资源人脉，能加速激活乡村创新活力，使个人职业发展规划和现代化农业发展的乡情国情实现完美的结合。

专家点评：共同富裕是最接地气的愿景和目标。调动农民的学习、生产的积极性和创造性，既要提升乡亲的数字化素养与技能，又要让乡亲看到实实在在的收益，良性激励就成了水到渠成的事情。

思考与讨论

话题一： 如何在创业风口前发现适合自身的突破点？

话题二： 直播电商带给传统行业什么样的挑战和机遇？

话题三： 如何利用互联网理念促进新农村转型？

多维分析

维度一： 创新思维的作用。曾在大城市互联网行业打拼过的闫庆梅，在寻找创业机会时利用逆向思维，敏锐地捕捉到直播电商这个风口，主动从城市走回家乡，利用家乡传统的地域经济特色聚焦"互联网+蔬菜营销"，带动乡亲共同富裕，发现自己就是"最有力量的人"。在直播遇到瓶颈时，闫庆梅发挥了发散思维的作用，带领农村妇女掌握直播技术，撒播科技种子，走上致富道路，代表着一批懂技术、懂商业的新农人，成为挖掘和打造爆款农产品的新鲜血液，让传统的农业焕发出新的生机，为乡村振兴贡献力量。

维度二： 互联网思维的作用。党的二十大报告指出，加快建设农业强国，扎实推动乡村产业、人才、文化、生态、组织振兴。互联网理念和直播电商模式赋予农村市场丰富活跃的商机和无限的可能。越来越多的新农人立足田间地头，纷纷面向镜头自信地展示个人才艺、优质作物，吸引了"粉丝"和流量，使才艺、作物顺理成章地变现成商业价值，一个值得期待的新时代正在悄然来临。

拓展阅读 1-2

项目三　掌握创新方法

从游乐园到主题公园——中国主题公园的变迁

关键词

移植法　移植法是将某一事物或领域的原理、方法、结构、材料、用途转移到另一事物或领域中，从而实现变革的创新技法。移植法的实质是借用已有的创新成果进行新目标下的再创新，使已有的创新成果在新的条件下进一步延续、发挥和拓展。

体验经济　有学者认为，体验经济是服务经济的延伸，是农业经济、工业经济和服务经济之后的第四类经济类型，强调顾客的感受性满足，重视消费行为发生时顾客的心理体验。农业经济、工业经济和服务经济是卖方经济。它们所有的经济产出都停留在顾客之外，不与顾客发生关系。体验经济则不然，因为任何一种体验都是某个人身体、心智状态与那些筹划事件之间的互动作用的结果，顾客全程参与其中。

顾客感知价值　是反映消费者体验与感受的重要衡量指标。顾客在消费过程中感知到的价值越高，代表顾客对所消费的内容认可度越高，进一步可以说明，企业在市场中的竞争力越强。

典型事件

从1983年7月15日中国广东中山长江乐园开业，到1989年9月锦绣中华正式开放，再到2021年9月20日北京环球度假区正式开园，中国主题公园激荡蝶变30年。主题公园并非横空出世，而是随着人们的文化需求和生活方式发生根本性转变，游乐园快速衰落，主题公园开始崛起。

1. 锦绣中华：开业一年多收回全部投资

锦绣中华被誉为"中国主题公园产业发展的里程碑"。1985年，经国务院批准，由香港中旅集团参照招商局集团开发蛇口的模式投资开发兴建华侨城。53岁的马志民被任命为华侨城建设指挥部主任。同年，马志民带队到欧洲考察，在荷兰参观了马德罗丹小人国，该公园微缩了当时荷兰的主要地标景观、历史城市和大型开发项目，是一个纯静态观光型主题公园。由此他大受启发：能不能将其建园经验移植到中国，把中华五千年文明和丰富的旅游资源浓缩在一个主题公园里，让中外游客在短时间内领略中华民族文化。1986年，在马志民的主持下，锦绣中华主题公园的规划和设计工作开展。1989年9月，锦绣中华正式开放，开业一年多就收回全部投资。

游客将赞美赠予锦绣中华："锦绣中华是绿的世界、花的世界、美的世界，更是中国的历史之窗、文化之窗、旅游之窗。在这里，纵览五千年文化，荟萃八万里风情。"

2. 世界之窗：抓住国人迫切想了解世界的需求

1994年，比锦绣中华投资及规模更大的深圳世界之窗开业了。彼时，中国改革开

专家点评：主题公园是将游客需求的休闲娱乐旅游方式与旅游景点结合为一体的创新型旅游产品，其属于旅游资源中的旅游景区新类型。

专家点评：一个成功的主题公园所创造的不仅仅是一个景区，还是一个著名的品牌，是围绕这一品牌所实施的产业链的延伸经营。

放十多年，国人迫切地想了解世界，世界之窗便精准地抓住了这一市场需求，以"让中国人了解世界"为理念，在景区建设中按照"纵览世界，荟萃精华，尊重历史，突出重点"的原则，集中展示世界文明的精粹。景区仿造了全球著名的118个标志性景观，包括法国埃菲尔铁塔、巴黎凯旋门、澳大利亚悉尼歌剧院等。

深圳世界之窗景区顺利开业，景区第一年接待游客就超过300万人次，创造利润1.1亿元。

世界之窗原本是静态的纯景观观赏型主题公园，1999年为寻求创新，在景点科罗拉多大峡谷与尼亚加拉大瀑布之间建造了探险漂流项目。该项目一经开放便广受游客喜爱，20个月即收回投资。

专家点评：市场对潮流时尚的追随与整个社会的发展融入，需要不断更新改变。

世界之窗延续着创新创造能力，在2021年中秋期间举办了以"情系世界，遇见月明"为主题的汉服活动。景区当天举行了盛大的汉服方阵大巡游活动，中秋互动集市摆放了投壶、彩绘、射箭、香囊制作等节事产品。礼仪华夏专场演出则向游客展示汉乐《荷塘月色》《但愿人长久》、汉舞《铜雀赋》《相和歌》、箭阵"鸣镝卫射术"、汉服秀典等汉文化。

长期的经营有道，也让深圳世界之窗被赞誉为"可持续经营的典范"。其自1994年至今仍然运营良好，截至2022年6月已经接待游客8 000多万人，2023年4月30日，景区单日经营收入超900万元，创开园历史新高。

3. 欢乐谷：每隔几年进行一次全面升级

深圳欢乐谷位于深圳华侨城杜鹃山，于1998年建成开园，是首批国家5A级旅游景区，总投资17亿元，它是一座集参与性、观赏性、娱乐性、趣味性于一身的中国现代主题公园，也是中国投资规模最大、设施最先进的现代主题公园。旅游体验是欢乐谷的核心价值，而这种转变同样来自消费者的需求迭代。

深圳欢乐谷是分期建设的：一期项目于1998年10月1日建成并对外开放，以时尚、动感、欢乐、梦幻为主题特色，成为中国当时最新一代的主题公园，标志着中国首个参与型、体验型的新一代主题乐园诞生。

二期项目于2002年5月1日建成并对外开放，重点关注的是产品、园区规模和项目翻倍，引进了大批世界先进的机动项目，营造了丰富的人文环境，组成了一个完整的娱乐主题公园。

三期项目欢乐时光于2005年建成。深圳欢乐谷同年提出"品质主义"主张，注重游客感知价值，吸引游客并维持其品牌忠诚度。

专家点评：体验经济可以有效激发消

2008年1月1日，四期项目对外开放，这是以满足少儿、家庭为主，同时兼顾满足年轻人体验的新主题区。2011年8月，作为深圳迎接世界大学生运动会的更新项目，深圳欢乐谷斥资3亿元巨资的五期项目全新开业。五期项目是一个综合性的大型娱乐项目，从国外引进十余项世界最先进的游乐项目，更加迎合年轻游客及合家欢的市场需求。

深圳欢乐谷的五期项目建设，让其在新消费者群体中始终保持吸引力。这再次说明，一个主题公园保持每年一定比例的更新改造投入，每隔几年进行一次大型全面升级的重要性。

中国主题公园建设从20世纪80年代开始，从发展历程看，已经历了三代发展。第一代，静态陈列观光型，以深圳锦绣中华为代表；第二代，静态陈列观光加表演型，以深圳世界之窗为代表；第三代，主题游乐型，以深圳欢乐谷为代表，其特征是高科技加娱乐，具有很强的参与性，为游客提供了现代游乐的体验。

中国主题公园的蝶变，既是改革者勇于突破、锐意进取的心血结晶，又是中国民众消费需求和生活水准硬核进阶的光彩写照。

（资料来源：郑贤.中国主题公园蝶变三十年.财经无忌，2021-09-30.有删改.）

费者的社会偏好，形成企业和消费者共同承担社会责任的机制，建立利益共同体。

思考与讨论

话题一： 世界之窗与锦绣中华相比有哪些创新之处？

话题二： 深圳欢乐谷的成功涉及哪些创新方法？

话题三： 分小组进行头脑风暴，分析如果让你建设一个主题公园，可在哪些方面进行创新？

多维分析

维度一： 主题公园在我国快速发展，我国的主题公园在从单一地模仿国外成熟的主题公园模式到开发具有中国特色的主题公园上探索出一条新的发展道路。通过发掘我国的文化旅游资源，运用新兴技术手段将博大精深的中国文化在特定的区域内向世人展现，以推动中国旅游业快速发展。

维度二： 随着旅游产业与文化产业、信息产业与文化产业的日益结合，高科技对文化建设与社会生活的日益渗透，文化产业必将进入一个飞速扩张的时代。创造代表先进文化的产品和服务，拉动人民群众对文化产品和服务的有效需求，把人们的精神需求转变为生产力发展的强大动力，这是发展文化产业的原动力。

拓展阅读1-3

模块一　开启创新之路 >> >> >>

项目四　锻炼创新能力

品牌文化互补——蒙牛携手海尔开创跨界营销先河

关键词

辨识创新　对于同类型商品,要想在市场上具有影响力和知名度,必须在辨识创新上下功夫,只有具有自身鲜明的特征和标志,人们才更容易记住并接受。

借势营销　借势营销是常见的一种营销手段,尤其对于初创的公司或新型商品来说,只有借助大的形势,才能发展并壮大自己。

跨界造势　要找准双方的对接点,实现"你中有我,我中有你",最终实现互利双赢。

典型事件

海尔是世界第四大白色家电生产商,也是中国最具价值的品牌之一;蒙牛则是跨入世界级乳业门槛的民族领军企业。2017年,两家同为行业内"成长最快"的企业强强联手,蒙牛集团相关负责人在接受记者采访时表示,对于开创"四海一家"体验馆,双方一拍即合。

在"四海一家"体验馆,蒙牛的奶人"多多"被塑造成各项体育运动员的形象遍布馆内,而海尔整体厨房吸引了不少消费者驻足。在这个所有设施均可通过触摸感应进行操作的概念厨房中,消费者可以尝试不同的点击、不同的操控。当消费者打开海尔冰箱时,蒙牛各系列产品呈现在眼前。蒙牛表示,跨界合作对于品牌最大的益处就是让原本毫不相干的品牌元素相互渗透、相互融汇,达成一种用户体验上的立体感和纵深感。每个优秀的品牌都能比较准确地满足目标消费者的某种需求。海尔在家电领域的精工制造,致力于将科技融入美好生活,这与蒙牛在乳制品创新上的锐意进取不谋而合,两者交融,在家居生活环境与个人体质两个层面,为优质生活构建了立体化、全方位的保障和体验。正是这种对用户体验的共识,让越来越多"不沾边"的品牌走到了一起,以一种外人看来"不可思议"的方式进行协同营销,利用各自品牌的特点和优势，与合作伙伴的品牌核心元素进行契合，从多个侧面诠释一种共同的诉求。

这是一个没有藩篱的时代。没有哪个企业能在自筑的高墙里，一边加高墙体，一边扩大墙围。当一个品牌的文化符号无法完整地诠释一种生活方式、再现一种综合消费体验时，就需要几种品牌联合起来进行诠释和再现，达到"1+1>2"的效果。

专家点评：品牌联合，效果显著。

蒙牛和海尔这两个看似没有太大关联的民族品牌，不仅跨越了企业的界限，还跨越了产业的界限。在本行业之外寻求同样具有国际化脸谱的战略合作伙伴，这是国际品牌的通行做法。中国的民族品牌在加速国际化的进程中，已经开始习惯运用这种国际通用"语言"来扩大自己品牌的声音。

专家点评：大胆创新是保持领先的唯一出路。

海尔在2006年正式将国际化战略升级为全球化战略。时任首席执行官张瑞敏这样解释两者之间的区别：国际化以中国为基地，向世界辐射；全球化则是在每个国家的市场创造本土化的海尔品牌。海尔在迈向全球化的道路上，需要有更多人文、人本主张，需要更多绿色和健康概念的加入。以"只为优质生活"为主张、以"让每个中国人身心健康"为愿景的蒙牛，通过与星巴克、迪士尼等不同领域的国际巨头合作，以其国际认可的品质、创新的发展、绿色环保的成就，让海尔欣然伸出双臂，欢迎这位本土"兄弟"在迈向全球化的道路上相携与共。

来自世界各地数以万计的宾客、体育官员、超过3万名的媒体记者都有机会来到"四海一家"体验馆体验跨界品所缔造的"智能家园"，品尝蒙牛牛奶的同时触摸海尔概念家电。面对来自世界各地的宾客，蒙牛与海尔的强强联手向世界展示了民族品牌的实力，是一次提升民族品牌国际影响力的有益尝试。

此外，2021年8月12日，蒙牛与海尔旗下海创汇联合举办"健康科技"创新加速营发布会，二者通过集合蒙牛与海尔海创汇在多元化产业创新场景应用、国际化资源覆盖等方面的优势力量，面向入驻企业汇聚生态链中采购端、生产产能端、研发端、物流端等多节点强大资源，在协助创新项目加速的同时，融入双方大企业产业图谱，努力与其形成"创业者+大企业""创新科技+健康产业"的发展新局面。

在时代大潮中，海尔和蒙牛不断深化合作，不断挖掘创新势能、深度探索创新本源，开放更多，赋能更多，为打造指数型增长的创业大生态、为推进"健康中国"建设作出新的更大贡献。

（资料来源：佚名.十大跨界营销案例.369文学，2023-06-15.有删改.）

思考与讨论

话题一：有些知名品牌被市场淘汰的原因是什么？

话题二：上述案例中具有哪些创新点？

话题三：如果你负责一款家电品牌的推广工作，你将从哪些方面进行创新？

多维分析

维度一：借势营销是一种良性的传播手段。有人觉得这种营销逻辑过于无聊且效果收益甚微。围绕热点，所有品牌蜂拥而至，在用户的手机屏幕或脑海中无法激起丝毫的波澜。尽管社会化媒体上充斥着大量的垃圾信息，但新颖的、有价值的原创内容仍是稀缺的。品牌通过找准自身产品的品类特性，通过小成本的营销手段"稳准狠"地抓住潜在用户的心理特征，巧妙地和热点话题融合，轻轻松松抢夺用户的注意力。

维度二：品牌在跨界过程中，要通过资源匹配达成互补。因为跨界营销本身是一个品牌效应叠加的过程，一次好的营销活动，必定是全渠道、全方位融合并用的。此外，跨界营销前只有明确品牌的调性和内涵、受众是否与对方相匹配，营销才能更具有针对性。

拓展阅读 1-4

项目五　转化创新成果

专利是企业创新的脊梁——传统医药领域的知识产权保护

关键词

发明　　发明是指对产品、方法中的问题所提出的新的技术方案。

实用新型　　实用新型是指对产品的形状、构造或者其结合所提出的适于实用的新的技术方案。

外观设计　　外观设计是指对产品的形状、图案或者其结合，以及色彩与形状、图案的结合所做出的富有美感并适于工业应用的新设计。

典型事件

崔学伟是国家级高新技术企业——齐齐哈尔市祥和中医器械有限责任公司（以下

简称祥和公司)董事长。有着祖传医学背景的他,把中医疗法中的重要组成部分——艾灸,作为弘扬传统中医的主攻方向,为传统的艾灸注入了现代化的新鲜血液。为了解决艾灸的医疗保健作用与受术者感受不良的矛盾,崔学伟迈上了艰苦的研究探索之路。

经过5年的探索和努力,崔学伟发明了第一台多功能艾灸仪。多功能艾灸仪的使用,被命名为现代艾灸疗法。现代艾灸疗法是一种安全、有效、无毒、无副作用、不污染环境、方便、经济的中医外治法。在保持传统艾灸需要艾绒的基础上,避免了进行艾灸时燃烧冒烟污染环境、操作不便、效率低下等弊端,可同时对多个穴位施灸,使艾灸疗法与现代科学技术相融合。

专家点评:创新成果具有新颖性、价值取向性特征。

崔学伟研制的多功能艾灸仪于1994年4月5日通过了黑龙江省科技成果鉴定,1998年获得国家级星火计划优秀项目奖和黑龙江省科技进步奖。2000年,他分别为多功能艾灸仪与艾灸内分泌调节仪申请了专利,获国家发明专利授权。2006年,多功能艾灸仪与艾灸内分泌调节仪得到黑龙江省政府创新项目的支持,并且成为国家中医药管理局推荐第一批中医诊疗设备之一。

专家点评:崔学伟注意创新成果的保护,将多功能艾灸仪、艾灸内分泌调节仪分别申请了专利。

2012年12月,崔学伟所在的祥和公司发现,河南安阳翔宇医疗设备有限责任公司(以下简称翔宇公司)生产的一种温热电针治疗仪,与崔学伟发明的产品——多功能艾灸仪基本相似。于是公司人员在齐齐哈尔市健鑫医疗器械经销有限责任公司购买了一台该仪器,经过反复对比核实后,认定翔宇公司侵犯了崔学伟的多功能艾灸仪的发明专利权和崔学伟编写的《实用现代艾灸疗法》的著作权,盗用了其实用新型专利的专利技术。

专家点评:面对市场上出现的同类产品,我们需要依法保护自己的权益。

祥和公司于2013年2月以发明专利权侵权和著作权侵权为由将翔宇公司告上法庭。该案于2013年4月26日在齐齐哈尔市中级人民法院开庭审理,并于2013年12月20日宣判。判决要求被告翔宇公司于本判决生效之日起,立即停止制造、销售侵犯原告祥和公司享有专利独占许可使用权(专利号ZL94119284.9及ZL200620129858.9)的多功能艾灸仪和一种艾灸头及带有该艾灸头的多功能艾灸治疗仪产品,并进行相应的经济赔偿。翔宇公司认为,涉案专利权利要求保护范围不清楚,权利要求得不到说明书的支持,崔学伟对涉案专利申请文件的修改超出范围,并且涉案专利不具备创造性。故翔宇公司以涉案专利不符合《中华人民共和国专利法实施细则》第二十条第一款,《中华人民共和国专利法》第二十六条第四款、第三十三条、第二十二条第三款的相关规定为理由,向国家知识产权局专利复审委员会提出针对该专利的无效宣告请求。北京知识产权法院经审理认为,本案专利权利要求保护范围清楚,能够得到说明书的支持,专利权人对本案专利申请文件的修改未超出原说明书和权利要求书记载的范围，并且本案专利具备创造性，符合《中华人民共和国专利法》及《中华人民共和国实施细则》的相关规定。遂判决维持被诉决定。该案也被最高法和北京知识产权法院列为知识产权保护的典型案例。

（资料来源：周利航.安阳翔宇医疗设备有限公司诉专利复审委员会、崔学伟专利权无效宣告行政纠纷案.中国法院网，2015-9-9.有删改.）

思考与讨论

话题一：该案例的创新成果有哪些？有什么特点？
话题二：谈一谈保护创新成果的重要性。
话题三：我国出台了哪些法律来保护创新成果？

多维分析

维度一：创新成果可以解决前人没有解决的问题，并能创造良好的社会价值，造福人类。艾灸是我国传统中医治疗方法之一，崔学伟将传统艾灸治疗方法与电磁技术相结合，形成一种能够实现自加热、自动控制温度功能的艾灸治疗仪，使艾灸疗法与现代科学技术相融合，在相关中医治疗中具有较高的应用价值。

拓展阅读 1-5

维度二：本案涉及专利权无效宣告请求的多项理由，包括专利权利要求保护范围是否清楚、权利要求能否得到说明书的支持、专利权人对本案专利申请文件的修改是否超出原说明书和权利要求记载的范围、专利权是否具备创造性等。本案判决根据各方当事人主张，逐条进行了充分的论理，依法保护了专利权人的利益。

模块二
建强创业团队

项目一 评估创业潜质

从"电池大王"到"新能源汽车的领导者"
——王传福及比亚迪的进击之路

关键词

企业家精神　企业家精神是企业家特殊技能（包括精神和技能）的集合。或者说，企业家精神是企业家组织建立和经营管理企业的综合才能的表现形式，是重要而特殊的无形生产要素。企业家精神对于企业的成功非常重要。创新是企业家精神的灵魂，冒险是企业家精神的天性，合作是企业家精神的精华，敬业是企业家精神的动力，学习是企业家精神的关键，专注是企业家精神的本色，诚信是企业家精神的基石。

新能源　新能源又称非常规能源，是指传统能源之外的各种能源形式，包括刚开始开发利用或正在积极研究、有待推广的能源，如太阳能、地热能、风能、海洋能、生物质能和核聚变能等。新能源产业的发展既是整个能源供应系统的有效补充手段，又是环境治理和生态保护的重要措施，是满足人类社会可持续发展需要的最终能源选择。新能源领域的发展为创业者提供了崭新的创业方向。

典型事件

比亚迪股份有限公司（以下简称比亚迪）成立于1995年2月，总部位于广东省深圳市，业务横跨汽车、轨道交通、新能源和电子四大产业。公司秉承"技术为王，创新为本"的发展理念，致力于用技术创新促进人类社会的可持续发展，获得了"联合国特别能源奖""扎耶德未来能源奖"，赢得了《财富》杂志"最受赞赏的中国公司"等一系列赞誉。

模块二 建强创业团队 >> >> >>

2022年，比亚迪新能源车成为全球新能源汽车销量冠军，公司创始人王传福在《中国新闻周刊》发起的"年度影响力人物"评选中获选年度企业家。2003年已被誉为"电池大王"的王传福跨界进入汽车业，并进军新能源汽车领域。20年来，比亚迪逐步将核心技术与供应链掌控在手中，引领中国新能源车走向国际化，并向全球贡献"中国方案"和"中国智慧"。这背后既有国内市场新能源车渗透率不断提升的助力，亦是王传福带领比亚迪滴水穿石般积累技术的结果。

1. 历经艰辛：磨练出专注而坚韧的意志

专家点评：生活是最好的老师，历经生活艰辛而磨练出的坚韧专注的性格，成为创业者重要的素质之一。

王传福出生于一个普通农民家庭，十几岁时，父母双亡。为了撑起家庭重担，哥哥王传方中断学业。但无论生活多艰难，他始终要求弟弟发奋读书。王传福意识到唯有以优异的成绩才能报答哥哥的重托，他将全部的精力和时间投入学习，并渐渐养成坚忍独立、不服输的性格，这成为其事业成功的基础。1983年，他以优异的成绩考入中南矿冶学院（现为中南大学）冶金物理化学系，本科期间第一次接触到电池。1987年，他考入北京有色金属研究总院攻读硕士研究生，由此开始了改变他一生的电池研究。1993年，北京有色金属研究总院在深圳成立了比格电池有限公司，年仅27岁的王传福被破格任命为公司总经理。王传福学的是电池，工作做的还是电池，正因为长期专注于电池领域，才能取得后来的成果。

2. 辞职创业：成为全球最大手机电池生产商

专家点评：创业者所具有的冒险精神及对商机的敏锐洞察力，使创业者能抓住创业的黄金时机。

来到深圳后，王传福见识到市场经济的勃勃生机。他发现很多人使用的"大哥大"无线电话售价高达两三万元，仅里面一块小小的镍镉电池就能卖到上千元。作为电池材料专家，王传福看到了一丝商机。

1994年，《国际电池行业动态》发布一则消息，日本将放弃传统的镍镉电池产业，这势必引发镍镉电池生产基地的国际大转移。王传福意识到这将为中国电池企业创造前所未有的黄金时机，于是，他作出一个大胆的决定——辞职创业。1995年初，王传福创办了比亚迪，涉足镍镉电池领域。为了节省成本，他自行研发关键设备，不断优化生产工艺，使电池品质稳步提升，不到3年，比亚迪的镍镉电池销售量排名就上升到世界第四位。在镍镉电池站稳脚跟后，王传福又开始了镍氢电池和锂电池的研发，很快就拥有了自己的核心技术。2003年，比亚迪超过日本三洋，成为全球最大的手机电池生产商，而王传福也被誉为"电池大王"。

3. 高瞻远瞩：锚定新能源汽车领域

专家点评：技术创新、超前意识，先他人而动，快速占领市场，是比亚迪成功的关键因素。

王传福从没想过把自己的路走窄，他说"企业就如生命体一样，经受不住一项业务衰落和另一项业务兴起之间的一个时间间隔，它们在核心产业衰退之前必须毫不迟延地创造新业务。"随着电池制造企业的增加，产业利润不断下降，此时的王传福站在手机电池的顶峰找到了另一个大型"手机"——汽车。

不过确切来说，王传福想要造的车是电动车。"中国这么大的国家，70%的石油靠进口，我们研发电动车是为了保障国家能源安全。另外，电动车的核心是电池，而比亚迪最会造的就是电池了。"2003年，在比亚迪入主秦川汽车之前，王传福就开始研究汽车，凭借自己对新领域的强大学习能力及在电池领域的核心技术优势，王传福将汽车与自己的长项结合起来。2004年，第一批锂离子纯电动汽车在深圳投入运营，深圳成为全国第一家电动车示范区。2008年12月，比亚迪首款插电混合动力车F3DM正式上市，成为全球电动车市场化的里程碑事件。目前，比亚迪新能源车已经形成乘用车和商用车两大产品系列，涵盖私家车、出租车、城市公交、道路客运、城市商品物流、城市建筑物流、环卫车七大常规领域，以及仓储、港口、机场、矿山专用车辆四大特殊领域，实现了全领域覆盖。

4. 爱国情怀：永葆创业者初心

王传福之所以进军新能源汽车行业，是因为看到汽车的增长给社会带来环境污染及能源短缺等问题，他说："如果我们这种已经在电池产业里面走到顶头的企业不承担这些责任，谁来承担这些责任？"比亚迪想把电动汽车推向产业化。王传福希望通过自己的经历对社会有所回报，这也是企业家的一种责任。

这种爱国情怀和民族情结，也体现在王传福对比亚迪汽车使用中文按键的坚持上。比亚迪可能是世界上唯一一个敢在方向盘上只写中文的车企。有人说这种设计没有和国际接轨，王传福回应："这是中国文化，必须发扬光大，传承下去。车上用中文按键可能不对，但错了就要坚持。中国的传统文化不能丢。"王传福认为如果对推广中华文化有益，即使影响销量也没关系，他舍得这点销量。

（资料来源：邱处机.身价1 450亿，打造巨无霸比亚迪，王传福有多"疯狂"？新浪网，2023-01-13.有删改.）

专家点评：爱国情怀、民族情节是新时代企业家精神的体现，是企业长盛不衰的不竭源泉。

思考与讨论

话题一：在王传福身上，我们能看到创业者所具备的哪些核心素质？
话题二：从电池到汽车，王传福跨界转型的底气和自信是什么？
话题三：新时代的中国企业家应充分弘扬哪些精神？

多维分析

维度一：创业素质是个体在创业活动中表现出来的内部特征。我们在王传福身上看到了作为一个创业者必备的创业素质：坚定的信念和执着的精神、敢于冒险的精神、终身学习的能力及超强的创新能力，这些均是影响创业实践活动最终达到创业目标的不可或缺的主体因素。

维度二：企业家一定要具备社会责任感和使命感，要有宏大的家国情怀和民族情结，以科技服务国计民生，以产业报国，计利天下。如果企业家具备这种精神，就能感染员工、感染用户、感染很多人，汇聚力量，产生巨变。

拓展阅读 2-1

项目二　打造创业团队

团队的小船说翻就翻——"西少爷"的创业团队纷争

关键词

创业团队　创业团队是指在创业初期（包括企业成立前和成立早期），由一群有一定利益关系、才能互补、责任共担、愿为共同的创业目标而奋斗，并处在新创企业高层管理位置的人所组成的特殊群体。创业团队必须合理构建创业目标、团队成员、组织结构、职权体系和创业计划。

股权　股权是有限责任公司或者股份有限公司的股东对公司享有的人身和财产权益的一种综合性权利，即股权是股东基于其股东资格而享有的，从公司获得经济利益，并参与公司经营管理的权利。股权是股东在初创公司中的投资份额，即股权比例。股权比例的大小，直接影响股东对公司的话语权和控制权，也是股东分红比例的依据。

可变利益实体　可变利益实体（variable interest entities，VIE），在国内被称为协议控制，是指境外注册的上市实体与境内的业务运营实体相分离，境外的上市实体通过协议的方式控制境内的业务实体，业务实体就是上市实体的VIE。

典型事件

专家点评：相互不甚了解、技能背景接近，团队建设缺少一定的互信互补的基础。

孟兵、宋鑫、罗高景三人在2012年底的西安交通大学北京校友会上认识。宋鑫是学土木工程出身，已经在投资机构工作3年，有了创业的想法后，与有IT技能的孟兵和罗高景商量，三人一拍即合，合作创业。2013年6月，三人成立了名为"奇点兄弟"的科技公司。由于孟兵曾担任过百度和腾讯的高级工程师，承担主要的产品研发工作，因此孟兵、宋鑫、罗高景的股权分别为40%、30%、30%，孟兵出任CEO（Chief Executive Officer，首席执行官）。

  2013年10月，由于业绩实在不佳，孟兵、宋鑫、罗高景三人不再坚持做之前的项目，开始转做肉夹馍，另一个合伙人袁泽陆这时候加入进来，形成"西少爷"四个创始人的最初状态。品牌中"西"是指源于西安，朝向西方，"少爷"代表不落窠臼、不安现状、无所畏惧、坚守梦想的一群人。2014年4月，"西少爷"第一家店铺在北京的五道口开业。当天中午，"西少爷"就卖出了1 200个肉夹馍。火爆的销售业绩加上"互联网思维"的外衣，面积为10平方米的小店创下100天卖20万个肉夹馍的纪录。2014年底，"西少爷"迅速成为互联网餐饮一大品牌，孟兵开始以创业明星的姿态登上各类媒体讲述创业故事。就在这期间，也就是2014年6月，"西少爷"刚开业不到两个月的时间内，其中一个创始人宋鑫就离开了创业团队。

> **专家点评**：新合伙人加入而不进行公司重组、股权重新分配，也是之后产生纠纷的导火索之一。

1. 工作积怨

  2014年11月，宋鑫发布一篇名为《"西少爷"赖账，众筹的钱该怎么讨回来》的文章，指责CEO孟兵将其"逼"走，从而曝出这家明星创业公司的股权利益的纠纷、创业团队已经分崩离析的现状。其实早在2013年第一个项目创业之初，孟兵、宋鑫之间便开始争吵，在罗高景看来，宋鑫没有工作成果是争吵的直接原因。罗高景说："我、孟兵和宋鑫创业做科技公司时，我和孟兵几乎每天都通宵写代码、赶方案，但宋鑫却经常熬夜看小说、打游戏，基本上是我们俩养着他一个人。于是我们决定让宋鑫尝试跑业务，结果一单都没成。"宋鑫对此进行了否认。他在接受记者专访时称，自己学土木工程出身，因此不会IT技术，但对销售工作已经尽力。"通常是我们三个人一起出去跑业务，都是我负责敲开每家公司的门，之后再由孟兵与经理谈业务。"业务的持续低迷导致了孟兵、宋鑫的矛盾升级，两人不断争吵。宋鑫认为是因为产品本身存在问题才会销售不出去，而孟兵则将原因归结为销售不力。孟兵、宋鑫两人已经表现出对彼此的不满。后来，企业项目转型成功，孟兵、宋鑫之间的不满在一片"红火之下"暂时被掩盖。

> **专家点评**：个性、工作态度、专业分工造成的问题已经形成积怨，但由于面临生存压力，没有机会通过组织有效沟通进行消除。

2. 矛盾升级

  "西少爷"迅速走红后，便有投资机构找来，并给出了4 000万美元的估值。四个人认为这时候需要引入投资来扩大业务，但就在引入投资、协商股权架构的过程中，孟兵、宋鑫之间的矛盾被彻底激发。

  2014年5月初，"西少爷"四人与投资人开始商讨有关投资的细节。

  据袁泽陆介绍，当时孟兵提到为了公司之后在海外的发展，希望组建VIE结构，他的投票权是其他创始人的三倍。由于孟兵的口气比较随意，袁泽陆、宋鑫、罗高景

> **专家点评**：只有建立在公平合理的股权分配制度上的创业团队才具有持续稳定发展的可能。

> **专家点评**：沟通不善也是造成冲突升级的原因之一。

都没有太在意。但不久，在孟兵转发给他们的拟好的正式合同里，增加了组建VIE结构和孟兵投票权这两项，"当时我们都感到很意外。"宋鑫表示，在与投资人协商时，孟兵并没有提出三倍投票权，他直至看到合同才知道孟兵给自己增加了投票权。宋鑫担忧的是，孟兵的投票权超过了50%，自己处于一个被动的地位，可能会因为他的决定而被踢出局。袁泽陆也感到不满，感觉自己的权力被削减。孟兵解释，当时之所以会提出三倍投票权，是因为在公司决策过程中需要有一人能够保证话语权，以便公司进行管理和决策。为何会在没有另外三个合伙人的明确同意下，就在合同中增加该条款，孟兵没有直接回应，而是称"以袁泽陆的回答为准"。袁泽陆是这样说的："可能当时投资人向他提了这样一个建议，依照我对孟兵的了解，他向我们提了一下，我们以为他随口一说就没有表示反对，而他可能以为我们默认了。"随后在5月中旬，袁泽陆、罗高景做出让步，表示2.5倍投票权可以接受。孟兵妥协了。但宋鑫没有同意。宋鑫给出的方案是，如果是因为投资人的意思要增加孟兵的投票权，并保证自己30%的股权不变，那么他就同意。但在袁泽陆、罗高景看来，去见投资人不是一个好的处理方法，这意味着将内部矛盾公开化。此时，袁泽陆对宋鑫也产生不满："孟兵在很多时候会做出让步，但宋鑫不顾大局只顾自己，有些自私，那个阶段公司事情进展很慢。"

3. 冲突爆发

整个5月，引入投资的事情一直僵持着。在这种情况下，在5月底6月初，宋鑫回西安学习豆花的制作方法。这成为他后面出局的导火索。原本计划三五天就能回来的宋鑫，却在西安花了整整11天的时间，关键是最终也没能搞定小豆花配方。过长时间的学习再度引起了另外三人的不满，使他们决定要将宋鑫除名。袁泽陆："学豆花这个事只是一个导火索，关键是我们的经营理念出现了分歧，宋鑫阻碍了公司的进程，不能够再继续合作下去了。"不久，宋鑫被要求离开"西少爷"。宋鑫如此描述当时的情景："他们三人一大早就出去了，在下午的时候给我发了一条微信，说股东决议我必须离开……晚上又收到一条短信，说房子是属于公司的，我必须搬出去。"整个股东的通知都是通过微信完成的，之所以没有面对面进行沟通和决议，袁泽陆给出的理由是因为担心孟兵和宋鑫两人当面打起来。

之后，四人在"西少爷"五道口店附近的咖啡馆坐下来谈了几次，但都不欢而散。孟兵、袁泽陆、罗高景三人给出的方案是，以27万元加2%的股份，买回宋鑫手中30%的股份。"这27万元是宋鑫之前在公司工资的4倍，4倍的投资回报应该也可以。"但宋鑫要1 000万元，理由是当时"西少爷"的估值有4 000万元，他可以分得四分之一。"这根本是不可能的。"袁泽陆如此说道。于是公司内部股东的冲突演绎成互联网上的公开讨伐，内部矛盾社会化了。

专家点评：商业本身面对不确定性的挑战，一旦团队里的人对公司未来的愿景没有达成共识，就会产生矛盾。

四人分成了"3+1"之后，就都各自重新注册了两家新公司——袁泽陆、孟兵和罗高景三人注册了"奇点同舟餐饮管理（北京）有限公司"，宋鑫单独注册了"北京林之泉餐饮管理有限公司"。"西少爷"创业团队彻底分崩离析。

（资料来源：佚名.一个由肉夹馍引发的"血"案——西少爷的创业反思.搜狐网，2017-08-11.有删改.）

专家点评：创业团队组建时，要注重价值观、认同感、参与感等的考核。

思考与讨论

话题一：你认为组建创业团队要遵循哪些基本原则？

话题二："西少爷"创业团队产生纠纷的主要症结在哪里？

话题三：基于角色分析理论，你认为孟兵是否适合当CEO？

话题四：沟通不畅会造成很多团队管理的失败，你认为"西少爷"团队的沟通系统是否高效？

多维分析

维度一：对一个初创企业来说，创业团队成员既是最重要的无形资产，又是创业成功的关键因素之一。一般来说，一个创业团队中的成员只有由思考决策类、沟通社交类、执行行动类三大类成员组成，才能做到技能互补。甄选创业团队成员要在明确核心创始人的基础上，本着具有共同的创业愿景，才能、性格优势互补，具备一定的创新创业素养的原则选择联合创始人。

维度二：没有达成共识的创业愿景，缺少科学、合理的约束和激励制度是造成创业团队产生纠纷的主要因素。制度是对创业团队成员进行约束和激励的基础。科学、合理的股权分配制度为创业团队的持续稳定提供了保障。公司的大部分股权应由创始人、合伙人、投资人、核心员工这四类人掌握，分配股权的基本原则就是要保障创始人的控制权、合伙人的经营权和话语权、投资人的优先权及核心员工的分利权。因此，创始人在进行股权分配时，要把握一个核心、两个关键点。一个核心是要让各创始人在分配和讨论的过程中，感觉到合理、公平，事后甚至忘掉分配而集中精力做事情。两个关键点，一是保证创业者拥有对公司的控制权；二是要实现股权价值的最大化（吸引合伙人、资金和人才）。

维度三：一个高效的创业团队必须由多种角色的团队成员组成，这样团队成员之间才能默契协作。团队创始人应该了解团队成员的特点，这样才能将正确的人放在正确的位置上，进行合理的职能配置。另外，团队成员必须清楚其他人所扮演的角色，了解如何相互弥补不足、发挥优势。孟兵在创业前是百度和腾讯的高级工程师，基于性格分析更接近一个首席技术官（Chief Technical Officer，CTO），而宋鑫作为创业的发起者，却没有担当CEO的职责，这在一定程度上成为两人产生矛盾纠纷的潜在因素。

维度四：人际交往能力强的人，能够更好地解决别人难以解决的问题，大大提高工作效率，也能与周围伙伴愉快地合作，从而产生强大的凝聚力。人际交往能力强的人都有很强的沟通能力。在"西少爷"的创业团队中，孟兵的沟通能力存在一定的问题，在股权配置和个人领导力方面没有形成或商议形成一个有利于决策的机制。在早期的经营中，几个人由于个性、工作态度、专业分工形成的积怨，也没有通过组织有效沟通进行消除，最为重要的股权分配问题也采用了模棱两可的方式进行确定，这些都为团队的瓦解埋下了隐患。

拓展阅读 2-2

项目三　管理创业团队

"家族企业"变为"企业家族"——正泰企业的成功之道

关键词

传统家族企业　传统家族企业是指资本或股份主要控制在一个家族手中，家族成员出任企业的主要领导职务的企业。创业初期，企业规模小，其核心成员基本上是以血缘、亲缘为纽带的家族成员，成员之间形成了一个小型的团体，团体内部由于经常在一起沟通交流，创业者作为核心拥有天然的家长权威，依靠家长权威的家族式管理即可保证家族企业顺利运转。

现代家族企业　现代的家族式企业是家族持所有权，而将经营权交给有能力的家族或非家族成员。也就是说，家族持有所有权、股权，但是经营权持有者不一定是家族成员。如果家族成员有能力，就由家族成员来担当管理职责；如果家族成员没有这种能力，就把它交给有能力的非家族成员。这是现代家族企业的一种趋势，很多大型的、国际级的家族式企业基本上在走这条路。走这条路的关键，就是所有权和经营权必须剥离。

典型事件

中国工业电器龙头企业、综合实力连续多年名列中国民营企业500强前茅的正泰集团起始于南存辉和胡成中在1984年7月共同创办的求精开关厂。20世纪80年代，改革开放逐步推进。南存辉的老家温州柳市一夜之间遍布家庭电器作坊，被誉为"中国电器之都"。南存辉邀约了三位朋友，在柳市街上开起了电器柜台。他们从低压电器里最简单的信号按钮灯开始做，每天几乎都要忙到凌晨3点。第一个月下来，四位年轻人总共赚了35元。这个结果让其他三位朋友很沮丧。相反，南存辉却很高兴，钱虽不多，但让他看到了前景和希望。

> **专家点评**：创业初期团队组成大多数为亲戚、朋友、同学，"人治"味道相当浓厚，团队管理缺乏组织规范化和制度化。

1984年，对南存辉来说，是极具历史性意义的一年。这一年，南存辉发现，低压电器行业的市场前景很大，但仅靠个人力量不行，仅靠一个小打小闹的门面更不行。南存辉给家里人特别是父亲做了大量的思想工作，最终靠着父亲把家里的几间老屋抵押贷款的5万元，加上他的小学同学胡成中投资5万元，办起了求精开关厂。这个求精开关厂就是现在的正泰和德力西电气的前身。胡成中就是现在的德力西集团的董事长。"刚开始办厂时其实很难，因为自己什么都不懂。技术不懂、质量不懂、市场在哪里又不知道。没有设备、没有技术、没有人、没有资金，万事开头难，让人伤透脑筋。"南存辉回忆说。刚办企业时，南存辉在"借"字上大做文章，邀请人才、借脑袋，借人家的设备来生产自己的产品。当时技术上要靠上海的工程师，于是南存辉去请了几个工程师来指导。

> **专家点评**：创业初期，公司资源少，工作环境恶劣，设计水平不成熟，短期无法实现期待的激励和回报。

求精开关厂慢慢发展起来。之后会出现正泰和德力西的分家也有原因。"有人说，民营企业难过但必须过的三关就是分银饷、排座次、论荣辱。刚开始这种问题并不明显，但是企业有了知名度之后，地方政府为了鼓励发展经济，给企业领导人评个先进、给个奖励，企业是两个人办的，给谁好呢？"南存辉笑着说，"于是最初，我们想出了'厂长轮流做'的办法，我今年当厂长，你当法人代表，明年你当厂长，我当法人代表，较好地解决了这些问题。"直到1990年，求精开关厂分为两个车间，总资产200万元左右，产值1 000多万元，双方也各有亲戚、朋友进入管理层，南存辉与胡成中在一些经营决策问题上开始偶有争议，于是就分家了。如果南存辉与胡成中不分家，会变成什么样子？南存辉笑着说："那就不好说了。"

> **专家点评**：随着事业的发展，因为利润分配、思想理念、发展方向等方面出现分歧，创业团队很可能解散。

分家后，南存辉与几个亲戚成立了一个家族企业。1991年，他又拿出其中的一部分与美商合资，建立了中外合资企业，"正泰"这一名称由此问世。成立中美合资公司以后，南存辉把弟弟妹夫等亲属共4人揽入正泰成为股东。南存辉意识到，正泰要

> **专家点评**：合理并适度运用集权和分权这对矛盾，可

专家点评：通过股权调整，企业可以利用所有权实现对职业经理人和员工的长期激励，从而保证企业长期、持续、有效地发展。

以促进企业持续快速发展。如果不能合理地运用这对矛盾，就会阻碍企业的发展，甚至导致企业破产。

想继续做大，必须进行一次脱胎换骨的变革。于是，南存辉充分利用正泰这张牌，走联合的资本扩张之路。1994年，南存辉为了往美国销售产品，组织了有30多家成员企业的企业联盟。但合并后的分权管理成了正泰的难题。"这种贴牌生产的合作方式极为松散，很多加盟企业有独立的法人资格，由于法人多，难管理，很快就出现'集而不团'的现象。这种合作以品牌为纽带而非资金，管理也很不到位，一些加盟企业的其他与正泰无关的产品也开始打正泰的品牌，造成品牌管理的混乱。"正泰廖毅回忆说。也就是这一年，正泰对旗下48家加盟企业开始进行第一次大规模的产权改造，通过出让正泰股份，完成加盟企业的兼并联合，但核心权力依然集中在南氏家族手中，实质上正泰仍然是一个"家族企业"。

南存辉在摸索中渐渐发现，家族企业的一个致命弱点就是无法更多更好地吸纳和利用优秀的外来人才。1998年，南存辉突破阻力，决定弱化南氏家族的绝对控股权，对家族控制的集团公司核心层（即低压电器主业）进行股份制改造，把家族核心利益让出，并在集团内推行股权配送制度，将最优良的资本配送给企业最为优秀的人才。这样，正泰的股东由原来的10个增加到100多个，南存辉的股份下降了百分之二十几，资产却膨胀了数百倍，同时数十位百万富翁诞生了。对此，南存辉认为："分享不是慷慨，对创业者来说，分享是一种明智。"同时，南存辉把集团的50多个企业重新组建为两个股份公司和三个有限责任公司，取消成员企业的法人资格，使企业老板变成了小股东。他还把核心层的股份让出来，让优秀的科技人员和职业经理人持股。他把一个传统、典型的"家族企业"变成庞大的"企业家族"。

专家点评：企业发展到一定规模后，会建立起严谨规范、操作性强的规章制度和一整套科学有效的考核系统，逐步形成以"法治"为主的管理模式。

接下来，是产权制度改革——企业所有权与经营权的分离：不管大股东还是小股东，如果按制度考核后能力不行，就要"下课"；反之，不管是否是股东，只要有能力就能掌权。在进行产权制度的革命后，集团又进行了股份化改造，建立健全了董事会、股东会、监事会，形成了三会制衡、三权并立机制，初步形成以公司总部为投资中心，以专业总公司为利润中心，以基层生产公司为成本中心的"母子公司管理体系"——一个现代企业就此诞生，南存辉也通过不断"革自己的命"而成为温州名副其实的现代企业家。

如今的正泰已不只有低压电器这个标签。集团积极布局智能电气、绿色能源、工控与自动化、智能家居以及孵化器等"4+1"产业板块，形成了集"发电、储电、输电、变电、配电、售电、用电"于一体的全产业链优势。业务遍及140多个国家和地区，全球员工超3万名，年销售额超700亿元，连续18年上榜中国企业500强。自2010年1月成功在上交所挂牌上市以来，正泰步入资本市场已经十余年了。上市当年，净利润是7.03亿元，2022年年报的净利润已达40.23亿元。

（资料来源：佚名.温州农民，13岁辍学，靠修鞋发家，卖电器身价400亿元，凭啥？网易，2022-10-01.有删改.）

思考与讨论

话题一： 在创业初期，创业团队的管理特点是什么？

话题二： 求精开关厂慢慢发展起来后，为什么会解散？在这个阶段，创业团队管理应注意哪些问题？

话题三： 南存辉后期为什么要不断稀释自己和家族的股权，将"家族企业"变成"企业家族"？

多维分析

维度一： 在创业初期，人们往往通过现有的人际关系寻找共同创业的伙伴，团队的多数成员存在着同事、亲属、朋友关系，关系结构重点为友谊和家庭。创业团队还没有建立起规范的决策流程、分工体系和组织规范，组织结构扁平化，"人治"味道相当浓厚。此时，团队成员之间的认同和信任尤其重要。求精开关厂早期是作坊式工厂，由于规模小，领导层由家庭成员组成，既是决策层成员，又是执行层成员，通常是领导凭借经验管理团队，属于典型的"人治"企业。

维度二： 随着企业不断发展，从不规范状态过渡到正常经营管理状态，创业团队中的很多矛盾很容易暴露出来，如经营理念、发展方向、管理方式、利益分配、股权分配等方面出现分歧。这时创业团队应进行协商，寻求有利于各方的解决方案，为了共同利益，最大限度坦承观点，加强沟通交流。这不仅会增进团队成员之间的工作关系，减少冲突，还会增进相互理解，培养团队氛围。

维度三： 企业要想做大、做强，仅靠"人治"进行团队管理是不行的，要不断改革和完善管理组织及制度。企业要建立制衡机制，形成决策机构、执行机构和监督机构的三权分立，并各司其职、相互监控。另外，企业还要建立严谨规范、操作性强的规章制度和一整套科学、有效的考核系统，构筑起管人、管事相结合的全新管理体系，逐步形成以"法治"为主的管理模式。企业的激励机制在很大程度上决定着公司战略的成败。在分权之后，适当分配股份可以起到激励作用。通过调整股权，企业可以利用所有权实现对职业经理人和员工的长期激励，从而保证企业长期、持续、有效地发展，也有利于吸引与留用人才。

拓展阅读2-3

模块三
发掘创业机会

项目一　分析创业环境

好风凭借力——用好创业扶持政策实现创业梦想

关键词

高新产业减税政策　凡是被有关部门认定为高新技术企业,并且在获得国务院审批的高新产业开发区内发展的高新技术产业企业,可以享受15%的生产率征收所得税减免政策。这些高新技术产业开发区内的新创办的高新技术企业,也都可以享受自投产起两年所得税的减免政策。

其他行业减税政策　在其他行业中,大学生创业者也享有各种各样的税法优惠政策。

新创的独立核算的咨询业、信息业、技术服务业企业或经营单位,在经过有关部门批准后,免征两年企业所得税。

新创的独立核算的交通运输业、邮电通信业企业或经营单位,在经过有关部门批准后,免征第一年企业所得税,而第二年减半征收企业所得税。

新创的独立核算的公用事业、商业、物资业、对外贸易业、旅游业、仓储业、居民服务业、饮食业、教育文化事业等企业或经营单位,在经过有关部门批准后,减征或免征第一年企业所得税。

新创的农村及城镇为农业生产产前、产中、产后服务的企业,能够为工业提供技术服务或实物的企业,在经过有关部门批准后,暂免征收所得税。

小额贷款扶持政策　大学生创业不易是众所周知的,而国家也出台了一项扶持大学生创业的政策,即小额贷款扶持政策。各国有商业银行、股份制银行、城市商业银行和具备条件的城市信用社都能够为自主创业的大学毕业生提供小额贷款。这为没有经济基础的大学生创业者创造了非常好的条件。

人才招聘扶持政策 国家对于大学生创业不只是在资金上的扶持，还有人才招聘方面的扶持，而且扶持力度较大，为大学生创业者创造了理想的、完善的人才筛选环境，并且为人才的培养机会提供了一定的支持。例如，国家免费为大学生创业企业提供三年人事代理服务，大学生创业企业三年内免费参加政府人事部门组织的大型人才招聘会，大学生创业企业的创办者及其引进的大专及以上人才可落户到集体户口等。

典型事件

2016年，从大学毕业的陈冲和几个同学创办了一家火锅店。他们选择这条道路顶住了很大压力，如父母不同意、资金不足。这些困难都被他们克服了，现在他们的店经营得很红火。

开始创业的时候，父母听说从大学毕业的他们要自己开饭馆，非常生气。父母的反对没有动摇他们的决心，时间一长父母心软了。为了验证他们创业的决心和能力，几对父母商量后提出了让他们自筹资金的要求。

这下他们有点摸不着头脑了，心里想："他们还是不同意，否则为什么不投资？"不过后来，他们几个明白了，这是父母们在考验自己。

明白了这个道理后，他们更着急了，因为他们明白：如果不能尽快解决资金的问题，他们就不得不接受父母的安排，找一家单位上班。他们尝试着向同学借钱，但数量都有限，不能解燃眉之急。

"怎么办？怎么办？"他们急得像热锅上的蚂蚁。就在这时，一个从天而降的消息改变并"解救"了他们：根据当地政策，大学生创业可以获得最多10万元的贷款。有了贷款，他们的创业梦就可成为现实。

专家点评：陈冲团队在非常困难的时候也没有选择违反国家规定，相反，他们守法诚信经营，坚持行正道，这是他们创业成功的重要原因之一。

创业之初的陈冲严格依法办事，和所有的员工都签订了劳动合同，工资发放也都是足额按时，从不拖欠。为了赢得顾客的青睐，他们不断改良火锅底料、配料。最终，他们的努力没有白费，不但顾客越来越多，他们也因为诚信经营在当地小有名气了。

年终结算时，陈冲意外地发现竟然有了盈利。这让他十分意外，按照他自己的预估，第一年只要不赔钱即可，只当是学习经验，但他们最终竟然赚钱了。后来，他才发现，原来盈利是因为他们享受到了税收的优惠。

在自己的事业开始起步的时候，陈冲把眼光放得很远，在他自己的规划中，如果进展顺利，他要将他们的火锅店发展成为连锁店。也是在这样的背景下，他将火锅店名字注册成商标，为以后的经营打下基础。

"都是国家优惠政策多,否则我肯定不能完成自己的创业梦。"谈起创业的过程,陈冲感慨万千。

专家点评:他们充分利用了国家的相关优惠政策,并且时刻关注着政策的变化,用政策为自己增加动力。

思考与讨论

话题一:陈冲在创办企业的过程中享受了哪些扶持政策?

话题二:你所了解的创业扶持政策包括哪些方面?涉及哪些内容?

多维分析

维度一:创业有风险,但也有政策扶持。每位创业的大学生在仔细选择创业行业、经营场所、客户群体的同时,也要了解各层面、各部门的创业扶持优惠政策,这些政策能够助力大学生创业成功。

维度二:创业者在创建和经营企业过程中,必须了解和遵守国家有关的法律法规。法律不仅约束企业的行为,还确保企业自身和他人的利益不受非法侵害,为新企业的运营与发展提供法律保护。创业者可通过网络、报纸、杂志等媒体收集创新创业政策信息。

维度三:创新与创业二者既相互促进,又相互制约,是密不可分的辩证统一体。创新是创业的基础,因为创新的成效只有通过未来的创业实践来检验。创业是创新的载体和表现形式。创业的成败取决于创新教育根基的扎实程度。

拓展阅读 3-1

项目二 选择创业机会

机会来了不放过——大学生张新刚的创业故事

关键词

创业机会 创业机会是指有吸引力的、较为持久和适时的一种商务活动的空间,并最终体现在能够为顾客创造价值或增加价值的产品或服务中。好的创业机会必然具有特定的市场定位,专注于满足顾客需求,同时能为顾客带来增值的效果。创业需要机会，机会要靠发现。创业难，发掘创业机会更难。要想寻找到合适的创业机会，创业者应识别或辨别以下创业机会。

现有市场机会和潜在市场机会　市场机会中那些明显未被满足的市场需求称为现有市场机会，那些隐藏在现有需求背后的、未被满足的市场需求称为潜在市场机会。现有市场机会表现明显，往往发现者多，进入者也多，竞争势必激烈。潜在市场机会则不易被发现，识别难度大，往往蕴藏着极大的商机。

行业市场机会与边缘市场机会　行业市场机会是指某个行业内的市场机会，而在不同行业之间的交叉结合部分出现的市场机会被称为边缘市场机会。一般而言，人们对行业市场机会比较重视，因为寻找、发现和识别的难度系数较小，但往往竞争激烈，成功的概率也低。在行业与行业之间出现"夹缝"的真空地带，往往无人涉足或难以发现，需要有丰富的想象力和大胆的开拓精神，一旦开发，成功的概率也较高。

目前市场机会与未来市场机会　那些在目前环境变化中出现的市场机会称为目前市场机会；而通过市场研究和预测，分析它将在未来某一时期内出现的市场机会称为未来市场机会。

全面市场机会与局部市场机会　全面市场机会是指在大范围市场出现的未被满足的需求，如国际市场或全国市场出现的市场机会，着重于拓展市场的宽度和广度。局部市场机会则是在一个局部范围或细分市场出现的未被满足的需求。

典型事件

专家点评：创业机会无处不在，关键在于你是否有发现机会的能力。

1. 梦开始的地方，让民殷"菜"富

2019年，民殷"菜"富项目创始人张新刚就读于西安科技大学车辆工程专业，因为他生于农村、长于农村，所以他立志终身服务于农业。上大学后，张新刚细心地发现学校所在地——西安市临潼区，大多数农户种植石榴和柿子，种植蔬菜的则不多，后来他继续深入调研，了解到陕西的大量蔬菜需要从外省运输，这让他看到了发展契机。

张新刚陆续结识了张宇、刘伟轩、董金涛等志同道合的朋友，他们决定从解决家乡的蔬菜销路切入，以专业合作社为基础，发展帮产帮销的蔬菜产业。"我们做这些，要追求社会价值，要为社会发展贡献当代大学生的青春力量！"张新刚说，正是因为有这样的目标，他们团队的名称最终定为民殷"菜"富，谐音民殷财富，农民殷实创造财富，蔬菜产业带来幸福。

有了目标之后，团队便计划开展实地考察、调研，他们并没有创业经验，完全是"摸着石头过河"。很多村民听说这个项目是一群大学生在做，都心存疑虑，不太愿意冒险合作。万事开头难，团队五人没有丝毫怯懦，反而拿出更大的决心和耐心，细致、形象地向村民解释该项目的可实施性和广阔的前景，在一遍遍地上门拜访后，最终获取了村民的信任。

2. 科技扶贫，未来我们有无限可能

从未来发展着手，张新刚意识到要从产、销两个方面入手，充分挖掘蔬菜产业流程各环节的潜在价值，对于"种什么""怎么种""卖给谁"三个问题的回答也日渐清晰。在生产方面，借助寿光全国大数据服务平台，"科技+经验"实现适地生产，通过产销信息集中传播，引导种植，从而避免菜农盲目生产造成的资源浪费。利用寿光的蔬菜科技优势培养专业人才队伍全流程生产跟踪，进行生产技术指导，全方面提升菜农的蔬菜质量与产量。在销售方面，他提出"贫困户+合作社+龙头企业"的营销模式，合作社直接对接一级批发、商超和线上电商。针对市场需求进行细分销售，对不同等级的蔬菜分别进行品牌化经营、一级批发、深加工等，做到有产必销，从根本上解决滞销问题，充分发挥蔬菜的本身价值，让农民直接增收获益。

专家点评：产业的变更或产品的替代，既满足了顾客需求，又带来了前所未有的创业机会。创业者如果能够跟踪技术创新，就能够不断寻找到新的发展机会。

在第五届中国国际"互联网+"大学生创新创业大赛中，民殷"菜"富项目也得到了学校的大力支持，周斌教授、李磊老师、周学刚老师等也给予了悉心的指导。最终，民殷"菜"富项目在陕西赛区省级复赛中获得金奖，团队参加冠军争夺战后，荣获"青年红色筑梦之旅赛道"亚军的好成绩。

如今，项目扶贫涉及的范围达5个县区，帮产帮销脱贫农民260余人，重点辐射临朐县，挖掘地域优势蔬菜品种，不仅带动了100户农户完成脱贫攻坚，还为广大劳动者提供了千余个岗位，解决了部分人员就业难的问题。该项目受到了当地农户的广泛好评，开拓了蔬菜销售新局面。

专家点评：专创融合，以创新引领创业、以创业带动就业。民殷"菜"富创业团队以实现社会价值为导向，助力乡村振兴。

3. 众志成城，疫情面前勇担当

疫情就是命令，防控就是责任。在新冠疫情防控期间，张新刚团队积极承担应尽的社会责任，带领团队依托青州市北张蔬菜产销专业合作社保障安全生产和供给，配合当地政府加强公共场所和蔬菜运输车辆的消毒，严格控制农产品质量的同时稳定产量，坚决稳定"菜篮子"产品生产供应。团队还和当地防疫党组取得联系，为当地农户特别是贫困户捐赠防疫物资和生产资料，为打赢疫情防控阻击战提供力所能及的物质保障，加快生产恢复，增加有效供给。此外，团队考虑到大型农贸市场缺少流通商的情况，稳定供给华润万家、永辉等商超，并开通社区客户直配业务，着力加大"食

专家点评：新冠疫情防控期间，积极承担应尽的社会责任，稳定"菜篮子"产品生产供应。体现了创业者的家国情怀和社会担当。

享天下""京东到家"等电商渠道的配送力度，按照居民需求分装配送到社区指定位置，保障居民用菜需求的同时，减少居民外出购菜风险，为居民送上安全健康的蔬菜，努力做好疫情防控期间的蔬菜保供工作。

（资料来源：张新刚：没有白走的路，每一步都算数 大学生创业百强故事（2）.中青网，2021-07-23.）

思考与讨论

话题一：民殷"菜"富创始人张新刚的创业机会来源于何处？
话题二：民殷"菜"富创始人张新刚是如何识别创业机会的？
话题三：请结合案例，谈谈你对创业机会的认识。

多维分析

维度一：创业者从解决问题中寻找机会。寻找创业机会的一个重要途径是善于发现和体会自己与他人在需求方面的问题或生活中的难处，有经验的创业者能从这些问题或难处中找到富有价值的创业机会。民殷"菜"富团队通过大量的社会调研，了解产销市场行情，努力寻找蔬菜产区与销区之间的问题，创新和改善原有的销售模式，就销售渠道、设施物流、种植技术等方面存在的相关问题进行分析与实践，提出相关解决方案，最终从问题中找到有价值的创业机会，实现了社会、经济双重价值。

维度二：创业者从国家经济发展趋势中判断机会。创业者要具有广阔的思维视角，关注国家宏观经济政策和行业发展态势，国家鼓励发展什么、限制发展什么、行业未来发展趋势如何，这些都与创业机会密切相关。目前，国家多措并举实施乡村振兴战略，巩固脱贫攻坚成果，推进大学生扎根祖国大地、服务社会的创新创业工作。

维度三：创业者从资源整合中创造机会。创造性地整合资源是满足市场及客户的需求渠道，不仅可以创造出新的价值，还可以引发无尽的商业机会。一方面，民殷"菜"富创始人张新刚与张宇、刘伟轩、董金涛等志同道合的朋友建立了创业团队，得到了学校和老师的大力支持与悉心指导；另一方面，民殷"菜"富创业项目聚焦于专创融合，充分挖掘蔬菜产业流程各环节的潜在价值，创造性地进行了资源整合，从而赢得了无限商机。

拓展阅读 3-2

项目三　防范创业风险

梦想是创业的指南针
——程天科技外骨骼康复机器人背后的故事

关键词

创业风险　在创业过程中存在的风险，是指由于创业环境的不确定性、创业机会与创业企业的复杂性，创业者与其他创业相关人员的能力与可控资源的有限性等主客观因素，导致创业活动偏离预期目标的可能性及其后果。创业风险主要有两个方面的含义，一是指风险因素，即在创业过程中有可能遇到某些风险因素的干扰；二是指一旦某些风险因素真正发生，创业者即会阶段性地遇到很难克服的困难，导致创业活动很难推进，甚至导致创业失败。

资金风险　资金风险对于创业企业是致命的。资金风险是指因资金不能适时供应而导致创业失败的可能性。创业者须考虑创业的前期投资是否有保证，这些投资能否按期收回，并取得令人满意的利润。

风险规避　风险规避即选择放弃、停止或拒绝等方式处理面临的风险。例如，采取中止交易、减少交易量、放弃交易或离开市场等方式避免风险的发生。适合采用风险规避策略的情况有以下两种：第一，某种特定风险所致的损失概率和损失程度相当大；第二，采用其他风险处理方法的成本超过其产生的效益。

风险利用　风险利用是把风险当作机遇，利用运营中的困难，通过风险战略开拓市场，实现更大的战略目的。风险利用的方式有配置、多样化、扩张、创造、重新设计、重新组织、价格杠杆、仲裁、重新谈判、影响等。另外，在风险利用策略中，还可通过对风险进行分散、分摊，以及对风险损失进行控制，化大风险为小风险，变大损失为小损失，实现风险控制的目的。

典型事件

程天科技发展有限公司（以下简称程天科技）是一家以技术创新为核心驱动力

的国家高新技术企业。该企业致力于核心算法与核心元器件在内的外骨骼机器人技术的研发与应用，目前专注于康复与养老领域，通过结合人机交互技术、人工智能技术、数据分析技术及云计算，为医疗康养机构和个人用户提供智能化产品和解决方案。

创始人王天获哈尔滨工程大学博士学位，为杭州程天科技发展有限公司董事长，在团中央学校部、全国学联秘书处共同开展的寻访2017年大学生创业英雄活动中，获得"大学生创业英雄十强"称号。

1. 初次创业失败：总结经验收获人脉

> **专家点评**：团购是一个互联网思维，王天团队因为缺乏社会经验，没有稳定的用户群，无法规避创业风险，初次创业失败。

2010年，王天团队瞄准的第一个项目是刚进入中国的团购，对用户便宜及对商业宣传的双赢交易加上网民的普遍化，使它有着极为宽广的市场。但新事物总有一段磨合期，团购最大的阻力是商家觉得把用户的资金放在平台账户里不安全，而用户也担心拿到券后不能消费或降低了消费水准，所以在当地一度发展滞缓。针对这一情况，王天制定了一个方案，既不收商家平台的费用，又不收宣传费，但作为回报，商家可以提供一些抵用券或者折扣券。也就是说，商家在这个过程中没有任何风险。之后通过平台将这些券以极低的价格出售，由于许多券的价格只要1元、2元，自然就会有用户抱着试试看的心态团购，加上试点被定在学校，学生的接受能力强。有了用户，后续就能发展。但真正实施起来却不尽如人意。学校附近商家的传统思维明显：自己能赚全款为什么要打折？有稳定的学生用户为什么还要推广？商家数量直接影响用户黏性，学生看到周边没有几家能团购的商家，也就慢慢弃之不用，参与团购的商家见无利可图也就不愿继续合作下去，如此陷入了恶性循环。一年后，王天只好放弃。

2. 调头重新专攻技术：赚到人生第一桶金

> **专家点评**：创业者选择合适的创业伙伴，同时综合考虑技术能力和合作能力，防范了团队风险，这是获取创业成功的必要条件。

扬长避短，团队思索再三决定调头重新专攻技术：做机器人、开发软件、设计算法。由于王天和他的团队成员总是在实验室里"加班"，经常会错过末班车。于是他们就想做一个可以实时显示公交动态的智能站牌吧，而且当时南方的许多城市也已设置了少量智能站牌。但该项目会涉及大量相关部门审批，王天四处碰壁。

无意中，王天接手了大庆新建公交公司的新项目：他们需要在3个月内交付完成一套调度系统和100个智能公交终端和车载监控系统，用于监测公交运作情况、排班、调度、影像信息、纠纷处理、自动播报等。经历和经验是一个非常大的壁垒，为了在规定时间内完成硬件和软件的研发及测试，整个团队干脆在实验室里住了下来。

在这3个月内，所有人都十分焦虑，每天除了工作还是拼命工作，实在坚持不住时就去桌子上打个盹，但没过多久总会因为各种状况而醒来，匆匆忙忙地吃两口饭，又继续投身工作，最后团队把项目做成了，他也赚到了人生的第一桶金。

3. 做项目不做产品：探索商业化道路

2012年的毕业季，王天团队成员因为家庭原因各奔东西，团队被迫解散，移交业务后，王天开始重组团队，成立了哈尔滨程天科技发展有限公司。刚出茅庐的他们懂技术但是不了解市场，能做各种各样的机器人，却不知道该产品是否迎合市场需求，又将如何做好营销及推广。王天当机立断定了一条规矩：做项目而不做产品，从中锻炼团队，熟悉市场，摸索出一条商业化道路。这些年，团队做过机器人生产线、机械臂、仿生机器人、水下机器人、涵洞机器人、智能系统等，也培养了一批年轻、有朝气、有梦想、有战斗力的工程师。

2013年，公司迅速地明确了产品方向——外骨骼机器人，它可以帮助瘫痪、脊柱神经受损、中风等丧失行动能力的患者丢下轮椅，实现独立自由行走，挽回他们尊严的同时也能减轻家人的照顾成本和生活负担，还可以帮助正常人跳得更高、跑得更快、走得更远。

专家点评：王天团队证明外骨骼机器人构想的可行性，但没有足够的资金将其实现商品化，从而给创业带来巨大的风险。最终，功夫不负有心人，获得了天使投资基金，弥补了融资缺口。

从外骨骼机器人想法诞生的那刻起，王天就面临了所有创业者都会面临的最大问题——缺乏资金。特别是产品处于初期，又是一个新兴的产品，极少有人认同王天。为了快速研发布局与各大医疗机构取得合作，他一直为筹钱、借钱反复奔波，几乎把其他业务的资金都填了进去，但还是不够。功夫不负有心人，终于在2016年10月获得千万级天使投资基金，王天带领程天科技快速迭代，将之前积累的技术产品化，从图纸到1.0的功能级再到3.0量产级，王天只用了1年的时间。

通过50多例的临床试验，程天科技的悠行外骨骼机器人已经帮助到了很多失能、弱能的人，增加了患者的生命长度，提高了患者的生命质量，也为医院提供了一个全新的康复体系。

恰逢2016年人工智能一炮走红，国务院也颁布文件支持人工智能（Artificial Intelligence，AI）被运用在康复领域且特别点名外骨骼机器人，这让程天科技瞬间站在风口，获得投资后注入新鲜血液的他们在半年内迅速布局量产，同期他也把产业布局到杭州，并在2018年初完成了PreA轮融资，获得医疗器械领域战略投资人的投资，公司估值超过2亿元。

专家点评：程天科技公司善于把握创业机会，针对康复医疗行业和养老行业，选择合适的创业项目，从而有效减少了投资的不确定性，实现了经济效益和社会效益的双赢。

人工智能正在悄悄地影响和改变着我们的生活，未来一定是一个人与机器紧密结合的时代，外骨骼机器人也必将成为人类的一个附属"器官"。在老龄化形势日益严峻的今天，外骨骼机器人可以让那些失去行走能力的人们、让未来必将老去的我们仍然可以像年轻人一样，生活自理，行走独立，轻松自由地看遍世界最美的风景。

（资料来源：中华全国学联.外骨骼机器人帮失能患者站起来，王天：有想法就要落地生根.搜狐网，2018-04-23.有删改.）

思考与讨论

话题一：王天团队采取什么策略应对创业风险？

话题二：常用的创业风险处理方式有哪些？

话题三：作为一名创业者，当创业机会来临时，你是否敢于承担风险，并可以控制风险？

多维分析

维度一：创业风险是客观存在的，企业从它产生的第一天起就开始面临各种各样的风险，而企业的任何发展和收益都是克服风险后得来的。创业者要勇于承担风险，甚至冒险，他们在可承受损失的范围内大胆尝试，不会等待万事俱备后再采取行动，而通常会选择在小范围试点的过程中通过不断校正进行风险控制。

维度二：在市场大潮中，创业总会与风险相伴。因此，创业者既要有一定的胆识，能够敏锐地感知到市场的脉搏，迅速把握商机，但又绝不能仅凭一时的热情而盲目冒进。创业者必须掌握应对创业风险的防范措施，在获得高收益的同时，能够未雨绸缪，防患于未然，尽可能地将创业风险降到最低限度，这对创业企业来说至关重要。

拓展阅读 3-3

模块四
分析创业市场

项目一　选择目标市场

确认过眼神——大学生的成功之路

关键词

无差别性市场营销策略　无差别市场营销策略,就是企业把整个市场作为自己的目标市场,只考虑市场需求的共性,而不考虑其差异,运用一种产品、一种价格、一种推销方法,吸引尽可能多的消费者。这种策略的优点是产品单一,容易保证质量,能大批量生产,降低生产和销售成本。但如果同类企业也采用这种策略,必然要形成激烈的竞争。

差别性市场营销策略　差别性市场营销策略就是把整个市场细分为若干个子市场,针对不同的子市场,设计不同的产品,制定不同的营销策略,满足不同的消费需求。这种策略的优点是能满足不同消费者的不同要求,有利于扩大销售、占领市场、提高企业声誉。这种策略的缺点是由于产品差异化、促销方式差异化,增加了管理难度,提高了生产和销售费用。目前只有力量雄厚的大公司采用这种策略。

集中性市场营销策略　集中性市场营销策略就是在细分后的市场上,选择两个或少数几个细分市场作为目标市场,实行专业化生产和销售,在少数市场上发挥优势,提高市场占有率。采用这种策略的企业对目标市场有较深的了解,这是大部分中小型企业应当采用的策略。采用集中性市场营销策略,能集中优势力量,有利于产品适销对路,降低成本,提高企业和产品的知名度。但有较大的经营风险,因为它的目标市场范围小、品种单一。如果目标市场的消费者需求和爱好发生变化,企业就可能因应变不及时而陷入困境。同时,当强有力的竞争者打入目标市场时,企业就会受到严重的影响。因此,许多中小企业为了分散风险,仍然选择一定数量的细分市场作为自己的目标市场。

典型事件

专家点评：大学生创业不仅要有激情，更要有创业的梦想和执着的追求。

乔志忠，河北经贸大学信息技术学院计算机科学与信息技术专业2011届毕业生，"举个栗子"品牌创始人。受晋商文化的影响，他从小便对商业感兴趣，从小学到大学一直在做一些小的创业尝试。从上小学卖蚕宝宝（桑蚕）开始，到上大学开网店、进创业孵化园，他成功发行了"河北经贸大学校园文化扑克"，热销1万套。大学毕业后，他继续在创业的道路上摸索前行，开了一家魔术用品店，并做魔术表演和培训。在事业的瓶颈期，他选择到知名企业去学习，通过某卫视一档求职类电视节目入职某教育公司进行市场拓展。

他给自己的定位是纯草根连续创业者，2013年身上在仅有1万余元的情况下，他向朋友借了四五万元开了"举个栗子"的第一家店，白手起家。随着"举个栗子"越来越受到消费者的认可和喜爱，"举个栗子"也迎来了六个朋友的先后加入，组成了七人"栗子帮"创始团队。大家曾经因为共同的兴趣"魔术"而相识，现在为了同一个梦想又走在一起。每个人都有着至少长达6年的认识和了解，团队成员关系比较纯粹，有着一致的价值观。

专家点评：乔志忠在对市场进行充分调研和了解后，进行了准确的市场定位——"85后"的高消费群体。因为这个消费群体更加注重品质服务和品牌调性，而且"举个栗子"有着极致的互联网服务及品牌创新基因。

公司的快速发展吸引了很多有着创业心态的优秀伙伴加入。"举个栗子"的目标便是打造全国第一栗子品牌，使大家想吃栗子时就想起"举个栗子"。他们运用互联网思维做最远离互联网的传统炒栗子行业，对街边的栗子店是一个降维打击。比起一些老牌栗子店，他们的定位是"85后"的高消费群体。因为这个消费群体更加注重品质服务和品牌调性，而且"举个栗子"有着互联网极致的服务及品牌创新基因。"举个栗子"由人们日常的一句口头语而来，有趣且易于传播。"举个栗子"是全国第一家按份销售栗子的，并且得到了很好的市场验证和认可。售卖形式的创新和品牌溢价的提升，使营业毛利也随之大幅度提升50%。

专家点评：乔志忠针对顾客吃栗子的痛点，着重采用集中性市场营销策略。集中优势力量，有利于产品适销对路，降低成本，提高企业和产品的知名度。

"举个栗子"从产品和服务方面解决了顾客吃栗子的痛点。在产品方面，一是选用了世界最好的产栗区的栗子作为原料，口感香甜软糯；二是经过三轮严格挑选，并且让顾客看到挑选过程，因为有个别坏栗子从外表看不出来，所以他们向顾客承诺，如果一份中吃到3颗坏栗子，可以再免费调换一份；三是时刻提供热栗子，栗子出锅后90分钟半价销售。在服务方面，顾客任意消费即可赠送一套吃栗工具，包含剥栗器、湿巾和果壳袋，让顾客吃栗子时也可以很优雅。

另外，"举个栗子"研发了冰栗和烤栗，颠覆性地解决了夏天淡季的行业问题。

除了基本的产品和服务，"举个栗子"更希望顾客有良好、愉悦的购买体验，因为他们的宗旨是带着爱去工作，不仅生产美食，更生产快乐，所以他们有很多参与式的营销活动，线上线下互相导流，增强顾客黏性，扩大口碑宣传。

"举个栗子"门店有着极高的坪效，营业面积为15平方米左右，社区店月营业额为10万左右，商场店月营业额为30万左右。

因为糖炒栗子这个品类缺乏一个全国性的品牌，所以"举个栗子"的目标是做全国第一栗子品牌，同时弘扬中国传统小吃。

通过持续不断地创新，"举个栗子"创办至今3年半，在河北省7个地级市开设近50家门店，用两年时间做到了石家庄栗子市场的第一。2016年底，"举个栗子"北京首店丰科万达店开业，坪效比位居前三名。2017年6月，北京朝阳大悦城店开业。"举个栗子"是第一家开进大型购物中心的栗子品牌。第三代商场店单店15平方米，客单价25元，毛利50%，最高单店日均500单。2016年所有门店营业流水达到2 000万元，2017年获得《创客中国》节目组800万元的投资。如今，"举个栗子"已经遍布河北省、山西省、陕西省和北京地区。《河北日报》《河北青年报》、河北电视台和石家庄电视台等媒体都对乔志忠的创业事迹做过采访和报道。他还参加了黑马会和《创业中国》等栏目，成为大学生创业的典型代表。

"为正确的核心价值观和使命所驱使的人，所挣的钱比纯粹以挣钱为目的的人挣的钱更多。"这是《基业长青》作者在调查了世界500强企业之后所得出的结论。

那么，"举个栗子"的使命是什么呢？糖炒栗子既健康又美味，但在一般人的印象中是路边摊小吃。在当代的商业综合体中，正餐类有中国品牌和世界品牌，但是小吃类，如薯条、炸鸡、起司蛋糕、章鱼小丸子或者奶茶等大多数为舶来品。这是因为10年之前的"80后"具有尝鲜心态，会觉得这些小吃很高大上，但是在这些小吃陪伴下成长的很多90后对这些小吃已经不再买单。中国传统小吃有着深厚的历史基础，符合中国人的饮食习惯。"举个栗子"将会在全国的商业综合体开设门店，相信随着时间的推移，中国传统小吃必将占有很大市场。因此，"举个栗子"的使命，便是以糖炒栗子为切入点，弘扬中国传统小吃。

不仅如此，栗子在全世界范围内有广泛种植，而且糖炒栗子也符合外国人烘焙的工艺和饮食习惯。中国的栗子不仅质量好，还产量高，约占世界栗子总量的80%。越是民族的就越是世界的，而食品是文化的承载，"举个栗子"的梦想是将中国的传统糖炒栗子带向全世界，不仅弘扬民族小吃，更是对中国文化的弘扬。

（资料来源：本文改编自《2017年河北省大学生创业典型征集》.）

专家点评：做企业要有自己的品牌。知名品牌既是企业的无形资产，又是企业形象的代表。

思考与讨论

话题一：创业者在创业前是否要进行深入的市场调研？

话题二：乔志忠的"举个栗子"是怎样进行市场定位和客户细分的？

话题三：中小企业怎样做好集中性市场营销策略？

多维分析

维度一：当你细细地去研究乔志忠"举个栗子"这一成功的创业案例时，你会发现，虽然"举个栗子"门店的营业面积不大，只有15平方米左右，但是有着极高的坪效，社区店月营业额为10万元左右，商场店月营业额为30万元左右，商场店最高月营业额高达55万元。

乔志忠为什么会取得如此优秀的业绩呢？这与他在开店之前深入地研究市场、进行客户细分有着密切的关系。他在开办每个门店之前，对于该地区内的各种条件，诸如商圈内的消费购买能力、竞争店的经营状况等进行了大量的走访和调查，并进行了深入的研究和分析，以作为设店时营业额预测及决定门店规模的参考，进而利用这些调查结果规划门店的经营策略、经营收益计划、产品铺设等，从而使决策失误降到最低。

维度二：无差别性市场营销策略、差别性市场营销策略、集中性市场营销策略三种目标市场营销策略各有利弊。选择目标市场进行营销时，创业者必须考虑企业面临的各种因素和条件，如企业规模和原料的供应、产品类似性、市场类似性、产品寿命周期、目标市场等。

选择适合本企业的目标市场营销策略是一个复杂多变的工作。企业内部条件和外部环境在不断发展变化，经营者要不断通过市场调查和预测，掌握和分析市场变化趋势与竞争对手的条件，扬长避短、发挥优势、把握时机，采取灵活的适应市场态势的策略，去争取较大的利益。

拓展阅读 4-1

项目二　制定营销战略

"拼时代"下电子商务行业的营销策略
——以拼多多为例

关键词

价格优势　价格优势是同一种商品在价格上的优势。一般来说价格比同一类产品的价格越低，商品的竞争力越强。而价格低的保障是生产成本较别人为低。

营销策略 营销策略是企业以顾客需要为出发点，根据经验获得顾客需求量及购买力的信息、商业界的期望值，有计划地组织各项经营活动，通过相互协调一致的产品策略、价格策略、渠道策略和促销策略，为顾客提供满意的商品和服务而实现企业目标的过程。

C2B C2B（Customer to Business），即消费者到企业，是互联网经济时代新的商业模式。这一模式改变了原有生产者（企业和机构）和消费者的关系，是一种消费者贡献价值，以及企业和机构消费价值。C2B模式和我们熟知的供需模式（Demand Supply Model，DSM）恰恰相反。

真正的C2B应该先有消费者需求，而后有企业生产，即先由消费者提出需求，后由生产企业按需求组织生产。通常情况为消费者根据自身需求定制产品和价格，或主动参与产品设计、生产和定价，产品、价格等彰显消费者的个性化需求，生产企业进行定制化生产。

C2B的核心是以消费者为中心，消费者当家作主。站在我们平时作为消费者的角度看。C2B产品应该具有以下特征：一是相同生产厂家的相同型号的产品无论通过什么终端渠道购买价格都一样，也就是全国人民一个价，渠道不掌握定价权（消费者平等）；二是C2B产品价格组成结构合理（拒绝暴利）；三是渠道透明（拒绝山寨）；四是供应链透明（品牌共享）。

典型事件

随着互联网电商行业的发展，拼多多作为新兴的C2B型的电商平台在基本定局行业形势下占有一席之地，在3年多的时间内积累了4亿名用户，以庞大的市值在短短半年的时间内跻身世界500强的前列。究竟是什么使它能如此快速地成功？是它独特的产品定位和市场定位使其成功？

拼多多躲避了一些大型的电商平台，关注的是广大的老百姓，也是依靠广大人群成长起来的，拼多多内部透露的市场定位就是"服务中国广大人群的消费升级"。国家统计局发布数据显示，2022年，全国居民人均消费支出24 538元。分城乡来看，城镇居民人均消费支出30 391元，农村居民人均消费支出16 632元。性价比仍是人们消费时首要考虑的要素。

专家点评：拼多多市场定位准确、目标客户清晰。

1. 拼多多的市场定位分析

拼多多的一个基本的市场逻辑是价格优势，即优惠，这点和初期的京东类似，以低价快速获得用户规模,有些产品的价格甚至是同行的一半。目前拼多多已经成为国内第三大电商。另外,拼多多在市场策略上定位的客户群,主要是中国小城市和农村的电子商务市场,成功地绕过了一二线城市的主战场,将"小城市+县城+乡镇"作为重点市场。拼多多创始人黄峥曾笑称:"打个比方,在北京,我们的核心就是'五环'内的人理解不了的"。精准的客户群定位及惊人的价格就是拼多多更大的优势,几年走完了其他电商公司一二十年走的路。

社交电商的策略让拼多多非常容易打造"爆款",拼多多描述自己的模式为C2B拼团,拼多多的线上拼购模式复制了线下的庙会、团购等消费场景,而这种传统的线下模式之前的传播是有空间局限的,而腾讯作为拼多多的大股东,拼多多毫无疑问可以将微信的社交能力发挥到,实现爆炸式的增长。拼多多财报数据显示,2022年其总收入达1 305.76亿元人民币,较2021年的939.499亿元人民币增长39%。

专家点评:拼多多成功的原因在于其善于利用网络进行大规模宣传营销;善于利用大数据,精准定位用户群体,并利用微信进行低成本营销,铸就了成本低、效果好的态势,采用了拼团的运营模式。

2. 拼多多的产品定位分析

拼多多对准了几乎被遗忘的价格敏感用户。行业内专业人士不难发现,拼多多的竞争对手似乎不是大型的电商平台,而是街边店。能用、实惠已经能满足他们的需求。就地域分布而言,拼多多的消费人群大部分在三四线城市及广大城镇。以这群人的消费需求分析,这种错位竞争为拼多多站稳市场拿到了通行证。拼多多是敏锐的,它瞄准了一群尚未被电商巨头覆盖但是有庞大网购需求的群体,而且很好地抓住了他们的"痒点"。目前拼多多正在通过升级供应链和打击假货来提高商品质量,供应链升级也是未来很长时间内的战略重点。截至2022年,拼多多用户量已接近9亿人,仍在持续增长。从2018年7月上市至2022年年底,拼多多股价上涨超过60%。截至2023年6月,拼多多市值达到1 073.76亿美元。此时距离拼多多成立(2015年9月)还不到8年,拼多多的飞跃关键就在于其成功的营销策略。

思考与讨论

话题一:拼多多采用了哪种运营模式?
话题二:拼多多的经营策略有哪些?

多维分析

维度一:拼多多平台的运营模式

(1)运营模式概述。拼多多平台是一个由用户、商家、公司三方构成的电子商务行业平台,所采用的为C2B经营模式,即拼多多不参与任何商品的生产经营活动。商家在拼多多上首先上架未生产出的商品信息,然后等用户拼团成功后,再集中向原料商采购原材料,进行批量生产。最终由商家自行管理订单,并直接将产品交付给快递公司进行派送。

(2)C2B运营模式与B2B传统模式的对比。用户在传统的购物网站上购买所需要的商品时,对于同一件商品、购买的人数多少并不能影响商品的直观价格,用户也无从知晓价格是否真正有折扣。总的来说,这种企业对企业(Business to Business,B2B)的营销模式是以长期折扣为营销手段的。C2B模式下的拼多多的团购方式与一般电商网站不同,用户可以直观地看到拼团价格远低于单独购买价格,并且能在开团支付成功后获取转发链接,邀请其他好友参团,还可以邀请更多的用户参团。通过大量用户的需求集中向商家下单定制,使商家进行大规模的原料采购、生产、发货,降低了商品生产的成本。拼多多低廉的价格,引起了更多对低价格产品追求的人争相购买,这样的良性循环才是促使拼多多型行业崛起的重要原因。

维度二: 拼多多平台的经营策略

(1)"低价拼团"的促销策略。在拼多多提出"低价拼团"这个概念之前,主流电商早就提出了团购的概念。团购就是在特定时间内,通过用户的社交关系网与他人共同支付同种商品完成下单,通过这种模式降低单人下单的成本。"低价"对于主流电商来说,主要是将不太畅销的商品在短时间内以"抢购""秒杀"的形式出售。拼多多则将这种低价拼团的模式从主流电商的"挂件"变成营销模式的核心,使每个用户无论何时购买何种产品都可以通过低价拼团的模式付出较低的购买成本。

(2)以微信为平台的低成本流量。传统的社交电商利用明星效应吸引用户购买商品。这种方式解决了电商信息不对称的问题,消费者可以从信任的网红或明星口中得知商品的优点,消除了消费者因为看不到商品而带来的怀疑和不确定问题。然而,在这种模式下,流量问题没有得到解决。每个网红的流量是恒定的,这些流量很难进行裂变式的增长。根据公开数据评估,社交传播增长每月为拼多多带来8%的用户增长。拼多多通过微信分享订单链接,号召他人参团购买。用户被团购低价吸引,就会号召亲朋好友参团,既实现了品牌的反复曝光,又吸引了新用户注册并转换为新的订单,实现了裂变式增长。

(3)精准定位用户群体。拼多多主要是在三四线城市获得了成功,这其实是与拼多多的营销模式是分不开的。首先,三四线城市居民的收入水平相对较低,对低价商品的需求旺盛,拼多多的存在从根本上符合该人群的需求;其次,相比一二线城市,大多数三线以下城市居民的闲暇时间较多，有充足的时间去砍价，这使拼多多低价拼团策略在三四线城市存在较强的可行性；最后，智能手机在三四线城市的普及、物流成本的逐步下降和居民收入水平的不断提升，这些都为拼多多在三四线城市发展的奠定了雄厚的基础。正是由于这些原因，通过分享拼团砍价链接，拼多多在三四线城市取得巨大的成功。

拼多多定位三四线城市的策略实质上是长尾效应（图4-2-1）的一次现实应用。

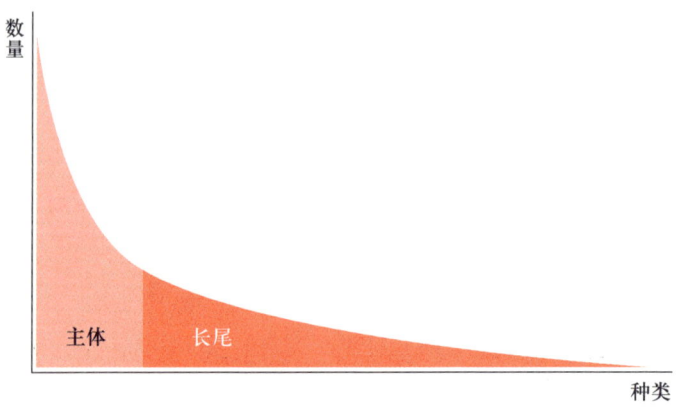

图4-2-1　长尾效应

图4-2-1中左边突起的部分就是"头"，右边相对平缓的部分就是"尾"。新兴的互联网企业为了在短时间内攫取更多的利益，大多把用户定位在头的部位，也就是一二线城市人口的需求，如奢侈品行业、高级餐饮行业等。分布在尾部的需求往往是零散且个性化的需求，这些需求在需求曲线上形成了一条长长的"尾巴"，故称长尾。长尾效应取胜的关键不是质量，而恰恰是数量。随着互联网的发展，更多阶层的人有了接触网络的机会，长尾用户的数量就会逐渐超过头部用户。

数字经济行情信息和数据终端易观千帆的监测数据显示，截至2022年，三线城市及以下的用户量在拼多多的总用户量中占比已接近60%，这一比例显著高于其他传统电商平台，同时也印证了拼多多的定位是正确的。按照我国目前的基本情况，居民的平均收入水平在一二三四五线城市中大体上是逐级递减的，但三线以下城市的人口规模要比一二线城市大得多。从宏观经济学的角度来看，国民的消费水平取决于收入水平。由于三线及以下的用户占大多数，高性价比的商品依然是市场的主导。正因为如此，拼多多上的低价商品有着庞大的市场需求。根据长尾效应，不难得出，要在电商行业中占有一席之地，获利的群体定位不是高收入、高需求的"主体人群",而是占有绝对多数的"长尾人群",拼多多所取得巨大成功的原因亦是不言而喻的。

（4）吸引强有力推手的融资。据业内人士报道,如果一个项目有好的回报,则该项目可能成为电商领域的"大鱼",大公司会先收进去,成为盟友,待这条"鱼"长大了再考虑业务协同。一直在电商上找不到抓手的腾讯,渴望通过融资占有电商行业的一定地位,而拼多多这条"大鱼"正需要借助微信这样一个平台加大自己低流量的宣传力度。后来,腾讯遇到了拼多多,也成就了今天的拼多多。

拓展阅读 4-2

项目三　制定营销组合策略

让"中国最大的民营快递公司"实至名归
——顺丰速运的营销组合策略

关键词

产品组合　产品组合,也称产品的各色品种集合,是指企业在一定时期内生产和经营的不同产品和产品项目组合。

定价组合　定价组合是指将各种产品价格组合在一起,从而使企业价格水平保持科学、规范的状态,取得整体上的效益。

渠道策略　渠道策略也称营销渠道策略,是整个营销系统的重要组成部分,它对降低企业成本和提高企业竞争力具有重要意义,是规划的重中之重。随着市场发展进入新阶段,企业的营销渠道不断发生新的变革,旧的渠道模式已不能适应形势的变化。

促销策略　促销策略是指企业如何通过人员推销、广告、公共关系和营销推广等各种促销手段,向消费者传递产品信息,引起他们的注意和兴趣,激发他们的购买欲望和购买行为,以达到扩大销售的目的的活动。

典型事件

进入21世纪,在改革开放的新形势下,快递业如何把握新的机遇、迎接新的挑战,已经引起了社会各界的广泛关注。整合业务流程,实现资源优化配置,提供优质及个性化服务正成为快递行业赢取客户、赚取超额利润的主要趋势。随着邮政改革的深入和中国加入世界贸易组织的快递业开放承诺,在中国市场,快递业的竞争也将进入一个新的阶段。

顺丰速运无疑为目前国内物流企业营销的成功典范。顺丰速运自1993年成立以来,经过几十年的迅速发展,成为国内一流的快递物流企业。顺丰速运的成功迅猛发展,除了具有别具一格的管理理念,出色的营销策略运用对顺丰速运品牌的树立和宣传、顺丰速运文化的深入人心、顺丰速运产品及服务的推广也起到了极大的作用。

目前,顺丰速运的营销可以说是"无孔不入",各种营销组合策略的联合使用让顺丰速运无处不见。顺丰速运成立和发展之初,营销主要靠的不是广告的宣传,而是优质的产品及服务。

> **专家点评**:顺丰的营销组合策略逐步由以产品为导向的物流营销组合策略转变为以消费者需求为导向的物流营销组合策略,将尽可能地按照消费者的需求提供优质的服务放在首位,并着手于建立顾客关系和顾客忠诚。

1. 产品及服务策略

顺丰速运可以提供中国大陆31个省、自治区和直辖市,以及港澳台地区的高水准的门到门快递服务。采用标准定价、标准操作流程,各环节均以最快速度进行发运、中转、派送,并对客户进行相对标准承诺。

顺丰速运可以按照寄件方客户(卖方)与收件方客户(买方)达成交易协议的要求,为寄件方客户提供快捷的货物(商品)专递,并代寄件方客户向收件方客户收取货款;同时,可以提供次周、隔周返还货款的服务。

(1)顺丰速运的产品及服务的优势。

① 快捷的时效服务。从客户预约下单到顺丰收派员上门收取快件,1小时内完成;快件到达顺丰营业网点至收派员上门为客户派送,2小时内完成。截至2022年年末,自有专机和138条全货机航线的强大航空资源,庞大的地面运输网络,有力保障各环节以最快路由发运,实现快件"今天收明天到"(偏远区域将增加相应工作日)。

> **专家点评**:享受快捷、准确、安全的服务,将直接帮助从事电子商务的企业或个人提升业务优势,让参与电子商务的消费者更满意。

② 安全的运输服务。自营的运输网络——提供标准、高质、安全的服务;先进的信息监控系统——手持终端设备(Hand Held Terminal,HHT)和通用分组无线服务(General Packet Radio Service,GPRS)技术全程监控快件运送过程,保证快件准时、安全送达;严格的质量管控体系——设立四大类98项质量管理标准,严格管控。

③ 高效的便捷服务。先进的呼叫中心——采用计算机电话集成(Computer Telephony Integration,CTI)综合信息服务系统,客户可以通过呼叫中心快速实现人工、自助式下单、快件查询等功能;方便、快捷的网上自助服务——客户可以随时登录顺丰速运网站享受网上自助下单和查询服务;灵活的支付结算方式——寄方支付、

到方支付、第三方支付、现金结算、月度结算、转账结算、支票结算。

（2）顺丰速运的产品及服务的特色。

① 365全天候服务。一年365天不分节假日，顺丰速运都将一如既往地提供服务。

② 多项特色增值服务。顺丰速运提供代收货款、保价、等通知派送、签回单、代付出/入仓费、限时派送、委托收件、短信通知、免费纸箱供应等多项增值服务。

③ 新增夜晚收件服务。为满足客户需求，延长收取快件时间，自2009年7月1日起，顺丰速运在北京市、天津市及山东省、江浙沪地区和广东省服务地区推出夜晚收件服务。

2. 价格策略

顺丰速运坚信价格是价值的标签，即价格只有与产品价值进行对比才能看出是否合理。顺丰速运在同行业中的价格应属于中等水平，但提供的服务却是上等优质的服务。

（1）顺丰速运的货物享受的国内唯一的货物包机服务在速度上体现了快捷。

（2）在安全方面，顺丰速运的运输网络都是自己组建的，并通过高科技的业务系统全程跟踪货物在各运输环节的安全情况。

（3）货物信息在收派终端唯一实现信息实时上传，并可以通过短信形式免费通知客户。

3. 促销策略

顺丰速运的促销策略不仅仅是为了宣传产品，提高企业的知名度，更重要的是为客户提供获取物流服务的便利性，以及方便与客户进行沟通，并通过互动、沟通等方式，把客户和企业双方的利益无形地整合在一起。

（1）传统营销策略。顺丰速运通过电视、报纸、广告牌等进行品牌定位和产品及服务特色宣传，让新、老客户及时、快捷地了解到企业动态，以及新的产品及服务的研发情况和特色。通过统一规格的运输车辆、统一的快件包装对品牌及企业文化进行推广。

（2）网络营销策略。在互联网飞速发展的今天，基于电子商务的物流企业在进行营销策略研究时，网络营销策略十分重要。在国内物流企业中，顺丰速运的网络营销无疑最为出色。

① 顺丰速运建有完善的官网，并在百度、新浪、搜狐、网易、有道等多家搜索引擎上进行网站推广。

② 顺丰速运在淘宝网、当当网等电子商务网站上对产品及服务特色进行广告

专家点评：顺丰速运的促销策略运用在国内物流企业中首屈一指。手段多样、形式多变的促销策略为顺丰速运吸引了大量的潜在客户，也为老客户随时关注顺丰动态提供了方便。

宣传。

③ 顺丰速运与多家需要快递服务的企业进行联合，共同宣传，增强企业的知名度和信誉度。

（资料来源：本文改编自《顺丰速运营销策略研究案例分析》.）

思考与讨论

话题一： 顺丰速运的产品组合策略有哪些？

话题二： 顺丰速运的营销策略还存在哪些弊端？

多维分析

维度一： 顺丰速运之所以成为行业翘楚，与以下几个方面是分不开的。

（1）积极——迅速扩展和进步的业务。顺丰速运在成立初期提供顺德与香港之间的即日速递业务。随着公司的业务不断发展并迈向国际，顺丰速运成为中国速递行业民族品牌的佼佼者之一，其积极、有序地发展陆上及航空速递网络，并专注于人才队伍的建设，这是企业中长期发展规划的首要任务。

（2）创新——持续创新和完善的服务。顺丰速运积极探索客户需求，为客户提供快速、安全的流通渠道；不断推出新的服务项目，帮助客户更快、更好地根据市场的变化作出反应；缩短客户的贸易周期，降低经营成本，提高客户的市场竞争力。除了在公司内部培养一批中流砥柱，还不断吸收精英以满足业务高速发展及服务完善的需要。

（3）务实——保持稳健中提升的作风。顺丰速运致力于加强公司的基础建设，统一全国各网点的经营理念，大力推行工作流程的标准化，提高设备和系统的科技含量，提升员工的业务技能和素质，努力为客户提供更优质的服务，不遗余力地塑造顺丰速运这一民族速递品牌。

（4）活力——营造迅捷和亲切的体验。顺丰速运以客户需求为核心，建设快速反应的服务团队，谨守服务承诺；提供灵活组合的服务计划，为客户设计多种免费增值服务及创新体验，全天候不间断地提供亲切和即时的领先服务。

维度二： 对于提供社会型服务产品的快递行业来说，顺丰速运可以说是世界上最低调的一家企业。顺丰速运固执地让自己和别人相信，"口口相传"是最好的品牌推广手段，但也因此被同行戏称为"老鼠会"。

不过，顺丰速运地CEO王卫的低调无法隐藏顺丰速运的成功。从偏居广东一隅的小公司，到年营业额高达数百亿美元的大集团，初期几乎没有采取任何推广手段的顺丰速运，在与申通、宅急送的赛跑中居然跑到了最前面。并且，顺丰速运早在2003年就成为中国最早使用飞机运送快件的公司。

顺丰速运营销策略的合理运用，成功地为公司树立了"积极、创新、务实、活力"的品牌理念，有效地对产品及服务进行了宣传，增加了企业的知名度和好评率。

拓展阅读 4-3

模块五
利用创业资源

项目一 汇集创业资源

资源整合的商机——"我知盘中餐"

关键词

资源整合 资源整合是系统论的思维方式,是指通过组织和协调,把企业内部彼此相关但彼此分离的职能、企业外部既参与共同的使命又拥有独立经济利益的合作伙伴整合成一个为客户服务的系统,取得"1+1>2"的效果。

资源优化配置 资源优化配置是指在市场经济条件下,不是由人的主观意志而是由市场根据平等性、竞争性、法制性和开放性的一般规律,由市场机制通过自动调节对资源实现的配置。

羊群行为 羊群行为指动物(牛、羊等畜类)成群移动、觅食。后来这个概念被引申来描述人类社会现象,指与大多数人一样思考、感觉、行动,与大多数人在一起,并保持一致。后来,这个概念被金融学家借用来描述金融市场中的一种非理性行为,指投资者趋向于忽略自己的有价值的私有信息,而跟从市场中大多数人的决策方式。羊群行为表现为在某个时期,大量投资者采取相同的投资策略或者对于特定的资产产生相同的偏好。

外包 外包也称资源外包、资源外取、外源化。外包是一个战略管理模型,诞生于讲究专业分工的20世纪末。企业为了维持组织竞争核心能力,并且摆脱组织人力不足的困境,可将组织的非核心业务委托给外部的专业公司,以降低营运成本,提高品质,集中人力资源,提高顾客满意度。外包业是新近兴起的一个行业,它给企业带来了新的活力。

典型事件

专家点评： 中国要强，农业必须强。从精准助农的角度切入，项目出发点很好地抓住了市场痛点。

有关统计数字表明，我国由于缺乏科学的种植指导，每年造成的农产品经济损失达3 000亿元以上。作为农业大国，重视农业和农村问题是应有之义。"我知盘中餐"项目就是从一位农民请求帮助解决滞销农产品开始的。

"我知盘中餐"大数据精准助农平台由厦门大学张德富带领的师生创业团队发起成立。针对农产品盲目跟风生产问题、生产技术问题、精准营销问题及食品安全溯源问题，利用先进的移动互联网技术、大数据、物联网及人工智能等关键核心技术，研发了农产品价格行情指数平台、农业专家系统、病虫害识别系统、精准营销和食品安全溯源系统，全面提升了农产品的附加值，让农民农产品能卖出好价钱，让消费者吃得安心，助力精准扶贫和乡村振兴。

专家点评： 人们往往认为资源整合主要是指资金、设备等，其实人才资源的整合也是极其重要的。"我知盘中餐"项目的重点资源是技术平台，但是单一的专业技术人员很难将项目拓展开并且进行下去。只有具有不同的专业背景、不同的专业的人才的支持，才使这个平台的建设得以顺利发展。

简单来说，"我知盘中餐"项目搭建的是一个大数据精准助农新平台，基于大数据和人工智能技术，解决农产品供销问题，为农村与农户提供农产品价值链四大核心环节的服务，即种植规划服务、种植技术服务、市场营销服务和品牌建设服务。

当然，好项目也不是一帆风顺的。"我知盘中餐"项目的创始人张德富表示，最初由他一个人带领实验室团队做这个网络平台。团队最初走的是有情怀、有温度的公益路线，但项目进行到中期的时候面临资金短缺、人才流失问题，项目已经难以维持下去，甚至对于项目的去留已经开始了讨论。但是张德富觉得，中途放弃过于可惜。经过多方奔走，团队得到了足够的支持，2017年底，项目正式上线运作，之后团队吸纳了来自不同学院的优秀人才，逐渐走向壮大。团队每年寒暑假都要组织大约50支实践队走向全国各地，洒下"我知盘中餐"精准扶贫的种子。几年来，师生的足迹踏遍云南临沧、西藏那曲、新疆喀什、内蒙古呼伦贝尔、黑龙江鹤岗等全国130个县区。

专家点评： 不断的资源整合可能是叠加优势，也可能是资源互补。尽管很难明确表述出项目的资源整合是否成功，但是项目成果的数据说明，"我知盘中餐"项目对涉农资源的整合是有力且有效的。

截至2019年，"我知盘中餐"团队在教育部的支持下，已经对接了426个农村、300多家合作社，农产品超过1 500种，帮助贫困户3 137户，并且已经与一些采购单位签订采购合同1 480万元、意向合同3 360万元，B端订单为合作社带来1 350万元收入，主营业务收入130万元。项目覆盖福建省29个县、涵盖所有23个复盘重点县，已经在全国14个省份、117个县落地。

（资料来源：伊柔，侯欣怡.我知盘中餐：大数据精准助农新平台.筑梦虚拟创新空间微信公众号，2019-06-24.有删改.）

思考与讨论

话题一:"我知盘中餐"进行了哪些资源整合?

话题二:你认为项目中期无法进行下去的原因有哪些?

话题三:未来的"我知盘中餐"应该更注重哪些资源的整合?

多维分析

维度一:客观地说,人们总倾向于谋而后动。也就是说,要等到一切时机都成熟了,所有的资源都到位了,才开始行动。其实我们自以为拥有的资源和人脉绝不会像想象的那么好用。任何一个商业活动从无到有,都必然要经历没有团队和客户的阶段。例如,以雷军在互联网圈二十多年的人脉,创立小米的时候团队组建也很艰难,仅寻找人才就用了近1年的时间。真正的成功者是寻找资源然后整合资源的人,并不是拥有现成资源的人。

在历届中国国际"互联网+"大学生创新创业大赛中试图搭建一个助农平台、用大数据、人工智能等技术,解决农产品供销问题,或者建立农产品电商平台等类似的项目其实很多,但真正能够走到金奖行列的少之又少。为什么呢?一是没有获得核心技术,二是没有真正地调动整合资源。"我知盘中餐"项目中期遭遇困难其实也有这些原因。但是,"我知盘中餐"团队进行了人员的整合,集合了不同专业背景的技术、资源优势,从而扭转了困局。

维度二:按照企业之间整合资源的方式不同,资源整合分为三种形式,即纵向整合、横向整合和平台式整合。

纵向整合是指处于一条价值链上的两个或者多个厂商联合在一起结成利益共同体,致力于整合产业价值链资源,创造更大的价值。横向整合是指把目光集中在价值链中的某个环节,探讨只有利用哪些资源,怎样组合这些资源,才能最有效地组成这个环节,提高该环节的效用和价值。它与纵向整合不同,纵向整合把不同的资源看作位于价值链上的不同环节,强调的是每个企业都要找准自己的位置,做最有比较优势的事情,并协调各环节的不同工作,共同创造价值链的最大化价值。横向整合的资源往往不是处于产业链内,而是处于本产业链外。

不论是纵向整合还是横向整合,都是把企业自己作为整合资源的一部分,考虑怎样联合其他资源得到最佳效果。平台式整合却不同,它考虑的是,企业作为一个平台，在此基础上整合供应方、需求方甚至第三方的资源，同时增加双方的收益或者降低双方的交易成本，自身也因此获利。阿里巴巴就是一个典型的搭建平台整合资源的例子。它整合了供应商和需求方的信息，打造了一个信息平台。供应商和需求商可以通过它交换信息，互通有无，达到最佳的交易效果，而阿里巴巴则通过收取服务费而盈利。类似的成功的例子还有携程网等。

"我知盘中餐"团队通过平台的形式，梳理产业价值链资源，将农民、农村、农业技术团队、沉睡的涉农资料（如气候、供需关系等）紧密联系起来，充分利用，从而实现了自身价值。党的二十大报告中谈到关于加快建设农业强国时特别强调，要建设农业现代化，促进农业高质高效发展。在这一政策引领下，相信"我知盘中餐"团队能够取得更大的成就。

拓展阅读 5-1

项目二　筹措创业资金

"饿"出来的创业——"饿了么"的融资历程

关键词

天使投资　天使投资是权益资本投资的一种形式，是指投资人出资协助具有专门技术或独特概念的原创项目或小型初创企业，进行一次性的前期投资。它是风险投资的一种形式，根据天使投资人的投资数量，以及对被投资企业可能提供的综合资源进行投资。与其他风险投资不同的是，天使投资是一种非组织化的创业投资形式，其资金来源大多是民间资本，而非专业的风险投资商。天使投资的门槛较低，有时即便是一个创业构思，只要有发展潜力，就能获得资金，而风险投资一般对这些尚未诞生或嗷嗷待哺的"婴儿"兴趣不大。

A轮融资　项目基本步入正轨，企业获得较大发展，商业模式、盈利模式完整，在行业内取得了一定的地位和口碑，可能并没有开始盈利。资金来源大多是专业的风险投资机构。

B轮融资　项目获得较大发展，可能已经开始盈利。可能需要推出新业务，拓展新领域而出现资金需求。这一阶段的资金大多来源于上一轮的风险投资机构，或者有新的风投机构、私募股权投资机构加入。

C轮融资 公司已经开始盈利，在行业内有很大的影响力。可能需要拓展业务、补全商业闭环、准备上市而出现融资需求。这一阶段的资金来源主要是私募股权投资机构和之前的风险投资机构跟投。一般在成功进行C轮融资之后企业已经成功上市。

典型事件

在上海交通大学闵行校区的研究生宿舍中，张旭豪和室友康嘉沉迷于一场实况足球计算机游戏，对窗外天色逐渐变暗浑然不觉。当时钟指向夜间10点的时候，饥饿感重新将他们唤回到现实世界。两个饥肠辘辘的人接连打了几个餐厅的外送电话，都无人接听。在经过彻夜交谈之后，一个想法诞生了，两人决定在校园内做一个外卖服务的项目。那是2008年，在拥有了东拼西凑的20万元创业资金之后，一个蜗居在宿舍里的创业团队初步建立。2009年4月，在放弃最初的拼体力服务方式之后，"饿了么"网上订餐应运而生。

张旭豪和他的伙伴在服务上下足了功夫，专门研发针对商户的网络餐饮管理系统，使商户可以直观地看到自己的收益，而"饿了么"的客户端用户只需点击三次，就能成功下单。"饿了么"的核心竞争力在于整合线下餐厅而不是互联网公司擅长的线上服务，通过有效的客流进行线上线下交互，形成了O2O（Online to Online）闭环。

以下简要回顾"饿了么"的发展过程：2009年4月，"饿了么"网站正式上线；9月，推出餐厅运营一体化解决方案；10月，日均订单突破1 000单。2010年5月，网站2.0版本上线，各方面性能均有所提升；6月，推出超时赔付体系，建立行业新标准；8月，公司规模扩张，喜迁新址；11月，手机网页订餐平台上线。至此，"饿了么"初步形成了自己的运营模式。

当然，"饿了么"如此"亮眼"的发展过程，投资者自然不会错过。

2011年3月，"饿了么"获得来自金沙江创投的数百万美元投资。

2013年1月，"饿了么"获得来自经纬中国、金沙江创投的数百万美元投资。

2013年11月，"饿了么"获得来自红杉资本中国、经纬中国、金沙江创投的2 500万美元C轮投资。

2014年5月，"饿了么"获得大众点评战略投资8 000万美元D轮投资，总计金额达到1.1亿美元左右。

2015年1月28日，"饿了么"正式宣布获得3.5亿美元E轮融资。除了此前的投资者红杉资本、大众点评继续增资，新投资方包含领投方中信产业基金及腾讯、京东两家互联网电商巨头。

专家点评：创业最宝贵的就是含金量极高的"点子"，而创业想法往往就诞生在我们的日常生活中。初始资金不一定全部都是自己出，朋友、家人都可以提供最初的创业资金。

专家点评：传统观点一提起融资总是会想到去银行借钱，但是处于初创阶段的企业往往很难得到银行的资金支持，即使得到了，也是杯水车薪。拓宽融资渠道，接受各种新的融资方式，是所有创业者必做的功课。

2015年8月28日,"饿了么"完成6.3亿元的F轮融资,本轮融资由中信产业基金、华联股份领投,华人文化产业基金、歌斐资产等新投资方,以及腾讯、京东、红杉资本等原投资方跟投。企业估值190亿元。

2015年12月17日,"饿了么"和阿里巴巴签署投资框架性协议,阿里巴巴投资"饿了么"12.5亿美元。进行本轮投资后,阿里巴巴占股"饿了么"27.7%,成为第一大股东。

2016年4月13日,"饿了么"对外宣布与阿里巴巴正式达成战略合作协议,获得12.5亿美元投资,再次刷新了全球外卖平台单笔融资金额最高纪录。

2017年6月,阿里巴巴再次对"饿了么"增资4亿美元。至此,阿里巴巴对"饿了么"的持股达到32.94%。2017年底,"饿了么"和阿里巴巴投资企业众包物流平台点达完成战略合作。

专家点评:股权融资是一把双刃剑,如果频繁使用,很可能丧失对企业的话语权。

2018年2月26日晚间,阿里巴巴对外确认,阿里巴巴将全资收购"饿了么"全部股份,收购金额约90亿美元。

2019年,阿里巴巴发布的2019财年第三季度财报显示,由饿了么和口碑合并而成的阿里本地生活服务公司订单与成交总额(Gross Merchandise Volume,GMV)持续强劲增长,超过30亿美元的独立融资逐步到位。

2022年1月,天眼查App显示,拉扎斯网络科技(上海)有限公司(饿了么公司全称)发生工商变更,企业注册资本从447.55亿人民币增至550亿人民币,增幅约22.89%。

(资料来源:佚名.CEO张旭豪饿了么的创业故事.应届毕业生网,2020-10-13.有删改.)

思考与讨论

话题一:目前,初始创业资金有哪些来源?
话题二:你认为"饿了么"获得A轮融资的原因有哪些?
话题三:"饿了么"的融资策略是否存在问题?

多维分析

维度一:企业要发展,只有拥有更多的资金,才能快速占领更多的市场份额,特别是在互联网领域,而且能在市场上获得更好的形成垄断的机会。如果企业的成长速度不够快，或者创业者每天都在为资金的事情发愁，公司的发展定然无法达到预期，未来定会被市场淘汰。

维度二：企业的融资方式有两类，即股权融资和债权融资。股权融资是指企业的股东愿意让出部分企业所有权，通过企业增资的方式引进新的股东的融资方式。通过股权融资所获得的资金，企业无须还本付息，但新股东将与老股东同样分享企业的盈利与增长。股权融资的特点决定了其用途的广泛性，既可以充实企业的营运资金，又可以被用于企业的投资活动。债权融资是指企业通过借钱的方式进行融资，通过债权融资所获得的资金，企业首先要承担资金的利息，另外，在借款到期后要向债权人偿还资金的本金。债权融资的特点决定了其用途主要是解决企业营运资金短缺的问题，而不是用于资本项下的开支。

利用股权融资，由于引进了新的投资者或出售了新的股票，必然会导致企业控制权结构的改变，分散企业的控制权。另外，尽管股权融资不需要考虑还款的压力，但是资本成本要高于债务融资。

拓展阅读 5-2

模块六
论证商业模式

项目一 构建商业模式

玩转"铁人三项"——小米的商业模式

关键词

客户价值 客户价值是指你能为客户带来哪些不可替代的价值。商业模式设计的重点在于全部架构必须紧扣客户价值,因为这是一个为了"创造客户价值"而精心规划的价值创造系统。

盈利模式 盈利模式是指你如何从为客户创造价值的过程中获得利润。这是商业逻辑的最终落脚点,商业模式的创新最终要落在盈利上。

资源流程 关键资源是指企业内部如何汇聚资源来为客户提供价值,关键流程则是指企业如何在内部以制度和文化确保客户价值的实现。关键资源和关键流程描述了如何实现客户价值和公司价值。

典型事件

小米以创新和效率为根基。作为一家由工程师和设计师创建的公司,公司崇尚大胆创新的互联网文化,并不断探索前沿科技;同时,公司不懈追求效率的持续提升,致力于降低运营成本,并把效率提升产生的价值回馈给用户。

公司独特的"铁人三项"商业模式由三个相互协作的支柱组成:一是创新、高质量、精心设计且专注于卓越用户体验的硬件产品;二是使公司能以厚道的价格销售产品的高效新零售渠道;三是丰富的互联网服务。

小米是一家互联网公司。公司先以崭新的新零售渠道向用户销售各种由自主操作系统MIUI所驱动的智能手机及其他智能硬件产品,从而建立庞大的自有平台,为用

专家点评:项目定位要准确精练,一个项目的生命力很大程度上取决于它能在多大范围内解决人们的痛点。

专家点评:管理学家德鲁克说:"顾

模块六　论证商业模式 >> >> >>

户提供各式各样的互联网服务。在提供互联网服务的过程中，公司亦在取得用户许可并保护用户数据安全的前提下收集用户信息，从而可以更加了解用户的需求，加上云计算与人工智能的协助，进一步改良产品及服务。与其他获客成本较高的互联网平台不同，公司通过出售智能硬件产品，在赚取一定利润的同时自然获取互联网服务的用户。公司的用户群庞大、忠诚度高且黏性强，虽然2015—2016年公司智能手机的销量减少，但是报告期内MIUI的月活跃用户及互联网用户平均收入均稳定增加。在上述活跃MIUI用户中，存在着一群被称为"米粉"的热心用户，他们热爱小米品牌，并且拥有多种小米产品。公司从"米粉"的建设性反馈和功能创意中受益，这有助于不断提升公司的产品和服务，包括与公司硬件和互联网合作伙伴共同设计、开发或提供的产品和服务。

> 客决定了企业是什么，决定了企业生产什么，企业是否能够取得好的业绩。由于顾客的需求总是潜在的，企业的功能就是通过产品和服务的提供激发顾客的需求。"

1. 硬件

公司提供了一系列自主开发及与生态链企业共同开发的硬件产品，所有产品均专注于创新、质量、设计和用户体验。公司致力于将产品价格定位在广大用户可接受的价位，以确保广泛的接受程度及高留存水平。在核心产品方面，公司专注于设计和研发一系列先进的硬件产品，包括智能手机、笔记本计算机、智能电视、AI音箱和智能路由器。2018年，公司营业收入的大部分来自销售智能手机，公司销售的智能手机中价格不超过人民币1 299元的比例超过75%（以数量计算）。公司智能手机的销量经历2016年下滑后于2017年迅速复苏，主要原因有二：其一，公司于2016年投资建立高效的线下零售渠道，以便更好地把握线下机遇；其二，公司自2010年开始营运以来收入从零快速增至2015年的人民币668亿元。2016年，公司专注于加强创新、质量及交付，为扩大经营规模及业务扩张打造更坚实的基础。因此，公司在调整后于2017年恢复快速增长。

> 专家点评：通过高性价比的硬件吸引用户，然后为用户提供多种增值服务，使企业能够保持良好的经营和利润的持续增长，最终实现盈利。

公司同时拓展到其他产品。截至2018年3月31日，公司通过投资和管理建立了由超过210家公司组成的生态系统，其中超过90家公司专注于研发智能硬件和生活消费产品。在生态链企业的广泛布局下，公司建立了全球最大的消费物联网（Internet of Thing, IoT）平台，根据小米财报显示，截至2023年3月31日，公司的AIoT平台连接了6.18亿台设备（不包括智能手机及笔记本计算机）。这些产品互通互联，既改善了用户的生活，又为公司的互联网服务提供了专属平台。除智能硬件产品外，公司还发展了一系列生活消费产品，以进一步提高品牌知名度并将用户流量导向公司的零售渠道。

2. 新零售渠道

高效的全渠道新零售体系是公司增长策略的核心组成部分，使公司能在高效运营

> 专家点评：新零售本质上是利用最高

的同时扩展用户的覆盖范围并提升用户体验。自成立以来，公司一直专注于产品的线上直销，以达到效率最大化，并通过互联网与用户建立直接联系。根据互联网数据中心（Internet Data Center，IDC）统计，2018年第一季度公司在中国境内和印度的线上智能手机出货量均排名第一位。根据艾瑞咨询统计，按2017年及2018年第一季度成交总额计算，公司的线上直销平台小米商城已成为中国第三大3C（计算机、通信和消费电子产品三类电子产品的简称）线上零售直销平台；艾瑞咨询数据还显示，从商品成交总额来看，小米商城在2017年及2018年第一季度还是印度第三大线上零售直销平台。

2015年以来，公司通过自营小米之家门店扩大了线下零售直销网络，从而扩大公司的覆盖范围并提供更丰富的用户体验，在实行线上、线下同品同价的同时，保持了与线上渠道相同的运营效率。根据艾瑞咨询统计，2017年公司自营小米之家店面的坪效在全球零售连锁店中排名第二位。高效的全渠道销售策略使公司能够以优惠的价格为最广泛的用户群体提供产品。2022年，小米全球智能手机出货量保持第三，达1.5亿台。

3. 互联网服务

公司通过提供互联网服务让用户拥有了完整的移动互联网体验。2023年3月，公司基于安卓的自有操作系统MIUI拥有5.948亿月活跃用户。MIUI与安卓生态系统充分融合，可以兼容安卓生态系统上的所有移动应用程序，为公司提供互联网服务搭建了开放平台，互联网服务主要包括内容、娱乐、金融服务和效能工具等。公司硬件之间的互联性，以及硬件和互联网服务之间的无缝融合，使公司可以为用户提供更好的用户体验。

此外，公司在开发爆款移动应用（App）领域也取得了较好的表现。例如，2022年小米旗下的小米有品注册用户数达1亿人，月活跃用户为4 000万；早在2019年，小米运动注册量就已突破1亿人；等等。2022年3月，小米用户每天使用小米手机的平均时间超4小时。相比其他获客成本较高的互联网平台，公司通过硬件销售而获取客户的过程本身不产生额外成本。

公司独特的"铁人三项"商业模式由三个紧密相连且相互协同的支柱构成。公司努力提供高品质、高性能和精心设计且价格优惠的爆款产品。这些产品为公司的零售渠道带来更多的客流量。公司通过高效的新零售渠道（如电商平台和小米之家门店）以优惠的价格为用户提供公司的产品；通过互联网服务，公司与用户形成密切互动，增强了用户黏性，带来了新的变现机会。

上述商业模式在公司的平台上形成了强大的网络效应，提升了用户体验、参与度和留存率。随着公司更多产品和服务实现互联，公司能够提供更好、更丰富的用户体

效的方式，通过最短的链条，把产品直接交付给用户。只要追求效率的本质不变，新零售的业态就会越来越丰富。

专家点评：商业模式创新可以改变整个行业的格局，让价值数十亿美元的市场重新"洗牌"。

专家点评：小米创始人雷军说"效率

是小米模式的基石，也是理解小米模式的一把钥匙。小米模式的出发点就是要提高效率。"

验，从而吸引更多的用户。

（资料来源：小米集团.小米集团公开发行存托凭证招股说明书.中国证券监督管理委员会网站，2018-06-14.有删改.）

思考与讨论

话题一：如何看待小米"铁人三项"商业模式？

话题二：一个完整的商业模式应该包含哪些要素？

话题三：如何理解小米商业模式的创新？

多维分析

维度一：小米"铁人三项"商业模式高度简化后就是打造爆品使各类固定成本的分摊降低，使用新媒体和新零售渠道降低推广成本和销售成本，紧密围绕用户布局公司产品/服务，促成用户高频互动和使用，形成能够互相引流/转化用户、交叉补贴的商业闭环。"铁人三项"商业模式的关键在于以用户为核心，将密切关联的一系列消费需求一站式解决，重在提升用户体验，深度绑定用户。

维度二：一个成功的商业模式，第一步就是要制定一个有力的客户价值主张，也就是如何帮助客户完成其工作；第二步就是制定盈利模式，也就是为公司制订创造价值的详细计划。明确了客户价值和公司价值后，接下来就是如何实现这些价值，即关键资源和关键流程。"铁人三项"商业模式之所以能实现，是因为这些要素缺一不可，且相互影响并相互转化。

维度三：商业模式的创新是改变企业价值创造的基本逻辑，以提升顾客价值和企业竞争力的活动，既可能包括多个商业模式构成要素的变化，又可能包括要素之间关系或者动力机制的变化。例如，小米商业模式的创新，不仅体现在手机工艺、屏幕和芯片等技术创新上，更多是用户参与的互联网开发模式、"铁人三项"商业模式、"生态链"公司集群及"线上线下一体的高效新零售"等多个构成要素的系统化创新。

拓展阅读 6-1

项目二 创新商业模式

用创新点燃活力——老字号逆势新生

关键词

商业模式创新 商业模式创新就是对企业的基本经营方法进行变革，更注重从客户的角度、从根本上思考设计企业的行为，其出发点是如何从根本上为客户创造增加的价值。因此，商业模式创新逻辑思考的起点是客户的需求，根据客户需求考虑如何有效地满足它。

商业模式创新的方法 一般而言，商业模式创新有四种方法：改变收入模式、改变企业模式、改变产品模式和改变技术模式。其中产品创新是商业模式创新最主要的驱动力，技术变革是核心推动力。

老字号 老字号是指历史悠久，拥有世代传承的产品、技艺或服务，具有鲜明的中华民族传统文化背景和深厚的文化底蕴，取得社会广泛认同，形成良好信誉的品牌。老字号企业应当不断创新商业模式，持续增加老字号品牌的活力，满足新消费需求。

典型事件

北京稻香村品牌创始于1895年，主要经营糕点、肉食、速冻食品、月饼、元宵、粽子等特色食品，共16大类600多个品种，每年向市场供应食品近7万吨。

1. 经营创新，推行"一店一策"

为顺应消费形势变化，北京稻香村推出了"一店一策"创新经营发展战略，根据门店地理位置、文化背景、消费人群等不同特点，陆续打造了"零号店""南城生活店""东城食尚店""西单拾味店""朝阳时光店""西城山水店""工厂店"共七家特色门店。"零号店"选在了北京稻香村复业时期第一家门店原址处，店内设有文化展示区、烘焙体验区、现烤烘焙区、特色茶饮区和文创产品区。"眉宫饼""眉毛肉饺"等许多带着情怀与往昔味道的传统糕点也在这个店里再度回归，在同样一个位置，以同样的

专家点评：老字号焕新升级，需要顺应消费形势的变化，探索新型的商业模式。

味道重新出现。"中国象棋""北京胡同"等融合了传统文化、北京民俗文化的新产品也不断涌现。店铺单日最高销售额可达18万元，年轻顾客占比70%以上。不仅仅是"零号店"，从北京南城到时尚篮街，从复业原址到食品工厂，北京稻香村这些特色门店在保留传统售卖方式的同时，也保留了北京人的记忆与时代特征。一个个有文化艺术感、体现企业使命、有归属感的公共空间，也在传承传播中国传统饮食文化方面贡献着自己的力量。

2. 产品创新，不离"国潮文化"

> **专家点评**：没有固定的商业模式能够适应所有企业、适应所有时代。任何一个商业模式不仅必须根据时间、企业、文化进行调整，还要根据商业的特点进行调整。

随着国民文化自信的进一步提升，中点行业也迎来了更多新的机遇。近年来，北京稻香村以传播中国传统食品文化为使命，将传统糕点与现代时尚文化相结合，带动传统食品活态传承新景象。北京稻香村根据节气特点，结合我国传统节气饮食特征，推出"立春咬春卷""立夏陈皮饼""立秋肘子""大寒消寒糕"等与二十四个节气对应的吃食。在源于雨生百谷之意的"谷雨"节气前后，正是香椿上市的时节，在北京稻香村的"二十四节气限定美食"中，就有一款对应谷雨的"椿芽酥"，其在制作过程中对香椿的用料十分讲究，对制作时间更是严苛把控，从采摘到制作的过程要经历数十道繁复的工序，但完成时间仅用3天。北京稻香村的糕点师傅加班加点地缩短制作时间，目的是最大程度地将香椿的鲜嫩感保存下来，更好地将这份新鲜和美味传递给顾客。

除了用二十四个节气限定美食来演绎传统饮食文化，北京稻香村还依托传统饮食文化，成功恢复了"京八件""状元饼""巧果""重阳花糕""五毒饼"等多种曾经消失多年的传统食品。这些承载了传统饮食文化的产品，让更多的人在享受美味的同时，更享受到一场文化盛宴。

3. 品类创新，注入"鲜活动力"

> **专家点评**：弄懂用户、认清产品，这是商业模式创新的基础。

随着市场竞争的日益激烈，老字号同其他品牌一样面临着如何提升效益等现实问题。北京稻香村通过经营品类的不断创新，寻找到新的增长点。北京稻香村上新了以糕点为元素的枣花酥抱枕、牛舌饼抱枕、冰箱贴盲盒、枣花饰品等文创周边商品，不仅吸引了大批新"粉丝"关注，还常常被顾客分享在社交平台中。通过提炼传统糕点中的特色口味，北京稻香村还相继推出了"牛舌鲜乳茶""枣泥鲜乳茶""五仁牛乳茶"等多款京味茶饮。2022年夏天，北京稻香村推出了一款极具老北京特色味道的"二八酱冰淇淋"，一举成为"网红"新品，门店单日最高可销500余杯。

除了在特色门店中拓展产品品类，北京稻香村还在许多传统门店中增设了"小饭盒""现打鲜啤"等新品类，在为门店注入新动能的同时，方便了门店周边百姓的生活。

4. 渠道创新，提升"消费体验"

在互联网快速发展的时代下，北京稻香村通过直播带货、外卖平台等线上渠道，不断提升顾客的购物体验，可以使消费者不必到店也能品尝到老字号的美味食品。2022年5月，北京稻香村"微信小程序"正式上线，线上渠道的创新助力了老字号的发展，老字号也在不断迎接着新顾客群体，并提供新的顾客体验。

（资料来源：商务部流通业发展司."中华老字号守正创新提名案例（5）：用创新点燃活力 老字号逆势新生.中华人民共和国商务部网站，2023-02-01.有删改.）

专家点评：商业模式创新有法，但无定法，需要根据行业及自己的产品或服务变通进行。

思考与讨论

话题一：如何理解商业模式创新的"新"？
话题二：如何理解北京稻香村的商业模式创新？
话题三：如何判断商业模式是否有创新？

多维分析

维度一：商业模式创新可以新在技术，也可以新在产品，还可以新在营销与渠道，重点是需要根据自己的产品或服务的特点及客户的特点，创新性地满足客户的需求。

维度二：互联网时代的行业变革为商业模式创新提供了多个切入点，如产品创新、去中介化后的渠道变革、入口与社群、工具/能力、交易市场、榜单与媒体等，北京稻香村正是把握了这一时代特征，在经营、产品、品类、渠道上进行创新，实现了老字号的逆势新生。

维度三：优秀的项目必须有坚实的商业逻辑，一般通过客户需求、产品、资源组织及盈利模式这四个维度来判断商业模式是否有创新。值得关注的是，考核商业模式创新最根本的落脚点是盈利，但盈利不是最终的目的，创业要获得成功，需要考量的因素还有很多。

拓展阅读 6-2

模块七
呈现创业计划

项目一 制订创业计划

事半功倍——"挑战杯"大赛金奖作品

关键词

创业计划书 创业计划书又称商业计划书,是创业者在创业初期准备的一份书面计划,用以描述创办一个新的企业所相关的内部要素及外部条件,是对特定商业活动详尽筹划后的系统描述。

摘要 摘要是对整个创业计划书的概括,目的在于用最简练的语言将创业计划书的核心、要点、特色展现出来,吸引读者仔细读完全部文本,因而摘要一定要简练,要求在两页纸内完成。摘要应从正文中摘录出投资者最关心的问题,包括对公司内部的基本情况、公司的能力及局限性、公司的竞争对手、营销和财务战略、公司的管理队伍等情况的简明而生动的概括。

财务分析 财务分析是创业计划书中非常重要的部分,好的财务分析能够提高风险企业的评估价值,提高企业获取资金的可能性。

营销策略 营销策略是针对销售企业的产品或服务所制定的总体营销方法,为营销的相关活动奠定基础。

典型事件

1. 盛旦科技股份有限公司"闪电贴"项目计划书(目录)

1. 计划摘要
1.1 公司
1.2 市场
1.3 生产与营销
1.4 投资与财务
1.5 组织与人力资源

专家点评: 目录既是内容的索引,更是内容的体现,目录清晰完备则体现了内容的详尽与充分。

专家点评：一个好的营销策略不但符合外部市场情况，而且具有很强的可操作性，以保证营销计划目标的实现。投资者可以从营销策略中看到企业进入市场的能力。

专家点评：财务报表是创业计划书的重中之重，利润表、现金流量表、资产负债表为必备内容。

专家点评：在所有的创业资源中，人是最宝贵的资源。创业者和创业团队的素质是否很高，组织结构是否合理，能力是否强大，是决定创业成功的重要保证。

专家点评：一份创业计划书不仅要为"进入"做准备，还要考虑"风险及应对"，不打无准备之仗才是应对原则。

专家点评：如果将公司比作一本书，计划摘要就像这本书的封面，如果它做得好，就能让读者有兴趣并渴望得到更多的信息，就可以把投资者吸

2. 项目背景
2.1 产业背景
2.2 产品概述
2.3 研究与开发
2.4 未来产品与服务规划
3. 市场机会
3.1 目标市场
3.2 顾客购买准则
3.3 销售策略
3.4 市场渗透与销售量
3.5 竞争分析
4. 公司战略
4.1 公司概述
4.2 总体战略
4.3 发展战略
4.4 国际市场总体战略
5. 市场营销
5.1 销售策略与目标
5.2 价格策略
5.3 分销策略
5.4 促销策略
6. 生产管理
6.1 厂址选择与布局
6.2 生产工艺流程
6.3 产品包装与储运

7. 投资分析
7.1 股本结构与规模
7.2 资金来源与运用
7.3 未来五年费用列支预算
7.4 投资收益与风险分析
8. 财务分析
8.1 主要财务假设
8.2 利润表
8.3 现金流量表
8.4 资产负债表
9. 管理体系
9.1 公司性质
9.2 组织形式
9.3 部门职责
9.4 公司管理
10. 机遇与风险
10.1 机遇
10.2 外部风险
10.3 内部风险
10.4 解决方案
11. 风险资本的退出
附录：
1. 调研报告
2. 核心技术

2. 盛旦科技股份有限公司"闪电贴"项目计划书（计划摘要）

1. 计划摘要

1.1 公司

上海盛旦科技股份有限公司秉承"Tech application"（应用科技）的经营理念，努力将高科技实用化，满足大众需求。公司目前拥有的一次性打印电池技术由复旦大学化学系研究开发，拥有完全的知识产权并已申请专利。

盛旦在一次性打印电池技术的基础上首先推出了"闪电贴"（Flashtip）一次性超

薄手机电池系列产品，填补了一次性手机电池的市场空白。目前手机已经成了人们生活中不可或缺的消费品之一，据统计目前全国已有手机用户数以亿计，但手机的不便之处也逐渐暴露出来，如关键时刻电量不足、突然断电等常常给人们带来很多不便，特别是外出洽谈商务或结伴出游时手机电池的突然断电有时会给人们带来很大的损失。虽然一些大商场提供了临时充电器，但由于充电需要等候多时，并且仅有少数大商场提供此类服务等，手机电量的及时补充难题还未得到根本解决。"闪电贴"一次性超薄手机电池正是针对这一空白市场而推出的最新产品。

引住，它会使风险投资家有这样的印象：这个公司将会成为行业中的"巨人"，我已等不及要去读计划书的其余部分了。

1.2 市场

"闪电贴"的目标群体主要定位于出差的商务人士、旅游群体及往来商旅等，一张1毫米厚、面积与传统电池板相仿的产品将提供约12小时的电池电量，只需将其贴于现有电池表面即可充电，轻便而快捷，既可以应急使用，尽可能地降低由短期断电造成的通信中断损失，又可省却外出携带充电器等麻烦，作为常用的备用手机电池。当然，由于其具有较高的性价比，普通消费者也可以接受。

在区域市场上，"闪电贴"初期以国内市场为主，先大中城市后小城市，同时在适当的时间进入国际市场，利用全球化的市场需求获得规模竞争优势。

1.3 生产与营销

盛旦准备在上海张江高科技园区设立加工基地，由于具有成熟的技术（主体技术为现代喷墨打印技术和纳米材料技术），产品的加工工艺并不复杂，主要为打印设备和电池材料配置设备，初期成本为1.2元/贴（大小类似普通手机电池，厚度为1毫米，待机时间为12小时），售价为5元/贴，随着生产规模扩大，成本会不断降低。市场容量巨大而且目前市面产品尚处于空白状态，市场前景巨大。

由于"闪电贴"属于快速消费品的范畴，所以在营销上采用大规模铺货的方式，占领便利店、超市、书报亭等主要的销售渠道，方便消费者及时方便地获取产品。同时，第一年进行大量的派送试用，并且投入一定的资金做前期推广，通过各种媒体广告和各种促销活动提高产品知名度。在市场上采取先立足上海，后逐渐有计划、分步骤地推向全国。预计第一年销售37万片，第二年销售45万片，第三年销售额和利润都大幅上升。

1.4 投资与财务

公司设立在张江高科技园区，属于国家支持的中小型高科技企业，税收上享受两年免征所得税的政策。公司成立初期需要资金720万元。其中风险投资520万元，盛旦公司投资（管理层和化学所投资）100万元，流动资金贷款100万元。其中用于固定资产投资155万元，流动资金565万元。

股本规模及结构定为公司注册资本800万元人民币。其中，外来风险投资入股520万元（65%），盛旦专利技术入股180万元（22.5%），资金入股100万元（12.5%）。

公司从第三年开始盈利，到第四年后利润开始大幅增长，内部收益率为50.1%。风险投资可通过分红和整体出让的形式收回投资。

1.5 组织与人力资源

公司成立初期，采用直线型组织结构，由总经理直接向董事会负责；3~5年后，随着新产品的推出，开始采用事业部型组织结构。公司初期创业团队主要来自复旦大学管理学院，成员各司其职，都具有相关领域的专业知识和实践经验，并且优势互补。同时公司拥有复旦大学化学所的技术人员作为公司技术支持人员。此外，公司还邀请了多位管理学院教授为经营顾问。

……

（资料来源：本文改编自第四届"挑战杯"创业计划竞赛金奖作品——《"闪电贴"（Flash Tip）一次性超薄手机电池》.）

专家点评：该计划摘要内容完整、言简意赅，甚至可以将其作为"一页纸"计划书。

思考与讨论

话题一：简述创业计划书的作用。
话题二：简述计划摘要应包含的主要内容。
话题三：简述成功的创业计划书应具备的特点。

多维分析

维度一：创业计划书可以作为推销性文本，为企业向潜在投资人、供应商、重要的职位候选者及其他人介绍拟创办的企业。实际上，向创业者索要创业计划书的组织数量一直在不断上升，越来越多的由大学或社会团体主办的创业园和商业孵化机构会要求获得候选的企业提供创业计划书。有研究表明，拥有创业计划书对于新创企业获得资助非常重要。作为一种推销性文本资料，创业计划书有助于企业建立可信度。

维度二：在计划摘要中，企业必须回答下列问题。

（1）企业所处的行业、企业经营的性质和范围。
（2）企业主要产品的内容。
（3）企业的市场在哪里？谁是企业的顾客？他们有哪些需求？
（4）企业的合伙人、投资人是谁？

（5）企业的竞争对手是谁？竞争对手对企业的发展有何影响？

（6）投资来源、投资的数量和方式、投资回报及安全保障。

（7）企业的优势、获取成功的市场因素。

维度三： 好的创业计划书应具备以下三个特点。

（1）结构合理。投资者应当能够在计划中找到他们所关注问题的答案，很容易找到他们特别感兴趣的话题。这就要求创业计划书必须有清楚的结构，使读者能够灵活地选择他们想要阅读的部分。

（2）以客观性说服投资者。尽量使自己的语气比较客观，使投资者有机会仔细地权衡你的论据是否有说服力，而不是无边际地吹牛做广告。

（3）让大众也能读懂。在大多数情况下，简单的说明、草图和照片就足够了。如果创业计划中必须包括产品的技术细节和生产流程，则应当把它们放在附录中。

拓展阅读 7-1

项目二　路演创业计划

成功路演之道——一款基于用户睡眠行为分析的 App 路演

关键词

厘清项目内容　项目是路演核心，也是投资者最关注的地方。投资者会根据项目情况，参考市场同类竞品，评估其商业可行性和投资回报，并以此作为投资参考。因此，路演之前应充分挖掘项目亮点和潜力，打有准备之仗。

展示商业价值　展示项目的商业价值，并让投资者认可你的商业价值，这是路演的目标。为了达成这个目标，在路演时，一定要清晰地展示出项目是如何实现盈利的，项目的核心优势是什么，项目未来如何更有价值，等等。

讲好创业故事　好的创业故事的核心要素包括愿景、背景、目标客户、竞争对手、核心产品、团队、项目进展、宣传推广、未来愿景等。好的创业故事要有引人入胜的情节，可以多讲创业团队的故事、创业初衷、创业磨难、克服困难方法与历程等，多从市场痛点进行挖掘。

典型事件

1. 路演概况

项目简介:一款基于用户睡眠行为分析的App,用平台聚集用户,围绕助眠功能,靠付费内容、广告和电商盈利。

路演时长:8分钟。

2. 路演全文

各位评委老师,大家好!

今天我带来的是一个与大家的睡眠息息相关的项目。我想问下在场的各位,多少人有睡眠问题?可以举手示意。(哦,评委老师的睡眠都不错,后面的观众好像睡眠不是很好。)像我自己之前也有严重的睡眠问题,睡眠问题还真是挺痛苦的,据说现在"90后"有62%的人有入睡障碍,睡眠行业的产值是千亿元级的,并且还在不断攀升,但是专业医疗这一块的渗透率非常低。在医院,你很少能看到与睡眠相关的科室,这就让我们这款线上助眠App有了巨大的潜力和机会。

专家点评:项目定位要准确精练,一个项目的生命力,很大程度上取决于其能多大程度地解决人们的痛点。

我们的项目成立于2015年,5年来已经积攒了4 000万用户,生成了3亿份睡眠报告。2016年开始做智能硬件,2018年基本形成了完整的商业模式:广告、电商和内容付费。再到2020年初上线了一款冥想App。我们还拥抱"生态",与小度音箱等智能硬件合作,激活了近100万的智能硬件用户。

专家点评:一个成功的路演,一定有一个通过实验和数据(最好是准确的数据)有力验证过的商业模式。

到目前为止,我们是市场上唯一一个提供睡眠解决全方案的平台。首先,从睡眠监测切入。通过App可以监测用户的深浅睡、翻身次数,可以记录梦幻,你可以在第二天听自己夜里说了什么,还可以监测打鼾。像我父亲打鼾非常严重,但他以前不觉得这是一个问题。其实,打鼾严重会导致呼吸暂停,诱发一些严重的疾病。后来用了App后发现,他一整夜打鼾会有几百次,这才开始重视起来。另外,我们也有自己的睡前内容,包含专业的助眠音频、睡前故事、自然音、蝉鸣鸟叫等。还有应用社区,可以让用户畅谈与睡眠相关的话题。我们还在做垂直电商,如果用户的睡眠不好,可以在我们的电商平台购买一些与睡眠相关的止鼾助眠产品。在自有硬件方面,我们研发了智能睡眠扣,就是我身上戴的这款产品,将它放在床上3个月都不用充电,每天能持续监测你的睡眠情况。在冥想App方面,我们之前赴国外交流的时候,发现很多私立小学开设冥想课程,其实冥想的概念近年来在国内也是不断"升温"。国外有一家冥想公司Calm,市场估值已达数十亿美元,我们也是想在冥想这个领域有所作为。

专家点评:在路演过程中,必须清晰地介绍产品(或解决方案)的功能、核心竞争力和商业壁垒。

在 iOS、华为、小米的健美健身榜上，我们的市场排名一直比较靠前。用户都是一些相对年轻、有消费能力和传播力的高净值群体，目前日活跃用户数量每天大概 120 万人，每天产生至少 50 万份睡眠报告。通过大数据分析这些用户的行为，结合实际，向用户按需推荐——听助眠音频还是采用睡眠行为认知疗法。同时，我们也与医疗机构做了一些结合，做一些医学上的治疗。

> **专家点评**：在路演中要清晰地介绍目标客户，用户画像需要与用户痛点中描述的对象保持一致，并说明企业是如何链接到目标客户的。

有了巨大的流量，我们的盈利方式是与厂商（To B）和用户（To C）都有合作。在"To B"方面，我们与传统厂商合作打造智能产品，一款普通的床垫通过我们的智能技术，就可能变成一款智能床垫，具有监测人体睡眠的功能，我们现在研发出的枕头已经具备这个功能。我们还与小米健康深度合作，将我们的技术植入，用小米实现对用户的监测，与用户共享。在"To C"方面，我们有线上商城，用户在这里能最直观地找到与睡眠相关的产品。

> **专家点评**：创业者在路演中要明确地阐释商业模式的可行性和投资价值。建议加强业务的归纳提炼和总结。

我们目前的收入比例是广告占 50%、会员占 10%，电商占 40%。关于广告收入占了"半壁江山"这一点很好理解。现在很多知名品牌"拥抱"睡眠市场。例如，蒙牛推出"晚上好"牛奶，斯维诗推出了助眠片，瑞思迈也推出了止鼾机……这些厂商做睡眠市场，不管是家居、生态，还是助眠止鼾，他们要推新品，大多到我们这里进行品牌曝光，然后与我们进行利润分享。会员主要是付费内容——付费音频视频及一对一的咨询服务，这是当前茁壮增长的一大块收入。电商收入占比比较稳定。

> **专家点评**：路演必须回答投资者最为关心的"如何盈利"这一问题。

在我们的核心团队中，CEO 和 CTO 是北京大学光华管理学院的同学。CEO 擅长销售和运营，CTO 曾是神舟飞船的工程师，主要负责对 B 端软件开发工具包（Software Development Kit，SDK）的输出。

> **专家点评**：优秀的团队是项目核心竞争力的来源，也是项目中唯一不能复制的元素，其重要性不言而喻。

综上，睡眠行业是当今蓬勃发展的产业，作为睡眠垂直领域流量入口最大的平台，我们有自己的软硬件、医疗数据和盈利模式，并且盈利一直处于高速增长态势。我们的融资计划主要用于内容升级改善。之前我们有很多板块，像电商方面，就是直接吸引用户购买，现在，我们在整个商城里加入"专家说""专家短视频"栏目，把产品融入场景化，更有利于拉动用户消费。我们的 AI 技术升级也是持续在做精细化的匹配工作，像顾家床垫，他们主动找我们合作，想把他们床垫的推荐内容融入我们睡眠报告的改善建议里。同时，这些厂商也会协助我们进行推广，实现共赢。

> **专家点评**：成功的路演需要获得投资人的信任，而投资人的信任则来自创业者正确的价值取向和坚定的理想信念。

我要介绍的就这么多，最后，希望大家都能越睡越好，美梦成真。谢谢大家！

思考与讨论

话题一：如何准备一次成功的路演？

话题二：成功的路演具有哪些特征？

话题三：路演对企业（项目）的发展来说有什么必要性？

多维分析

维度一：成功的路演必须有非常清晰的逻辑，展示项目的过去、现在和未来的动态发展状况。需要交代清楚以下七个方面的问题，即"为什么要做""如何做""是否值得做""谁来做""发展情况""融资计划""未来发展规划"。

维度二：成功路演的特征主要体现在以下几个方面：一是创业者及其团队，在路演之前做了非常充分的准备，对路演的每个环节都进行反复斟酌；二是整个路演的内容，清晰地介绍了项目的商业模式、发展现状及未来的发展态势；三是路演者自信而有力的语言，一定会成为路演的加分项；四是路演中好的开场白是阐明信息的关键，强有力的总结可以有效地提升投资者的信心。

维度三：路演对企业的发展来说十分必要，主要体现在以下几个方面：一是为企业提供向投资人展示自己的机会，企业通过路演向投资者介绍自身的发展和愿景等，让投资者对企业有更深入的了解；二是通过路演，创业者能够了解到自身的优缺点，查漏补缺，为企业的良好发展添力蓄能；三是路演能够让更多人了解企业，扩大了企业的影响力。

拓展阅读 7-2

参考文献

[1] 汤锐华.大学生创新创业基础教程（配实训手册）[M].2版.北京：高等教育出版社，2020.

[2] 邰葆清，梁明亮，李江涛.创新创业教育（配行动手册）[M].北京：高等教育出版社，2023.

[3] 江远涛.路演中国[M].北京：人民邮电出版社，2016.

[4] 彭晓兰.大学生创新创业案例与分析[M].北京：高等教育出版社，2020.

[5] 王远霞，茹华所，陈南苏.创新创业教育（配案例分析与实践）[M].北京：高等教育出版社，2022.

[6] 祝倩.基于C2B模式的中国企业营销策略探讨[J].现代商贸工业，2017（9）：40-42.

[7] 李晓龙，冯俊文.大数据环境下电商精准营销策略研究[J].价值工程，2016，35（3）：31-33.

[8] 郭若兰.互联网商业中的"长尾效应"：以当当网为例[J].新闻研究导刊，2018，9（17）：88.

[9] 刘国权，朱妮.电商平台发展现状及乱象治理办法探讨[J].现代商贸工业，2017（11）：26-29.

郑重声明

高等教育出版社依法对本书享有专有出版权。任何未经许可的复制、销售行为均违反《中华人民共和国著作权法》,其行为人将承担相应的民事责任和行政责任;构成犯罪的,将被依法追究刑事责任。为了维护市场秩序,保护读者的合法权益,避免读者误用盗版书造成不良后果,我社将配合行政执法部门和司法机关对违法犯罪的单位和个人进行严厉打击。社会各界人士如发现上述侵权行为,希望及时举报,我社将奖励举报有功人员。

反盗版举报电话　(010)58581999　58582371
反盗版举报邮箱　dd@hep.com.cn
通信地址　北京市西城区德外大街4号　高等教育出版社法律事务部
邮政编码　100120

读者意见反馈

为收集对教材的意见建议,进一步完善教材编写并做好服务工作,读者可将对本教材的意见建议通过如下渠道反馈至我社。

咨询电话　400-810-0598
反馈邮箱　gjdzfwb@pub.hep.cn
通信地址　北京市朝阳区惠新东街4号富盛大厦1座
　　　　　高等教育出版社总编辑办公室
邮政编码　100029